图解 AI 解

智能网联

汽车

原理·构造
诊断·维修

周晓飞 ——————— 主编

化学工业出版社

·北京·

内容简介

本书主要介绍智能网联汽车维修的基本知识和操作技能，涉及智能网联汽车的基本原理、结构特点、维修方法和要领以及相关维修故障诊断案例。

全书内容涵盖智能网联汽车的智能驾驶控制系统维修、智能座舱系统维修、电气控制和数字化调节、安全智能辅助系统维修和智能网联汽车车载网络维修等。

本书以彩色图解的形式，由浅入深、循序渐进地进行介绍。并利用新颖的纸电同步技术，超值赠送全套电子书，纸书和电子书相结合，互相取长补短，学习效率事半功倍。

本书适合汽车维修技术人员使用，可供职业技术院校汽车相关专业师生参考，也可作为相关企业培训机构的智能网联汽车维修技术培训教材。

图书在版编目（CIP）数据

图解智能网联汽车：原理·构造·诊断·维修/周晓飞主编.
—北京：化学工业出版社，2022.3
ISBN 978-7-122-40549-4

Ⅰ.①图…　Ⅱ.①周…　Ⅲ.①汽车-智能通信网-图解
Ⅳ.①U463.67-64

中国版本图书馆CIP数据核字（2022）第000150号

责任编辑：黄　滢　张燕文　　　　　　　　文字编辑：朱丽莉　陈小滔
责任校对：宋　玮　　　　　　　　　　　　装帧设计：王晓宇

出版发行：化学工业出版社（北京市东城区青年湖南街13号　邮政编码100011）
印　　装：北京瑞禾彩色印刷有限公司
787mm×1092mm　1/16　印张24½　字数614千字　2022年5月北京第1版第1次印刷

购书咨询：010-64518888　　　　　　　　售后服务：010-64518899
网　　址：http://www.cip.com.cn
凡购买本书，如有缺损质量问题，本社销售中心负责调换。

定　　价：108.00元　　　　　　　　　　　　　　　　　　版权所有　违者必究

前　言

汽车产业是国民经济重要的战略性、支柱性产业。随着电子科技的发展，汽车从传统机械演变为机电一体化产品；如今，在新一轮科技革命和产业变革的影响下，新一代信息技术与制造技术深度融合，汽车又由机电一体化产品飞速向智能化和网联化的高科技产品发展，呈现与电子、信息、交通、人工智能等相关产业紧密相连、协同发展的趋势。发展智能网联汽车成为汽车产业的战略发展方向，我国的《汽车产业中长期发展规划》《智能汽车创新发展战略》《车联网（智能网联汽车）产业发展行动计划》《数字交通"十四五"发展规划》《国家车联网产业标准体系建设指南（智能网联汽车）》《智能网联汽车道路测试管理规范（试行）》《智能网联汽车　术语和定义（征求意见稿）》、GB/T 39263—2020《道路车辆　ADAS 术语及定义》以及将于 2022 年 3 月 1 日起实施的 GB/T 40429—2021《汽车驾驶自动化分级》等指导文件和技术标准 / 规范，明确了智能网联汽车的发展方向。

从市场来看，智能网联汽车表现势头强劲，据 CICV 发布的数据可知，2021年 1 月—7 月全国乘用车销售 1156.0 万辆，其中智能网联汽车销量为 236.5 万辆，L2 级渗透率为 20.5%(2020 年同期渗透率 14.3%)，而且在新能源汽车中，智能网联汽车占有率更高。智能网联汽车销量大幅增长，据业内专家分析，主要原因为：一方面是大多数车企的车型更新换代，纷纷推出智能网联车型，L2 级普及率显著提高；另一方面是用户对汽车智能化接受度越来越高。

汽车（乘用车）与百姓生活密切相关，汽车维修自然就是"为民服务"的内容之一。根据 GB/T 40429—2021 技术指标来看，现阶段的智能网联汽车，实现了 ADAS 的很多功能，但离完全自动驾驶的 L5 级还很远。智能网联汽车与传统汽车相比较而言，主要在于功能上的体现，ADAS 是核心。所以本书在结构策略和内容编排上非常注重"智能驾驶控制系统"这个章节。纵观全书，内容涵盖技术要求、结构、功能、原理、操作、诊断、检测、维修，例如从普通超声波雷达，到毫米波雷达、普通摄像头、激光摄像头、高精度地图、高精度导航、智能交互，从 CAN 到以太网等，每项内容尽可能做到既实用又普及。涉及如小鹏、蔚来、理想、威马、埃安、比亚迪、非凡汽车、宝马、奥迪等智能化程度较高的主流智能网联汽车。

依照上述内容，本书分六章，依次为：认识智能网联汽车、智能驾驶控制系统维修、智能座舱和人工交互系统维修、电气控制和数字化调节、安全智能辅助系统、智能网联汽车数据通信系统维修。

本书由周晓飞主编，同时参与编写的还有赵朋、李新亮、李飞霞、董晓龙等。

本书适合汽车售后技术人员、一线维修人员和相关职业技术院校学生使用，也可作为培训机构教材以及汽车维修相关专业院校老师的参考用书。同时也推荐汽车爱好者收藏阅览。

本书编写参考了大量的技术文献资料，如图书、多媒体资料、专题技术讲座及原车维修手册等。在此谨向这些为本书编写出版给予帮助的同志们及相关文献作者，尤其是本书涉及相关车型资料的作者，表示衷心的感谢！

由于笔者水平有限和有效资料的局限性，书中难免有不妥和疏漏之处，敬请广大读者朋友批评指正。

编者

目录 CONTENTS

第三章

智能座舱和人机交互系统 257

第四章

电气控制和数字化调节 315

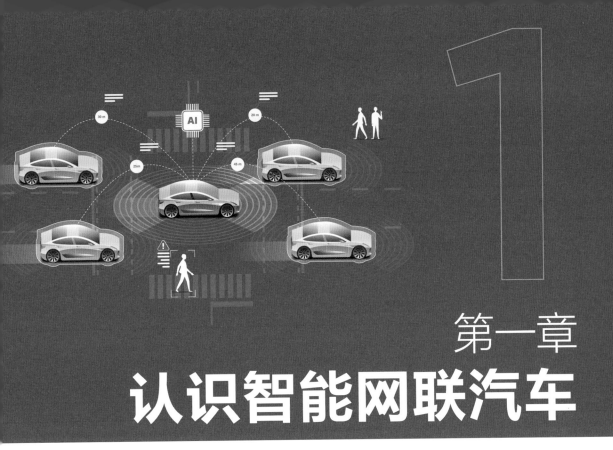

第一章
认识智能网联汽车

一、智能汽车

　　汽车的环境感知、智能决策、自动控制以及协同控制等功能一般称为智能功能，具备智能功能的汽车称为智能汽车。

　　智能汽车配备了多种传感器，比如摄像头、超声波雷达、毫米波雷达、激光雷达等，实现对周围环境的自主感知，通过一系列传感器信息识别和决策操作，汽车按照控制算法预设定的速度与预设定交通路线规划的寻径轨迹行驶。

二、网联汽车

　　汽车的协同控制功能一般需要网联功能支持。车辆利用通信技术实现与外界信息交互的功能称为网联功能，具备网联功能的汽车称为网联汽车。

　　网联汽车采用新一代移动通信技术，实现车辆位置信息、车速信息、外部信息等汽车信息之间的交互，并由控制器进行计算，通过决策模块计算后控制车辆按照预先设定的指令行驶，进一步增强汽车的智能化程度和自动驾驶能力。

　　《道路车辆　网联车辆方法论　第1部分　通用信息（征求意见稿）》中这样描述了网联

车辆：满足车辆制造厂的规范要求，但是超出了道路车辆的物理范围，由道路车辆、外部接口、网联附件以及通过外部接口产生的数据通信组成的车辆系统。

在描述中，同时给出了两个相关解释：

❶ 网联车辆可以没有网联附件（实现网联功能的车外系统）。

❷ 当通信对象为非网联附件（例如道路基础设施、其他交通参与者）时，网联车辆由道路车辆、外部接口以及通过外部接口产生的通信数据组成，道路基础设施和其他交通参与者不属于网联车辆。

网联车辆是指能够实现车辆功能的所有技术部件，包括配置此功能所需的车载和车外数据以及系统。因此，网联车辆也包括外部接口，图 1.1-1 阐述了网联车辆整体概念和代表性接口。

❶ 由于道路车辆是网联车辆的一部分，因此，网联车辆的一些接口同时也是道路车辆的物理接口。

❷ 网络服务接口是网联车辆的代表性外部接口之一，网络服务通过网络服务接口实现网联车辆与服务器的交互，服务提供商管理的服务器不属于网联车辆，第三方可以通过该服务器进行通信。

图 1.1-1　网联车辆的代表性网络服务接口

三、智能网联汽车

1. 智能网联汽车定义

与传统汽车相比较，智能网联汽车是功能上的体现，新能源汽车是驱动上（驱动燃料或驱动动力源）的区别。《智能网联汽车　术语和定义（征求意见稿）》中这样定义智能网联汽车：

智能网联汽车（Intelligent & Connected Vehicle，ICV）是利用车载传感器、控制器、执行器、通信装置等，实现环境感知、智能决策和／或自动控制、协同控制、信息交互等功能的汽车的总称。

图 1.1-2 描述了智能网联汽车的范围，图中 a 为智能汽车，b 为网联汽车，c 既可称为智能汽车又可称为网联汽车，a、b、c 均可称为智能网联汽车。智能网联汽车核心的智能化和网联化示意图见图 1.1-3。

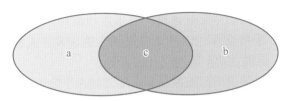

图 1.1-2　智能网联汽车定义范围

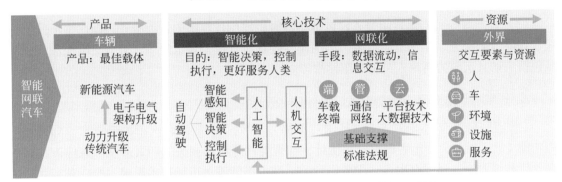

图 1.1-3　智能网联汽车核心的智能化和网联化示意图

2. 智能网联汽车技术目标

　　智能网联汽车搭载先进的车载传感器、控制器、执行器等装置，并融合现代通信与网络技术，实现车与人、车、路、云端等智能信息交换、共享，具备复杂环境感知、智能决策、协同控制等功能，可实现安全、高效、舒适、节能地行驶，并最终可实现替代人来操作的新一代汽车。智能网联汽车的最终技术目标是实现完全无人驾驶，实现智能交互、智能驾驶和智能服务。人、车、路、云端架构示意图见图 1.1-4。

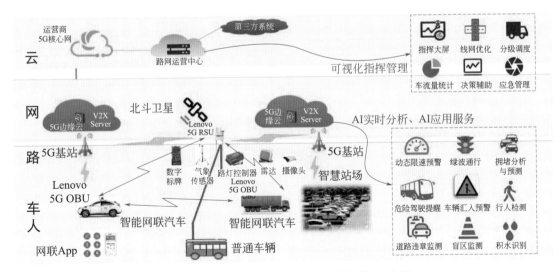

图 1.1-4　人、车、路、网、云端架构示意图

3. 智能网联汽车三大体现元素

　　智能网联汽车有三大元素，即智能交互、智能驾驶和智能服务。
　　（1）智能交互　人机交互技术向多元化、人格化方向发展，同时交互终端及内容架构不断迭代优化。多元化意味着人们对交互体验的要求逐步提高，人机交互方式从按键、触控，到语音控制、人脸识别、手势交互，以及更先进的生物识别。人格化是指通过语言语义学习，了解人的思维文化，提供主动车联网语音服务等。

（2）智能驾驶　智能驾驶包括智能控制和自动驾驶两个阶段。其中，座舱智能控制功能（智能座舱）是智能网联汽车的必备功能。辅助驾驶功能现已经成为市场上中高端车辆的普遍配置。

（3）智能服务　构建智能服务，包括车辆售后使用过程中的各项服务，即二手车残值管理、保险金融服务、车辆道路救援、车辆保养等智能管理，智慧停车、智慧充电加油等，甚至包括主动且实时为驾乘人员解决车辆故障。

4. 智能网联汽车关键技术、部件和应用功能

《智能网联汽车 术语和定义（征求意见稿）》罗列了智能网联汽车关键技术、部件和应用功能（见表 1-1）。据笔者现有资料统计，与智能网联汽车相关的四百多项国家标准，多数在预研和编制中，还没有出台，少数出台的标准也不能满足市场技术需求，所以在实际应用中很多名称各有差异。

表 1-1　智能网联汽车关键技术、部件和应用功能

类型	术语	说明
功能应用	车辆异常行为预警 Abnormal Vehicle Behavior Warning	通过车载通信设备接收或通过传感器探测到对本车行驶有影响的其他车辆的行为状态，并在外部车辆有异常行为时发出警告信息
	弱势交通参与者碰撞预警 Vulnerable Road-users Protection	车辆行驶过程中，通过车载通信设备接收或通过传感器探测周围行人、非机动车等弱势交通参与者的行进状态，并在本车与弱势交通参与者存在碰撞危险时发出警告信息
	自动驾驶功能 Automated Driving Feature	车辆在特定的设计运行条件下代替驾驶员持续执行全部动态驾驶任务的功能
	主动车道保持 Automated Lane Keeping	在特定的设计运行条件下，通过对车辆的横向和纵向驾驶操控，保持在车道内行驶的自动驾驶功能
	列队跟驰 Platooning	通过队列内车辆之间的信息交互，队内车辆按照既定的顺序、车间距和变换队形方式实现安全高效行驶。又称编队行驶
	自动泊车 Automated Parking	车辆泊车时，在特定的设计运行区间内能够持续执行全部动态驾驶任务 ①应能实现路径规划、车位识别、泊入与泊出车位功能 ②可实现车道行驶、路口行驶、跨楼层行驶、闸机通行等功能
关键技术	感知 Perception	驾驶自动化系统获取车辆周围驾驶环境信息的技术 周围驾驶环境包括可通行区域、道路标志、道路标线、交通参与者、障碍物等
	预测 Prediction	驾驶自动化系统获取车辆周边驾驶环境潜在变化的技术

续表

类型	术语	说明
关键技术	定位 Localization	驾驶自动化系统确定车辆位置的技术。 常见方法包括同步定位与建图技术、卫星导航技术、惯性导航技术、环境特征匹配技术等
	规划 Planning	驾驶自动化系统确定车辆行驶轨迹的技术
	运动控制 Motion Control	驾驶自动化系统通过横/纵向驾驶操纵完成跟随规划轨迹行驶的技术
	驾乘人员状态监控 Driver and Passenger Monitoring System	驾驶自动化系统获取驾乘人员状态的技术
	V2X Vehicle to Everything	实现车辆与外界通信的技术。外界指车辆、行人、云端、基础设施等
关键部件	高精地图 High Definition map，HD map	相比传统导航地图，能提供精度更高、内容更丰富的道路拓扑、拓扑关系、位置、几何、交通标识、交通信号设施等地图属性，为智能网联汽车提供环境信息的地图
	车载计算平台 Vehicle Computing Platform	支撑智能网联汽车驾驶自动化功能实现的软硬件一体化平台，包括芯片、模组、接口等硬件以及系统软件、功能软件等软件，以适应传统电子控制单元向异构高性能处理器转变的趋势。也被称为车载智能计算基础平台
	汽车网关 Vehicle Gateway	主要功能为安全可靠地在车辆内的多个网络间进行数据转发和传输的电子控制单元，也称中央网关 注：汽车网关通过不同网络间的隔离和不同通信协议间的转换，可以在各个共享通信数据的功能域之间进行信息交互
	车载信息交互系统 On-board Information Interactive System	安装在车辆上的通信系统，具备下列至少一项功能： ①对外可通过蜂窝网络、短距通信、直连通信等通信技术进行信息交互等功能，对内可通过汽车总线与电子电气系统进行信息采集、数据传递与指令下发等功能 ②实现通话、录音、导航和娱乐等相关服务功能 注：车载信息交互系统通常为远程车载信息交互系统（T-Box）、车载综合信息处理系统（IVI）以及其综合体
	车载通信单元 On Board Unit，OBU	安装在车辆上的，用于实现车辆与外界（车辆、行人、云端、基础设施等）通信的设备
关键部件	自动驾驶数据记录系统 Data Storage System for Automated Driving，DSSAD	监测、采集并记录具备3级及以上驾驶自动化功能的车辆在达到触发条件前、中和/或后时车辆、驾驶自动化系统、行车环境及驾驶人员数据的系统
	云控基础平台 Base Cloud Computing Platform	为智能网联汽车及其用户、管理及服务机构等提供车辆运行、基础设施、交通环境、交通管理等动态基础数据，具有数据存储、数据运维、大数据分析、云计算、信息安全等基础服务机制，支持智能网联汽车实际应用需求的基础支撑平台
	车用操作系统 Vehicle Operating System	运行于车内的系统程序集合，以实现管理硬件资源、隐藏内部逻辑提供软件平台、提供用户程序与系统交互接口、为上层应用提供基础服务等功能，包含车控操作系统和车载操作系统

续表

类型	术语	说明
关键部件	车控操作系统 Vehicle-controlled Operating System	运行于车载智能计算基础平台异构硬件之上，支撑智能网联汽车驾驶自动化功能实现和安全可靠运行的软件集合
	车载操作系统 In-vehicle Operating System	运行于车载芯片上，管理和控制智能网联汽车车载软件、硬件资源的软件集合，为智能网联汽车提供除驾驶自动化功能实现以外的服务，包括车载信息娱乐、网联、导航、多媒体娱乐、语音、辅助驾驶、AI等服务

5. 车联网

车联网源于物联网，即车辆物联网。发展路径从机械（传统的汽车人工远程服务）2G语音时代、电子（车内网）时代，到车载通信（语音、图视频）3G时代，再到车际网（网联娱乐系统、车载宽带管理等）4G移动互联网时代、智能（车载互联网）时代，以及到最后的完全安全可靠的自动或无人驾驶时代。

5G作为新一代的蜂窝通信技术，可以提供更高数据速率体验、更大带宽的终端接入能力，而车联网是5G技术下应用空间最广阔、产业配套最齐全的应用场景之一。

V2X是实现车与车（V2V）、车与路（V2I）、车与人（V2P）、车与网（V2N）相连接的新一代信息通信技术。V2X通过将人、车、路、云等交通参与要素有机地联系在一起，构建一个智慧的交通体系（图1.1-5、图1.1-6）。V2X是实现自动驾驶和无人驾驶的关键所在。

C-V2X是当前主流的车用无线通信V2X技术，其中C是指蜂窝（Cellular），是基于3G/4G/5G等蜂窝网通信技术演进形成的车用无线通信技术，包含了两种通信接口：一种是车、人、路之间的短距离直接通信接口（PC5），另一种是终端和基站之间的通信接口（Uu），可实现长距离和更大范围的可靠通信。

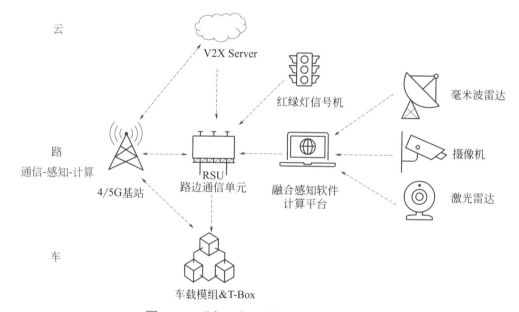

图 1.1-5 "车-路-云"三层架构示意图

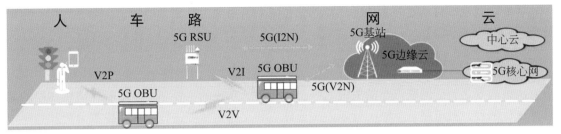

图 1.1-6 "人 - 车 - 路 - 网 - 云"5G 全新的网络架构示意图

第二节 自动驾驶概述

一、智能网联汽车核心技术组成

智能网联汽车智能驾驶的核心技术由环境感知系统、智能决策系统以及控制和执行系统组成（图 1.2-1）。

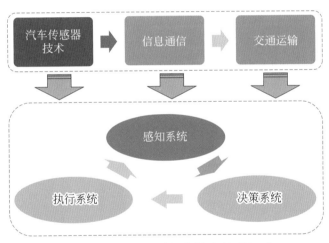

图 1.2-1 智能网联汽车核心技术组成

汽车在行驶过程中通过传感器自行感知周围环境及道路上各种信息，并依据感知信息完成处理、融合过程，形成对全局的理解，进一步通过各种算法决策应对当前状况，最后将决策信息传递给各控制系统形成执行命令，完成驾驶动作。

1. 环境感知系统

环境感知是指对于整个驾驶环境的场景认知能力，是对障碍物，交通标志、标线，车辆、交通信息等数据的语言分类。

环境感知系统的主要功能是通过车载环境感知技术、卫星定位技术、4G/5G 及 V2X 无线通信技术等，实现对车辆本身和外界（如道路、车辆和行人等）静、动态信息的提取和收集，并向智能决策系统输送信息。

智能网联汽车自动驾驶常用的环境感知传感器有摄像头、毫米波雷达、激光雷达、超声波雷达和红外传感器等。

2. 智能决策系统

决策规划是智能网联汽车的关键之一。智能决策系统的主要功能是接收环境感知层的信息并进行融合，对道路、车辆、行人、交通标志和交通信号等进行识别，决策分析和判断车辆驾驶模式和将要执行的操作，并向控制和执行层输送指令。比如从 A 地到 B 地，需要通过一系列规划的算法，包括地图的建立、避障等，最后选择一条最优化的路线，这就是决策规划。

3. 控制和执行系统

控制和执行系统的主要功能是根据功能决策的指令对车辆进行操作和协调，为联网车辆提供道路交通信息、安全信息、娱乐信息、救援信息、商务信息、在线消费等，以保证安全可靠、舒适驾驶。

二、智能驾驶技术形态

智能网联汽车的终极目标就是实现不附条件的完全自动驾驶或无人驾驶。汽车驾驶自动化、自动驾驶、无人驾驶这三个概念其实不在一个技术等级。汽车驾驶自动化包括应急辅助、部分驾驶辅助和组合驾驶辅助，但自动驾驶的技术层次更高一些。而无人驾驶是完全的以车辆为主体的自主驾驶，可以没有外置操纵机构（方向盘、加速和制动踏板）。

三、自动驾驶术语

1. 自动驾驶功能

自动驾驶功能（Automated Driving Function），是在标准中规定的 3 级及以上驾驶自动化功能的总称，包括有条件自动驾驶、高度自动驾驶和完全自动驾驶功能。也就是说，只有这三种等级的驾驶模式才称之为自动驾驶（功能）。

2. 自动驾驶模式

自动驾驶模式（Automated Driving Mode）是指由自动驾驶系统执行全部动态驾驶任务的模式。

3. 动态驾驶任务

动态驾驶任务（Dynamic Driving Task，DDT）是指除策略性功能外的车辆驾驶所需的感知、决策和执行等行为。包括但不限于车辆横向运动控制，车辆纵向运动控制，目标和事件探测与响应，驾驶决策，车辆照明及信号装置控制。

❶ 策略性功能如导航、行程规划、目的地和路径的选择等任务。

❷ 动态驾驶任务一般，由驾驶员或驾驶自动化系统完成，或由两者共同完成。

4. 动态驾驶任务后援用户

动态驾驶任务后援用户（DDT fallback-ready user）是指当 3 级驾驶自动化系统工作时，可以识别驾驶自动化系统发出的介入请求和明显的动态驾驶任务相关的车辆故障，并执行接管的用户。

❶ 该术语适用于 3 级驾驶自动化功能，4 级和 5 级没有这个角色。动态驾驶任务后援用户可以在车内或车外。

❷ 动态驾驶任务后援用户在执行部分或全部动态驾驶任务时成为驾驶员。

四、智能网联汽车自动驾驶分级

智能网联汽车针对自动驾驶不同功能分级，目前国际公认的汽车自动驾驶技术分级标准分别由美国高速公路安全管理局（NHTSA）和国际自动机工程师学会（SAE）提出，其中 SAE 提出的分级标准为主流常用标准 J3016。

现在更符合我国实际的国家标准《汽车驾驶自动化分级》在 2021 年 8 月 20 日正式发布，2022 年 3 月 1 日我国将正式实施我们自己的自动驾驶汽车分级标准。

1. 自动驾驶等级划分要素

从表 1-2 自动驾驶等级与划分要素的关系中可以总结以下三点。

❶ 我国标准参考 SAE J3016 的 0—5 级的自动驾驶分级框架。我国标准和 SAE J3016 标准，对每个具体的驾驶自动化功能分级结果基本是一致的。

❷ SAE J3016 将 AEB 等安全辅助功能和非驾驶自动化功能都放在 0 级，叫无自动驾驶，我国的标准叫应急辅助，作为一个安全的基础分支，和非驾驶自动化功能分开，逻辑上更合理。

❸ 我国标准在 3 级中明确增加对驾驶员接管能力监测和风险减缓策略的要求，明确最低安全要求，减少实际应用的安全风险。

表 1-2　自动驾驶等级与划分要素的关系

中国		SAE		持续的车辆横向和纵向运动控制	目标和事件探测与响应	动态驾驶任务后援	设计运行范围（应用场景）
等级	名称	等级	名称				
人工驾驶 0级	应急辅助	Level 0	无自动驾驶	驾驶员	驾驶员及系统	驾驶员	—
1级	部分驾驶辅助	Level 1	驾驶辅助	驾驶员和系统	驾驶员及系统	驾驶员	有限制（部分场景）
2级	组合驾驶辅助	Level 2	部分自动驾驶	系统	驾驶员及系统	驾驶员	有限制（部分场景）

	中国		SAE		持续的车辆横向和纵向运动控制	目标和事件探测与响应	动态驾驶任务后援		设计运行范围（应用场景）
	等级	名称	等级	名称					
自动驾驶	3级	有条件自动驾驶	Level 3	有条件自动驾驶	系统	系统	中国	动态驾驶任务后援用户（执行接管后成为驾驶员）	有限制（部分场景）
							SAE	驾驶员	
	4级	高度自动驾驶	Level 4	高度自动驾驶	系统	系统	系统		有限制（部分场景）
	5级	完全自动驾驶	Level 5	完全自动驾驶	系统	系统	系统		无限制（所有场景）

SAE 自动驾驶等级划分及各级含义示意图，见图 1.2-2。

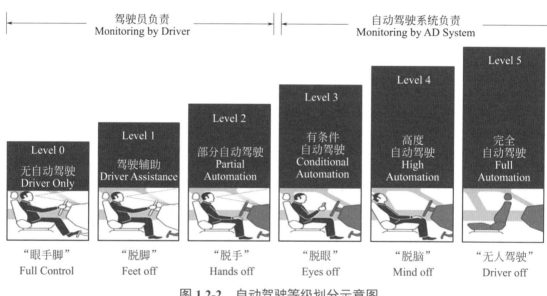

图 1.2-2 自动驾驶等级划分示意图

2. 我国自动驾驶等级划分

（1）0 级驾驶自动化（应急辅助）　驾驶自动化系统不能持续执行动态驾驶任务中的车辆横向或纵向运动控制，但具备持续执行动态驾驶任务中的部分目标和事件探测与响应的能力。

❶ 0 级驾驶自动化不是无驾驶自动化，0 级驾驶自动化可感知环境，并提供报警、辅助或短暂介入以辅助驾驶员（如车道偏离预警、前碰撞预警、自动紧急制动等应急辅助功能）。

❷ 不具备目标和事件探测与响应的能力的功能（如定速巡航、电子稳定性控制等）不在驾驶自动化考虑的范围内。

（2）1 级驾驶自动化（部分驾驶辅助）　驾驶自动化系统在其设计运行条件 F 持续地执行动态驾驶任务中的车辆横向或纵向运动控制，且具备与所执行的车辆横向或纵向运动控制相适应的部分目标和事件探测与响应的能力。

对于 1 级驾驶自动化，驾驶员和驾驶自动化系统共同执行全部动态驾驶任务，并监管驾驶自动化系统的行为和执行适当的响应或操作。

（3）2 级驾驶自动化（组合驾驶辅助）　驾驶自动化系统在其设计运行条件 F 持续地执行动态驾驶任务中的车辆横向和纵向运动控制，且具备与所执行的车辆横向和纵向运动控制相适应的部分目标和事件探测与响应的能力。

对于 2 级驾驶自动化，驾驶员和驾驶自动化系统共同执行全部动态驾驶任务，并监管驾驶自动化系统的行为和执行适当的响应或操作。

（4）3 级驾驶自动化（有条件自动驾驶）　驾驶自动化系统在其设计运行条件 F 持续地执行全部动态驾驶任务。

对于 3 级驾驶自动化，动态驾驶任务后援用户以适当的方式执行接管。

（5）4 级驾驶自动化（高度自动驾驶）　驾驶自动化系统在其设计运行条件 F 持续地执行全部动态驾驶任务并自动执行最小风险策略。

❶ 对于 4 级驾驶自动化，系统发出介入请求时，用户可不作响应，系统具备自动达到最小风险状态的能力。

❷ 某些具备 4 级驾驶自动化系统的车辆无人工驾驶功能，如园区接驳车等。

（6）5 级驾驶自动化（完全自动驾驶）　驾驶自动化系统在任何可行驶条件下持续地执行全部动态驾驶任务并自动执行最小风险策略。

❶ 对于 5 级驾驶自动化，系统发出介入请求时，用户可不作响应，系统具备自动达到最小风险状态的能力。

❷ 5 级驾驶自动化在车辆可行驶环境下没有设计运行范围的限制（商业和法规因素等限制除外）。

五、智能网联汽车网联化分级

按照智能网联汽车的交互信息、参与协同控制的程度，智能网联汽车网联化可划分为三个等级（表 1-3），目前基本处于 2 级发展阶段。

表 1-3　智能网联汽车网联化等级划分

等级	名称	定义	典型信息	传输需求	场景	对汽车控制
1 级	网联辅助信息交互	基于车 - 路、车 - 云通信，实现导航、道路状态、交通信号灯等辅助信息的获取以及车辆行驶驾驶员操作等数据的上传	地图、交通流量、交通标志、油耗、里程等静态信息	传输实时性、可靠性要求较低	交通信息提醒、车载信息娱乐服务等	人

等级	名称	定义	典型信息	传输需求	场景	对汽车控制
2级	网联协同感知	基于车-车、车-路、车-人、车-云通信，实时获取车辆周边交通环境信息，与车载传感器的感知信息融合，作为自车决策与控制系统的输入	周边车辆/行人/非机动车位置、信号灯相位、道路预警等动态数字化信息	传输实时性、可靠性要求较高	道路湿滑提醒、紧急制动预警、特殊车辆避让等	人/自车
3级	网联协同决策与控制	基于车-车、车-路、车-人、车—云通信，实时并可靠获取车辆周边交通环境信息及车辆决策信息，对车-车、车-路等各交通参与者之间信息进行交互融合，形成车-车、车-路等各交通参与者之间的协同决策与控制	车-车、车-路、车-云间的协同控制信息	传输实时性、可靠性要求最高	列队跟驰等	人/自车/他车/云

第一节　先进驾驶辅助系统（ADAS）

智能网联汽车自动驾驶分有 L0 ~ L5 六个等级，目前正处于 L2 ~ L3 等级的落地发展阶段，已具备 L3 级自动驾驶能力，但市场应用规模仍然比较小。一方面受限于尚未完善 L3 级自动驾驶上路的法律法规；另一方面也受限于技术实现，例如，当前车载摄像头主要以 720P、1080P 分辨率为主，空间分辨率已经与人眼接近，而感知距离通常为 200 ~ 250m，与人类肉眼可感距离（大于 500m）仍存在差距。逆光、图像动态范围是当前影响视觉传感器可靠性的主要技术挑战。所以，当前高级辅助驾驶系统仍然是市场主导。

先进驾驶辅助系统 ADAS 利用安装在车上的多种传感器，在汽车行驶过程中随时感应周围的环境，收集数据，进行静态、动态物体的辨识、侦测与追踪，并与本车相关数据信息进行综合系统运算与分析，从而预先让驾驶员察觉到可能发生的危险，有效增加汽车驾驶的舒适性、安全性和可靠性。

一、先进驾驶辅助系统相关术语

先进驾驶辅助系统（Ddvanced Driver Assistance Systems，ADAS）是我们通常讲的智能驾驶辅助系统（或者叫高级驾驶辅助系统）的标准术语名称。

在 2021 年 6 月 1 日实施的 GB/T 39263—2020《道路车辆　先进驾驶辅助系统（ADAS）

术语及定义》这样定义先进驾驶辅助系统：利用安装在车辆上的传感、通信、决策及执行等装置，实时监测驾驶员、车辆及其行驶环境，并通过信息和 / 或运动控制等方式辅助驾驶员执行驾驶任务或主动避免 / 减轻碰撞危害的各类系统的总称。

1. 信息辅助类术语

（1）驾驶员疲劳监测　驾驶员疲劳监测（Driver Fatigue Monitoring，DFM）：实时监测驾驶员状态并在确认其疲劳时发出提示信息。

（2）驾驶员注意力监测　驾驶员注意力监测（Driver Attention Monitoring，DAM）：实时监测驾驶员状态并在确认其注意力分散时发出提示信息。

（3）交通标志识别　交通标志识别（Traffic Signs Recognition，ISR）：自动识别车辆行驶路段的交通标志并发出提示信息。

（4）智能限速提示　智能限速提示（Intelligent Speed Limit Information，ISLI）：自动获取车辆当前条件下所应遵守的限速信息并实时监测车辆行驶速度，当车辆行驶速度不符合或即将超出限速范围的情况下适时发出提示信息。

（5）弯道速度预警　弯道速度预警（Curve Speed Warning，CSW）：对车辆状态和前方弯道进行监测，当行驶速度超过弯道的安全通行车速时发出警告信息。

（6）抬头显示　抬头显示（Head- Up Display，HUD）：将信息显示在驾驶员正常驾驶时的视野范围内，使驾驶员不必低头就可以看到相应的信息。

（7）全景影像监测　全景影像监测（Around View Monitoring，AVM）：向驾驶员提供车辆周围 360° 范围内环境的实时影像信息。

（8）夜视　夜视（Night Vision，NV）：在夜间或其他弱光行驶环境中为驾驶员提供视觉辅助或警告信息。

（9）前向车距监测　前向车距监测（Forward Distance Monitoring，FDM）：实时监测本车与前方车辆车距，并以空间或时间距离等方式显示车距信息。

（10）前向碰撞预警　前向碰撞预警（Forward Collision Warning，FCW）：实时监测车辆前方行驶环境，并在可能发生前向碰撞危险时发出警告信息。

（11）后向碰撞预警　后向碰撞预警（Rear Collision Warning，RCW）：实时监测车辆后方环境，并在可能受到后方碰撞危险时发出警告信息。

（12）车道偏离预警　车道偏离预警（Lane Departure Warning，LDW）：实时监测车辆在本车道的行驶状态，并在出现或即将出现非驾驶意愿的车道偏离时发出警告信息。

（13）变道碰撞预警　变道碰撞预警（Lane Changing Warning，LCW）：在车辆变道过程中，实时监测相邻车道，并在车辆侧方和 / 或侧后方出现可能与本车发生碰撞危险的其他道路使用者时发出警告信息。

（14）盲区监测　盲区监测（Blind Spot Detection，BSD）：实时监测驾驶员视野盲区，并在其盲区内出现其他道路使用者时发出提示或警告信息

（15）侧面盲区监测　侧面盲区监测（Side Blind Spot Detection，SBSD）：实时监测驾驶员视野的侧方及侧后方盲区，并在其盲区内出现其他道路使用者时发出提示或警告信息。

（16）转向盲区监测　转向盲区监测（Steering Blind Spot Detection，STBSD）：在车辆转向过程中，实时监测驾驶员转向盲区，并在其盲区内出现其他道路使用者时发出警告信息。

（17）后方交通穿行提示　后方交通穿行提示（Rear Cross Traffic Alert，RCTA）：在车

辆倒车时，实时监测车辆后部横向接近的其他道路使用者，并在可能发生碰撞危险时发出警告信息。

（18）前方交通穿行提示　前方交通穿行提示（Front Cross Traffic Alert，FCTA）：在车辆低速前进时，实时监测车辆前部横向接近的其他道路使用者，并在可能发生碰撞危险时发出警告信息。

（19）车门开启预警　车门开启预警（Door Open Warning，DOW）：在停车状态即将开启车门时，监测车辆侧方及侧后方的其他道路使用者，并在可能因车门开启而发生碰撞危险时发出警告信息。

（20）倒车辅助　倒车辅助（Reversing Condition Assist，RCA）：在车辆倒车时，实时监测车辆后方环境，并为驾驶员提供影像或警告信息。

（21）低速行车辅助　低速行车辅助（Maneuvering Aid for Low Speed Operation，MALSO）：在车辆低速行驶时，探测其周围障碍物，并当车辆靠近障碍物时为驾驶员提供影像或警告信息。

2. 控制辅助类术语

（1）自动紧急制动　自动紧急制动（Advanced/Automatic Emergency Braking，AEB）：实时监测车辆前方行驶环境，并在可能发生碰撞危险时自动启动车辆制动系统使车辆减速，以避免碰撞或减轻碰撞后果。

（2）紧急制动辅助　紧急制动辅助（Emergeney Braking Assist，EBA）：实时监测车辆前方行驶环境，在可能发生碰撞危险时提前采取措施以减少制动响应时间并在驾驶员采取制动操作时辅助增加制动压力，以避免碰撞或减轻碰撞后果。

（3）自动紧急转向　自动紧急转向（Automatic Emergency Steering，AES）：自动紧急转向实时监测车辆前方、侧方及侧后方行驶环境，在可能发生碰撞危险时自动控制车辆转向，以避免碰撞或减轻碰撞后果。

（4）紧急转向辅助　紧急转向辅助（Emergency Steering Assist，ESA）：实时监测车辆前方、侧方及侧后方行驶环境，在可能发生碰撞危险且驾驶员有明确的转向意图时辅助驾驶员进行转向操作。

（5）智能限速控制　智能限速控制（Intelligent Speed Limit Control，ISLC）：自动获取车辆当前条件下所应遵守的限速信息，实时监测并辅助控制车辆行驶速度，以使其保持在限速范围之内。

（6）车道保持辅助　车道保持辅助（Lane Keeping Assist，LKA）：实时监测车辆与车道边线的相对位置，持续或在必要情况下控制车辆横向运动，使车辆保持在原车道内行驶。

（7）车道居中控制　车道居中控制（Lane Centering Control，LCC）：实时监测车辆与车道边线的相对位置，持续自动控制车辆横向运动，使车辆始终在车道中央区域。

（8）车道偏离抑制　车道偏离抑制（Lane Departure Prevention，LDP）：实时监测车辆与车道边线的相对位置，在车辆将发生车道偏离时控制车辆横向运动，辅助驾驶员将车辆保持在原车道内行驶。

（9）智能泊车辅助　智能泊车辅助（Intelligent Parking Assist，IPA）：在车辆泊车时，自动检测泊车空间并为驾驶员提供泊车指示和 / 方向控制等辅助功能。

（10）自适应巡航控制　自适应巡航控制（Adaptive Cruise Control，ACC）：实时监测车辆前方行驶环境，在设定的速度范围内自动调整行驶速度，以适应前方车辆和 / 或道路条件等引起的驾驶环境变化。

（11）全速自适应巡航控制　全速自适应巡航控制（Full Speed Range Adaptive Cruise Control，FSRA）：实时监测车辆前方行驶环境，在设定的速度范围内自动调整行驶速度并具有减速至停止及从停止状态自动起步的功能，以适应前方车辆和 / 或道路条件等引起的驾驶环境变化。

（12）交通拥堵辅助　交通拥堵辅助（Traffic Jam Assist，TJA）：在车辆低速通过交通拥堵路段时，实时监测车辆前方及相邻车道行驶环境，并自动对车辆进行横向和纵向控制，其中部分功能的使用需经过驾驶员的确认。

（13）加速踏板防误踩　加速踏板防误踩（Anti-Maloperation for Accelerator Pedal，AMAP）：在车辆起步或低速行驶时，因驾驶员误踩加速踏板产生紧急加速而可能与周边障碍物发生碰撞时，自动抑制车辆加速。

（14）自适应远光灯　自适应远光灯（Adaptive Driving Beam，ADB）：能够自动调整投射范围以减少对前方或对向其他车辆驾驶员炫目干扰的远光灯。

（15）自适应前照灯　自适应前照灯（Adaptive Front Light，AFL）：能够自动进行近光 / 远光切换或投射范围控制，从而为适应车辆各种使用环境提供不同类型光束的前照灯。

二、超声波雷达

1. 超声波传感器（雷达）相关术语

（1）超声波传感器　超声波传感器总成（Ultrasonic Sensor Assembly），是用于发射、接收和处理探测障碍物的超声波信号，进行障碍物距离计算的电子装置。

（2）探测范围（Field of View）　传感器能够探测到的有效三维空间区域。

（3）探测覆盖率（Detection Coverage Rate）　传感器的有效探测范围占所要求的探测范围的比例。

（4）启动信号（Starting Signa）　按照既定的通信协议用于启动传感器工作的指令信号。

（5）收发装置（Transceiver Device）　用于给传感器发送启动信号或按既定的通信协议发送数据帧，并接收传感器返回的距离信号、方位信号等信息，以听觉或视觉等方式给予指示的测试专用电子模块。

（6）探测范围　超声波传感器的探测范围应根据应用场景来确定，《汽车用超声波传感器总成（征求意见稿）》规定了其探测范围，见表 2-1。

表 2-1　超声波传感器的探测范围

分类	应用场景	探测距离（D）/m	水平角度（α）/（°）	垂直角度（β）/（°）
Ⅰ类	泊车 / 涉水 / 盲点侦测等	0.2 ～ 4.5	30 ～ 60	30 ～ 60
Ⅱ类	倒车 / 驻车 / 车内监控 / 开门防撞等	0.2 ～ 2.5	90 ～ 120	45 ～ 60

注：具体应用分类由供需双方协商确定。

1）水平探测覆盖率　水平探测覆盖率应符合以下规定。

❶ 在极坐标（0.2m，$\alpha/2$）和（0.2m，$-\alpha/2$）到极坐标（0.6m，$\alpha/2$）和（0.6m，$-\alpha/2$）的范围内，探测覆盖率应不小于90%。

❷ 在坐标点（0.6m，$\alpha/2$）和（0.6m，$-\alpha/2$）到（0.6m×$\sin \alpha/2$，D）和（-0.6m×$\sin \alpha/2$，D）的范围内，探测覆盖率应不小于80%。

❸ 其他范围的探测覆盖率不作要求。

说明：某车型倒车警示（Ⅱ类）传感器探测距离为0.2～1.5m，水平角度为110°，按照❶ 和❷ 的坐标点作图，其探测覆盖率90%包络的区域为图2.1-1中的a区，覆盖率80%包络的区域为图2.1-1中的b区。

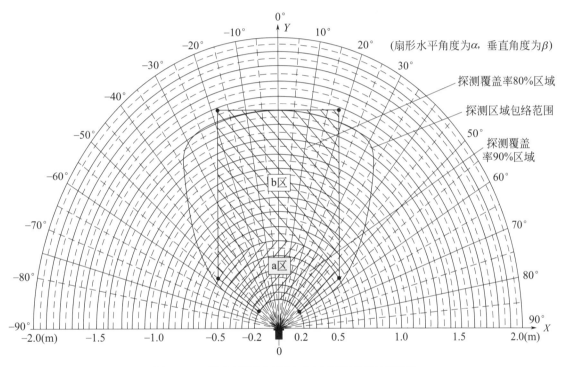

图 2.1-1　某车型倒车雷达水平探测范围包络图

2）垂直探测覆盖率　垂直探测覆盖率应符合以下规定。

❶ 在极坐标（0.2m，$\beta/2$）和（0.2m，$-\beta/2$）到极坐标（0.6m，$\beta/2$）和（0.6m，$-\beta/2$）的范围内，探测覆盖率需大于90%。

❷ 在极坐标（0.6m，$\beta/2$）和（0.6m，$-\beta/2$）到极坐标（0.6m×$\sin \beta/2$，D_{max}）和（-0.6m×$\sin\beta/2$，D_{max}）的范围内，探测覆盖率需大于80%。

❸ 其他范围的探测覆盖率不作要求。

（7）探测精度　探测精度在0.2m至1.0m范围内应不超过±30m；大于1.0m至最远距离范围内应不超过探测距离的±3%。

（8）启动时间　按照既定的通信协议能够启动，启动时间应不大于600ms。

说明：通信协议的格式不限，可由供需双方协商确定。

2. 超声波传感器的特点

❶ 直接测量较近目标的距离，一般测量距离小于 10m。

❷ 超声波对色彩、光照度不敏感，可适用于识别透明、半透明及漫反射差的物体。

❸ 超声波对外界光线和电磁场不敏感，在黑暗、电磁干扰强等比较恶劣的环境中也可探测。

❹ 超声波传感器结构简单、体积小、价格也很低。

❺ 超声波传感器可以进行实时控制，信息传输简单可靠，易于小型化与集成化。

3. 超声波传感器安装位置

超声波传感器在车上的主要应用就是倒车雷达系统或者前后泊车系统。

汽车倒车雷达是解决针对行车环境（道路街区、停车场等）存在的视觉盲区，无法看见车后的障碍物的一种汽车防撞系统。这样，系统能够在以较低速度进行倒车的过程中，自动识别出车辆后方的障碍物，还能测量车与障碍物之间的距离，在车辆与障碍物发生碰撞之前发出声光报警信号，提醒驾驶员及时停车。

不同的车型和车辆配置，汽车前后保险杠中安装了不同数量的超声波传感器。很多车型前保险杠中安装了 5 个超声波传感器，目的是监控并优化几何形状。在后保险杠内安装了 4 个超声波传感器。前后保险杠内的超声波传感器在电气和几何形状方面都是相同的。某款车型的超声波传感器安装位置如图 2.1-2 所示。

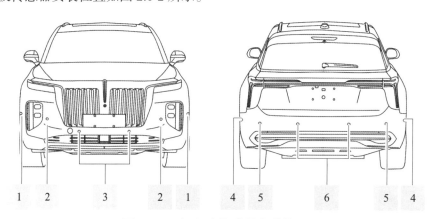

图 2.1-2　超声波传感器安装位置

1—前部侧超声波传感器；2—前部角超声波传感器；3—前部中央超声波传感器；
4—后部侧超声波传感器；5—后部角超声波传感器；6—后部中央超声波传感器

4. 超声波传感器基本结构原理

倒车雷达采用超声波测距原理，利用安装在前、后保险杠上的超声波传感器探头，探测周围环境，检测车辆与障碍物的距离，进而改变报警界面上的显示信息和报警声提醒驾驶员注意。

图 2.1-3 为超声波传感器探测位置及距离，各种车型的探测距离略有差别。

转角传感器（如图 2.1-4 所示）和中央传感器监控车辆附近的物体，蜂鸣器、驾驶员信息界面和多功能综合信息显示屏显示车辆和障碍物之间的大致距离，大约在 60cm 内，或更短距离。

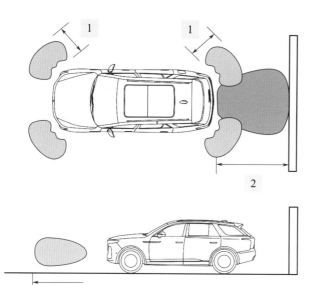

图 2.1-3　超声波传感器探测位置及距离

1—约 60cm；2—约 150cm；3—约 120cm

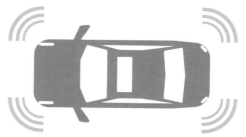

图 2.1-4　超声波转角传感器

维修提示

由于障碍物形状的不同，超声波传感器的检测范围可能会有变化。

前后保险杠内的超声波传感器在电气和几何形状方面都是相同的。超声波传感器有一个较小的膜片，该膜片均已上漆。由于传感器外壳上有分隔元件，因此可采用结构上较小的膜片。

超声波传感器（图 2.1-5）发射经障碍物反射的超声波脉冲被称为回声脉冲，其随后由超声波传感器接收并放大，接着被转换成一种数字信号。

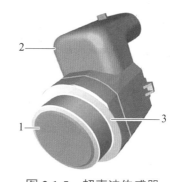

图 2.1-5　超声波传感器

1—超声波传感器；2—插头；3—去耦元件

知识链接

去耦是专指去除芯片电源引脚上的噪声。该噪声是芯片本身工作产生的。在直流电源回路中，负载的变化也会引起电源噪声。去耦的基本方法是采用去耦电容。

每个超声波传感器都有一套自己的电子装置以及自己的一根连接相应控制单元的数据导线。

相应控制单元在打开点火开关时将当前的车辆数据提供给超声波传感器（工作存储器）。

超声波传感器被泊车辅助系统控制单元设置为组合收发模式或接收模式。

5. 组合收发模式

在组合收发模式下，一个保险杠内的超声波传感器首先依次发出一个超声波脉冲包。然后，超声波传感器将接收由感知范围内的一个目标所反射回来的回声脉冲。该回声脉冲在超声波传感器中得到加强，然后作为数字信号转发至泊车辅助系统控制单元。泊车辅助系统控制单元根据回声脉冲的运行时间计算出目标距离。

6. 接收模式

在接收模式中，超声波传感器将接收相邻超声波传感器所发出的回声脉冲。泊车辅助系统控制单元最多可分析 3 个超声波传感器的信号（"三边测量"＝圆割线＝相邻传感器同时"监听"）。通过多个超声波传感器的信号分析，计算出车辆和目标之间的最小距离。

7. 超声波传感器电路

超声波传感器功能电路如图 2.1-6 所示，由图可知，超声波传感器在其电子装置中有一个可设码和可编程的内存。这样，便能有目的地对回声接收的灵敏度施加影响。因此，超声波传感器可跨车型使用。

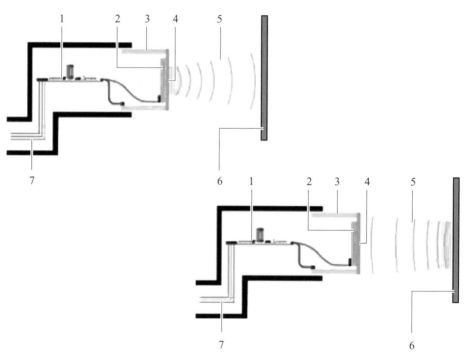

图 2.1-6　超声波传感器功能电路

1—电子模块，包括内存；2—压电陶瓷；3—去耦元件；4—膜片；5—超声波；6—障碍物；7—插头连接

如图 2.1-7 所示，前后超声波传感器都有一个共同的电源和接地。超声波传感器由泊车辅助系统控制单元通过总线端 15 供电。

8. 影响超声波传感器探测的因素

（1）车辆状况和周围环境　车辆状况和周围环境可能影响传感器正确检测障碍物的能力。如传感器上有污垢、积雪或结冰等。以下情况都会影响超声波传感器的探测准确性。

❶ 传感器被遮盖。

❷ 车辆明显侧倾。

❸ 在特别颠簸的道路、斜坡、碎石路面或草地上。

❹ 由于存在车辆喇叭声、摩托车引擎声、大型车辆的气制动声或其他会产生超声波的强烈噪声，车辆附近十分嘈杂。

❺ 附近有另一装备泊车辅助传感器的车辆，并且该车的传感器正在工作。

❻ 车辆装备了翼子板天线杆或无线天线。

❼ 车辆安装了牵引环。

❽ 保险杠或传感器受到强烈冲击。

❾ 车辆正在接近一个较高或曲折的路缘。

❿ 在烈日或严寒天气中。

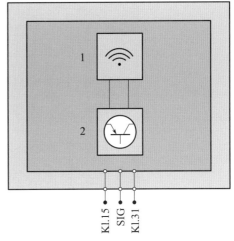

图 2.1-7　超声波传感器内部电路

1—发送及接收装置（压电陶瓷）；2—带有电子分析系统的电子芯片；Kl.15—总线端 15，电源电压；SIG—信号；Kl.31—总线端 31，接地

（2）障碍物　除上列情形之外，交通标志和其他物体有时可能因其自身形状被传感器判断为比其实际距离更近。障碍物的形状可能妨碍传感器对其进行检测，尤其要注意以下障碍物。

❶ 电线、栅栏、绳索等。

❷ 棉花、积雪和其他吸收无线电波的材料。

❸ 有尖锐棱角的物体。

❹ 低矮障碍物。

❺ 上部朝外伸向车辆方向的高障碍物。

9. 哪吒 U Pro 汽车泊车雷达

（1）雷达报警

❶ 车辆在低于 12km/h 行驶过程中，前后雷达监测到障碍物，中控主机根据障碍物信息，显示雷达报警图、障碍物距离、障碍物位置等，同时根据距离不同通过不同频率进行声音提示。

❷ 换挡旋钮置于"R"挡，倒车过程中，显示雷达界面，如果没有障碍物，雷达界面显示无报警状态；检测到障碍物时，中控显示屏根据障碍物信息，显示雷达报警图、障碍物距离、障碍物位置等（如图 2.1-8 所示），同时根据距离不同通过不同频率进行声音提示。

❸ 泊车雷达系统报警分段及显示（表 2-2）。

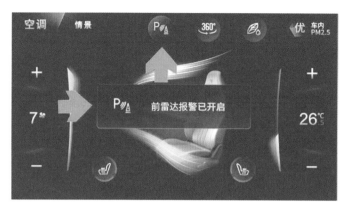

图 2.1-8　前雷达报警开启

表 2-2　泊车雷达系统报警分段及显示

显示屏	距离 /cm		颜色	图示
多媒体显示屏	0 ～ 30		红	
多媒体显示屏	31 ～ 90		黄	
多媒体显示屏	前	91 ～ 120	绿	
	后	90 ～ 150	绿	

泊车雷达系统显示颜色随着障碍物与后保险杠之间的距离变化而变化。并且根据障碍物不同的距离发出不同的提示音，越近提示音越急促。提示也根据报警信息，如距离、位置等进行特点提示：根据距离调整提示音播报的频率；根据位置不同使用前后左右位置不同的喇叭提示。泊车雷达系统报警在显示屏上显示的颜色也随报警分段相应变化。

（2）雷达故障　如后探头有故障时，后扬声器"Bi——"常响 3s，鸣 75ms±5ms、停 75ms±5ms，文字提示"低速行车环境辅助系统后探头故障"。

10. 比亚迪唐 EV 倒车雷达

（1）车速范围　车速超过 10km/h 时，泊车辅助系统将停止工作。

（2）倒车雷达电源开关

❶ 可通过倒车雷达开关或多媒体系统开启或关闭倒车雷达系统。

❷ 电源挡位为"OK"挡情况下，EPB 为释放状态，泊车辅助系统自动开启。

❸ 系统打开，车辆周围有障碍物时，整车有报警提示；系统关闭时，无报警提示。

（3）距离显示和报警显示

❶ 进行纵列式驻车或移车入库时，超声波传感器可测量车辆与障碍物间的距离，并通过多媒体显示屏和扬声器进行传达。

❷ 传感器分布见图 2.1-9，传感器探测到障碍物时，多媒体显示屏上将显示障碍物的方位及车辆与障碍物间的大致距离，且扬声器鸣响（表 2-3）。

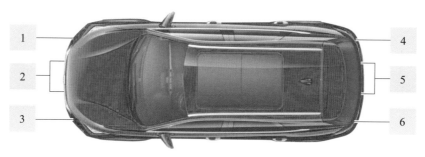

图 2.1-9　比亚迪唐 EV 雷达（传感器）

1—右前角传感器；2—前左中传感器和前右中传感器；3—左前角传感器；
4—右后角传感器；5—后左中传感器和后右中传感器；6—左后角传感器

表 2-3　探测距离及报警

传感器	距离 /cm	报警声方式	多媒体显示
中央传感器工作	70 ~ 120	慢速	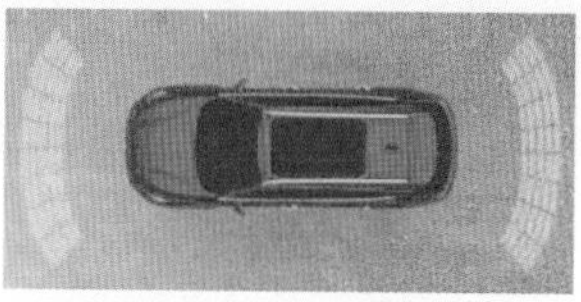
	30 ~ 70	快速	
	0 ~ 30	长鸣	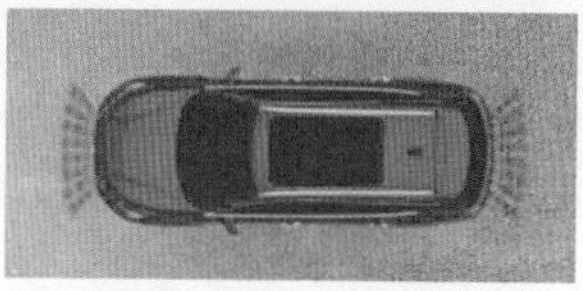
角传感器工作	30 ~ 60	快速	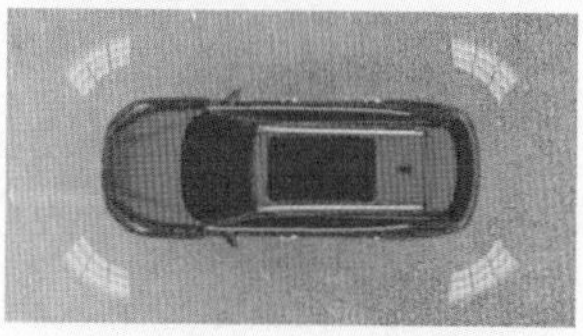
	0 ~ 30	长鸣	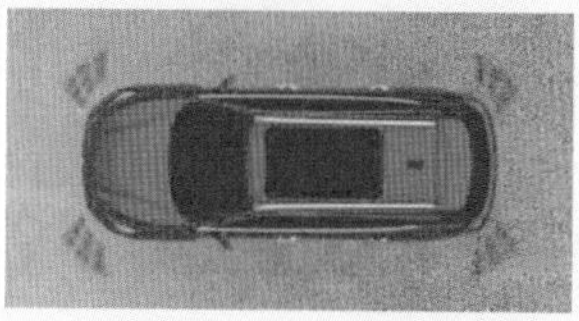

❸ 车辆倒退时，所有传感器工作。

图 2.1-10 中显示了传感器的探测范围。探测范围有限，倒车前要检查车辆周围的情况，后缓慢倒车。

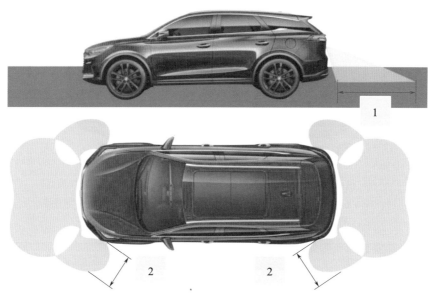

图 2.1-10　传感器的探测范围

1—约 120cm；2—60cm

维修提示

为避免引发事故，使用前后泊车雷达请遵守下列注意事项：

① 在传感器工作范围以内，请勿加装任何物品。

② 泊车雷达系统仅是驾驶辅助系统，不要过度依赖其作用。建议倒车速度不超过5km/h，泊车雷达系统持续鸣响时，立即停止倒车，此时车辆与障碍物已极其接近，谨防发生事故。

③ 当车速过快时，系统会退出工作，驾驶员应谨慎驾驶。

11. 倒车雷达故障诊断与检测

以智能网联汽车小鹏 P7 为例，该倒车雷达系统主要由倒车雷达控制器与4 个安装在后保险杠的超声波雷达组成（图 2.1-11），当检测到 R 挡信号并且满足车速条件时，系统开启。并根据车辆与障碍物的距离不同对其进行不同紧急程度的报警。

（1）电路传输方式和显示　倒车雷达控制原理见图 2.1-12。

❶ 超声波雷达感知车辆后方障碍物信息，并将信息通过 LIN 方式输入给倒

图 2.1-11　倒车雷达安装位置

1—倒车雷达控制器；2—超声波雷达

车雷达控制器。

❷ 倒车雷达控制器接收到障碍物信息后,将信息通过 CAN 发送给仪表、显示大屏进行显示和声音报警。

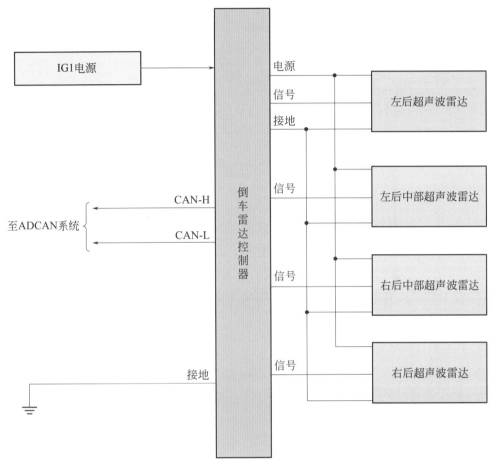

图 2.1-12　倒车雷达控制示意图

 维修提示

CAN 总线就是控制器局域网,是德国博世公司开发的一种国际标准化(ISO)的汽车网联标准通信协议。

CAN 总线使用双绞线来进行通信,一条为 CAN-L(低速 CAN),一条为 CAN-H(高速 CAN)。CAN 总线中,CAN-H 和 CAN-L 的电压相加始终是 5V。

❸ 仪表 / 显示大屏接收到控制器的界面 / 声音开启信号后,根据倒车雷达控制器发出的信息进行显示和报警。

(2)电路图阅读　倒车雷达控制电路见图 2.1-13 ~图 2.1-19。

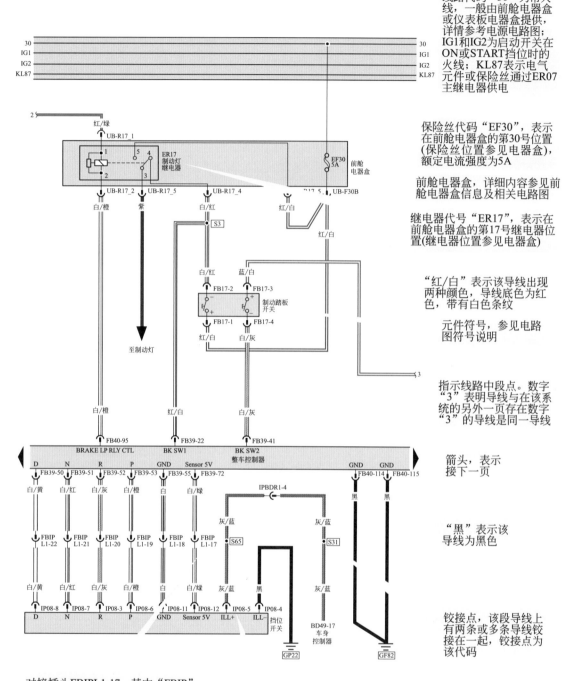

线路代码“30”为常火线，一般由前舱电器盒或仪表板电器盒提供，详情参考电源电路图；IG1和IG2为启动开关在ON或START挡位时的火线；KL87表示电气元件或保险丝通过ER07主继电器供电

保险丝代码“EF30”，表示在前舱电器盒的第30号位置(保险丝位置参见电器盒)，额定电流强度为5A

前舱电器盒，详细内容参见前舱电器盒信息及相关电路图

继电器代号“ER17”，表示在前舱电器盒的第17号继电器位置(继电器位置参见电器盒)

“红/白”表示该导线出现两种颜色，导线底色为红色，带有白色条纹

元件符号，参见电路图符号说明

指示线路中段点。数字“3”表明导线与在该系统的另外一页存在数字“3”的导线是同一导线

箭头，表示接下一页

“黑”表示该导线为黑色

铰接点，该段导线上有两条或多条导线铰接在一起，铰接点为该代码

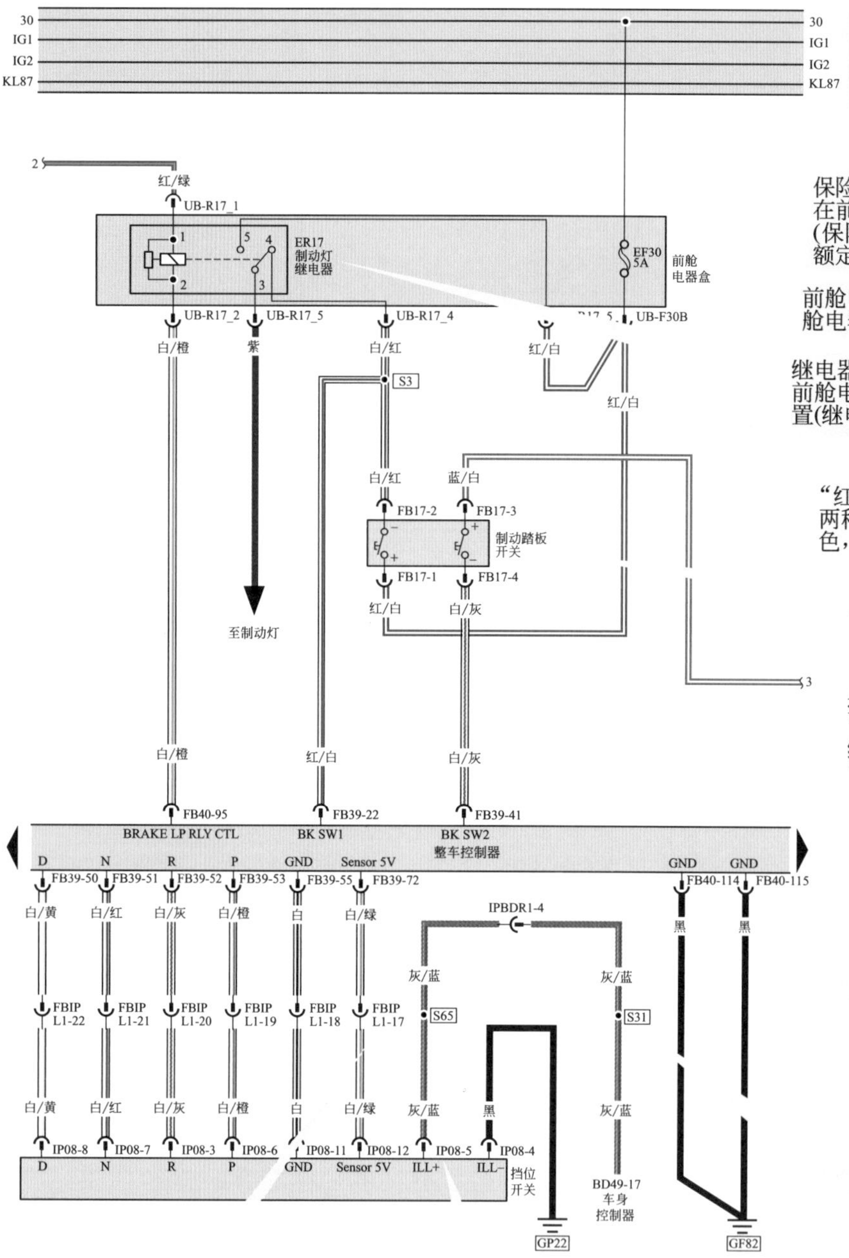

对接插头FBIPL1-17，其中“FBIP”表示前舱线束与仪表线束对接；“L1”表示该对接位置在车身左侧(L为左侧，M为中部，R为右侧)的第一个对接插头；“17”表示该对接插头的第17号针脚，可参考电器识别和电路代码相关内容

插头连接器IP08-5，“IP08”表示挡位开关插头代码，可以在所在的线束上查询该插头的安装位置和针脚定义(有些电气元件的插头连接器可能有两个或多个)，“5”表示该连接器的第五个针脚

图 2.1-13　电路图识读样图（一）

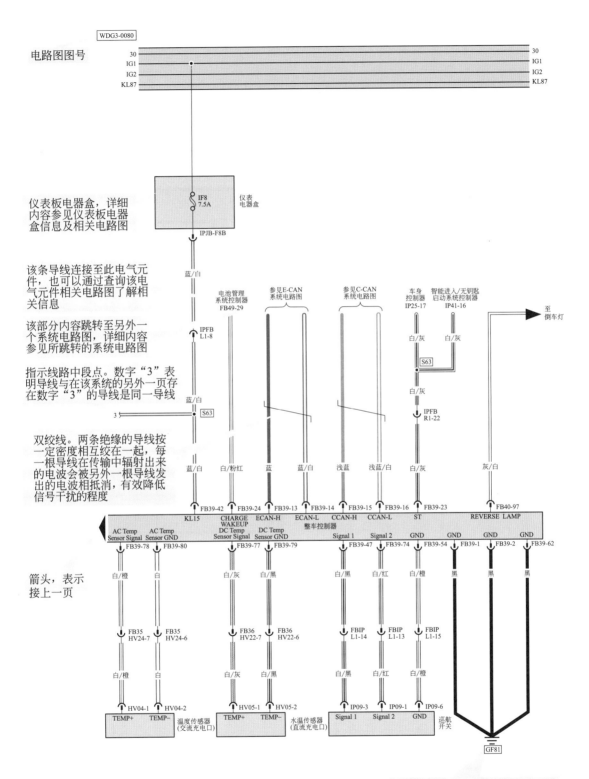

电路图图号

WDG3-0080

仪表板电器盒，详细内容参见仪表板电器盒信息及相关电路图

该条导线连接至此电气元件，也可以通过查询该电气元件相关电路图了解相关信息

该部分内容跳转至另外一个系统电路图，详细内容参见所跳转的系统电路图

指示线路中段点。数字"3"表明导线与在该系统的另外一页存在数字"3"的导线是同一导线

双绞线。两条绝缘的导线按一定密度相互绞在一起，每一根导线在传输中辐射出来的电波会被另外一根导线发出的电波相抵消，有效降低信号干扰的程度

箭头，表示接上一页

接地点代号。可查到该代号的接地点在汽车上的安装位置及所涉及的电气元件，详情参见接地点位置分布图和接地点电路图

图 2.1-14　电路图识读样图（二）

027

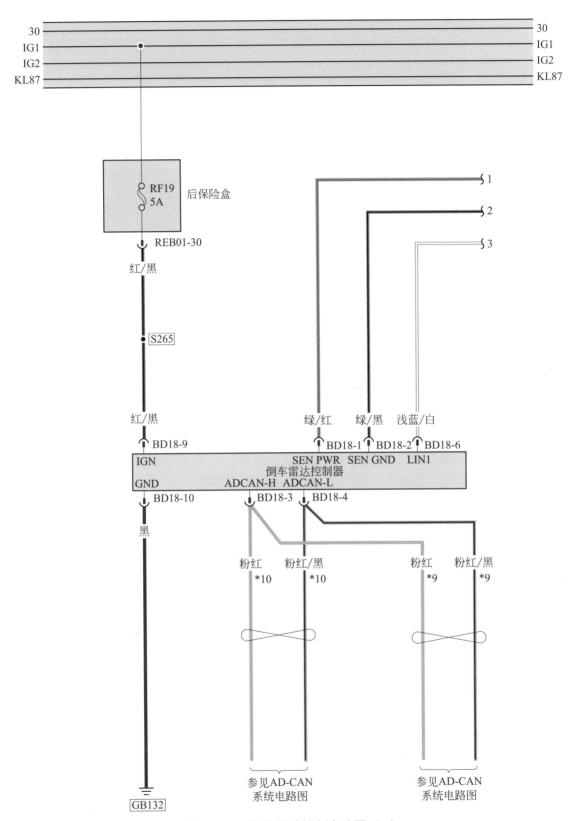

图 2.1-15　倒车雷达控制电路图（一）

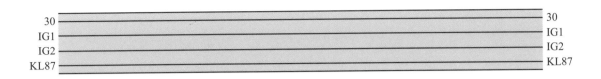

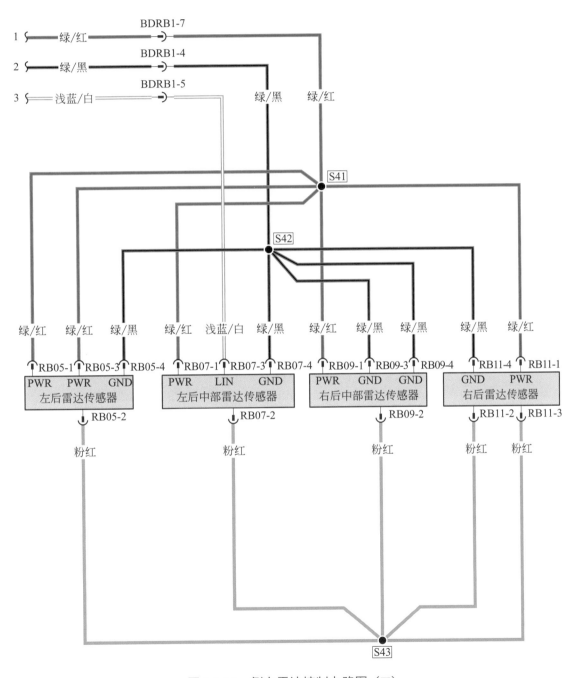

图 2.1-16　倒车雷达控制电路图（二）

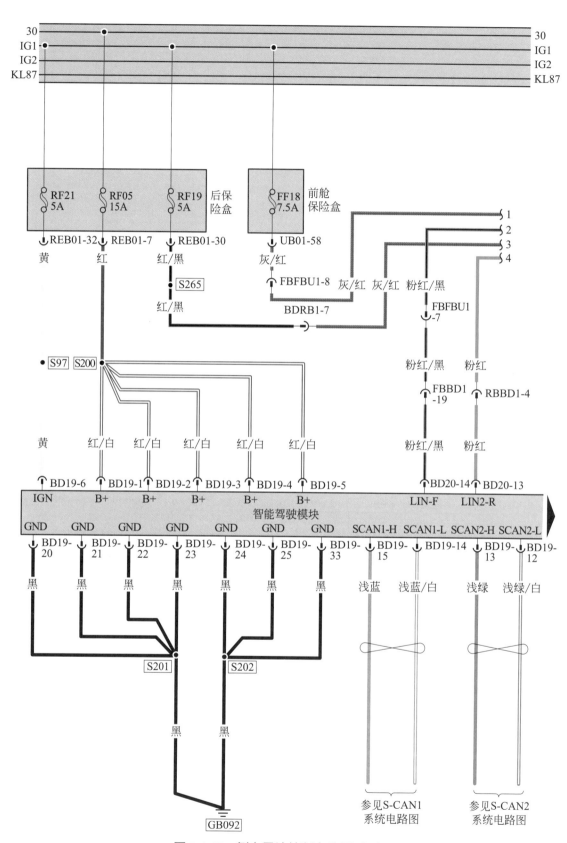

图 2.1-17 倒车雷达控制电路图（三）

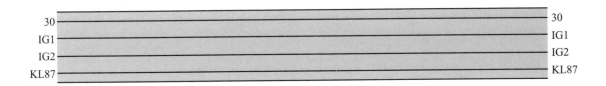

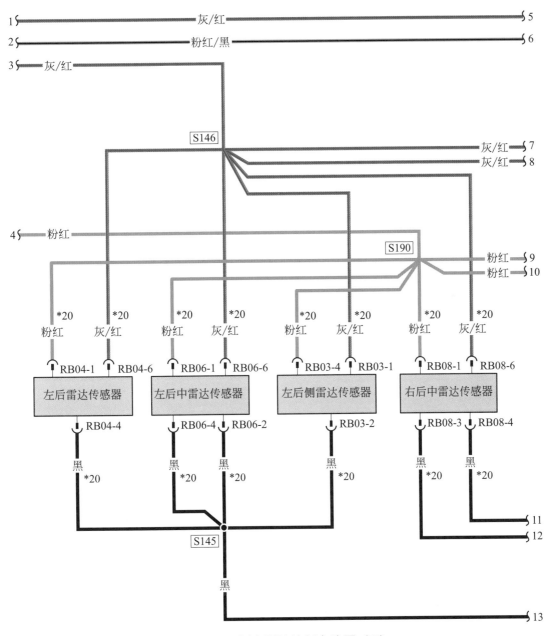

图 2.1-18　倒车雷达控制电路图（四）

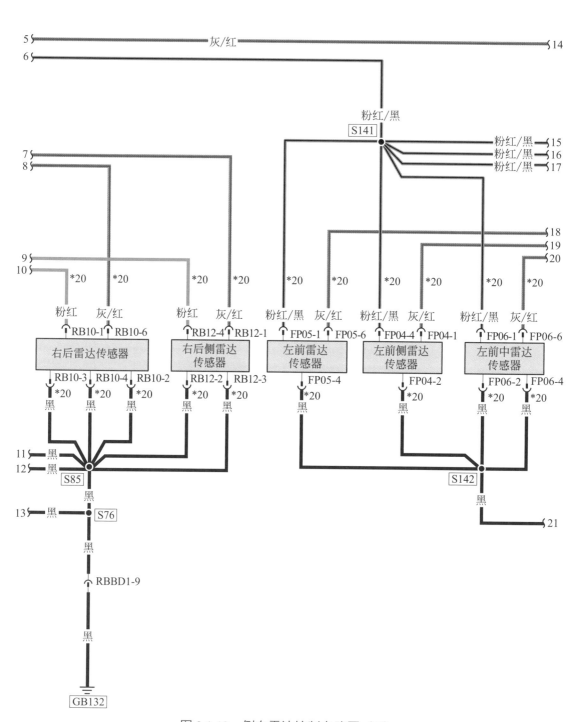

图 2.1-19 倒车雷达控制电路图（五）

（3）诊断前确定故障症状

1）检测故障 使用诊断仪可通过车辆的 OBD 诊断接口读取故障码，根据诊断仪上显示的数据流和故障码，可在不拆卸任何零件的情况下执行读取开关和传感器值功能，能有效地帮助更快解决问题。

2）电气检查确认故障 故障排除中最困难的情况是没有任何症状出现，在这种情况下，必须彻底分析车辆第一时间出现的故障（比如向客户询问发现故障情况），然后模拟与客户车辆出现故障时相同或相似的条件和环境。无论维修技师经验如何丰富、技术如何熟练，如果不确认故障症状就进行故障排除，将会在修理中忽略一些重要的东西，并在某些地方作出错误的猜测，这将导致故障排除无法进行下去。

❶ 检查易于接触或能够看到的系统部件，以查明其是否有明显损坏或存在可能导致故障的情况，包括检查保险丝和总电源情况。

❷ 连接器接头和振动的支点是应该彻底检查的主要部位，检查是否因振动造成连接器插头故障。

❸ 用手指轻轻抖动可能有故障的传感器零件，并检查是否出现故障。

❹ 在垂直和水平方向轻轻摇动连接器。

❺ 在垂直和水平方向轻轻摇动线束。

3）倒车雷达线束连接器 故障诊断和排除要参考前述电路图和雷达控制示意图以及倒车雷达的线束连接器（表 2-4），根据线路情况，作出有效判断。

表 2-4 倒车雷达控制器线束连接器

倒车雷达控制器线束连接器	端子	导线颜色	线别作用（端子定义）
	3	粉红	CAN-H
	4	粉红 / 黑	CAN-L
	6	浅蓝 / 白	LIN 通信线
	9	红 / 黑	IG1 电源
	10	黑	接地

（4）倒车雷达控制器接地电路的检测 按照表 2-5 检测倒车雷达控制器电路，如果不符合表内应测得的电阻结果，那么应该更换该控制器。

表 2-5 倒车雷达控制器接地电路检测

检查部件	万用表检测的两端		检测条件 / 状态	应测得结果
	红色表笔连接	黑色表笔连接		
倒车雷达控制器线束连接器	连接器端子 10	接地	电阻	< 1Ω

（5）倒车雷达控制器的 CAN 通信电路的检测　按照表 2-6 检测倒车雷达控制器的 CAN 通信电路，如果不符合表中应测得 120Ω 左右的结果，那么应该维修或更换线束。

表 2-6　倒车雷达控制器 CAN 通信电路检测

检查部件	图示	万用表检测的两端子		检测条件/状态	应测得结果
		红（黑）色表笔连接	黑（红）色表笔连接		
倒车雷达控制器线束连接器	见表 2-4	连接器端子 3	连接器端子 4	电阻	120Ω 左右

CAN 总线为了抗干扰，在一个网络布局中的两端会安装两个电阻，这个就是终端电阻，该电阻安装在模块内或者导线上（一般大部分安装在模块内）。根据电阻并联的特性，测量 CAN-H、CAN-L 之间的电阻应该是 60Ω 左右，所以终端电阻应该在 120Ω 左右。

如果显示故障码 U2F0488，则代表 CAN 关闭，需要按上述 1）、2）检测线路故障，如果上述检测都没有问题，那么需要更换倒车雷达控制器。

（6）中央网关控制器（CGW）与倒车雷达控制器之间的 CAN 数据通信电路的检测　中央网关控制器（CGW）与倒车雷达控制器之间通信电路见图 2.1-20。

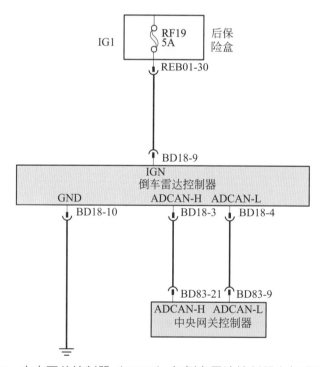

图 2.1-20　中央网关控制器（CGW）与倒车雷达控制器之间通信电路图

断开中央网关控制器线束连接器和倒车雷达控制器线束连接器。按照表 2-7 检测电路，如果不符合表内应测得电阻的结果，那么应该维修或更换线束。

如果电阻值符合检测标准，故障还是显示"与 CGW 丢失通信"，那么这时应检查中央网关控制器的供电接地导线。如果接地正常，那么可以判定故障是中央网关控制器，需要更换解决。

表 2-7　CGW 与倒车雷达控制器之间的 CAN 数据通信电路检测

检查部件	中央网关控制器线束连接器图示	万用表检测的两端子		检测条件/状态	应测得结果
		红（黑）色表笔连接	黑（红）色表笔连接		
倒车雷达控制器线束连接器	ADCAN-L	中央网关控制器线束连接器端子 21	倒车雷达控制器线束连接器端子 3	电阻	< 1Ω
中央网关控制器线束连接器	ADCAN-H	中央网关控制器线束连接器端子 9	倒车雷达控制器线束连接器端子 4	电阻	< 1Ω

划重点

　　如果故障诊断仪执行故障诊断显示"与 CGW 丢失通信"，那么可能存在两种故障，一是网关本身故障，二是 CAN 线路故障。会存在故障码，但故障报警灯不会亮。

（7）检查整车控制器（VCU）与倒车雷达控制器之间的 CAN 数据通信电路　整车控制器与倒车雷达控制器之间的 CAN 数据通信电路见图 2.1-21。

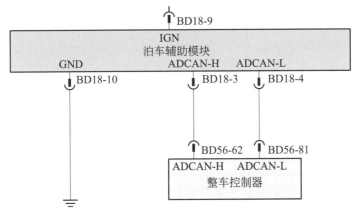

图 2.1-21　VCU 与倒车雷达控制器之间的 CAN 数据通信电路图

断开整车控制器线束连接器和倒车雷达控制器（泊车辅助模块）线束连接器。按照表 2-8 检测电路，如果不符合表内应测得电阻的结果，那么应该维修或更换线束。

如果电阻值符合检测标准，故障还是"整车控制器 VCU 挡位信号丢失"，那么这时应检查整车控制器的供电接地导线。如果接地正常，那么可以判定故障是整车控制器，需更换整车控制器。

表 2-8　VCU 与倒车雷达控制器之间的 CAN 数据通信电路检测

检查部件	VCU 线束连接器图示	万用表检测的两端子		检测条件/状态	应测得结果
		红（黑）色表笔连接	黑（红）色表笔连接		
倒车雷达控制器线束连接器	ADCAN-H	整车控制器线束连接器端子 62	倒车雷达控制器线束连接器端子 3	电阻	$< 1\Omega$
整车控制器（VCU）线束连接器	ADCAN-L	整车控制器线束连接器端子 81	倒车雷达控制器线束连接器端子 4	电阻	$< 1\Omega$

维修提示

（1）整车控制器主要的三大功能

① 控制纯电系统状态，包括高压下电、高压上电、行驶、交流充电、交流放电、直流充电等。

② 不同驾驶模式下的驱动和能量回收转矩控制。

③ 电动系统热管理。

（2）整车控制器主要控制策略

① 根据驾驶员上下电要求，控制高压上下电。

② 根据充电枪连接状态、动力电池状态、大屏充电模式，控制充电流程。

③ 根据驾驶员挂挡动作，进行挡位切换。

④ 根据驾驶员踩加速踏板深度、制动踏板深度、动力电池、电机等部件状态，进行转矩控制。

⑤ 根据驾驶员操作巡航动作，进行巡航控制。

⑥ 根据驾驶员切换大屏驾驶模式、能量回收模式，进行模式切换。

⑦ 根据高压部件温度状态，控制水泵、散热风扇，进行热管理。

⑧ 故障诊断。

（8）中央网关控制器与电子稳定系统驻车控制器之间的 CAN 数据通信电路的检测　中央网关控制器与电子稳定系统驻车控制器之间的 CAN 数据通信电路见图 2.1-22。

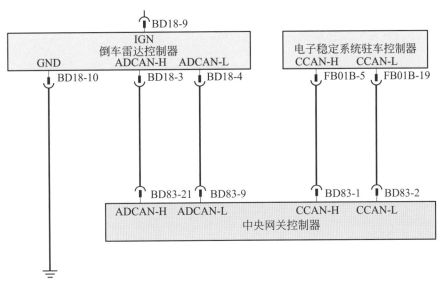

图 2.1-22 中央网关控制器与电子稳定系统驻车控制器之间的 CAN 数据通信电路图

断开电子稳定系统驻车控制器和中央网关控制器线束连接器。按照表 2-9 检测电路，如果不符合表内应测得电阻结果，那么应该维修或更换线束。

表 2-9 中央网关控制器与电子稳定系统驻车控制器之间的 CAN 数据通信电路检测

检查部件	电子稳定系统驻车控制器线束连接器图示	万用表检测的两端子		检测条件/状态	应测得结果
		红（黑）色表笔连接	黑（红）色表笔连接		
中央网关控制器线束连接器	CCAN-H  CCAN-L	中央网关控制器线束连接器端子 1	电子稳定系统驻车控制器线束连接器端子 5	电阻	< 1Ω
电子稳定系统驻车控制器线束连接器		中央网关控制器线束连接器端子 2	电子稳定系统驻车控制器线束连接器端子 19	电阻	< 1Ω

划重点

如果故障诊断仪执行故障诊断显示"ESP 车速信号丢失"，那么这样的故障点检查一般主要有两点，一是电子稳定系统控制器故障，二是 CAN 线路故障。会存在故障码，但故障报警灯不会亮。如果检测中央网关和电子稳定系统驻车控制器以及中央网关和倒车雷达之间线路正常，电子稳定系统驻车控制器接地也正常，那么可以判定电子稳定系统驻车控制器存在故障。

（9）中央网关控制器与组合仪表之间的 CAN 数据通信电路的检测　中央网关控制器与组合仪表之间的 CAN 数据通信电路见图 2.1-23。

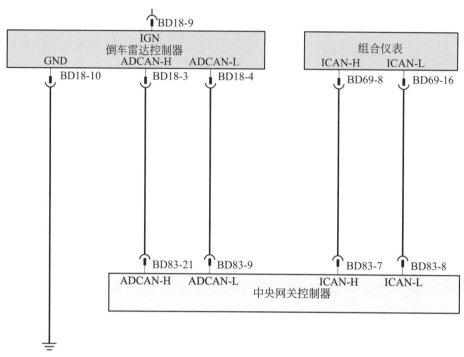

图 2.1-23　中央网关控制器与组合仪表之间的 CAN 数据通信电路图

断开组合仪表线束连接器和中央网关控制器线束连接器。按照表 2-10 检测电路，如果不符合表内应测得电阻的结果，那么应该维修或更换线束。

表 2-10　中央网关控制器与组合仪表之间的 CAN 数据通信电路检测

检查部件	组合仪表线束连接器图示	万用表检测的两端子		检测条件/状态	应测得结果
		红（黑）色表笔连接	黑（红）色表笔连接		
中央网关控制器线束连接器	ICAN-H	中央网关控制器线束连接器端子 7	组合仪表线束连接器 8	电阻	< 1Ω
组合仪表线束连接器	ICAN-L	中央网关控制器线束连接器端子 8	组合仪表线束连接器 16	电阻	< 1Ω

（10）中央网关控制器与 T-Box 之间的 CAN 数据通信电路的检测　中央网关控制器与中控大屏主机（T-Box）之间的 CAN 数据通信电路见图 2.1-24。

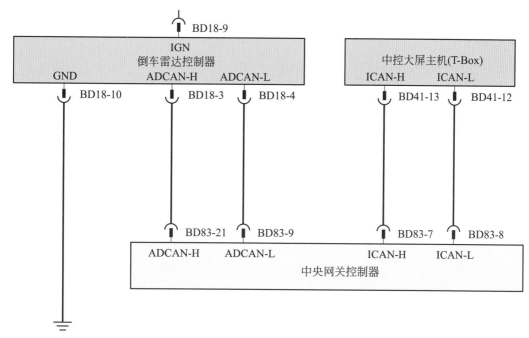

图 2.1-24 中央网关控制器与 T-Box 之间的 CAN 数据通信电路图

如果故障显示是"中央控制大屏主机（T-Box）时间信号丢失"，那么主要应检查 T-Box 和 CAN 线路。

断开中央控制大屏主机（T-Box）线束连接器和中央网关控制器线束连接器。按照表 2-11 检测电路，如果不符合表内应测得电阻的结果，那么应该维修或更换线束。

如果 T-Box 和 CAN 线路之间也正常，检查倒车雷达和网关之间电路没有问题，则需要检查中控大屏主机（T-Box）的供电接地电路。如果接地正常，那么可以判定是中控大屏主机（T-Box）故障，则需要更改该主机。

表 2-11 中央网关控制器与 T-Box 之间的 CAN 数据通信电路的检测

检查部件	T-BOX 线束连接器图示	万用表检测的两端子		检测条件/状态	应测得结果
		红（黑）色表笔连接	黑（红）色表笔连接		
中央网关控制器线束连接器	ICAN-L	中央网关控制器线束连接器端子 7	T-BOX 线束连接器 13	电阻	< 1Ω
T-Box 线束连接器	ICAN-H	中央网关控制器线束连接器端子 8	T-BOX 线束连接器 12	电阻	< 1Ω

（11）左后雷达传感器与左后中部雷达传感器之间的导线是否断路的检测 左后雷达传感器和左后中部雷达传感器电路图见图 2.1-25。

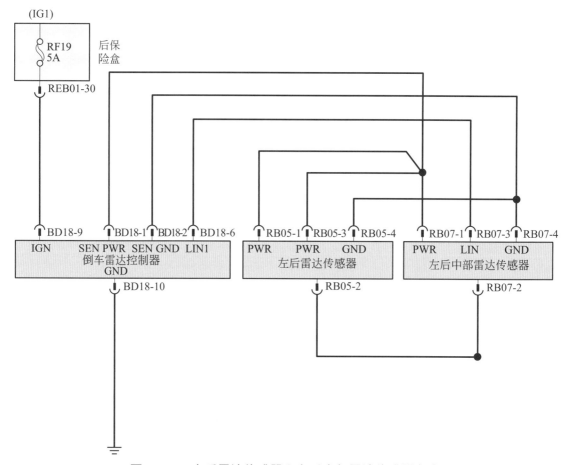

图 2.1-25 左后雷达传感器和左后中部雷达传感器电路

如果是后雷达故障，主要是雷达本身故障和 LIN 线故障。以左后雷达为例，执行以下检测（见图 2.1-26）。

断开左后雷达传感器和左后中部雷达传感器的线束连接器。按照表 2-12 检测电路，如果不符合表内应测得电阻的结果，那么应该维修或更换线束。

图 2.1-26 左后雷达传感器

表 2-12 左后雷达传感器和左后中部雷达传感器电路检测

检查部件		万用表检测的两端子		检测条件/状态	应测得结果
		红（黑）色表笔连接	黑（红）色表笔连接		
左后雷达传感器	左后中部雷达传感器	左后雷达传感器线束连接器端子 2	左后中部雷达传感器线束连接器端子 2	电阻	< 1Ω

检查左后雷达传感器与倒车雷达控制器之间的线路是否断路。先断开左后雷达传感器线束连接器，同时断开倒车雷达控制器线束连接器。再按照表 2-13 检测电路，如果不符合表内应测得电阻的结果，那么应该维修或更换线束。

表 2-13 左后雷达传感器与倒车雷达控制器之间的线路检测

检查部件		万用表检测的两端子		检测条件/状态	应测得结果
		红（黑）色表笔连接	黑（红）色表笔连接		
左后雷达传感器线束连接器	倒车雷达控制器线束连接器	左后雷达传感器线束连接器端子 1	倒车雷达控制器线束连接器端子 1	电阻	< 1Ω
		左后雷达传感器线束连接器端子 3	倒车雷达控制器线束连接器端子 1	电阻	< 1Ω
		左后雷达传感器线束连接器端子 4	倒车雷达控制器线束连接器端子 2	电阻	< 1Ω

划重点

如果故障诊断仪执行故障诊断并显示"与后左超声波雷达通讯故障"或者"后左超声波雷达故障"。重点应该检查雷达本身和 LIN 线是否存在故障。如果按照表 2-12、表 2-13 检查线路无异常，那么直接更换雷达传感器即可排除故障。这是以左后雷达例举，其余后雷达遇到这样故障，使用同样方法排除。

（12）左后中部雷达传感器与倒车雷达控制器之间的 LIN 通信电路是否断路的检测 断开倒车雷达控制器线束连接器和左后中部雷达传感器线束连接器，按照表 2-14 检测电路，如果不符合表内应测得电阻结果，那么应该维修或更换线束。

（13）雷达传感器与倒车雷达控制器之间的电源电路是否短路的检测 车辆下电，断开倒车雷达控制器线束连接器，同时断开左后 / 左后中部 / 右后中部 / 右后雷达传感器线束连接器，然后再上电。这时，按照表 2-15 检测电路，如果不符合表内应测得的结果，那么应该维修或更换线束。

表 2-14　左后中部雷达传感器与倒车雷达控制器之间的 LIN 通信电路检测

检查部件	图示	万用表检测的两端子		检测条件/状态	应测得结果
		红（黑）色表笔连接	黑（红）色表笔连接		
左后中部雷达传感器线束连接器	—				
倒车雷达控制器线束连接器	LIN通信线	倒车雷达控制器线束连接器端子 6	左后中部雷达传感器线束连接器端子 3	电阻	＜1Ω

表 2-15　雷达传感器与倒车雷达控制器之间的电源电路检测

检查部件	图示	万用表检测的两端子		检测条件	检测状态	应测得结果
		红色表笔连接	黑色表笔连接			
倒车雷达控制器线束连接器	见表 2-4	倒车雷达控制器线束连接器端子 1	车身接地	上电状态	电压	0V

维修提示

高压下电是指通过控制高压回路继电器的动作，切断高压部件的供电电源，使高压回路处于断开状态，保证正常安全。紧急下电操作是维修比较常用的一种下电方式。

（1）下电操作

① 正常下电操作：停车，挂 P 挡，松开安全带，离车，按钥匙锁车，进入正常下电流程。

② 紧急下电操作：长按顶棚紧急下电按钮 5s 以上，进入紧急下电流程。若需再次上电，踩制动即可。

（2）高压下电过程

① 高压下电发起：用户离车，关车门，闭锁，车身控制模块识别到用户的下电意图，断掉 KI15 继电器，整车控制器识别到该信号，认为整车有下电需求。

② 负载关闭：整车控制器识别到整车下电需求后，会先关掉整车负载，让 DC/DC、压缩机、PTC 停机。

③ 高压回路断开：待确认负载停机后，整车控制器发起高压下电请求，电池管理器执行下电动作，断开高压主回路，待高压继电器断开后，整车控制器发送主动放电指令给电机控制器，电机控制器在一定时间内将高压回路的电压降低在安全电压范围以内。当电压小于安全电压值时，停止主动放电，靠被动放电将回路剩余的电量消耗掉。

④ 低压回路断开：主动泄放完成后，整车控制器会断开主继电器，此时高压系统各部件将进入休眠状态，待整车网路上满足休眠条件，VCU 进入休眠状态。

上下电控制原理示意图如图 2.1-27 所示。

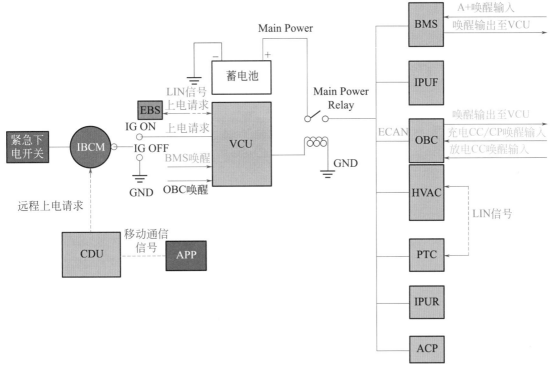

图 2.1-27 上下电控制原理示意图

（14）雷达传感器与倒车雷达控制器之间的电路是否短路到接地的检测 按照表 2-16 检测电路，如果不符合表内应测得电阻大于 10kΩ 的结果，那么应该维修或更换线束。

表 2-16 雷达传感器与倒车雷达控制器之间的电路是否短路到接地的检测

检查部件	图示	万用表检测的两端子		检测条件	检测状态	应测得结果
		红色表笔连接	黑色表笔连接			
倒车雷达控制器线束连接器	见表 2-4	倒车雷达控制器线束连接器端子 1	车身接地	下电状态	电阻	＞ 10kΩ
		倒车雷达控制器线束连接器端子 2	车身接地	下电状态	电阻	＞ 10kΩ

划重点

　　如果我们倒推这个故障诊断：出现雷达传感器与倒车雷达控制器之间的电路短路到接地、雷达传感器与倒车雷达控制器之间的电路短路到电源的故障，那么故障诊断仪一般会显示"超声波雷达供电电压过压"或者"超声波雷达供电电压欠压"，这时电压会大于 16V，或者小于 9V，是个异常电压。如果检测倒车雷达控制器电源线路正常，则故障一般出现在倒车雷达控制器本身，应更换倒车雷达控制器。

12. 雷达拆卸

超声波雷达一般安装在前后保险杠上，拆下保险杠便可以拆下雷达（图 2.1-28）。

(a) 保险杠正面看见的雷达

(b) 雷达传感器插头

(c) 雷达传感器线束及插头

(d) 保险(背面)安装的雷达

(e) 雷达传感器外观

图 2.1-28　超声波雷达传感器

三、毫米波雷达

毫米波雷达具有同时探测距离、水平角度及速度三个参数的能力。在智能网联汽车上前雷达用于自适应巡航控制（ACC）、自动紧急制动（AEB）、前向碰撞预警（FCW）；后雷达用于盲区监测（BSD）、车道变道辅助（LCA）、后向碰撞预警（RCW）、车门开启预警（DOW）、后方交通穿行提示（RCTA）。雷达部分应用场景见图2.1-29、图2.1-30。

图 2.1-29　毫米波雷达应用于自适应巡航

图 2.1-30　毫米波雷达应用于盲区监测

1. 毫米波雷达相关术语和要求

（1）毫米波雷达模组　毫米波雷达模组（Millimeter-Wave Radar Module）：通过毫米波雷达模组信号发送接收，可以完成目标的速度、角度、位置识别的装置。（这是中国汽车工业协会的团体标准《车载毫米波雷达模组检测方法》中对毫米波雷达模组的定义。）

（2）毫米波雷达探测范围　上海市地方标准《车载毫米波雷达技术要求及测试方法》中规定毫米波雷达水平探测范围、垂直探测范围、速度范围，以及单目标检测精度，均能够实现相关 ADAS 功能要求的探测能力范围。

❶ 距离精度：单目标检测距离能够实现相关 ADAS 功能要求的目标距离识别精度，目标的准确上报率不低于90%。

❷ 角度精度：单目标检测角度能够实现相关 ADAS 功能要求的目标角度识别精度，目标的准确上报率不低于90%。

❸ 速度精度：单目标检测速度能够实现相关 ADAS 功能要求的目标速度识别精度，目

标的准确上报率不低于90%。

（3）毫米波雷达使用频段　车载毫米波的使用频段涉及24GHz、77GHz。

国际频率登记委员会（IFRB）根据不同波段电磁波的特性尽量合理地将不同频段分配给不同的领域，使有害的干扰减至最小，保证在特别拥挤的无线电频段中应用尽可能多的无线电路，并规定了相关领域的使用频段。在毫米波频段中，24GHz是国际通用的ISM频段，即工业（Industrial）、科学（Scientific）和医学（Medical）领域使用（60GHz在部分国家也属于ISM频段）；而76～77GHz则是专门划归车载应用使用的频段，这也就是我们常见的车载毫米雷达，主要都是24GHz或77GHz的原因。频段为79GHz的更远程的毫米波雷达很可能在未来的智能网联汽车中应用。

知识链接

车内生命体监控系统（图2.1-31）是利用安装在车内的79GHz毫米波雷达，在驾驶员离开或锁定车辆后，持续感应车内的生命体和活动物体。若在车内有生命体，如儿童、宠物被遗留，该系统会通过车联网、5G云端大数据平台等渠道，发送报警信息给驾驶员和管理平台，同时亦可启动车辆的应急处理系统，如开启通风、开启车窗、声光报警等，从而有效地避免因为被遗留在车内造成的生命安全风险。

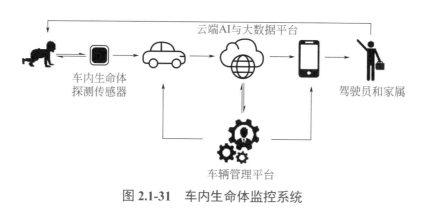

图2.1-31　车内生命体监控系统

我国标准GB/T 36654—2018《76GHz车辆无线电设备射频指标技术要求及测试方法》也规定车辆无线电设备的频率适用范围是76～77GHz。

目前欧盟已经在逐步取代24GHz车载毫米波雷达（短距离毫米波雷达≤60m），新出厂车型需转为77GHz毫米波雷达（10m＜长距离毫米波雷达≤250m），而现有24GHz毫米波雷达可以在生命周期内正常使用。我国5G建设目前采用4.9GHz频段，对24GHz毫米波雷达没有影响。

除了频段分配的原因，同功率水平下24GHz收发天线较77GHz雷达更大，增加24GHz毫米波雷达探测距离会使得整个雷达体积偏大。此外，24GHz电磁波更长的波长有更好的绕行能力，受气候等因素影响更小。但同时指向性会变得更差，角分辨率会受到影响。24GHz毫米波雷达在长距离上对目标位置的判断，有可能会出现偏离车道的误差，这样，探测的意义也就不大了。因此，长距离毫米波雷达普遍选择77GHz。

知识链接

　　电磁波频段作为一种稀缺资源，对车载毫米波雷达频段选择影响最大的，仍然是各国法规的限制。IFRB 国际频率登记委员会的分配并非强制，各国会根据国情制定更为细化的法规，保证在拥挤的无线电中拥有尽量多的电路，同时减少相互之间的干扰。因此在不同国家和地区，对毫米波雷达频段的选择也可能略有差异。

2. 毫米波雷达技术特点

　　❶ 毫米波雷达测距、测速精度高，远距离仍然可以精确遥感。

　　❷ 距离分辨率和带宽相关。毫米波技术的角度分辨率的提高需要添加更多的收发单元以及使用更高的带宽，现在主要受限于（高宽带硬件成本较高）毫米波芯片、处理器以及频率资源。当使用高带宽，也可以实现更高分辨率的应用。

3. 毫米波雷达的安装位置

　　24GHz 的毫米波雷达测量距离较短，主要应用于汽车后方，如开门预警（图 2.1-32）；77GHz 的毫米波雷达测量距离较长，主要应用于汽车前方和两侧（图 2.1-33）。24GHz 与77GHz 的特点及应用见表 2-17。

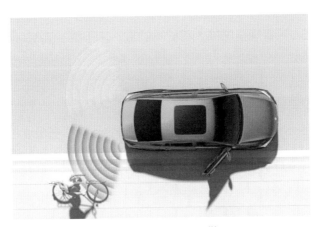

图 2.1-32　开门预警

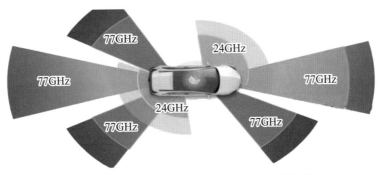

图 2.1-33　不同车辆位置的毫米波雷达频段

表 2-17　毫米波雷达安装在车上的系统

频段 /GHz	特点		在车上主要应用的系统
24	①探测距离短，探测角度大 ②穿透能力弱，精度相对低 ③车速上限 150km/h	1	盲区监测 BSD
		2	车道偏离预警 LDW
		3	车道保持辅助 LKA
		4	泊车辅助 PA
		5	车道变道辅助 LCA
		6	倒车辅助 RCA
77	①探测距离长，探测角度小 ②穿透能力强，精度高 ③车速上限 250km/h ④体积相对更小	1	自适应巡航控制 ACC
		2	自动紧急制动 AEB
		3	前向碰撞预警 FCW

77GHz 雷达由于其体积较小，更容易实现单芯片的集成，且具有更高的识别精度、更高的信噪比以及更强的穿透能力，已经成为毫米波雷达行业的主流。

 知识链接

根据美国 FCC 和欧洲 EST 规划，24GHz 的宽频段（21.65～26.65GHz）会在 2022 年过期。因此，随着规模的扩大和成本的进一步下降，77GHz 将成为毫米波雷达未来市场的发展趋势。

4. 毫米波雷达结构原理与性能

（1）结构原理　毫米波雷达和传统的雷达有相同的结构。毫米波雷达工作原理是通过天线向外发射毫米波，并接收目标反射信号，通过对信号进行对比和处理，最终完成对目标的分类识别。毫米波雷达外部结构见图 2.1-34。

图 2.1-34　毫米波雷达外部结构

毫米波雷达的功能主要包括雷达射频、接收和信号处理。前端收发组件 MMIC 是毫米波雷达的核心部分，负责毫米波信号的调制、发射、接收以及回波信号的解调。收发组件包含了放大器、振荡器、开关、混频器等多个电子元器件。毫米波雷达整体结构见图 2.1-35。

印制电路板（PCB）内部有 ASIC 芯片，芯片里面集成了一个安全控制器。毫米波雷达 PCB（正面和背面）如图 2.1-36 所示，雷达 PCB 板主要包括一个带双核浮点的 MCU 和一个

Radar ASIC 芯片，可进行控制和自我诊断的独立的前置放大器，SiGe MMIC 的单元和 PLL 单元，具有四个混频器的 SiGe ASIC（MRX），用于接收信号。

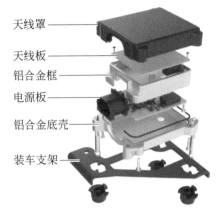

图 2.1-35　毫米波雷达整体结构

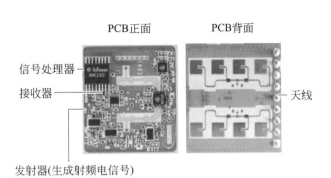

图 2.1-36　毫米波雷达 PCB

　　毫米波雷达 PCB 的背面是天线，用于发射和接收毫米波，如图 2.1-37 所示的微带阵列，在印刷电路 PCB 板上，铺上微带线，形成微带贴片天线。

　　毫米波雷达在工作状态下，发射模块通过天线将电信号（电能）转化为电磁波发出；接收模块接收到射频信号后，将射频电信号转换为低频信号；再由信号处理模块从信号中获取距离、速度和角度等信息。毫米波雷达工作示意图见图 2.1-38。

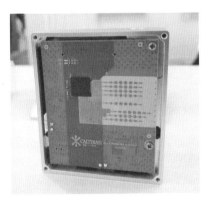

图 2.1-37　毫米波雷达天线（PCB 背面）

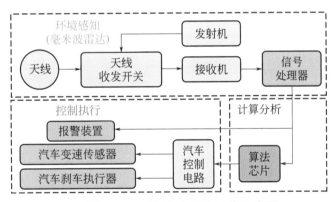

图 2.1-38　毫米波雷达工作示意图

知识链接

　　从硬件上看，传统的雷达和毫米波雷达均包含天线和射频前端、中频电路、模数转换电路和数字信号处理模块以及对外通信数据总线。其中，天线和射频前端的作用是产生、发送和接收毫米波无线电信号。接收到的信号经过下变频，被中频电路调理放大，经模数转换器转换为数字信号供数字信号处理模块处理，解算出目标的距离、速度和方位角，这些信息会被进一步处理以满足汽车应用的要求。和传统雷达相比，车载雷达的探测距离相对较短、距离分辨率更高、对速度的探测精度要求更高。

相比于光波，毫米波的波长较长，所以毫米波可以轻易穿过尺寸比其波长小的障碍物。例如，毫米波可以穿过 6mm 水珠（电场分布见图 2.1-39），这个特点使得车载毫米波雷达具有全天候的特性，不易受到雨水、大雾的干扰。

图 2.1-39　毫米波穿过直径 6mm 的水珠时的电场分布

绝大多数的车载毫米波雷达都是基于线性调频波（FMCW）的原理，如图 2.1-40 所示。发射机发射一个频率随时间线性变化的调频波，并同时把发射的信号和接收的信号混频，由于接收到的信号是由目标反射造成的，所以相比于发射信号存在时延。因此，在同一个时刻，发射信号和接收到的信号的频率是不同的。通过识别这个频率差我们可以判断目标物体的距离。

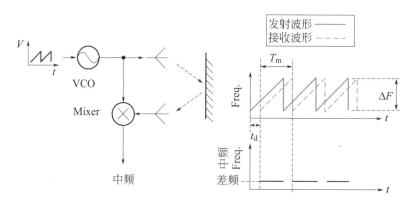

图 2.1-40　毫米波雷达 FMCW 调制方式原理

（2）毫米波雷达性能　下述列举几个知名汽车配件生产厂的主要毫米波雷达产品技术参数的例子，各产品在毫米波雷达技术路线上各有不同（见表 2-18）。

❶ 博世公司的毫米波雷达产品主要以 76 ～ 77GHz 为主，产品技术先进，主要包括MRR（中距离）和 LLR（远距离）两个系列，其中 LLR4 产品最大探测距离可以达到 250m，在同类产品中处于领先位置。

❷ 德国大陆公司的毫米波雷达产品全面覆盖 24GHz 和 77GHz 两个频率，且以 77GHz产品为主，产品类别丰富，包括 ARS441、ARS510、SRR520、SRR320 等多个系列。ARS441 远程毫米波雷达的最大探测距离可以达到 250m，在同类产品中领先。大陆公司的毫米波雷达产品的探测视角在对比中也较为突出。

❸ 海拉公司同样也是毫米波雷达的最大的供应商之一。其实早在 2004 年，海拉的第一代 24GHz 毫米波雷达即进行量产。目前海拉的毫米波产品主要以 24GHz 为主，其是市场上的重要生产商。

❹ 德尔福公司的毫米波雷达产品也主要以 77GHz 产品为主，从探测距离上来看主要以中近程为主。

表 2-18　例举生产厂毫米波雷达产品技术参数

生产厂	毫米波雷达（产品/型号）	主要频率/GHz	最大探测距离/m	探测视角	刷新率/ms
博世	LLR 远程	77	250	±6°（200m）、±10°（100m）、±15°（30m）、±20°（5m）	60
	MRR 中程前向	77	160	±6°（160m）、±9°（100m）、±10°（60m）	60
	MRR 中程后向	77	80	±5°（70m）、±75°（近距离）	60
大陆	ARS441 远程	77	250	±9°（250m）、±45°（70m）、±75°（20m）	60
	ARS510 远程	77	200	±4°（200m）、±9°（120m）、±45°（40～70m）	55
	SRR520 近程	77	100	±90°	50
	SRR320 近程	24	95	±75°	40
海拉	24GHz 雷达	24	70	±82.5°	50
德尔福	ESR 2.5	77	175	±10°（175m）、±45°（60m）	50
	MRR 中程	77	160	±45°	50
	SRR 2 近程	77	80	±75°	50

5. 4D 成像毫米波雷达

毫米波雷达是技术相当成熟的感知硬件，各大相关业务公司不断研究开发分辨率更高、同时具备俯仰角分辨率的毫米波雷达，可以实现对距离、速度、水平、俯仰 4D 空间的高分辨率成像，这也就是 4D 成像毫米波雷达。传统的毫米波雷达具有同时探测距离、水平角度及速度三个参数的能力，在增加高度信息后便被称为 4D 毫米波雷达。而 4D 成像毫米波雷达则同时还追求更高的分辨率，保证能够区分目标是机动车、非机动车还是行人等。目前华为公司、德国大陆公司都已发布了 4D 成像毫米波雷达。以华为 4D 成像毫米波雷达为例，这款雷达采用了 12 个发射通道，24 个接收通道，整体具备 12×24，也就是 288 通道，比常规毫米波雷达 3 发 4 收的天线配置整整提升了 24 倍。比典型的成像雷达也多出了一半的接收通道，这是短期可量产的最大天线配置成像雷达。

华为大阵列毫米波雷达带来的好处是，水平视场从 90° 提升到了 120°，垂直视场从 18° 提升到了 30°，同时还将探测距离从 200m 提升到了 300m。虽然点云密度和分辨率尚不能与激光雷达相比，但覆盖范围已经超越了绝大多数车载激光雷达。同时还具备毫米波雷达独有的全天候及同时测速的优势。

华为 4D 成像毫米波雷达的另一个独特的优势在于非视距感知，简单来说就是能看到被前车挡住的前前车位置与速度。不论是摄像头还是激光雷达，对目标的探测都限制在视距范围内，毫米波更长的波长使其具备了一定的多径传播现象，华为 4D 成像毫米波雷达可以穿过前车车底，接受被遮挡的 1～2 台车的反射波。

虽然说毫米波雷达本身技术门槛并不很高，但毫米波雷达芯片组技术还是关键，不论是德国大陆公司 4D 成像毫米波雷达 ARS540（安装在宝马纯电动 SUVix 中）还是华为 4D 成像毫米波雷达，从公布的技术手段和性能来看都有了颠覆性的提高。同时，目标的识别、跟踪方式也成为技术突破重点。

6. 毫米波雷达故障诊断与检测

毫米波雷达安装在保险杠侧角、中网格栅内、保险杠牌照架下侧位置（图 2.1-41、图 2.1-42）、车灯内、车标位置（毫米波雷达车标）等多种位置。随着智能网联汽车的自动驾驶级别的提高，雷达的数量增多，可能未来如翼子板区域、车门、B 柱板侧等都有可能安装毫米波雷达或者激光雷达等感知传感器。

图 2.1-41　毫米波雷达位置（红旗）

图 2.1-42　毫米波雷达位置（领克）

目前市场上常见的车载毫米波雷达一般是安装在保险杠侧角和保险杠牌照架下侧位置，以智能网联汽车小鹏 P7 为例，该毫米波雷达系统安装在前后保险杠的四个侧角位置（图 2.1-43），用于前 / 后侧来车预警及辅助等系统功能。

（1）诊断前确定故障症状

1）检测故障　使用诊断仪可通过车辆的 OBD 诊断接口读取故障码，根据诊断仪上显示的数据流和故障码，可在不拆卸任何零件的情况下执行读取开关和传感器值功能，有效帮助更快地解决问题。

2）电气检查确认故障 进行与"倒车雷达故障诊断与检测"中"电气检查确认故障"事项相同的检查和确实事项（见第二章第一节中的"倒车雷达故障诊断与维修"）。

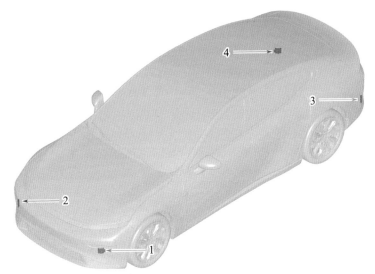

图 2.1-43 毫米波雷达安装位置

（2）毫米波雷达控制原理

1）监测预警 以盲区监测预警系统为例，当驾驶员有转向倾向（如拨动转向灯开关或转动方向盘）时，如果转向侧的外后视镜盲区内存在目标物，或者转向侧的后方探测到有快速接近的目标物时，对应侧后视镜上盲区监测指示灯闪烁提示报警，避免危险发生。对于如图 2.1-43 所示的毫米波雷达而言，BSD 系统能够探测到的目标物包括小汽车、卡车、尺寸大于 2m 长 0.7m 宽的摩托车等。

2）报警条件 当驾驶员有转向倾向且以下任一条件满足时，BSD 功能会向驾驶员发出预警，见表 2-19。

❶ 转向侧的外后视镜盲区内存在目标物，且目标物运动的时间超过 300ms；目标物速度比本车快，目标物从后方接近本车，相对速度≤ 4.0m/s，TTC ≤标定值。

❷ 转向侧的外后视镜盲区内存在目标物，且目标物运动的时间超过 300ms；目标物速度比本车慢，本车从前方超过目标物，相对速度≤ 4.0m/s，TTC ≤标定值。

❸ 转向侧的后方快速接近车辆的最大探测范围内存在目标物，且目标物运动的时间超过 300ms；目标物速度比本车快，目标物从后方接近本车，且目标物与本车的相对距离小于表 2-19 中的阈值。

表 2-19 快速接近目标物与本车的相对距离的 BSD 报警阈值

后方快速接近的车辆与本车的相对速度 /（m/s）	BSD 报警 TTC 阈值 /s
10	2.5
15	3.0
20	3.5

维修提示

当以上条件均不满足时，BSD 系统会在 1s 内解除报警。

3）控制原理　系统的覆盖区（指受 BSD 监测的整个区域）由特定区域子集组成。BSD 的软件集成在左/右后向毫米波雷达中。BSD 通过左/右后向毫米波雷达探测本车侧后方的车辆。左/右后向毫米波雷达通过 CCAN 接收 ESP、EPS、VCU、BCM 发出的信号，通过 SCAN2 接收 SCU 转发的信号，SCU 通过 BCA 接收 CDU 发出的信号；通过 SCAN2 发送信号给 SCU，SCU 通过 BCAN 转发给 CDU。毫米波雷达控制原理图见图 2.1-44。

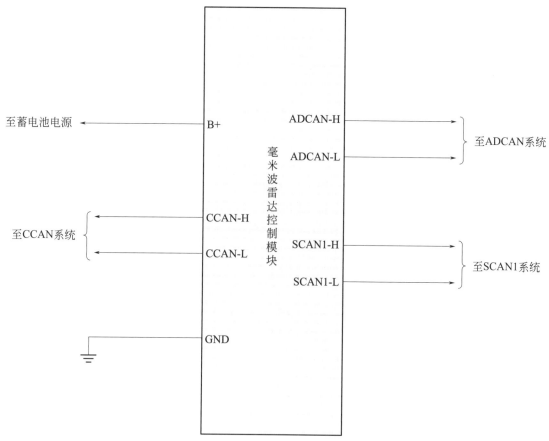

图 2.1-44　毫米波雷达控制原理示意图

（3）电路图识读　电路图识读样图见图 2.1-13、图 2.1-14。

（4）毫米波雷达电路图　毫米波雷达电路图见图 2.1-45、图 2.1-46。

（5）毫米波雷达线束连接器　故障诊断和排除要参考上述毫米波雷达电路图和毫米波雷达控制原理示意图，以及如表 2-20 所示的毫米波雷达的线束连接器，根据线路情况，作出有效判断。

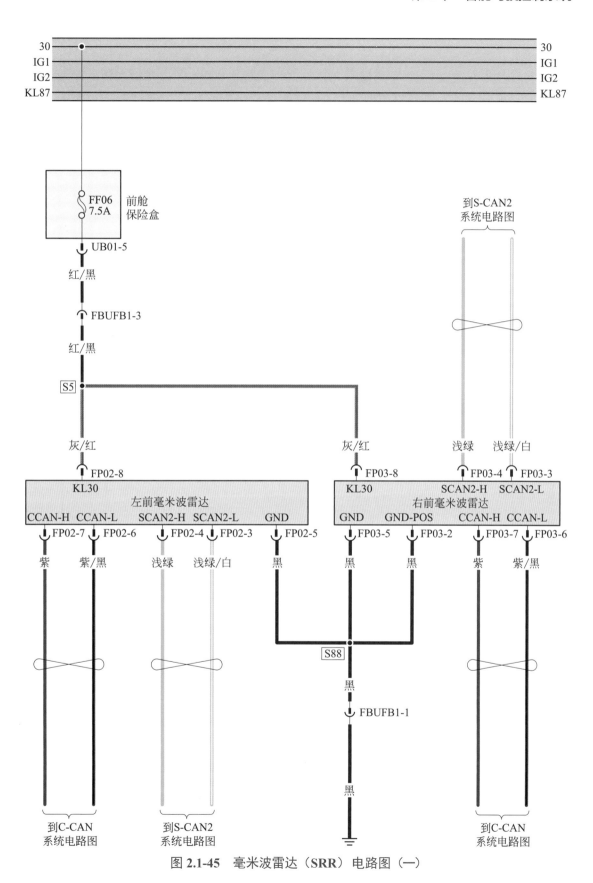

图 2.1-45 毫米波雷达（SRR）电路图（一）

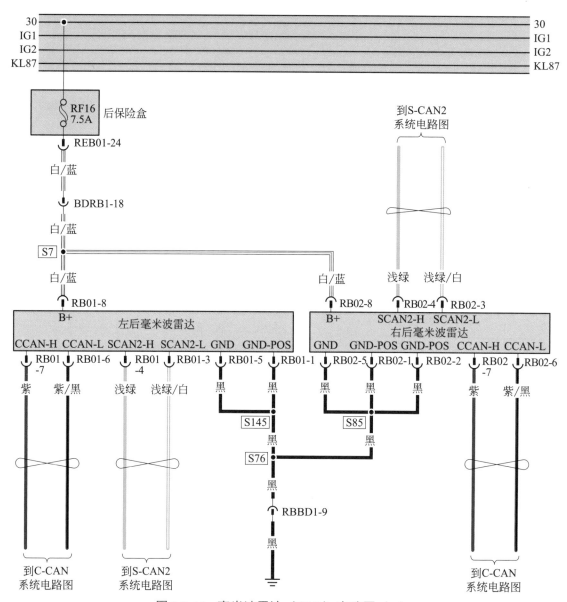

图 2.1-46 毫米波雷达（SRR）电路图（二）

表 2-20 毫米波雷达控制器线束连接器

毫米波雷达线束连接器	端子	导线颜色	线别作用（端子定义）
	3	浅绿 / 白	SCAN2-L（CAN-L）
	4	浅绿	SCAN2-H（CAN-H）
	5	黑	接地
	6	紫 / 黑	CCAN2-L（CAN-L）
	7	紫	CCAN2-H（CAN-H）
	8	灰 / 红	电源（供电）

（6）毫米波雷达电源和接地电路的检测

1）左前毫米波雷达电路图　见图 2.1-47。

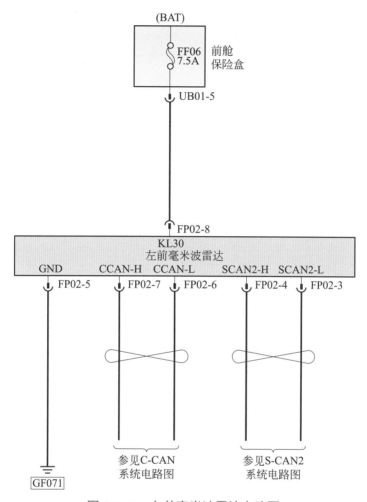

图 2.1-47　左前毫米波雷达电路图

2）毫米波雷达电源电路的检测　以左前毫米波雷达为例，检测其电源电路。先执行车辆下电程序，断开左前毫米波雷达线束连接器，然后再执行车辆上电程序。按照表 2-21 检测电路，如果不符合表内应测得电压的结果，那么应该维修或更换线束。

表 2-21　左前毫米波雷达电源电路的检测

检查部件			万用表检测的两端子		检测条件	状态	应测得结果
部件名称	代号	图示	红色表笔连接	黑色表笔连接			
左前毫米波雷达线束连接器	FP02	表 2-20 中的图	左前毫米波雷达线束连接器 FP02 端子 8（FP02/8）	车身接地	上电	电压	14V

3）毫米波雷达接地电路的检测　断开左前毫米波雷达线束连接器。按照表 2-22 检测电

路，如果不符合表内应测得电阻的结果，那么应该维修或更换线束。

表 2-22　左前毫米波雷达接地电路的检测

检查部件			万用表检测的两端子		检测条件	状态	应测得结果
部件名称	代号	图示	红色表笔连接	黑色表笔连接			
左前毫米波雷达线束连接器	FP02	表 2-20 中的图	FP02/5	车身接地	下电	电阻	< 1Ω

如果故障显示"过压"或"欠压"（通常大于 16V，或者小于 9V 的异常电压），而上述毫米波雷达电源电路和接地电路都没有问题，那么，可以判定是毫米波雷达本身故障。应更换毫米波雷达并进行匹配标定。

（7）毫米波雷达的 CAN 通信电路的检测

1）左前毫米波雷达电路图　见图 2.1-45。

2）左前毫米波雷达的 CAN 通信电路的检测　以左前毫米波雷达为例，检测其 CAN 通信电路。先执行车辆下电程序，再断开左前毫米波雷达线束连接器。按照表 2-23 检测电路，如果终端电阻不在 120Ω 左右，那么应该维修或更换线束。

表 2-23　左前毫米波雷达的 CAN 通信电路的检测

检查部件			万用表检测的两端子		检测条件	状态	应测得结果
部件名称	代号	图示	红（黑）色表笔连接	黑（红）色表笔连接			
左前毫米波雷达线束连接器	FP02	表 2-20 中的图	FP02/6	FP02/7	下电	电阻	120Ω 左右

如果故障诊断仪显示"CAN 关闭"，而上述左前毫米波雷达的 CAN 通信电路检测也正常，这时需要检查左前毫米波雷达的供电接地线路。如果前两项检测均正常，可以判定是毫米波雷达本身故障，应更换毫米波雷达并进行匹配标定。

（8）整车控制器与毫米波雷达之间的 CAN 数据通信电路的检测

1）整车控制器与左前毫米波雷达之间的 CAN 数据通信电路图　见图 2.1-48。

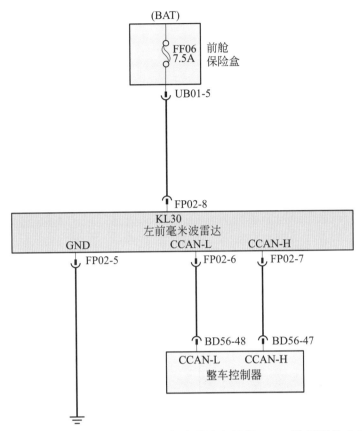

图 2.1-48　整车控制器与左前毫米波雷达之间的 CAN 数据通信电路图

2）整车控制器与左前毫米波雷达之间的 CAN 数据通信电路的检测　以左前毫米波雷达为例，检测其与整车控制器之间 CAN 通信电路。先执行车辆下电程序，再断开左前毫米波雷达线束连接器和整车控制器线束连接器。按照表 2-24 检测电路，如果不符合应测得结果，那么应该维修或更换线束。

表 2-24　整车控制器与左前毫米波雷达之间的 CAN 数据通信电路的检测

检查部件			万用表检测的两端子		检测条件	状态	应测得结果
部件名称	代号	图示	红（黑）色表笔连接	黑（红）色表笔连接			
左前毫米波雷达线束连接器	FP02	表 2-20 中的图	FP02/6	BD56/48	下电	电阻	< 1Ω
整车控制器线束连接器	BD56	CCAN-H CCAN-L	FP02/7	BD56/47	下电	电阻	< 1Ω

　　如果故障诊断仪显示"与 VCU 丢失通信"和"VCU 相关报文计数器错误"或"VCU 相关报文校验和错误"，而整车控制器与左前毫米波雷达之间的 CAN 数据通信也正常，这时需要检查整车控制器的供电接地线路。如果这两项检测均正常，可以判定是整车控制器本身故障，应更换整车控制器。

　　（9）电子稳定系统驻车控制器与毫米波雷达之间 CAN 数据通信电路的检测

　　1）电子稳定系统驻车控制器与左前毫米波雷达之间的 CAN 数据通信电路图　　见图 2.1-49。

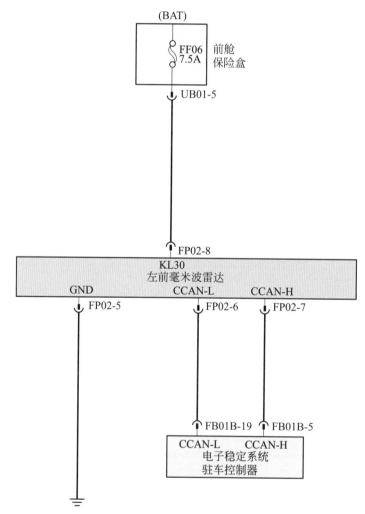

图 2.1-49　电子稳定系统驻车控制器与左前毫米波雷达之间的 CAN 数据通信电路图

　　2）电子稳定系统驻车控制器与左前毫米波雷达之间 CAN 数据通信电路的检测　　以左前

毫米波雷达为例，检测电子稳定系统 ESP 驻车控制器与左前毫米波雷达之间的 CAN 数据通信电路。先执行车辆下电程序，再断开电子稳定系统驻车控制器线束连接器、左前毫米波雷达线束连接器。按照表 2-25 检测电路，如果不符合应测得结果，那么应该维修或更换线束。

表 2-25　电子稳定系统驻车控制器与左前毫米波雷达之间的 CAN 数据通信电路的检测

检查部件			万用表检测的两端子		检测条件	状态	应测得结果
部件名称	代号	图示	红（黑）色表笔连接	黑（红）色表笔连接			
左前毫米波雷达线束连接器	FP02	表 2-20 中的图	FP02/6	FB01B/19	下电	电阻	< 1Ω
电子稳定系统驻车控制器线束连接器	FB01B	CCAN-H CCAN-L	FP02/7	FB01B/5	下电	电阻	< 1Ω

划重点

　　如果故障诊断仪诊断显示"与 ESP 丢失通信"，那么故障一般主要有两点，一是电子稳定系统 ESP 驻车控制器故障，二是 CAN 线路故障。会存在故障码，故障报警灯会点亮。如果按照表 2-25 进行检测都正常，检查电子稳定系统驻车控制器的供电接地也正常，那么可以判定电子稳定系统驻车控制器存在故障，应更换。

维修提示

　　ESP 电子稳定系统通过电子控制单元监控汽车运行状态，对车辆的电机及制动系统进行干预控制。传感器上包括 4 个轮速传感器、横摆角速度传感器、制动主缸压力传感器等，其余系统则包括传统制动系统（制动助力器、管路和制动器）、液压调节阀等，电子控制单元与整车控制集成系统联动，可对电机动力输出进行干预和调整。

　　（10）电动助力转向控制器与毫米波雷达之间 CAN 数据通信电路的检测
　　1）电动助力转向控制器与左前毫米波雷达之间的 CAN 数据通信电路图　见图 2.1-50。

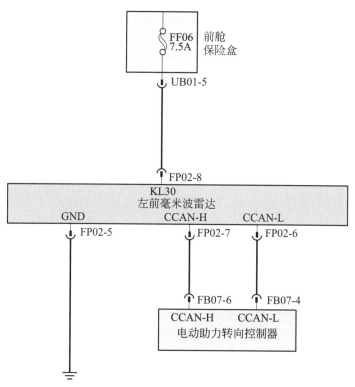

图 2.1-50　电动助力转向控制器与左前毫米波雷达之间的 CAN 数据通信电路图

2）电动助力转向控制器与左前毫米波雷达之间的 CAN 数据通信电路的检测　以左前毫米波雷达为例，检测与电动助力转向控制器（EPS）之间的 CAN 数据通信电路。先执行车辆下电程序，再断开电动助力转向控制器线束连接器和左前毫米波雷达线束连接器。按照表 2-26 检测电路，如果不符合应测得结果，那么应该维修或更换线束。

表 2-26　电动助力转向控制器与左前毫米波雷达之间的 CAN 数据通信电路的检测

检查部件			万用表检测的两端子		检测条件	状态	应测得结果
部件名称	代号	图示	红（黑）色表笔连接	黑（红）色表笔连接			
左前毫米波雷达线束连接器	FP02	表 2-20 中的图	FP02/6	FB07/4	下电	电阻	< 1Ω
电动助力转向控制器线束连接器	FB07	CCAN-H CCAN-L	FP02/7	FB07/6	下电	电阻	< 1Ω

如果故障诊断仪诊断显示"与 EPS 丢失通信"，那么故障一般主要有两点，一是 EPS 故障，二是 CAN 线路故障。会存在故障码，故障报警灯也会点亮。如果按照表 2-26 进行检测都正常，检查 EPS 的供电接地也正常，那么可以判定 EPS 存在故障，应更换并进行学习匹配。

（11）智能控制器与毫米波雷达之间的 CAN 数据通信电路的检测
1）智能控制器与左前毫米波雷达之间的 CAN 数据通信电路图　见图 2.1-51。

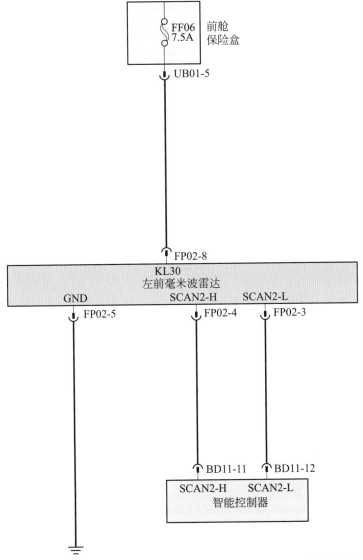

图 2.1-51　智能控制器与左前毫米波雷达之间的 CAN 数据通信电路图

2）智能控制器与左前毫米波雷达之间 CAN 数据通信电路的检测　以左前毫米波雷达为例，检测智能控制器（SCU）与左前毫米波雷达之间的 CAN 数据通信电路。先执行车辆下电程序，再断开智能控制器（SCU）线束连接器和左前毫米波雷达线束连接器。按照表 2-27检测电路，如果不符合应测得结果，那么应该维修或更换线束。

表 2-27　智能控制器与左前毫米波雷达之间的 CAN 数据通信电路的检测

检查部件			万用表检测的两端子		检测条件	状态	应测得结果
部件名称	代号	图示	红（黑）色表笔连接	黑（红）色表笔连接			
左前毫米波雷达线束连接器	FP02	表 2-20 中的图	FP02/3	BD11/12	下电	电阻	<1Ω
智能控制器线束连接器	BD11	SCAN2-H SCAN2-L	FP02/4	BD11/11	下电	电阻	<1Ω

划重点

　　如果故障诊断仪诊断显示"与 SCU 丢失通信"，那么故障一般主要有两点，一是 SCU 故障，二是 CAN 线路故障。会存在故障码，故障报警灯也会点亮。如果按照表 2-27 进行检测都正常，则需要检查智能控制器（SCU）的供电接地情况。如果供电线路也正常，那么可以判定智能控制器存在故障，应更换并进行学习匹配。

维修提示

　　如图 2.1-52 所示，智能控制器（SCU）是全自动泊车系统的主要组成部分，是全自动泊车系统的控制器。SCU 通过 CAN 接收惯性测量单元 IMU 横摆角速度实现对行驶距离精度的补偿，同时接收坡度信息实现在坡度泊车时的转矩控制。

　　智能控制器（SCU）的主要功能：一是车道居中辅助 LCC 的决策控制及发送执行指令；二是提供自动泊车激活状态信息。

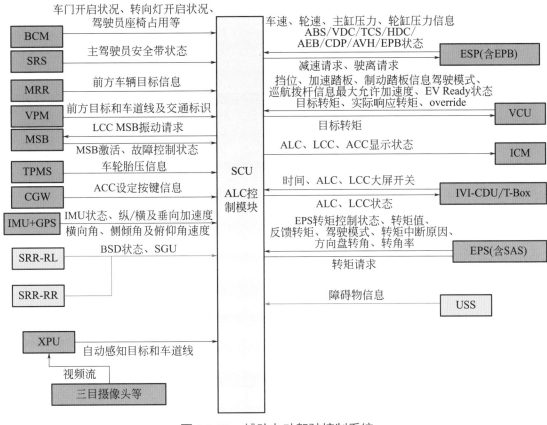

图 2.1-52　辅助自动驾驶控制系统

（12）中央网关控制器与毫米波雷达之间 CAN 数据通信电路的检测

1）中央网关控制器与左前毫米波雷达之间 CAN 数据通信电路图　见图 2.1-53。

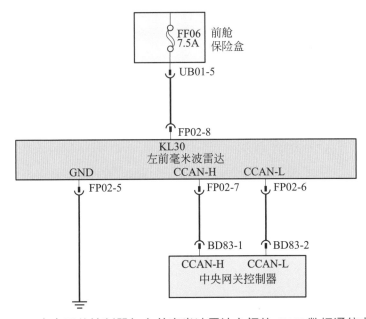

图 2.1-53　中央网关控制器与左前毫米波雷达之间的 CAN 数据通信电路图

2）中央网关控制器与左前毫米波雷达之间 CAN 数据通信电路的检测　先执行车辆下电程序，再断开中央网关控制器（CGW）线束连接器和左前毫米波雷达线束连接器。按照表 2-28 检测电路，如果不符合应测得结果，那么应该维修或更换线束。

表 2-28　中央网关控制器与左前毫米波雷达之间 CAN 数据通信电路的检测

检查部件			万用表检测的两端子		检测条件	状态	应测得结果
部件名称	代号	图示	红（黑）色表笔连接	黑（红）色表笔连接			
左前毫米波雷达线束连接器	FP02	表 2-20 中的图	FP02/6	BD83/2	下电	电阻	< 1Ω
中央网关控制器（CGW）线束连接器	BD83	CCAN-H CCAN-L	FP02/7	BD83/1	下电	电阻	< 1Ω

 划重点

如果故障诊断仪诊断显示"与 CGW 丢失通信"，那么故障一般主要有两点，一是 CGW 故障，二是 CAN 线路故障。会存在故障码，故障报警灯也会点亮。如果按照表 2-28 进行检测都正常，则需要检查中央网关控制器的供电接地电路。如果供电接地线路也正常，那么可以判定中央网关控制器（CGW）存在故障，应更换并进行学习匹配。

（13）雷达失明不能探测目标的故障检测　雷达失明不能探测目标的故障，应依次按以下排序检查故障点。

❶ 检查毫米波雷达是否被污物覆盖，是否被遮挡。

❷ 检查低压电池电压是否正常。

❸ 检查线束和连接器。

❹ 检查 CAN 总线状态。

❺ 检查网关。

❻ 更换毫米波雷达。

（14）雷达硬件错误的故障检测　雷达硬件错误，首先应重新上低压电来重启雷达，如果故障仍然未解决，一般情况下是毫米波雷达内部故障，则需更换毫米波雷达。

（15）雷达标定和匹配故障检测　如果是显示"下线标定从未做"或"下线标定没有完成"以及"雷达位置不匹配"的故障，一般需要启动车辆，使用故障诊断仪执行故障诊断，根据诊断仪提示执行雷达标定程序来解决。

维修提示

在开始校准前，确保车辆横摆角传感器、方向盘转角传感器、轮速传感器标定状态正常，车辆无与雷达校准不相关的其他故障码。确保雷达及覆盖件或保险杠正确安装，检查车况如油液、胎压、座椅等，保证在公共道路驾驶的安全性。

1）毫米波雷达标定程序

❶ 将诊断仪设备连接到车辆 OBD 的诊断口。

❷ 进入诊断仪主界面。

❸ 选择一个有效的 VCI 并点击右下角的"确认"按钮。

❹ 选择自动识别 VIN 码进入下一步。

❺ 点击"车辆标定"，进入车辆标定主界面。

❻ 点击"SRR_FL 标定 /SRR_FR 标定 /SRR_RL 标定 /SRR_RR 标定"，进入下一步（以左前角毫米波雷达为例）。

❼ 根据诊断仪的提示按照动态驾驶校准的驾驶条件的要求进行驾驶，直到校准进度条达到 100%。

维修提示

一般情况下，校准进度条应在 5min 以内达到 100%，具体取决于道路条件和反射目标数量。

❽ 如果单次动态驾驶校准超过 30min 仍未校准成功，请检查校准环境、驾驶行为、安装位置等是否正确遵照了相关要求，确认无误后重复上述步骤。

❾ 如果行驶一段时间后诊断仪显示雷达偏置角度过大，请检查雷达的安装位置、环境并进行相应调整，确认无误后重复上述步骤。

2）校准的误差　雷达安装误差（±3°）包括水平方向和垂直方向。雷达动态校准的误差包括测量误差和由雷达的安装、保险杠的安装等造成的误差。

7. 毫米波雷达的拆装

拆卸前向毫米波雷达。

❶ 拆卸前保险杠总成。

❷ 拆卸前向毫米波雷达（图 2.1-54）。

a. 断开连接插头，脱开固定卡扣。

b. 旋出前向毫米波雷达支架固定螺栓，取出前向毫米波雷达总成（带前向毫米波雷达支架）。

c. 旋出前向毫米波雷达固定螺钉，拆下前向毫米波雷达（图 2.1-55）。

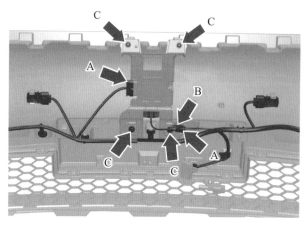

图 2.1-54　拆卸前向毫米波雷达
A—插头；B—卡扣；C—螺栓

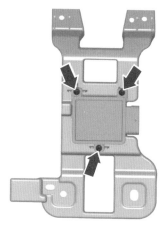

图 2.1-55　前向毫米波雷达

四、激光雷达

1. 激光雷达相关定义和要求

CSAE 标准《智能网联汽车激光雷达点云数据标注要求及方法》对激光雷达、场景、点云等给出一系列的定义和规范。

（1）激光雷达（Lght Detection and Ranging）　发射激光束并接收回波以获取目标三维信息的系统。

（2）场景（Scenaio）　一连续时间内目标车辆的行为、外部环境以及在特定驾驶任务过程中环境与车之间的作用关系的描述。

（3）点云（Point Cloud）　以离散、不规则方式分布在三维空间中的点的集合。

（4）三维边界框（3D Bounding Box）　用于定位目标物在点云中位置，由中心点坐标、长度、宽度、高度和航向角构成的长方体。

（5）目标物类别　每个目标物都有一个类别属性，激光雷达点云数据标注的目标共分为以下 13 类。

❶ 乘用车：包括基本型乘用车（轿车）、多用途车（MPV）、运动型多用途车（SUV）、专用乘用车和交叉型乘用车（面包车）。

❷ 客车：乘坐 9 人以上（含驾驶员位）、具有方形车厢、用于载运乘客及其随身行李的商用车。

❸ 货车：为载运货物而设计和装备的商用车。

❹ 半挂牵引车：装备有特殊装置用于牵引半挂车的商用车。

❺ 特种车：包括救护车、警车、洒水车、消防车等。

❻ 自行车：包括两轮脚踏车、两轮电动车以及骑两轮脚踏车和两轮电动车的人。

❼ 摩托车：包括两轮摩托车以及骑摩托车的人。

❽ 三轮车：包括带有动力、人力的三轮车辆以及骑三轮车的人。

❾ 成人：主要包括行走、路边站立、坐着的成人。

❿ 儿童：主要包括行走、路边站立、坐着的儿童。

⓫ 动物：需要避让的动物。

⓬ 路障：栅栏、锥桶等物体。

⓭ 未知类别：需要避让的未知物体。

（6）目标物行为　每个目标物都有一个行为属性代表当前目标物的动作状态。

❶ 交通工具运动和停泊状态：交通工具目标物（乘用车、客车、货车、半挂牵引车、特殊车辆、自行车、摩托车、三轮车）处于运动状态，以及停泊状态。

❷ 交通工具暂停状态：交通工具目标物（乘用车、客车、货车、半挂牵引车、特殊车辆、自行车、摩托车、三轮车）处于暂时停止状态，有驾驶人在车上，随时可能发生运动。

❸ 行人站立和运动状态：行人目标物（成人、儿童）处于站立状态和运动状态。

❹ 行人坐或者躺状态：行人目标物（成人、儿童）处于坐或者躺状态。

❺ 动物静止和移动状态：动物目标物处于静止状态和移动状态。

❻ 非以上目标物的行为属性值置为空值。

（7）目标物置信度　目标物位置的远近、环境产生的点云噪点以及物体遮挡等因素会导致点云信息缺失，点云标注结果存在不确定性。对标注内容可信程度进行如下划分。

❶ 目标物属性内容十分准确，参考值为目标物点云数量大于 20 个点，置信度设置为 3。

❷ 目标物属性内容大概率准确，参考值为目标物点云数量小于 20 且大于 10 个点，置信度设置为 2。

❸ 目标物属性内容可能准确，参考值为目标物点云数量小于 10 个点，置信度设置为 1。

（8）目标物三维边界框

目标物三维边界框尺寸指的是目标物实际大小，三维边界框位置指的是目标框长方体的几何中心位置，单位为米（m），按图 2.1-56，具体属性定义如下。

❶ 三维边界框的长：俯视角度下目标物边界框较长的值。

❷ 三维边界框的宽：俯视角度下目标物边界框较短的值。

❸ 三维边界框的高：目标物的高度值。

❹ 三维边界框中心点的 x：目标物中心点在点云坐标系 x 轴的位置。

❺ 三维边界框中心点的 y：目标物中心点在点云坐标系 y 轴的位置。

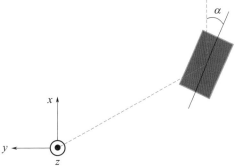

图 2.1-56　目标航向角的定义

❻ 三维边界框中心点的 z：目标物中心点在点云坐标系 z 轴的位置。

❼ 三维边界框中心点的航向角。

其中，点云标注的坐标系定义 x 轴指向自车正前方，y 轴指向自车左侧，z 轴指向天空，坐标系原点为传感器中心。

每个目标物都要明确一个航向角，其定义如下。

三维边界框以自车车辆前进方向为基准的水平旋转角度（图 2.1-56 中 α），以顺时针旋转为正方向，以弧度制表示角度范围 $[-\pi, +\pi]$。

（9）三维边界框标注方法　每个标注目标物的三维边界框应包含该目标的完整点云。三维边界框的大小宜与实际标注目标的大小保持一致，尽量贴合标注目标的实际点云。当边界框无法做到完全与目标物点云贴边时，要求三维边界框包围标注的目标物点云，且误差不超过 5cm。

（10）点云标注流程　激光雷达点云数据标注的主要流程如下所述。

❶ 数据准备：检查待标注的点云数据，确认数据完整性，并且对点云数据进行坐标系转换，保证坐标系 x 轴指向自车正前方，y 轴指向自车左侧，z 轴指向天空。

❷ 点云数据预标注：通过点云检测识别算法，对数据进行自动化处理，给出点云数据预标注结果，以便减轻后续人工标注的工作量。

❸ 图像数据的辅助标注：若是相机传感器记录了图像信息，可使用图像信息辅助点云标注。图像、点云数据的时间对齐后，根据传感器的标定参数，将点云数据标注的三维边界框投影到图像上，以检查点云标注的目标物类别、目标物行为、目标物 ID 号以及目标物三维边界框是否准确。

❹ 人工标注：手动调整三维边界框位置、大小和方向，确保三维边界框尽量贴合标注目标物，记录目标物类别、目标物行为、目标物置信度等其他属性信息。在检查无漏标、错标的情况后，保存标注文件。

❺ 人工审核：初次标注完成后审核员对数据结果的 10% 进行检验，如果正确率达到 97% 以上，对剩余 90% 的标注数据进行抽检，抽检比例为 20%，正确率达到 97% 以上即为合格；否则，需要驳回重新标注。

（11）目标物身份识别号（ID）　根据场景片段中前后帧的信息来标注目标物 ID，同一个目标物只有一个目标物 ID，且目标物 ID 不可复用。

2. 激光雷达的优点

激光雷达以激光作为载波，激光是光波波段电磁辐射，波长比微波和毫米波短得多。具有以下优点：

❶ 全天候工作，不受白天和黑夜的光照条件的限制。

❷ 激光束发散角小，能量集中，有更好的分辨率和灵敏度。

❸ 可以获得幅度、频率和相位等信息，且多普勒频移大，可以探测从低速到高速的目标。

❹ 抗干扰能力强，隐蔽性好。激光不受无线电波干扰，能穿透等离子鞘，低仰角工作时，对地面的多路径效应不敏感。

❺ 激光雷达的波长短，可以在分子量级上对目标探测且探测系统的结构尺寸可做很小。

3. 激光雷达的类型

车载激光雷达根据其扫描方式的不同，可分为机械激光雷达和固态激光雷达。机械激光雷达外表上最大的特点就是总成有机械旋转机构（图 2.1-57）。

固态激光雷达由于无需旋转的机械机构，依靠电子部件来控制激光发射角度，其结构相对简单、体积较小，可安装于车体内。长远来看微机电系统（MEMS）激光雷达、快闪（Flash）激光雷达等固态激光雷达有望成为重点。结构相对更简单、高精度、没有任何机械部件的光学相控阵（OPA）激光雷达技术方案仍然需要较长的技术研发周期。目前限制激光雷达量产商用的主要因素为可靠性和成本。

图 2.1-57　智能网联汽车激光雷达安装位置（红旗某款非量产）

4. 激光雷达的结构原理

（1）基本结构　激光雷达主要包括激光发射、扫描、接收和信息处理四大系统，这四个系统相辅相成，形成传感闭环（图 2.1-58）。激光雷达的结构一般由光学发射部件、光电接收部件、运动部件和信号处理模块等部件组成。机械激光雷达见图 2.1-59。

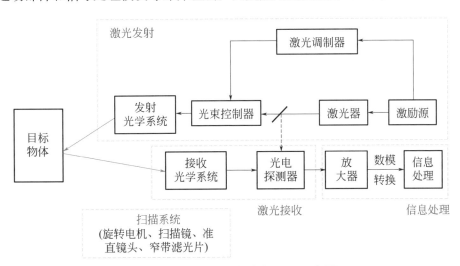

图 2.1-58　激光雷达结构原理示意图

（2）工作原理　激光雷达工作原理是向指定区域发射探测信号（激光束），经过目标物反射后，收集反射回来的信号，与发射信号进行处理比较，即可获得待测区域环境和目标物体的有关空间信息，如目标距离、方位角、尺寸、移动速度等参数，从而实现对特定区域的环境和目标进行探测、跟踪和识别的目的。

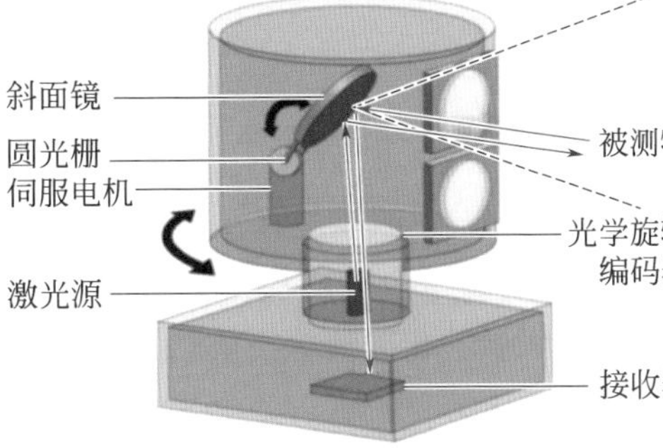

车载激光雷达以避障应用为主，将走向

图 2.1-59　机械激光雷达

3D 点云识别及定位。车载激光雷达是目前车载环境感知精度最高的感知方式，探测距离可达 300m，精度可控制在厘米级。

知识链接

简单地讲，一个激光发射器和一个接收传感器（图2.1-60），就组成了激光雷达的基本结构。发射源向目标物体发射光束，光束反射之后被传感器接收，依据这期间的时间差，就可以计算出与目标物体之间的距离。

相对于摄像头、毫米波雷达等其他类型传感器，激光雷达可以实现3D成像，获取精确的位置信息。

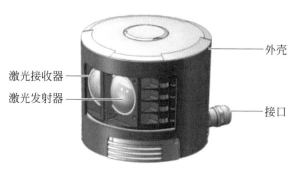

外壳

激光接收器

激光发射器

接口

图2.1-60　激光雷达

激光雷达的关键部件包含光源、扫描部件、探测器三大部分。机械激光雷达的测量效果取决于激光的线束数量。以40线激光雷达为例，如图2.1-61所示，在一个竖直面内，不同角度分布着40个发射光束。扫描时，竖直面内的激光束顺序点亮，同时测量该光束对应的反射信号。当完成一个竖直面内的40路光信号的检测后，激光雷达在水平面旋转一个角度，在新的竖直面内再次完成40路反射光的测量。这样水平旋转一周后，就得到了激光雷达在3D空间内的点云分布。

线束1

线束6

线束30

线束40

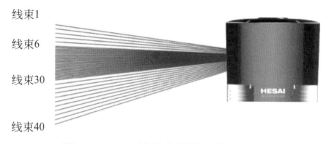

图2.1-61　机械激光雷达工作示意图

1）激光雷达分类　机械激光雷达的测量效果取决于激光的线束数量。根据线束数量的多少，激光雷达又可分为单线束激光雷达与多线束激光雷达。

单线束激光雷达扫描一次只产生一条扫描线，其所获得的数据为2D数据，非用于智能网联汽车。不过，由于单线束激光雷达具有测量速度快、数据处理量少等特点，多被应用于安全防护、地形测绘等领域。

多线束激光雷达扫描一次可产生多条扫描线，多线束激光雷达产品包括4线束、8线束、16线束、32线束、64线束等，线束越多，视野范围越大。

线束较少的激光雷达主要用于智能网联汽车驾驶辅助系统，例如，自适应巡航控制系统、车道偏离预警系统、自动紧急制动系统、交通拥堵辅助系统等。

多线束激光雷达具有高精度电子地图和定位、障碍物识别、可通行空间检测、障碍物轨迹预测等功能。智能网联汽车 L4 级和 L5 级使用多线束激光雷达的 360° 发射激光，从而达到 360° 扫描，获取车辆周围行驶区域的三维点云，通过比较连续感知的点云的差异来检测物体及其运动，由此创建一定范围内的 3D 地图（图 2.1-62）。

图 2.1-62　激光雷达系统扫描点云图

2）激光雷达性能指标　在评价激光雷达的性能时，可以用到多个技术指标。线束、方位角、扫描帧频、角分辨率、测量精度、探测距离、数据率是七个常用的激光雷达性能评价指标。以禾赛 Pandar 128 为例，其技术参数及解析见表 2-29、表 2-30。

表 2-29　激光雷达技术参数（以禾赛 Pandar128 为例）

名称 / 技术指标	参数	图示
线数	128	
探测距离 /m	0.3 ～ 200（10% 反射率）	
测距速度 /cm	±8（0.3 ～ 0.5m，各通道）	
	±5（0.5 ～ 1m，各通道）	
	±2（1 ～ 200m，平均）	
水平视场角 /(°)	360	
水平角分辨率 /(°)	可动态设置	外壳
	0.1/0.2（10Hz）	激光接收器
	0.2/0.4（20Hz）	激光发射器
垂直视场角 /(°)	40（−25° ～ +2°）	
垂直角分辨率 /(°)	0.125（−6° ～ +2°）	
	0.5（+2° ～ +14°，−6° ～ −24°）	
	1（+14° ～ +15°，−24° ～ −25°）	
扫描频率 /Hz	10，20	
回波模式	单回波（最后、最强）	
	双回波（最后及最强）	

表 2-30 激光雷达技术参数解析（以禾赛 Pandar128 为例）

名称		技术指标 / 解释
线束		线束数量表示激光雷达系统包含独立的发射机 / 接收机的数目。为获得尽量详细的点云图，激光雷达必须要快速采集周围环境的数据。一种方式是提高发射机 / 接收机的采集速度，每个发射机在每秒内可以发送十万以上组脉冲，也就是说在 1 秒内，有 100000 组脉冲完成一次发射 / 返回的循环；另一种方式是使用多线束激光雷达，例中所示的禾赛 Pandar128 就有高达 128 组发射机 / 接收机，多线束的配置使得激光雷达在每秒内可构建高达百万的数据点
方位角	水平方位角	激光雷达的主体部分在工作时不断旋转，可对周围 360° 进行扫描，也就是说该激光雷达的水平方位角为 360°
	垂直方位角	激光雷达的垂直视场角是 40°，这里要注意两点，一是视场角的偏置，二是激光雷达光束的分布（见图 2.1-63、图 2.1-64） ①视场角的偏置：视场角的偏置为 5°，也就是说激光雷达在水平方向上的扫描角度为 15°，而在水平方向往下扫描的角度为 25°，因为主要需要扫描路面上的障碍物，而不是把激光打向天空，为了良好地利用激光，因此激光光束会尽量向下偏置一定的角度 ②光束的分布：激光雷达的光束不是垂直均匀分布的，而是中间密，两边稀疏，这是为了达到既检测到障碍物，又把激光束集中到中间感兴趣的部分来更好地检测车辆的目的
扫描帧频		激光雷达点云数据更新的频率，也就是旋转镜每秒旋转的圈数，单位 Hz。例如，10Hz 即旋转镜每秒转 10 圈，同一方位的数据点更新 10 次
角分辨率	水平角分辨率	水平角分辨率是指水平方向上扫描线间的最小间隔度数，随扫描帧频的变化而变化。转速越快，则水平方向上扫描线的间隔越大，水平角分辨率越大。以 Pandar128 为例，当扫描帧频为 10Hz 时，水平角分辨率为 0.1°/0.2°；当扫描帧频为 20Hz 时，水平角分辨率增加一倍至 0.2°/0.4°
	垂直角分辨率	垂直角分辨率指的是垂直方向上两条扫描线的间隔度数。以 Pandar128 为例，线束 26 至 90，垂直角分辨率为 0.125°；线束 2 至 26 以及线束 90 至 127，垂直角分辨率为 0.5°；线束 1 至 2 以及线束 127 至 128 之间的垂直角分辨率为 1°
测量精度		精度表示设备测量位置与实际位置偏差的范围，禾赛 Pandar128 的平均测量精度为 ±2cm
探测距离		激光雷达的最大测量距离。在自动驾驶领域应用的激光雷达的测距范围普遍在 100 ～ 200m 左右。激光雷达的有效测量距离和最小垂直分辨率有关系，角度分辨率越小，检测的效果越好。如图 2.1-24 所示，两个激光光束之间的角度为 0.4°，那么当探测距离为 200m 的时候，两个激光光束之间的距离为 200m×tan0.4°≈1.4m，也就是说在 200m 之后，只能检测到高于 1.4m 的障碍物（图 2.1-64 ）
数据率		激光雷达每秒生成的激光点数。128 线扫描帧频为 10Hz 的激光雷达，水平角分辨率是 0.2°，那么单排每圈扫描的点数为 360°/0.2°=1800，激光雷达旋转 1 周扫描的点数为 1800×128=230400，每秒转 10 圈，则每秒生成的激光点数和为 2304000

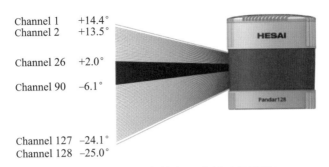

图 2.1-63　垂直方位角及分辨率示意图

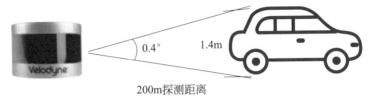

图 2.1-64　激光雷达探测距离示意图

（3）微机电系统（MEMS）激光雷达　激光雷达的光学系统通过很小的反射镜微转动就能将激光束反射向不同方向。由于反射镜很小，而且需要转动的角度也很小，通过微能源驱动就可以实现镜片和反射光束的快速移动，在极短的时间内完成一条线或者一个阵列的扫描（图 2.1-65）。

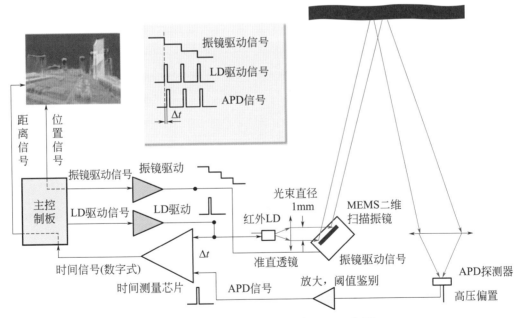

图 2.1-65　MEMS 激光雷达原理示意图

MEMS 激光雷达的一大优势是没有了传统机械雷达的旋转部件，通过在硅基芯片上集成的 MEMS 微振镜来代替传统的机械式旋转装置，由微振镜反射激光形成较广的扫描角度和较大的扫描范围。

MEMS 激光雷达的优点是 MEMS 微振镜技术相对成熟，能以较低的成本和较高的准确度实现固态激光扫描，商业化速度快。法雷奥 SCALA 激光雷达是一款已经应用到量产车上的车规级激光雷达（图 2.1-66），拥有 145° 的水平视场角（FOV），可以探测到 150m 以内的动态或静态障碍物，垂直视场角为 3.2°（图 2.1-67），已经搭载在奥迪新款 A8、A6 等车型上（图 2.1-68）。其第二代激光雷达产品相较于第一代，在垂直视角上扩大 3 倍，从 4 线增加到 16 线。为了更能满足智能网联汽车的探测需求，法雷奥的"SCALA Cocoon"系统，将 5 个 SCALA 激光扫描仪组合在一起，实现汽车周围 360° 环境探测。而第三代的混合固态激光雷达就是基于 MEMS 技术方案。

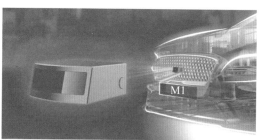

图 2.1-66　激光雷达外观（第一代法雷奥 SCALA 扫描仪）

发射范围　　　　　　　　　　　接收范围

图 2.1-67　激光雷达探测范围（第一代法雷奥 SCALA 扫描仪）

图 2.1-68　激光雷达位置（第一代法雷奥 SCALA 扫描仪）

　　法雷奥 SCALA 激光扫描仪主要包含三个部分：激光单元、旋转扫描镜和主板（图 2.1-69）。其探测原理是飞行时间法原理。光束操作单元是旋转扫描镜，光源是高功率激光二极管，探测器是具有三个敏感单元的光电二极管（APD）阵列，并装配在带有玻璃窗口的低成本印刷电路板（PCB）主板上。同时，EEL 激光器与 APD，组装在同一个 PCB 板上。

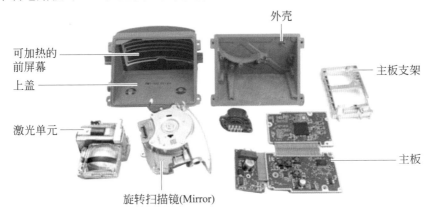

图 2.1-69　激光雷达结构（第一代法雷奥 SCALA 扫描仪）

知识链接

　　飞行时间法（ToF）的原理如图 2.1-70 所示，激光器连续发射光脉冲，经过障碍物反射后，用探测器收集反射光，通过探测光脉冲的飞行（往返）时间来得到目标物距离。利用 ToF 测距法有一点需要特别注意，就是发射激光器和光电接收器必须始终保持时间同步。

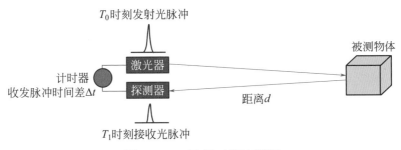

图 2.1-70　飞行时间法测距

　　雷达到目标物体的距离 d，激光脉冲从发射到接收的时间间隔是 Δt，可得：

$$d = \frac{1}{2} c \Delta t \tag{1}$$

　　在这种方法中，对时间的测量精度要求非常高，Δt 的轻微测量误差会引起很大的测距误差 δ_d：

$$\delta_d = \frac{1}{2} c \delta_{\Delta t} \tag{2}$$

　　式（2）中，δ_d 为距离误差；$\delta_{\Delta t}$ 为 Δt 的测量误差（主要由光电探测器波动引起）。

（4）快闪（Flash）激光雷达　3D Flash 激光雷达以一次脉冲向全视野发射，利用飞行时间成像仪接收反射信号并成像，发射的激光波长是关键因素。Flash 激光雷达与摄像头工作模式相似，激光束会直接向各个方向漫射，漫射的激光束照射到目标区域的障碍物上被反射，再利用感光元件阵列采集反射回来的激光束。

Flash 激光雷达的一大优势是它能快速记录整个场景，避免了扫描过程中目标或激光雷达移动带来的测量误差。但这种方式感光元件阵列的像素越大，要处理的信号数据就越多，对处理期间提出了很高的要求。同时，由于激光束是同时向多个方向漫射，导致能量分散，Flash 激光雷达的探测距离通常比较小。

Flash 激光雷达的优点是全固态结构，没有移动部件，发射端方案成熟，成本较低。缺点是采用单脉冲测量，单脉冲需要较高的能量，峰值功率较高，闪光能量有可能对肉眼有伤害。

（5）双激光雷达　例如小鹏 P5 汽车搭载的双激光雷达，采用双棱镜的扫描方案，可以提升识别纵向和横向位置精度，提升障碍物识别率。单颗激光雷达的横向 FOV 为 120°，双雷达组合可以覆盖到前方横向 150° 的视野，最远可以主动探测到 150m 外的黑色低反射率目标（10% 反射率目标物）。

五、视觉传感器

1. 视觉传感器相关术语

视觉是人和动物最重要的感觉，据统计至少有 80% 的外界信息是经视觉获得。智能网联汽车的视觉可以说是车对内外界的感觉，这种感觉需要视觉传感器来获取，视觉传感器就是俗称的摄像头。

（1）车载摄像头　车载摄像头指安装在汽车上，用于监控汽车内外环境情况以辅助汽车驾驶员驾驶车辆的摄像设备。

（2）全景影像监测系统　全景影像监测系统（Around View Monitoring System，AVMS）是向驾驶员提供车辆周围 360° 范围内环境的实时影像信息的系统。

（3）感知　在《智能网联汽车　术语和定义（征求意见稿）》中，这样定义感知（Perception）：驾驶自动化系统获取车辆周围驾驶环境信息的技术。这里"周围驾驶环境"包括可通行区域、道路标志、道路标线、交通参与者、障碍物等。

在 GB/T 36415—2018《汽车行业信息化 实施规范》中，也定义了"感知层"，对感知层的图形传感器的智能识别做出说明。

2. 摄像头的类型和特点

单目摄像头成本低，搭配毫米波雷达与超声波雷达，既可靠又完全可以满足 L1、L2，以及部分 L3 场景下的功能。除了较为多见的单目与双目摄像头，多目（三个及以上）摄像头也被一些厂商所使用，如蔚来的 ES8 和特斯拉的 Model3 就采用了三目摄像头。相比于单目视觉，双目视觉（Stereo Vision）的关键在于可以利用双摄像头从不同角度对同一目标成像，从而获取视差信息，推算目标距离。摄像头特点见表 2-31。

表 2-31　摄像头类型和特点

分类	测距原理	优点	相对缺点	主要厂商
单目摄像头	先通过图像识别障碍物，再根据相对大小估算距离	成本与量产难度相对较低	算法识别研发壁垒、数据库建立与模型训练成本高、定焦镜头难以同时观察不同距离的图像	Mobileye
双目摄像头	不需要识别目标，在级化分割、立体匹配后，获得精确的深度数据	测距精确	使用多个摄像头，对芯片要求更高	博世、大陆、电装、日立
多目摄像头		立体视觉、全视角覆盖	对摄像头之间的误差精度要求更高	特斯拉、蔚来、Mobileye

3. 摄像头结构

摄像头具有静态图像捕捉、视频摄像等功能，是重要的成像设备，主要由镜头、电机、滤光片、图像传感器、图像信号处理器（Image Signal Process，ISP）等部分组成（图 2.1-71）。镜头生成的光学图像投射至图像传感器并被转为电信号，电信号经过模拟 / 数字（Analog/Digital，A/D）转换并送至 ISP 芯片进行处理，最后通过系统处理由显示器显示。

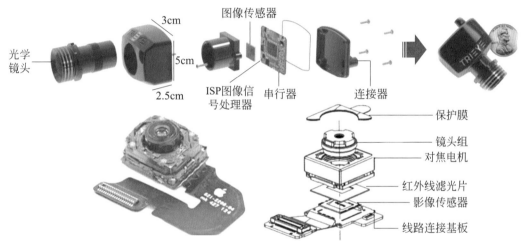

图 2.1-71　不同形式的摄像头构造

镜头、图像传感器和图像信号处理器是关键部件。图像传感器将光线转化为电信号，是摄像模组的核心部件。CMOS 图像传感器［图 2.1-72（a）］与 CCD 电荷耦合器件［图 2.1-72（b）］是当前两种主流图像传感器，两者都是利用光电二极管进行光电转换，把图像转换成数字信号，主要差异是数字数据的传输方式不同。图像传感器能够确保摄像头具有正确的分辨率以适合应用，分辨率越高，图像细节越高，测量准确度越高。

(a)　　　　　　　　　(b)

图 2.1-72　CMOS 图像传感器

模数转换器即通常所说的 A/D 转换器，是将模拟信号转变为数字信号的电子元件，能够把输入的电压信号转换为输出的数字信号（图 2.1-73）。

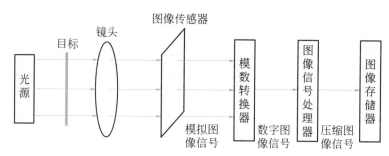

图 2.1-73 摄像头成像原理

4. 视觉识别原理

视觉传感器在智能网联汽车中主要就是解决物体的识别与跟踪和车辆本身的定位这两种情况。车载摄像头的算法和解决方案主要依靠计算机视觉（Computer Vision）与机器学习。车载摄像头在图像采集之后，经过图像预处理，将数据传输给 ADAS 系统，系统通过以深度学习为核心的计算机视觉技术进行目标检测，即对周围的环境、车辆、行人以及交通基础设施做出精准的分割和目标分类。在图像分割和目标分类完成后，对于不同的分类对象的特点，智能网联汽车 ADAS 感知系统还需要分别进行针对性的探测和认知，从而通过有效的图像识别指导汽车对周围的环境作出反应。

（1）物体的识别与跟踪　通过机器学习的方法，智能网联汽车可以识别在行驶途中遇到的物体，比如行人、车辆、交通信号、交通标志、车道线、道路边界和自由行驶空间等。如图 2.1-74 所示，矩形框框出来的内容为视觉传感器感知的对象。

图 2.1-74 视觉传感器监测识别效果

维修提示

视觉传感器识别的过程主要包括图像输入、预处理、特征提取（如形状特征、阴影特征等）、特征分类、模板匹配和完全识别等。

（2）车辆本身定位 车辆本身的定位就是智能网联汽车基于视觉技术用于车辆本身的定位，根据提前建好的地图和实时的感知结果做匹配，获取智能网联汽车的当前位置。

5. 单目摄像头

单目摄像头的工作原理是先识别后测距，首先通过图像匹配对图像进行识别，然后根据图像的大小和高度来估算障碍物和车辆移动时间。单个摄像机进行图像采集，一般只能获取到二维图像。单目视觉广泛应用于智能机器人领域。但是，由于该技术受限于较低图像精度以及数据稳定性的问题，和超声波、红外线等其他类型的传感器协同工作会更加稳定清晰。

6. 双目摄像头

双目摄像头工作是先对物体与本车辆距离进行测量，然后再对物体进行识别，是一种模拟人类双眼处理环境信息的方式，通过两个摄像头从外界采集一幅或者多幅不同视角的图像，从而建立被测物体的三维坐标。

双目摄像头测距原理是通过对两幅图像视差的计算，直接对图像所拍摄到的范围（例如前方）进行距离测量，而无需判断前方出现的是什么类型的障碍物。依靠两个平行布置的摄像头产生的视差，把同一个物体所有的点都找到，依赖精确的三角测距，就能够算出摄像头与前方障碍物距离。使用这种方案，需要两个摄像头有较高的同步率和采样率。

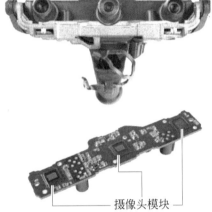

摄像头模块

图 2.1-75 三目摄像头

7. 三目摄像头

三目摄像头（图 2.1-75）除了包含单目摄像头功能，还加上了一个长焦摄像头负责远距离探测和一个鱼眼摄像头负责增强近距离范围的探测能力，使视野更为广阔。

维修提示

特斯拉采用的三目摄像头模块包含一个 120° 的广角摄像头，用于监测车辆周围环境，探测距离为 60m 左右；一个 50° 的中距摄像头，探测距离为 150m 左右；一个 35° 的远距摄像头，探测距离为 250m 左右。

8. 夜视摄像头

由于夜间可见光成像的信噪比较低，从而导致视觉传感器夜间成像的难度增大，而远红外系统在夜间有独特的优势。红外夜视系统可分为主动夜视和被动夜视两种类型。

（1）主动夜视系统 利用近红外光作为光源照明目标，如红外 LED、红外灯和近红外激光器等，用低照度摄像机或微光摄像机接收目标反射的红外光，转换成视频信号在监视器荧光屏上同步显示图像。

（2）被动夜视系统 被动夜视系统有两种类型，一类是利用月光、星回光、夜天光等一切很微弱的自然光线，加以放大增强达到可视的目的，这类夜视仪也称为微光夜视仪。另一类是利用远红外敏感的探测器探测目标本身的热辐射，这类夜视仪也称为热像仪。红外夜视系统基于红外热成像原理，通过能够透过红外辐射的红外光学系统，将视场内景物的红外辐射聚焦到红外探测器上，红外探测器再将强弱不等的辐射信号转换成相应的电信号，然后经过放大和视频处理，形成可供人眼观察的视频图像。

9. 摄像头安装位置

车载摄像头是主流感知系统必备的传感器，根据其在自动驾驶汽车上的安装位置，车载摄像头可以分为前视、后视和侧视等多种类型。前视摄像头覆盖的 ADAS 功能最多，通过对其获取的图像进行不同的处理之后，可以实现车道保持辅助、变道辅助、电子刹车辅助、交通标志识别、车道偏离预警等多项功能；后视摄像头用于探测车身后方的情况，可以实现的功能包括泊车辅助、全景泊车等。低级别的自动驾驶汽车只安装前后视摄像头，视野范围有限，存在视野盲区。为解决这个问题需要安装侧视摄像头，它可以实现的功能包括盲区检测、变道辅助等（表 2-32）。

表 2-32　摄像头在系统中的应用

位置 / 类型	摄像头数量	实现功能	在车上主要应用的系统 / 描述	视觉范围	摄像头分辨率
前视（图 2.1-77）	1～4	前向驾驶辅助	VO_CC 基于视觉的自适应巡航控制（ACC 自适应巡航控制、FSRA 全速自适应巡航系统）、AEB 自动紧急制动、FCW 前向碰撞预警、LDW 车道偏离预警、LKA 车道保持辅助、TSR 交通标志识别、HBA 远光灯辅助、PCW 行人防碰撞预警、EBA 紧急制动辅助、NV 夜视系统、PDS 行人监测系统、LCA 变道辅助	视角一般为 40°～70°，负责实现汽车驾驶过程中前向环境监测与识别	1080P 及以上
		记录车辆行驶途中的影像	行车记录仪（DVR）	实拍摄车辆前方行车路况	720P 及以上
		夜视	增加夜间行车的安全性	使用红外线摄像头收集周围物体热量信息并转变为可视图像	480P
后视（图 2.1-78）	1～4	探测车辆后方环境	倒车影像系统、泊车辅助系统	多采用广角或鱼眼镜头，视角一般在 70°～180°，主要为倒车后视摄像头	480P 及以上
环视（图 2.1-79）	4～8	同时采集车辆四周的影像，直观地呈现车辆所处的位置和周边情况	全景影像系统、LDW、泊车辅助系统	采集汽车四周图像数据，生成 360° 的车身俯视图并在中控台的液晶显示屏上显示	480P 及以上

续表

位置 / 类型	摄像头数量	实现功能	在车上主要应用的系统 / 描述	视觉范围	摄像头分辨率
侧视 （图 2.1-80）	2	检测侧后方盲点区域内车辆	盲点监测。安装在后视镜下方部位	多采用广角镜头，视角一般在 60° ～ 120°，在车身周围装配多个摄像头进行图像拼接实现全景图	720P 及以上
车内监控 （图 2.1-81）	1	在驾驶员打瞌睡、打电话等危险驾驶行为进行时发出报警	驾驶员疲劳监测。抬头显示技术、车内影像系统	通过摄像头拍摄驾驶员面部动态进行识别	720P 及以上

全景影像系统能大大减小视野盲区，可帮助驾驶员顺利泊车入位，提高窄路、窄巷等场景的安全通过性。

知识链接

智能网联汽车 ADAS 中不仅需要多个不同位置的摄像头进行观测、记录，ADAS 传感器中的一个重要解决方案就是采用摄像头进行测距、识别、检测。如果完全实现自动驾驶，仅摄像头来说，一辆车上的摄像头要大于 6 个。

蔚来 ET7 搭载的超感系统 Aquila 配备了 33 个高性能感知硬件，其中包括 11 个 800 万像素高清摄像头、1 个超远距离高精度激光雷达、5 个毫米波雷达、12 个超声波雷达、2 个高精度定位单元、1 个车路协同感知和 1 个增强主驾感知模块。这也是多传感器融合技术的一种形式，更精准可靠地探测周围环境。

全景影像系统是通过前后左右至少 4 颗摄像头采集车身周围图像，合成一幅 360° 俯视图，并通过显示屏显示出来的泊车辅助系统。以长安某款车全景影像为例，全景界面（图 2.1-76）主要包括 3 个区域：界面操作区域（图中的 1、2、3、4）、环视图区域（图中的 5、6、7、8）、单视图区域（图中的 9、10、11、12）。

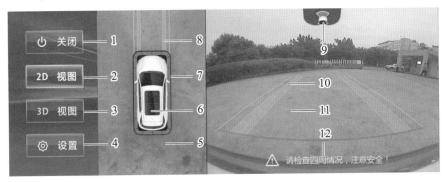

图 2.1-76　全景影像

1，2，3，4—按键；5—车辆周围 360° 全景影像；6—2D 车模；7—雷达报警图示；8—引导线；
9—视图方向指示；10—引导线；11—单视图影像或 3D 拼接图；12—安全提示文字

就上述例子而言，摄像头较少，全景影像可能使物体在屏幕上的轮廓变形，因此不能完全依靠影像估算本车与障碍物、车辆、行人等的距离，行车必须根据实际情况进行判断，确保安全。

全景系统受分辨率限制，某些物体不能显示或不能清楚显示，例如细隔离柱、格栅和树木等全景影像前后视图仍存在少量视野盲区，故要始终注意观察汽车周围。

全景影像只能在屏幕上显示二维图像，由于缺少空间深度，很难或根本不能通过全景影像识别路面上的突出物或凹坑。

图 2.1-77　前视摄像头

图 2.1-78　后视摄像头

图 2.1-79　全景摄像

图 2.1-80　侧视摄像头

图 2.1-81　车内监控摄像头

知识链接

　　分辨率代表着图像是否能够清晰地呈现，在一定程度上决定着图像的品质。分辨率的高低取决于摄像头中图像传感器芯片上像素多少，其像素越多，则摄像头的分辨率就会越高。分辨率的大小决定着所拍摄图像的清晰度，摄像头分辨率越高，成像后对细节的展示就越明显。

10. 摄像头性能

　　ADAS 的摄像头一是要看得足够远，远距离摄像；二是高动态摄像。由于摄像头（视觉传感器）具有算法比较成熟、体积又小、成本相对较低等优点，更容易达到智能网联汽车对摄像头性能技术指标的要求，所以在智能网联汽车上，摄像头的安装数量也是比较多的。表 2-33 例举了部分主流摄像头性能。

表 2-33　部分主流摄像头性能

公司 / 产品	像素	探测范围 /m	探测角度	适合温度 /℃	功耗 /W
博世 MPC2	120 万	120	50°（水平），28°（垂直）	−40 ～ +85	<5
大陆 MFC500	800 万	300	125°（水平），60°（垂直）	−40 ～ +85	<7
博世双目	100 万	55	50°（水平），28°（垂直）	−40 ～ +85	<5.8

　　（1）温度　车载摄像头需要应对多种复杂环境，温度范围要求一般在 −40 ～ 80℃。

　　（2）像素要求　为降低芯片处理的负担，摄像头的像素并不需要非常高，30 万 ～ 200 万像素已经能满足要求。

　　（3）探测范围与角度　对于环视和后视，一般采用 135° 以上的广角镜头，探测距离在 10m 以内；前置摄像头对视距要求更大，一般采用 40° ～ 70° 的视角范围，视距要求一般在 120m 以上；双目摄像头视距一般小于单目。

　　（4）功耗　车载摄像头功率不宜过大，一般在 10W 以下。

 知识链接

　　像素是构成数码影像的基本单元，通常以每英寸像素数（PPI）为单位来表示影像分辨率的大小。例如 300× 300 分辨率，即表示水平方向与垂直方向上每英寸的像素数都是 300，也可理解为 $1in^2$（1 平方英寸）内有 9 万（300×300）像素。

11. 智能摄像头控制系统故障诊断与检测

　　很多功能的实现是毫米波雷达和摄像头配合使用，如自动紧急制动（AEB），是前向碰撞预警系统的一项功能，是通过前向毫米波雷达（MRR）和前向摄像头（VPM）系统探测并触发的安全项功能。当 MRR 和 VPM 系统识别车辆处于紧急情况而驾驶员并没有采取相应制动时触发 AEB 功能，由 ESP 模块执行，车辆自动采取制动动作，以降低车辆发生碰撞的危险。

VPM 视觉感知系统（模块）或者叫摄像头控制系统。如图 2.1-82 所示，前挡风玻璃位置安装了三目摄像头、前向摄像头。

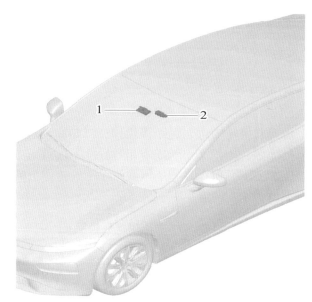

图 2.1-82　VPM 视觉感知模块（前摄像头系统）安装位置
1—前向摄像头（配合毫米波雷达）；2—三目摄像头

（1）诊断前确定故障症状　诊断前确定故障症状与前述毫米波雷达事项一样，限于篇幅，这里不再重复。

（2）VPM 视觉感知系统控制原理图　见图 2.1-83。

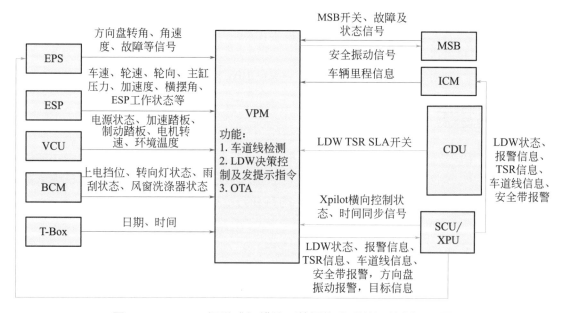

图 2.1-83　VPM 视觉感知模块（前摄像头系统）控制原理图

（3）VPM 视觉感知系统电路图　见图 2.1-84。

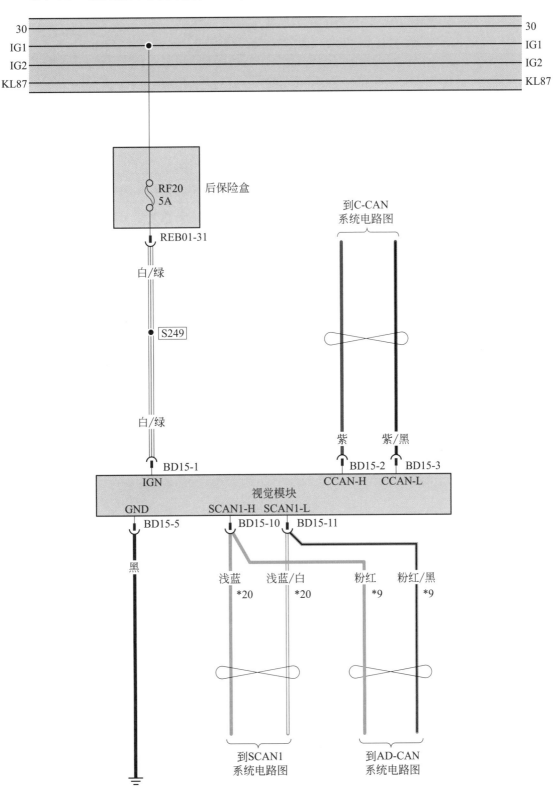

图 2.1-84　VPM 视觉感知系统电路图

（4）视觉模块线束连接器　表2-34为视觉模块线束连接器示意图及端子定义，配合电路图使用，可有效帮助故障检测和诊断。

表2-34　视觉模块线束连接器示意图及端子定义

视觉模块线束连接器	端子	导线颜色	线别作用（端子定义）	信号类型
	1	白/绿	IGN电源（供电）	电源
	2	紫	CCAN-H（CAN-H）	总线信号
	3	紫/黑	CCAN-L（CAN-L）	总线信号
	5	黑	接地	接地
	10	粉红	ADCAN-H（CAN-H）	总线信号
	10	浅绿	SCAN1-H（CAN-H）	信号
	11	粉红/黑	ADCAN-L（CAN-L）	总线信号
	11	浅绿/白	SCAN1-L（CAN-L）	信号

（5）视觉模块的电源和接地电路的检测

1）视觉模块的电源电路（见图2.1-84）　检测电路，一定要配合电路图来进行。

2）电源电路诊断和检测要点　先执行车辆下电程序，再断开视觉模块的线束连接器，然后执行车辆上电。按照表2-35检测电路，如果不符合表内应测得电压的结果，那么应该维修或更换线束。

表2-35　视觉模块的电源电路的检测

检查部件			万用表检测的两端子		检测条件	状态	应测得结果
部件名称	代号	图示	红色表笔连接	黑色表笔连接			
视觉模块线束连接器	BD15	见表2-34	BD15/1	车身接地	上电	电压	14V左右

3）接地电路诊断和检测要点　先执行车辆下电程序，再断开视觉模块的线束连接器。按照表2-36检测电路，如果不符合表内应测得电阻的结果，那么应该维修或更换线束。

表2-36　视觉模块的接地电路的检测

检查部件			万用表检测的两端子		检测条件	状态	应测得结果
部件名称	代号	图示	红色表笔连接	黑色表笔连接			
视觉模块线束连接器	BD15	见表2-34	BD15/5	车身接地	下电	电阻	<1Ω

如果故障诊断仪显示"过压"或"欠压"，那么就是供电电压过高或过低（通常大于 16V，或者小于 9V 的异常电压）。如果检测视觉模块电源和接地电路都没有问题，那么，可以判定是视觉模块本身故障，应更换。

（6）视觉模块与智能控制器之间的 SCAN1 数据通信电路的检测

1）视觉模块与智能控制器之间 SCAN1 数据通信电路图 见图 2.1-85。

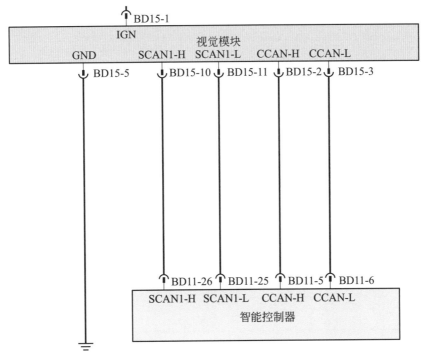

图 2.1-85 视觉模块与智能控制器之间 SCAN1 数据通信电路图

2）电路诊断和检测要点 先执行车辆下电程序，再断开视觉模块的线束连接器和智能控制器线束连接器。

❶ 检测 SCAN1 数据通信：按照表 2-37 检测电路，如果不符合表内应测得电阻的结果，那么应该维修或更换线束。

表 2-37 视觉模块与智能控制器之间的 SCAN1 数据通信的检测

检查部件			万用表检测的两端子		检测条件	状态	应测得结果
部件名称	代号	图示	红（黑）色表笔连接	黑（红）色表笔连接			
视觉模块线束连接器	BD15	见表 2-34	BD15/10	BD11/26	下电	电阻	< 1Ω

续表

检查部件			万用表检测的两端子		检测条件	状态	应测得结果
部件名称	代号	图示	红（黑）色表笔连接	黑（红）色表笔连接			
智能控制器线束连接器	BD11	SCAN1-L SCAN1-H	BD15/11	BD11/25	下电	电阻	< 1Ω

❷ 检测终端电阻：按照表 2-38 检测智能控制器 SCAN1 终端电阻，如果不符合表内应测得电阻的结果，更换智能控制器。如小鹏 P7 的智能控制器安装在行李箱盖板下方，见图 2.1-86。

表 2-38　视觉模块与智能控制器之间的 SCAN1 数据通信的检测

检查部件			万用表检测的两端子		检测条件	状态	应测得结果
部件名称	代号	图示	红（黑）色表笔连接	黑（红）色表笔连接			
智能控制器部件端子	—		—/25	—/26	下电	电阻	120Ω 左右

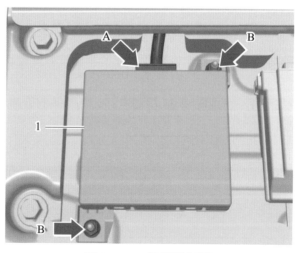

图 2.1-86　智能控制器

1—智能控制器；A—连接器；B—螺栓

划重点

如果故障诊断仪显示"SCAN1 关闭"，那么一定是 CAN 总线故障。如果视觉模块和智能控制器之间通信没有问题，智能控制器本身也没有故障，那么就检查视觉模块供电接地情况。如果接地不正常，更换 / 维修线束或线束连接器；如果接地正常，但依然显示是"SCAN1 关闭"，那么就是视觉模块的问题了，应更换。

（7）视觉模块与整车控制器之间 CAN 数据通信电路的检测

1）视觉模块与整车控制器之间 CAN 数据通信电路图　见图 2.1-87。

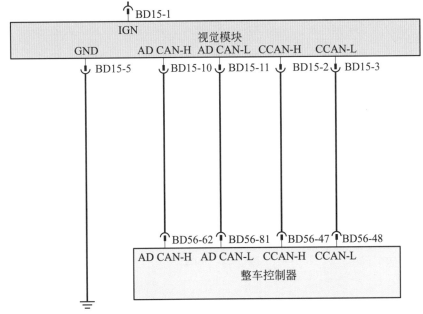

图 2.1-87　视觉模块与整车控制器之间 CAN 数据通信电路图

2）电路诊断和检测要点　先执行车辆下电程序，再断开视觉模块的线束连接器和整车控制器（VCU）线束连接器。

❶ 检测 CCAN 数据通信：按照表 2-39 检测电路，如果不符合表内应测得电阻的结果，那么应该维修或更换线束。

表 2-39　视觉模块与整车控制器之间的 CCAN 数据通信的检测

检查部件			万用表检测的两端子		检测条件	状态	应测得结果
部件名称	代号	图示	红（黑）色表笔连接	黑（红）色表笔连接			
视觉模块线束连接器	BD15	见表 2-34	BD15/2	BD56/47	下电	电阻	< 1Ω

续表

检查部件			万用表检测的两端子		检测条件	状态	应测得结果
部件名称	代号	图示	红（黑）色表笔连接	黑（红）色表笔连接			
整车控制器线束连接器	BD56	CCAN-L ... CCAN-H	BD15/3	BD56/48	下电	电阻	< 1Ω

❷ 视觉模块与整车控制器之间的 ADCAN 数据通信检测：按照表 2-40 检测视觉模块与整车控制器之间的 ADCAN 数据通信电路，如果不符合表内应测得电阻的结果，那么应该维修或更换线束。

表 2-40　视觉模块与整车控制器之间的 ADCAN 数据通信的检测

检查部件			万用表检测的两端子		检测条件	状态	应测得结果
部件名称	代号	图示	红（黑）色表笔连接	黑（红）色表笔连接			
视觉模块线束连接器	BD15	见表 2-34	BD15/10	BD56/62	下电	电阻	< 1Ω
整车控制器线束连接器	BD56	ADCAN-H ... ADCAN-L	BD15/11	BD56/81	下电	电阻	< 1Ω

　　如果故障诊断仪显示"与 VCU 丢失通信"或"VCU_SysSt 的信号超出范围"等，除了考虑 CAN 总线，整车控制器的故障也有可能。如果视觉模块和整车控制器之间 CAN 通信没有问题，那么就检查整车控制器供电接地导线。如果接地有问题，更换/维修线束或线束连接器；如果接地正常，但故障依然是"VCU_SysSt 的信号超出范围"，那么就可以判定是整车控制器本身出了故障，应更换整车控制器（图 2.1-88）。

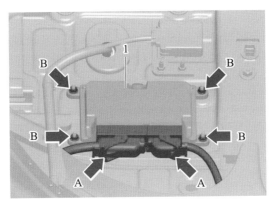

图 2.1-88　整车控制器

1—整车控制器；A—连接插头；B—固定螺母

（8）视觉模块与电子稳定系统驻车控制器 CCAN 数据通信的检测

1）视觉模块与电子稳定系统驻车控制器之间 CCAN 数据通信电路图　见图 2.1-89。

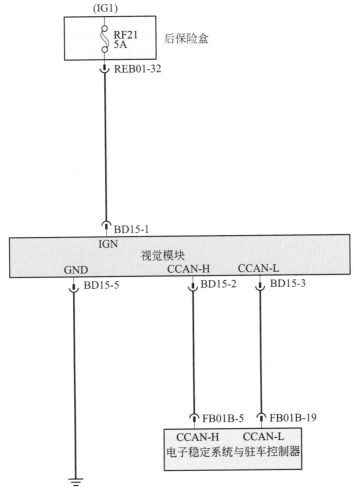

图 2.1-89　视觉模块与电子稳定系统驻车控制器之间 CCAN 数据通信电路图

2）电路诊断和检测要点　先执行车辆下电程序，再断开视觉模块的线束连接器和电子稳定系统驻车控制器线束连接器。

❶ 检测 CCAN 数据通信：按照表 2-41 检测电路，如果不符合表内应测得电阻的结果，那么应该维修或更换线束。

表 2-41　视觉模块与电子稳定系统驻车控制器之间的 CCAN 数据通信的检测

检查部件			万用表检测的两端子		检测条件	状态	应测得结果
部件名称	代号	图示	红（黑）色表笔连接	黑（红）色表笔连接			
视觉模块线束连接器	BD15	见表 2-34	BD15/2	FB01B/5	下电	电阻	$< 1\Omega$
电子稳定系统驻车控制器线束连接器	FB01B		BD15/3	FB01B/19	下电	电阻	$< 1\Omega$

❷ 检测接地：检查电子稳定系统驻车控制器模块的供电接地导线。如果供电接地有问题，维修或更换线束。

划重点

如果故障诊断仪显示"与 ESP 丢失通信"，视觉模块与电子稳定系统驻车控制器之间的 CCAN 数据通信和电子稳定系统驻车控制器的供电接地都没有问题，那么就可以判定是电子稳定系统驻车控制器本身出了故障，应更换 ESP 模块。

（9）视觉模块与电动助力转向控制器之间 CCAN 数据通信电路的检测

1）视觉模块与电动助力转向控制器之间 CCAN 数据通信电路图　见图 2.1-90。

2）电路诊断和检测要点　先执行车辆下电程序，再断开视觉模块的线束连接器和电动助力转向控制器线束连接器。

❶ 检测 CCAN 数据通信：按照表 2-42 检测电路，如果不符合表内应测得电阻的结果，那么应该维修或更换线束。

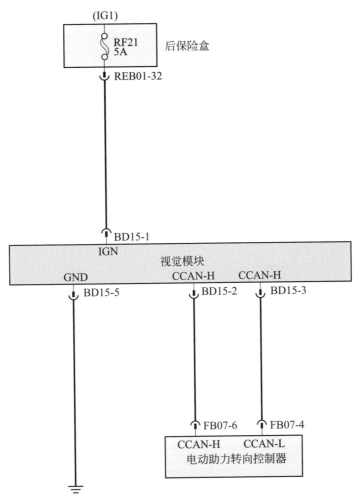

图 2.1-90 视觉模块与电动助力转向控制器之间 CCAN 数据通信电路图

表 2-42 视觉模块与电动助力转向控制器之间的 CCAN 数据通信的检测

检查部件			万用表检测的两端子		检测条件	状态	应测得结果
部件名称	代号	图示	红（黑）色表笔连接	黑（红）色表笔连接			
视觉模块线束连接器	BD15	见表 2-34	BD15/2	FB07/6	下电	电阻	＜1Ω
电动助力转向控制器线束连接器	FB07	CCAN-L CCAN-H	BD15/3	FB07/4	下电	电阻	＜1Ω

❷ 检测接地：检查电动助力转向控制器的供电接地导线。如果供电接地有问题，维修或更换线束。

如果故障诊断仪显示"与 EPS 丢失通信"，视觉模块与 EPS 之间的 CCAN 数据通信检测正常，EPS 模块的供电接地也没有问题，那么就可以判定是 EPS 模块本身出了故障，应更换 EPS 模块（电动助力转向控制器）。

（10）视觉模块与智能驾驶模块（XPU）之间的 CAN 数据通信电路的检测
1）视觉模块与智能驾驶模块（XPU）之间 CAN 数据通信电路图 见图 2.1-91。

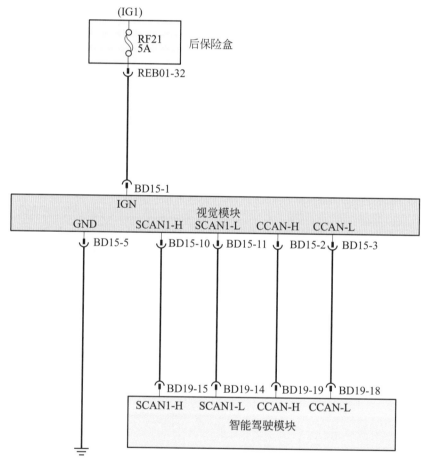

图 2.1-91 视觉模块与智能驾驶模块之间 CAN 数据通信电路图

2）电路诊断和检测要点 先执行车辆下电程序，再断开视觉模块的线束连接器和智能驾驶模块（XPU）线束连接器。

❶ 检测 CCAN 数据通信：按照表 2-43 检测电路，如果不符合表内应测得电阻的结果，那么应该维修或更换线束。

表 2-43　视觉模块与智能驾驶模块之间 CCAN 数据通信的检测

检查部件			万用表检测的两端子		检测条件	状态	应测得结果
部件名称	代号	图示	红（黑）色表笔连接	黑（红）色表笔连接			
视觉模块线束连接器	BD15	见表 2-34	BD15/2	BD19/19	下电	电阻	< 1Ω
智能驾驶模块线束连接器	BD19	CCAN-L ... CCAN-H	BD15/3	BD19/18	下电	电阻	< 1Ω

❷ 视觉模块与智能驾驶模块（XPU）之间的 SCAN 数据通信的检测：按照表 2-44 检测视觉模块与智能驾驶模块之间的 SCAN 数据通信电路，如果不符合表内应测得电阻的结果，那么应该维修或更换线束。

表 2-44　视觉模块与智能驾驶模块之间 SCAN 数据通信电路的检测

检查部件			万用表检测的两端子		检测条件	状态	应测得结果
部件名称	代号	图示	红（黑）色表笔连接	黑（红）色表笔连接			
视觉模块线束连接器	BD15	见表 2-34	BD15/10	BD19/15	下电	电阻	< 1Ω
智能驾驶模块线束连接器	BD19	SCAN1-L ... SCAN1-H	BD15/11	BD19/14	下电	电阻	< 1Ω

划重点

　　如果故障诊断仪显示"与 XPU 丢失通信"或"XPU_ESP_xxx 错误"等，除了考虑 CAN 总线故障外，智能驾驶模块的故障也有可能。如果视觉模块和智能驾驶模块之间 CAN 通信没有问题，那么应检查智能驾驶模块的供电接地导线。如果接地有问题，更换 / 维修线束或线束连接器；如果接地正常，但故障依然是"与 XPU 丢失通信"，那么就可以判定是智能驾驶模块本身出了故障，应更换。

（11）视觉模块与智能控制器（SCU）之间 CAN 数据通信电路的检测

1）视觉模块与智能控制器（SCU）之间 CAN 数据通信电路图　见图 2.1-92。

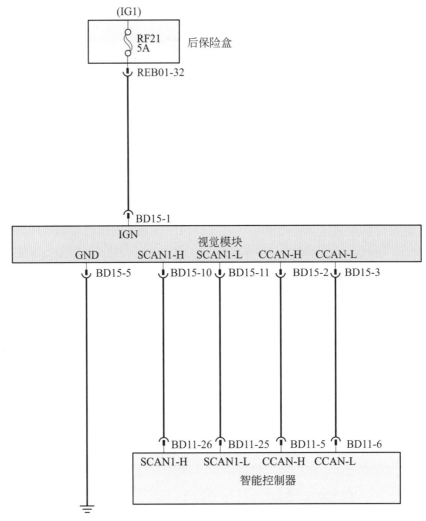

图 2.1-92　视觉模块与智能控制器（SCU）CAN 数据通信电路图

2）电路诊断和检测要点　执行车辆下电程序，断开视觉模块的线束连接器和智能控制器（SCU）线束连接器。

❶ 检测 CCAN 数据通信：按照表 2-45 检测电路，如果不符合表内应测得电阻的结果，那么应该维修或更换线束。

表 2-45　视觉模块与智能控制器之间的 CCAN 数据通信电路的检测

检查部件			万用表检测的两端子		检测条件	状态	应测得结果
部件名称	代号	图示	红（黑）色表笔连接	黑（红）色表笔连接			
视觉模块线束连接器	BD15	见表 2-34	BD15/2	BD11/5	下电	电阻	＜ 1Ω

续表

检查部件			万用表检测的两端子		检测条件	状态	应测得结果
部件名称	代号	图示	红（黑）色表笔连接	黑（红）色表笔连接			
智能控制器（SCU）线束连接器	BD11	CCAN-H CCAN-L	BD15/3	BD11/6	下电	电阻	<1Ω

❷ 视觉模块与智能控制器（SCU）之间的 SCAN 数据通信的检测：按照表 2-46 检测视觉模块与智能控制器之间的 SCAN 数据通信导线，如果不符合表内应测得电阻的结果，那么应该维修或更换线束。

表 2-46　视觉模块与智能控制器之间的 SCAN 数据通信电路的检测

检查部件			万用表检测的两端子		检测条件	状态	应测得结果
部件名称	代号	图示	红（黑）色表笔连接	黑（红）色表笔连接			
视觉模块线束连接器	BD15	见表 2-34	BD15/10	BD19/26	下电	电阻	<1Ω
智能控制器（SCU）线束连接器	BD11	SCAN1-L SCAN1-H	BD15/11	BD11/25	下电	电阻	<1Ω

划重点

如果故障诊断仪显示"与智能控制器 SCU 丢失通信"等，则表示主要有两个方面可能出现故障，一是 CAN 总线，二是智能控制器的故障。如果视觉模块和智能控制器（SCU）之间 CAN 通信没有问题，那么应检查智能控制器的供电接地导线。如果接地有问题，更换 / 维修线束或线束连接器；如果接地正常，但故障依然存在，那么就可以判定是智能控制器本身出了故障，应更换。

（12）视觉模块与中央网关控制器（CGW）之间数据通信电路的检测

1）视觉模块与中央网关控制器之间数据通信电路图 见图2.1-93。

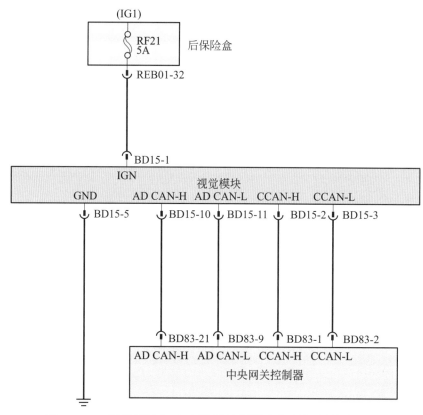

图 2.1-93　视觉模块与中央网关控制器之间数据通信电路图

2）电路诊断和检测要点　先执行车辆下电程序，再断开视觉模块的线束连接器和中央网关控制器（CGW）线束连接器。

❶ 检测 CCAN 数据通信：按照表 2-47 检测电路，如果不符合表内应测得电阻的结果，那么应该维修或更换线束。

表 2-47　视觉模块与 CGW 之间 CCAN 数据通信电路的检测

检查部件			万用表检测的两端子		检测条件	状态	应测得结果
部件名称	代号	图示	红（黑）色表笔连接	黑（红）色表笔连接			
视觉模块线束连接器	BD15	CCAN-H CCAN-L	BD15/2	BD83/1	下电	电阻	< 1Ω

续表

检查部件			万用表检测的两端子		检测条件	状态	应测得结果
部件名称	代号	图示	红（黑）色表笔连接	黑（红）色表笔连接			
中央网关控制器线束连接器	BD83	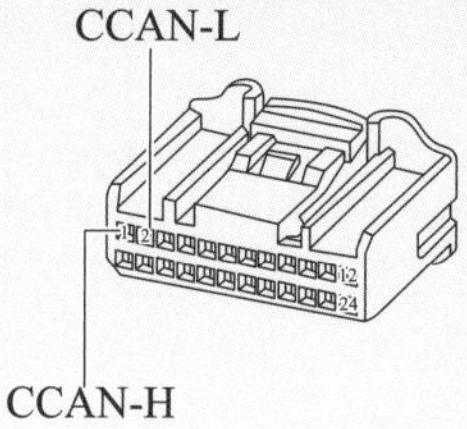 CCAN-L CCAN-H	BD15/3	BD83/2	下电	电阻	< 1Ω

❷ 中央网关控制器与视觉模块之间 ADCAN 数据通信的检测：按照表 2-48 检测视觉模块与 CGW 之间 ADCAN 数据通信导线，如果不符合表内应测得电阻的结果，那么应该维修或更换线束。

表 2-48　视觉模块与 CGW 之间 ADCAN 数据通信电路的检测

检查部件			万用表检测的两端子		检测条件	状态	应测得结果
部件名称	代号	图示	红（黑）色表笔连接	黑（红）色表笔连接			
视觉模块线束连接器	BD15	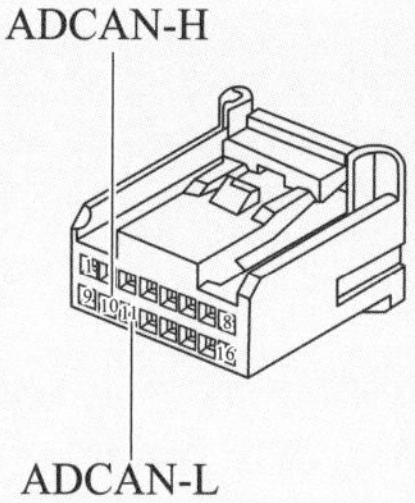 ADCAN-H ADCAN-L	BD15/10	BD83/21	下电	电阻	< 1Ω
中央网关控制器线束连接器	BD83	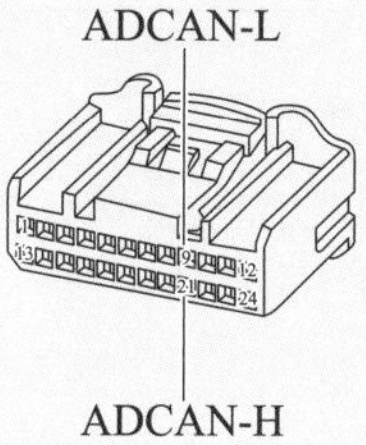 ADCAN-L ADCAN-H	BD15/11	BD83/9	下电	电阻	< 1Ω

❸ 中央网关控制器终端电阻的检测：按照表 2-49 检测中央网关控制器的终端电阻，来确定其好坏。如果不符合表内应测得电阻的结果，那么应该维修或更换线束。

101

表 2-49　中央网关控制器终端电阻的检测

检查部件			万用表检测的两端子		检测条件	状态	应测得结果
部件名称	代号	图示	红（黑）色表笔连接	黑（红）色表笔连接			
中央网关控制器部件	－		-/1	-/2	下电	电阻	120Ω左右
			-/9	-/21	下电	电阻	120Ω左右

如果故障诊断仪显示"与 CGW 丢失通信"，则表示可能存在两种故障，一是 CAN 总线，二是中央网关控制器（CGW）的故障。如果视觉模块和 CGW 之间 CAN 通信没有问题，那么就可以判定是中央网关控制器本身出了故障，应更换。更换中央网关控制器，并使用故障诊断仪对中央网关控制器进行配置。

（13）视觉模块的电源和接地电路的检测

1）视觉模块电路　见图 2.1-84。

2）电路诊断和检测要点

❶ 检测电源电路：先执行车辆下电程序，再断开视觉模块的线束连接器，然后执行车辆上电程序。按照表 2-50 检测其电源电路，如果不符合表内应测得电压的结果，那么应该维修或更换线束。

表 2-50　视觉模块电源电路的检测

检查部件			万用表检测的两端子		检测条件	状态	应测得结果
部件名称	代号	图示	红色表笔连接	黑色表笔连接			
视觉模块线束连接器	BD15	IG1电源	BD15/1	车身接地	上电	电压	14V 左右

❷ 视觉模块接地电路的检测：先执行车辆下电程序，再断开视觉模块线束连接器。按照表 2-51 检测其接地电路，如果不符合表内应测得电阻的结果，那么应该维修或更换线束。

表 2-51　视觉模块接地电路的检测

检查部件			万用表检测的两端子		检测条件	状态	应测得结果
部件名称	代号	图示	红色表笔连接	黑色表笔连接			
视觉模块线束连接器	BD15	接地	BD15/5	车身	下电	电阻	< 1Ω

划重点

如果故障诊断仪显示"ECU 温度越界"（视觉模块），则很可能是视觉模块损坏。如果视觉模块的接地电路和电源电路都没有问题，那么可以判定是视觉模块损坏，应更换。

维修提示

如果环境温度不符合成像条件，会生成温度越界故障。生成温度越界故障有两点：

① 系统温度高于 100℃，且时间超过 2s。

② 成像器温度低于 -49℃ 或高于 108℃ 超过 150ms。

（14）车内智能摄像头与智能驾驶模块之间电路的检测

1）车内智能摄像头与智能驾驶模块之间电路　见图 2.1-94。

2）电路诊断和检测要点

❶ 检测车内智能摄像头与智能驾驶模块之间的电路：先执行车辆下电程序，再断开车内智能摄像头线束连接器，然后断开智能驾驶模块线束连接器。按照表 2-52 检测电路，如果不符合表内应测得电阻的结果，那么应该维修或更换线束。

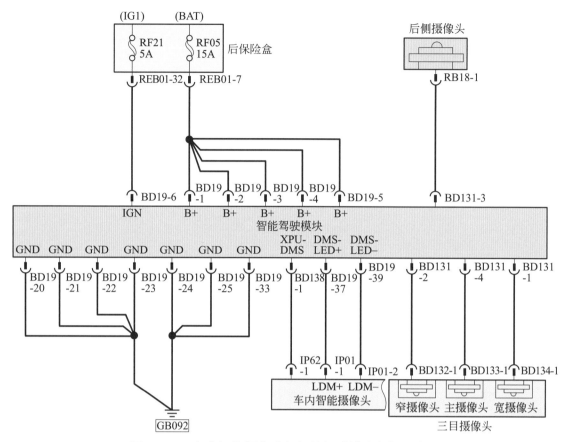

图 2.1-94　车内智能摄像头与智能驾驶模块之间的电路

表 2-52　车内智能摄像头与智能驾驶模块之间电路的检测

检查部件			万用表检测的两端子		检测条件	状态	应测得结果
部件名称	代号	图示	红（黑）色表笔连接	黑（红）色表笔连接			
车内智能摄像头线束连接器	IP01	LDM+ ④③②① LDM−	IP01/1	BD19/37	下电	电阻	< 1Ω
智能驾驶模块线束连接器	BD19	LED+ LED−	IP01/2	BD19/39	下电	电阻	< 1Ω

❷ 车内智能摄像头与智能驾驶模块之间电路是否短路到接地的检测：执行车辆下电程序，断开车内智能摄像头线束连接器，断开智能驾驶模块线束连接器。按照表 2-53 检测其接地电路，如果不符合表内应测得的电阻的结果，那么应该维修或更换线束。

表 2-53　车内智能摄像头与智能驾驶模块之间电路是否短路到接地的检测

检查部件			万用表检测的两端子		检测条件	状态	应测得结果
部件名称	代号	图示	红色表笔连接	黑色表笔连接			
智能驾驶模块线束连接器	BD19	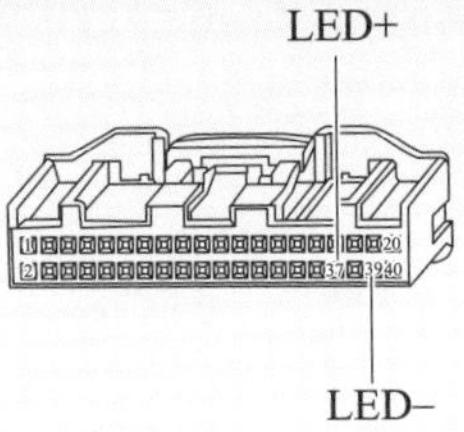 LED+ LED−	BD19/37	车身接地	下电	电阻	> 10kΩ
			BD19/39	车身接地	下电	电阻	> 10kΩ

❸ 车内智能摄像头与智能驾驶模块之间电路是否短路到电源的检测：执行车辆下电程序，断开车内智能摄像头线束连接器，断开智能驾驶模块线束连接器，然后执行车辆上电程序。按照表 2-54 检测其接地电路，如果不符合表内应测得的电压的结果，那么应该维修或更换线束。如果线束没问题，则更换摄像头。

表 2-54　车内智能摄像头与智能驾驶模块之间电路是否短路到电源的检测

检查部件			万用表检测的两端子		检测条件	状态	应测得结果
部件名称	代号	图示	红色表笔连接	黑色表笔连接			
智能驾驶模块线束连接器	BD19	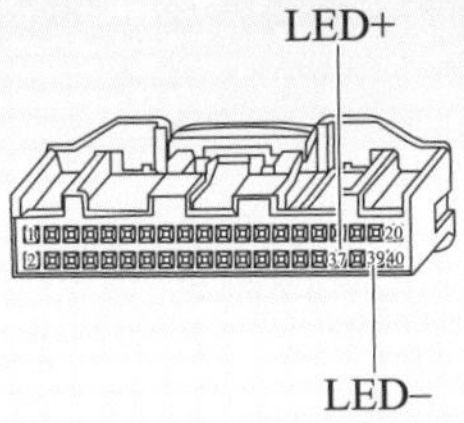 LED+ LED−	BD19/37	车身接地	下电	电压	0V
			BD19/39	车身接地	下电	电压	0V

维修提示

用万用表测量保险丝两端的电压，如果有漏电，保险丝就会有电流通过（串联分压原理），虽然只是几毫伏的电压，但这也是漏电（没有休眠）。

（15）三目摄像头的拆装

1）拆卸事项（图 2.1-95）

❶ 关闭所有用电器，车辆下电。

❷断开蓄电池负极。

❸拆卸内后视镜底座护罩组件。

❹拆卸三目摄像头（图 2.1-96）。

a. 断开三目摄像头连接插头。

b. 旋出三目摄像头固定螺栓。

c. 拆下三目摄像头。

2）安装事项

安装程序以倒序进行，同时，恢复安装完成后，重新标定三目摄像头。

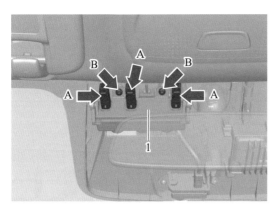

图 2.1-95　拆卸三目摄像头（小鹏 P7）

1—三目摄像头；A—连接插头；B—固定螺栓

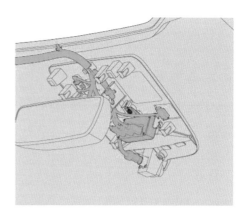

图 2.1-96　三目摄像头（蔚来 ES8）

（16）前向摄像头的拆装

1）拆卸事项（图 2.1-97）

❶ 如更换前向摄像头（配合毫米波雷达），先用故障诊断仪，根据诊断仪提示进行"模块换件准备"操作程序。

❷ 关闭所有用电器，车辆下电。

❸ 断开蓄电池负极。

❹ 拆卸内后视镜底座护罩组件。

❺ 拆卸前向摄像头。

a. 断开前向摄像头。

b. 脱离前向摄像头。

c. 如图 2.1-97 所示，沿箭头 C 方向取出前向摄像头。

2）安装事项

安装程序以倒序进行，同时，安装后的前向摄像头，需要进行标定。

（17）倒车后视摄像头的拆装　倒车后视系统主要由倒车后视摄像头与中控大屏组成。当通过 CAN 总线节点检测到 R 挡信号或在中控大屏触摸后视摄像头时，系统立即启动。同时通过 CAN 总线节点取得方向盘转角信号，并取得车辆后方即时影像，传送至摄像头进行轨迹路径运算及图像叠合处理，最后将叠加了倒车轨迹的图像信息传送至中控大屏上，辅助驾驶员倒车。倒车后视摄像头安装位置见图 2.1-98。

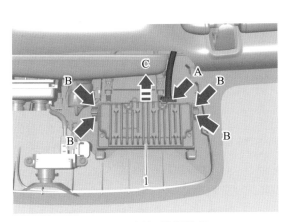

图 2.1-97　拆卸前摄像头

1—摄像头；A—连接插头；B—固定螺栓

倒车后视摄像头

图 2.1-98　倒车后视摄像头安装位置

1）拆下和安装摄像头（小鹏 P7）

拆卸事项（图 2.1-99）如下所述：

❶ 关闭所有用电器，车辆下电。

❷ 断开蓄电池负极。

❸ 拆卸后保险杠总成。

❹ 拆卸倒车摄像头总成。

a. 脱开倒车摄像头总成线束固定卡扣。

b. 断开倒车摄像头总成连接插头。

c. 脱开倒车摄像头总成固定卡扣 C，拆下倒车摄像头总成。

安装事项：安装程序以倒序进行。

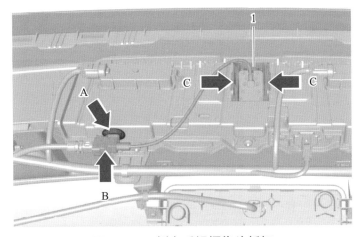

图 2.1-99　倒车后视摄像头拆卸

1—摄像头总成；A—线束固定卡扣；B—连接插头；C—固定卡扣

2）拆下和安装摄像头（蔚来 ES8）

拆下摄像头：

❶ 拆下摄像头总成固定螺栓（图 2.1-100）。

❷ 从尾门牌照灯托架上拆下后近距离摄像头总成（图 2.1-101）。

安装摄像头：安装程序以倒序进行。

装上尾门牌照灯托架、后备厢外部开启开关和后近距离摄像头总成（图 2.1-102）。

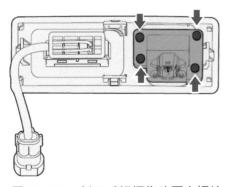

图 2.1-100　拆下后视摄像头固定螺栓

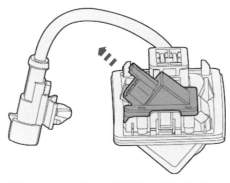

图 2.1-101　取出后近距离摄像头总成

（18）拆装前近距离摄像头总成

1）拆卸事项（图 2.1-103）

❶ 拆下前保险杠合件总成。

❷ 拆下前近距离摄像头总成。

a. 断开前近距离摄像头线束连接器。

b. 拆下前近距离摄像头总成螺栓。

2）安装事项

❶ 装上前近距离摄像头总成。

a. 装上前近距离摄像头螺栓并拧紧。

b. 连接前近距离摄像头线束连接器。

❷ 装上前保险杠合件总成。

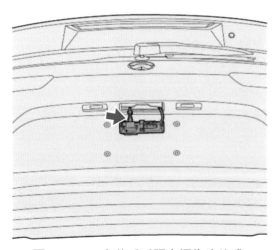

图 2.1-102　安装后近距离摄像头总成

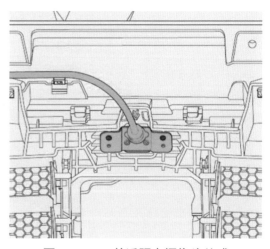

图 2.1-103　前近距离摄像头总成

（19）环车摄像头拆装 环车摄像头布局见图 2.1-104。

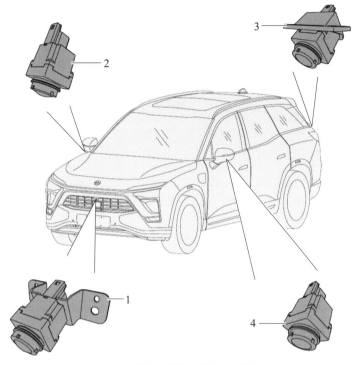

图 2.1-104 环车摄像头布局（蔚来 ES8）

1—近距离摄像头（前）；2—近距离摄像头（右）；3—近距离摄像头（后）；4—近距离摄像头（左）

1）拆卸事项（以左前摄像头为例）

❶ 拆下外后视镜上壳体。

❷ 断开左近距离摄像头连接器（图 2.1-105）。

❸ 拆下螺栓和左近距离摄像头总成（图 2.1-106）。

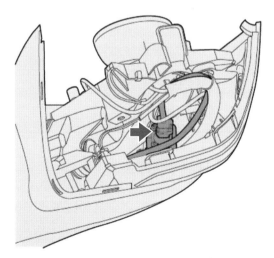

图 2.1-105 断开摄像头连接器

图 2.1-106 拆下摄像头总成

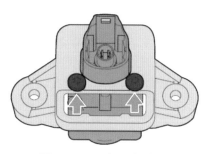

图 2.1-107　拆下摄像头

④ 拆下螺栓，从左近距离摄像头总成上拆下左近距离摄像头（图 2.1-107）。

2）安装事项

❶ 将左近距离摄像头安装到支架。

❷ 放置左近距离摄像头总成。

❸ 连接左近距离摄像头连接器。

❹ 装上外后视镜上壳体。

六、多传感器融合

其实，人就好比一个多传感器集成与信息融合的典型例子，眼、耳、鼻、舌、皮肤五种感知器官感知的能力，分别称为视觉、听觉、嗅觉、味觉和触觉，构成对外界环境相对完整的感知能力。人体五种感知器官接收的环境信息，在大脑内进行综合，形成对所处环境的综合判断，再形成人体行为决策。这就相当于智能网联汽车的感知系统。

传感器是智能网联汽车的关键部件，各种传感器都有不同的特征和优缺点（表 2-55），将很多传感器的信息进行融合（包括定位信息、雷达、摄像头等）会达到更精准可靠探测周围环境的效果。现在毫米波雷达和计算机视觉摄像头等的融合应用已非常可靠。

表 2-55　传感器特点对比

传感器类型	优点	缺点
超声波	成本低，近距离探测分辨率高	多普勒效应明显，距离近，无法识别角度，波束发散大，可靠性差
摄像头	可识别车道线、限速标志等信息，水平分辨率高	受雾霾、雨雪天气影响大
激光雷达	可识别物体轮廓、水平分辨率高、信息量大	难以识别车道线，受雾霾、雨雪天气影响大，光学器件容易被灰尘污染，远处物体测距、测速不精确，对物体的识别依赖于数据库内的物体特征
毫米波雷达	测量远处物体的速度和位置精度高，可穿透雾霾和雨雪天气，高可靠性，耐灰尘	难以识别车道线等信息，角度分辨率低，容易受路面物体的干扰

智能网联汽车 ADAS 感知系统所采用的传感器包括超声波雷达、毫米波雷达、激光雷达以及各种形式的摄像头，由这些感知传感器进行不同组合形成多融合的感知系统。摄像头＋毫米波雷达＋激光雷达的配置已经成为智能驾驶的标准组合。例如：理想 ONE 搭载 800 万像素辅助驾驶前摄像头，前向毫米波雷达，4 个角毫米波雷达，12 个超声波雷达，4 个环视视摄像头；蔚来 ES8 搭载了 1 个三目前向摄像头，4 个环视摄像头，5 个毫米波雷达，12 个超声波雷达；威马 W6（ACE 极智版、X 特别版）在售车辆搭载了共

24 个视觉传感器，包括 4 个高清环视摄像头、2 个高清前视摄像头、5 个毫米波雷达、12 个超声波雷达、1 个驾驶行为检测摄像头；极氪汽车的视觉融合感知系统搭载了 7 个 800 万像素长距高清摄像头，1 个 250m 超长感知毫米波雷达，12 个短距超声波雷达，4 个短距环视高清摄像头，2 个车内监测摄像头，1 个车外监测摄像头，1 个后流媒体摄像头；智己（iML7）汽车搭载了 12 个高精度摄像头（车顶摄像头见图 2.1-108），5 个毫米波雷达，12 个超声波雷达，并兼容激光雷达软硬件架构升级方案；极狐（阿尔法 S 华为 Hi）搭载了 3 个激光雷达，6 个毫米波雷达，12 个超声波雷达，9 个 ADS 摄像头，4 个环视摄像头；小鹏 P7（智尊版、鹏翼版）搭载了 5 个高精毫米波雷达，12 个超声波雷达，4 个环视摄像头，10 个高感知摄像头；小鹏 P5（550P、600P 版）融合了 2 个激光雷达（图 2.1-109），12 个超声波雷达，5 个毫米波雷达，13 个高感知摄像头，1 套亚米级高精定位单元（GNSS 导航系统 +IMU 惯性测量单元）等多种感知硬件对环境进行视觉 + 雷达 360° 双重感知。

上述例举这些车载传感器的融合使用在更大程度上可 360°（有些甚至 540°AR 底盘透视）感知路面信息。这些都是多传感器融合的工作模式，每个传感器提供互不相同的环境信息特征，此时配置多个传感器目的是增强系统环境感知能力。

图 2.1-108　车顶摄像头（智己汽车）

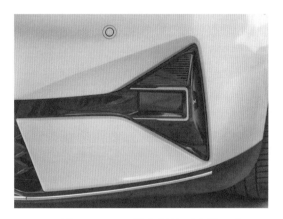

图 2.1-109　激光雷达（小鹏 P5）

七、高精度定位和地图

1. 高精度定位

智能网联汽车是一个庞大而复杂的技术体系，如图 2.1-110 所示，自动驾驶（无人驾驶）技术结构分为感知层、决策层、执行层三个部分。高精度定位涉及感知层与决策层，为自动驾驶汽车提供车辆的空间坐标与当前场景下的相对位置坐标，以及位置相关信息，包括速度、加速度、车辆姿态等。高精度定位涉及车辆速度控制、路径规划、障碍物检测与避让、车辆行为决策等决策层与执行层内容。

（1）绝对位置定位　首先由 GNSS 提供空间位置坐标，精度在 5 ～ 10m 量级，基于地面基准站的 RTK 技术能够修正 GNSS 定位误差，将精度提高到 2 ～ 30cm 量级，惯性测量单元（IMU）则能够弥补 GNSS 定位信号频率的不足，并支持车辆自主定位。

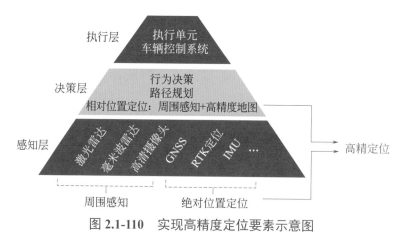

图 2.1-110　实现高精度定位要素示意图

知识链接

　　卫星定位是高精度定位的支柱环节，涉及定位卫星、地面基准站、接收单元、定位芯片、融合算法等多个子环节。2020 年 6 月，我国的北斗卫星导航系统完成全球组网，意味着北斗将能够为全球用户提供高精度的定位、导航和授时服务。2020 年 7 月，千寻位置宣布启动业内首个大规模北斗高精度定位路测，基于"全国 1 张网"的北斗地基增强站，路测实时定位精度最高达到 2cm，标志着北斗高精度定位技术将在自动驾驶领域大规模落地。

　　GNSS 全称为全球导航卫星系统（图 2.1-111），指所有的卫星导航系统，包括我国的北斗、美国的 GPS、欧洲的伽利略、俄罗斯的格洛纳斯等。实现相对精确的卫星定位至少需要 4 颗卫星，首先由 3 颗卫星发出电磁波信号形成的球面相切于一点，得到定位物体的空间坐标，但由于定位智能网联汽车（以及其他物体）的时钟与卫星的时钟并非精确的标准时间，时间度量的误差意味着无法正确计算信号传播距离，由此引入第 4 颗卫星进行钟差的解算。消除时间误差能够有效提高定位精度，但卫星定位过程中的其他误差因素仍难以避免，例如传输误差（信号传输过程中遇到电离层、对流层等环境影响因素，导致传输路径发生偏折，产生信号传输距离计算误差）。卫星定位的定位误差一般在 5 ~ 10m 量级，单纯依靠卫星定位无法充分满足智能网联汽车的自动驾驶对高精度定位的要求，因此需要多种定位技术的整合，如再加上激光雷达、摄像头等感知设备以及高精度地图，通过对周围场景的识别比对可实现厘米级精度定位。

图 2.1-111　卫星定位

知识链接

　　我们熟悉的 GPS 是由美国国防部研制的全球首个定位导航服务系统，1990—1999 年为系统建成并进入完全运作能力阶段，1993 年实现 24 颗在轨卫星满星运行。其中，24 颗导航卫星平均分布在 6 个轨道面上，保证在地球的任何地方可同时见到 4 ～ 12 颗卫星，使地球上任何地点、任何时刻均可实现三维定位、测速和测时，其使用世界大地坐标系。

　　1）RTK 技术　RTK（Real-time kinematic，实时动态）技术是指实时动态载波相位差分技术，可以称为是一种"地面上的卫星定位系统"。RTK 通过地面基准站与流动站之间的观测误差，实现分米乃至厘米级的高精度定位。卫星定位的误差难以避免，而地面上某些固定点位的绝对位置坐标是可以相对精确给定的，例如特定的地理坐标点、卫星接收站等，以该点位为中心的 20 ～ 40km 半径范围内，对流层、电离层等环境干扰对卫星信号的干扰方向和程度基本一致。因此这类点位作为 RTK 中的"基准站"来矫正卫星定位的结果。

　　❶ 基准站将卫星定位结果与已有精确坐标比对，计算出此时该区域的卫星定位的综合误差。

　　❷ 基准站将该误差数据发送给附近的流动终端。

　　❸ 流动站收到误差数据，矫正自身卫星定位结果，实现厘米至亚米量级定位精度。

　　RTK 技术分为单频和双频两种，单频 RTK 接收 L1 载波信号，误差在分米量级；双频 RTK 接收 L1、L2 载波信号，误差可以达到厘米量级（L1、L2 属于不同频段的卫星信号）。目前，绝大多数的 RTK 定位技术采用双频模式。

　　从 RTK 技术原理可以看出，除设备和技术本身外，RTK 定位精度还取决于基准站绝对位置的精度，以及距基准站的距离。一些知名高精度地图公司已在全国建立增强基站，依托我国北斗导航地基增强系统实现"全国一张网"，能够向全国大部分地区提供实时厘米级定位服务。

　　2）IMU 技术　IMU（惯性测量单元）是所有定位系统中最关键的传感器之一，用来测量运动、加速度和旋转速度。对车辆在时空中运动方式的基本了解对于自动驾驶应用至关重要，IMU 是最可靠的传感器，因为不受干扰 / 迷惑，且不受天气和其他环境条件的影响。不同形式的 IMU 见图 2.1-112。

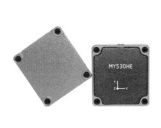

图 **2.1-112**　不同形式的 **IMU**

IMU 内置陀螺仪、加速计、算法处理单元三部分，可实现不依赖外部信息的自主导航。陀螺仪与加速计分别测量角度、加速度信息。不依靠外界的信息输入，IMU 可以向自动驾驶汽车提供航向、姿态、速度、位置等导航参数，是高精度定位不可或缺的一部分。IMU 提供信息的维度称为自由度（DoF），三轴（x 轴、y 轴、z 轴）陀螺仪加三轴加速计，组成六自由度 IMU，也称六轴 IMU。再加上用于测量相对于地球磁场方向的三轴磁强计组成九自由度 IMU，也称九轴 IMU（图 2.1-113）。IMU 提供的信息与汽车轮速计、方向盘转角等信息有重叠，为智能网联汽车自动驾驶感知方位与姿态提供冗余信息。

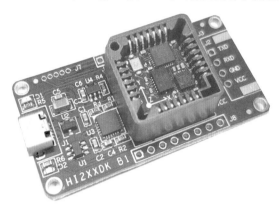

图 2.1-113　九轴 IMU

IMU 是协助 GPS 定位与无外部信号的自主导航。GPS 信号的更新频率为 10Hz（也就是每 0.1 秒更新一次 GPS 定位信息），而 IMU 设备的更新频率在 100Hz 以上，在两次 GPS 信号更新之间，自动驾驶汽车可以结合 IMU 提供的车辆方位、姿态、速度等信息推算汽车的精确位置，实现高频率高精度定位，满足自动驾驶汽车对实时定位的要求。而在无定位信号或弱定位信号区域，自动驾驶汽车可以通过 IMU 实现短时间自主导航。例如，当自动驾驶汽车驶入隧道、山路等信号较弱路段，或接收电磁波信号、光信号（用于摄像头识别）受到强烈干扰导致设备无法正常工作时，汽车保留最后一次稳定接收到的定位数据，基于 IMU 提供的参数信息计算汽车在弱信号路段的具体位置，结合高精度地图数据实现自主导航。

（2）相对位置定位　首先根据车辆绝对位置坐标，从高精度地图提取该位置相应的道路特征，与激光雷达点云或摄像头图像识别的道路特征做匹配，由此实现厘米级高精度定位。

相对位置定位思路与人类驾驶过程更为类似，人类驾驶员在驾驶过程中，通过视觉观察周围场景中的物体，包括建筑、路缘石、标志线等，经过比对判断车辆在当前场景中的位置。类似地，自动驾驶汽车通过高清摄像头、激光雷达等感知设备获取周围场景内物体的图像或反射信号，将其与事先采集的高精度地图数据进行匹配，从而获取对车辆当前位置的精确估计。据高德高精度地图消息披露，高德基于"激光雷达＋摄像头"的相对位置定位方案，能够实现平均误差 9cm 的定位精度。

相对位置定位可以分为点云匹配和视觉定位两种技术。

❶ 点云匹配以激光雷达为核心：激光雷达向外发射激光脉冲，从地面或物体表面反射形成多个回波返回到激光雷达，经处理后的反射数据称为点云数据。采集到的点云数据与高精度地图进行匹配，以实现汽车在当前场景的高精度定位。目前主流的匹配算法包括概率地图与 NDT（正态分布变换）算法两种。点云匹配示意图见图 2.1-114。

❷ 视觉定位以摄像头为核心：包括视觉匹配与视觉里程定位方式。视觉匹配通过提取图像中的道路标识、车道线等参照物体与高精度地图进行匹配，实现精准定位，如特斯拉。基于视觉里程算法的定位技术以双目摄像头为主，通过图像识别以及前后两帧图像之间的特征关系来计算车辆当前位置，但该方案依赖摄像头的成像质量，在光线不理想、视线遮挡等环境下定位可靠性有待考量，一般不会单独使用。不管是点云匹配还是视觉定位，在实际运用中都并非单纯依靠某一种感知设备，而是实现包括 GNSS/RTK 定位、IMU、雷达在内多

套子系统的融合。IMU 协助 GPS 定位示意图见图 2.1-115。

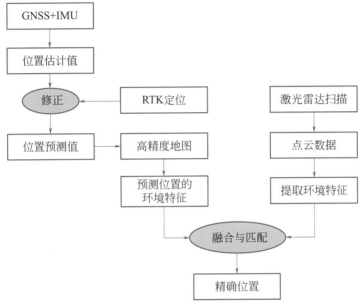

图 2.1-114 点云匹配示意图

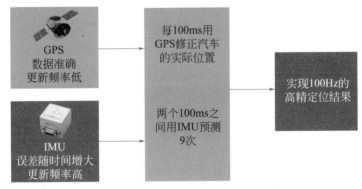

图 2.1-115 IMU 协助 GPS 定位示意图

（3）信息冗余的作用 绝对位置与相对位置互为结合、互为补充，高精度定位由多个定位导航子系统交叉组成，彼此之间相互冗余。

按照百度 Apollo（百度阿波罗汽车自动驾驶平台）的划分，适用于自动驾驶汽车的定位技术可由六部分组成，分别为：惯性定位、卫星定位、磁力导航（定位）、重力导航（定位）、激光点云定位、视觉定位。不同部分之间优势互补，定位结果之间相互重叠以矫正误差，提高定位精度。以 Apollo2.0 多传感器融合定位模块为例，以 IMU 为基础的惯性导航解算子模块，以地面基站和车端天线为基础的 GNSS 定位子模块，以及以激光雷达、高精度地图为基础的点云匹配子模块相互融合，输出一个 6 DoF（自由度）的位置和姿态信息，并且将融合结果反馈给 GNSS 定位和点云定位子模块，提高两定位模块的精度。在这个框架中，GNSS 定位模块向系统提供车辆绝对位置信息，而点云定位模块向车辆提供相对距离、相对位置信息。

知识链接

与其他手机和其他智能化产品一样，芯片至关重要。高精度定位芯片为整个定位子系统提供算力支持，芯片性能关系到定位精度、功耗、系统成本等方面。目前，国内高精度定位芯片领域包括华为、移远、"北斗系"的北斗星通等。

高精度定位硬件支持 GNSS/RTK 模组、IMU 惯性导航元器件、用于匹配定位的激光雷达和摄像头，以及地面基准站建设等，决定高精度定位的质量。而软件算法则实现不同感知设备之间的数据融合与协作，同自动驾驶系统更好地对接。据悉，千寻位置（公司具有基于其 FindAUTO 高精度定位服务和终端算法的技术能力）联合移远通信、ST 共同发布面向 L3 及以上级别自动驾驶车辆的 LG69T 车规双频高精度定位模组，能够实现在开阔环境下 10cm 精度的定位数据，而在高架下、隧道等卫星信号遮挡区域，也能够连续保持高精度定位能力。

2. 高精度地图

（1）高精度地图特点　高精度地图也称自动驾驶地图、高分辨率地图、高精地图，是面向智能网联汽车自动驾驶的一种新的地图数据。高精度地图绝对位置精度接近 1m，相对位置精度在厘米级别，能够达到 10 ～ 20cm。高精度地图实时、准确、全面地表现道路特征，并记录驾驶行为的详细轨迹，包括最佳加速点及制动点、路况复杂程度以及对不同路段信号接收情况的标注等。

高精度地图有两个级别，第一类是 ADAS 级高精度，基本上在米量级；第二类是 HAD 级高精度，是厘米级。ADAS 级含有道路形状、坡度、方向等基本信息，通过车载传感器、摄像头的协助可以大大减小驾驶过程的危险。HAD 在 ADAS 地图的基础上加入了车道的类型、车道宽度，更有诸如防护栏、树木、道路边缘等更为详细的信息，是自动驾驶的决定性条件。

（2）高精度地图与高精度定位关系　高精度地图与上述高精度定位密不可分，为自动驾驶汽车路线规划、道路感知、驾驶控制提供支持。

❶ 高精度地图数据的采集、处理以及地图的建模需要以高精度的位置定位坐标作为框架。高精度地图中道路和场景信息是自动驾驶汽车感知和决策的数据基础，如果在制图过程中位置标定出现误差，可能造成自动驾驶系统的决策路线错误。

❷ 以高精度地图为基础，结合感知匹配实现高精度的自主导航定位，在定位信号中断或不稳定的情况下，保证自动驾驶汽车仍然能够明确获知车辆本身在当前环境中的准确位置。

❸ 高精度地图与高精度定位相结合，车辆能够提前了解当前位置可能的道路特征情况，提高传感器的识别精度。

（3）高精度地图与车联网关系（图 2.1-116）

❶ 高精度地图为智能网联汽车激光雷达、摄像头等感知系统提供定位、识别的数据基础，而传感器采集的信息可用于构建高精度地图。

❷ 车联网能够进一步补充、丰富高精度地图数据，并支持数据实时更新，高精度地图数据能够上传至云平台进行整合、处理、计算。

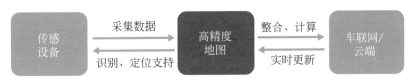

图 2.1-116　高精度地图与车联网 / 云端之间的关系

（4）高精度地图与导航地图的区别

❶ 一般导航地图服务对象为驾驶员（或其他人），以驾驶员的认知为基础，解决的需求包括规划路线、确认地点、辨别方位等（见表 2-56）。

❷ 高精度地图服务对象为自动驾驶的算法，从人变为机器（计算机），数据将作为自动驾驶算法的输入端，解决的需求包括环境感知、高精度定位、规划与决策等，是自动驾驶汽车行驶上路的"隐形司机"（见表 2-56）。

表 2-56　高精度地图与导航地图的区别

对比参数	导航地图	高精度地图
要素和属性	道路 POI（比如学校、医院、小卖部等非地理标识）：涉密 POI 禁止表达、重点 POI 必须表达 背景：国界、省界等行政区划边界必须准确表达	详细车道模型：曲率、坡度、航向、高程、限高、限重、限宽；定位地物和特征图层（见图 2.1-117）
所属系统	信息娱乐系统	车载安全系统
用途	导航、搜索、目视	环境感知、定位、车道级路径规划、车辆控制
服务对象 / 显示	人，有显示	计算机（机器），无显示
信息更新频率	相对低，人可以良好应对	更新频率高，机器需要更高频数据应付

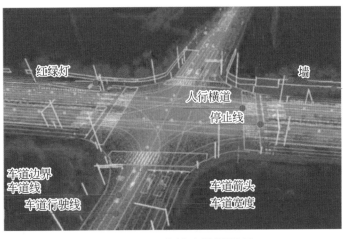

图 2.1-117　高精度地图场景

（5）高精度地图信息分类　高精度地图信息可分为道路信息、规则信息、实时信息三部分（表 2-57）。

表 2-57　高精度地图包含的信息分类

道路信息	车道模型	车道数、车道中心线、道路分离和车道分离点、车道连接关系
	道路部件	交通灯、交通标志、斑马线、停止线、路缘石、防护栏、龙门架、桥梁
	道路属性	车道数、车道变化属性、车道线曲率/坡度、车道连接关系、车道分组、交通区域、兴趣区（如人行横道等）、GPS 信号减弱/消失位置、加速点及刹车点
规则信息		车道限速、高速收费信息、限行限号信息
实时信息		实时交通天气、事件信息（交通事故、道路施工等）、停车场服务、危险区域预警、基于坡度的节能减排、道路天气/能见度

❶ 道路信息包含车道模型、道路部件、道路属性三部分，为自动驾驶汽车提供决策基础。车道模型见图 2.1-118。

❷ 规则信息与实时信息是在道路信息之上的叠加，包含对驾驶行为的限制和获取的实时道路信息。

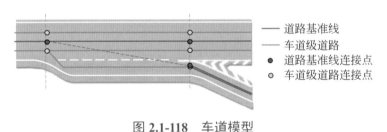

图 2.1-118　车道模型

（6）高精度地图的导航路径　根据高精度地图智能网联汽车实现自动驾驶，需要"三步走"：路线级规划、车道级规划、自动驾驶控制。

❶ 路线级规划：通过导航地图确定具体行驶路线，考虑交通方式、路线距离、交通状况、途经地点等，是点到点的粗略规划。

❷ 车道级规划：依靠高精度地图，根据给定的路线确定具体的形式方案，包括车辆起步和停止、速度限制、车道保持与变道、车道坡度等。

❸ 自动驾驶控制：自动驾驶控制阶段，系统依据具体的行驶方案控制汽车，实现自动驾驶。高精度地图横跨智能网联汽车的感知层和决策层。在感知层，车辆通过摄像头、毫米波雷达、激光雷达等设备获取周围场景信息，实现周围感知；将周围场景信息与高精度地图进行比对，确定车辆相对位置，并通过 GNSS、RTK 定位、惯性导航系统确定自身姿态、速度和绝对位置，共同实现自我感知。感知信息进入决策层，算法将依据高精度地图、车联网技术提供的多维度信息对具体驾驶问题做出判断、输出车辆控制信号并交给执行层执行实现自动驾驶。

（7）高精度地图数据采集　高精度地图需要实现更高的精度，数据采集的成本也更高。高精度地图采集的核心设备包括激光雷达、摄像头、GNSS、IMU。采集车辆基于 GNSS、IMU 获取当前的绝对位置和汽车姿态、速度等信息。对于周围道路及环境的感知方案有激光雷达制图、纯视觉制图、激光雷达与图像融合技术。

❶ 激光雷达采集：信息精确，语义丰富度较低。激光雷达通过发射和接收激光光束实现对周围道路环境的感知和建模，再结合车辆自身感知数据，将空间信息从扫描三维点，转换为连续的三维结构，实现对整个道路空间的三维建模。

❷ 纯视觉制图：成本低，可靠性不能完全保证。摄像头与图像识别算法相结合的制度方案，由于不需要激光雷达，成本相对降低，理想情况下纯视觉制图精度可达厘米级。但是图像识别算法的可靠性以及图像采集对环境的要求，使得纯视觉制图的可靠性相对差。

❸ 激光雷达与图像融合技术：精确可靠，成本很高。方案融合了激光雷达和摄像头的优势，能够综合运用丰富的图像信息和精确的激光雷达数据，对道路环境实现相对精确完整采集。

❹ 地图的发布：数据采集完并不意味着终结，后续还要经历处理、测试、发布等环节。高精度地图数据经专业采集或众包形式采集后，首先进行降噪、分类、提取等处理，实现三维建模。再进行可靠性测试及精度测试，测试分为两阶段：首先通过人工或算法对数据本身进行测试，再进行实地路测，确保高精度地图的可靠性。之后通过车联网进行地图的发布和更新。

 知识链接

采用激光雷达与图像融合技术方案的高精度地图采集商有百度、高德、四维图新等。以高德地图为例（图 2.1-119），高德 HAD 级别高精度地图采集车采用三维激光扫描系统技术方案，搭载 2 个激光雷达、4 个摄像头，可实现 10cm 精度的采集，由一辆 ADAS 级收集车（摄像头）和一辆 HAD 级测绘车配合完成，但这套采集车造价高达千万人民币。

GNSS：GPS提供定位服务

交叉激光雷达(2个)
首图的的3D渲染就是
由它采集的信息

500像素
摄像头
前二后二

图 2.1-119　高德 HAD 级别高精度地图采集车（测绘车）
及车上的 RIEGL VMX-450 三维激光扫描系统

3. 惯性测量单元（IMU）故障诊断与检测

惯性测量单元（IMU）提供车辆自身位置信息。不同的车型和配置 IMU 的物理形状不同，在汽车上的安装位置也不尽相同，但拆卸和安装步骤基本一致，诊断方法基本相同。以智能网联汽车小鹏 P7 为例，惯性测量单元 IMU 安装在副仪表板总成下方的车身地板上（图 2.1-120、图 2.1-121）。

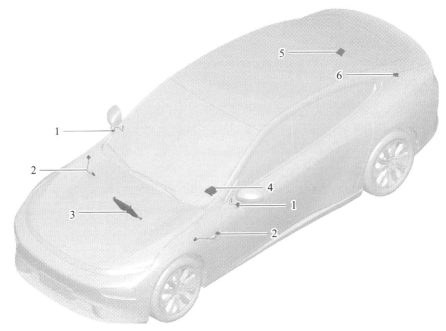

图 2.1-120　惯性测量单元安装位置

1—侧前摄像头；2—侧后摄像头；3—智能控制器（XPU）；
4—惯性测量单元 GPS；5—GNSS 天线；6—后视摄像头

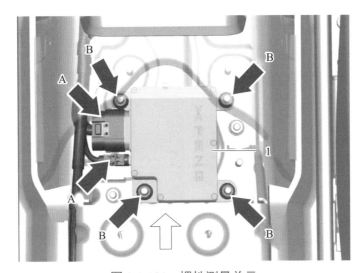

图 2.1-121　惯性测量单元

1—惯性测量单元（IMU）；A—连接插头；B—固定螺母

（1）惯性测量单元在 SCU 系统中的控制示意图　见图 2.1-52。

（2）电路图阅读　见图 2.1-13、图 2.1-14。

（3）惯性测量单元电路图　见图 2.1-122。

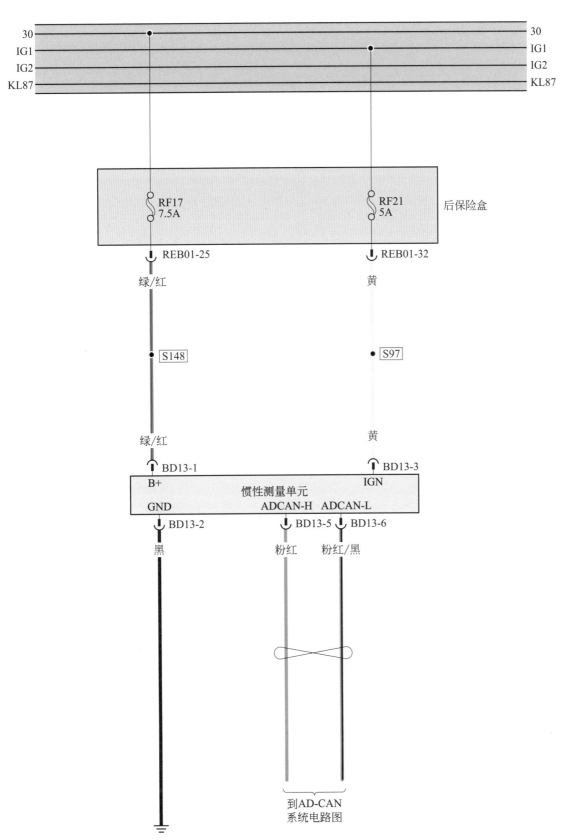

图 2.1-122　惯性测量单元电路图

（4）诊断前确定故障症状

1）检测故障　使用诊断仪可通过车辆的 OBD 诊断接口读取故障码，根据诊断仪上显示的惯性测量单元 GPS 数据流和故障码，可在不拆卸任何零件的情况下执行读取开关和传感器值功能，有效帮助更快地解决问题。

2）电气检查确认故障　故障诊断和排除要参考电路图和控制示意图，以及如表 2-58 所示的线束连接器，根据线路情况，做出有效判断。

表 2-58　惯性测量单元 GPS 线束连接器端子定义

图示	端子	导线颜色	线别作用（端子定义）
	1	绿/红	电源
	2	黑	接地
	3	紫	CCAN-H
	4	紫/黑	CCAN-L
	5	白	PPS 信号 +（车内智能摄像头输入信号 +）
	6	黑/白	PPS 信号 -
	7	粉红	ADCAN-H
	8	粉红/黑	ADCAN-L
	17	黑	接地
	1	黑/白	GPS 信号

（5）惯性测量单元 GPS 电源和接地电路的检测

1）惯性测量单元 GPS 电路　见图 2.1-123。

2）电路诊断和检测要点

❶ 检测惯性测量单元 GPS 电源电路：执行车辆下电程序，断开惯性测量单元 GPS 线束连接器，然后再执行车辆上电程序。按照表 2-59 检测其电源电路，如果不符合表内应测得电压的结果，那么应该维修或更换线束。

❷ 惯性测量单元 GPS 接地电路的检测：执行车辆下电程序，断开惯性测量单元 GPS 线束连接器。按照表 2-60 检测其接地电路，如果不符合表内应测得电阻的结果，那么应该维修或更换线束。

表 2-59　惯性测量单元 GPS 电源电路的检测

检查部件			万用表检测的两端子		检测条件	状态	应测得结果
部件名称	代号	图示	红色表笔连接	黑色表笔连接			
惯性测量单元 GPS 线束连接器	BD14	供电 IG1电源	BD14/1	车身接地	上电	电压	14V 左右
			BD14/18	车身接地	上电	电压	14V 左右

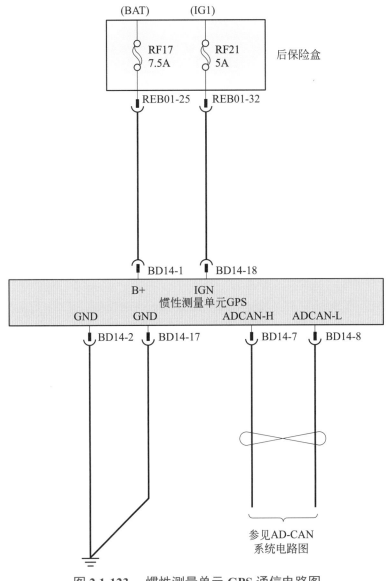

图 2.1-123　惯性测量单元 GPS 通信电路图

表 2-60　惯性测量单元 GPS 接地电路的检测

检查部件			万用表检测的两端子		检测条件	状态	应测得结果
部件名称	代号	图示	红色表笔连接	黑色表笔连接			
惯性测量单元 GPS 线束连接器	BD14	 接地 接地	BD14/2	车身接地	下电	电阻	＜1Ω
			BD14/17	车身接地	下电	电阻	＜1Ω

划重点

　　如果是惯性测量单元 GPS 电源和接地短路的故障，那么故障诊断仪一般会显示"诊断过压"或者"诊断欠压"，也就是说，供电电压过高或者过低，这时电压通常会大于 16V，或者小于 9V，是个异常电压。如果检测惯性测量单元 GPS 电源和接地线路正常，则故障一般出在惯性测量单元 GPS 本身，应更换。

（6）惯性测量单元 GPS 的通信电路的检测

1）惯性测量单元 GPS 通信电路图　见图 2.1-123。

2）电路诊断和检测要点　执行车辆下电程序，断开惯性测量单元 GPS 线束连接器。

❶ 检测惯性测量单元 GPS ADCAN 通信电路：按照表 2-61 检测 ADCAN 通信电路，如果测得结果不是 120Ω 左右，那么应该维修或更换线束。

表 2-61　惯性测量单元 GPS ADCAN 通信电路的检测

检查部件			万用表检测的两端子		检测条件	状态	应测得结果
部件名称	代号	图示	红（黑）色表笔连接	黑（红）色表笔连接			
惯性测量单元 GPS 线束连接器	BD14	见表 2-58	BD14/7	BD14/8	下电	电阻	120Ω 左右

❷ 检查惯性测量单元 GPS CCAN 通信电路：按照表 2-62 检测 CCAN 通信电路，如果测得结果不是 60Ω 左右，那么应该维修或更换线束。

表 2-62　惯性测量单元 GPS CCAN 通信电路的检测

检查部件			万用表检测的两端子		检测条件	状态	应测得结果
部件名称	代号	图示	红（黑）色表笔连接	黑（红）色表笔连接			
惯性测量单元 GPS 线束连接器	BD14	见表 2-58	BD14/3	BD14/4	下电	电阻	60Ω 左右

划重点

如果诊断为"ADCAN 关闭"或"CCAN 关闭"的故障，通常是 CAN 线路故障。如果检测惯性测量单元 GPS ADCAN 通信电路正常，那么应该接着检查惯性测量单元 GPS 的供电接地导线，如果正常，则故障一般出在惯性测量单元 GPS 本身，应更换。

（7）中央网关控制器与惯性测量单元 GPS 之间的 CAN 数据通信的检测

1）中央网关控制器与惯性测量单元 GPS 之间 CAN 数据通信电路　见图 2.1-124。

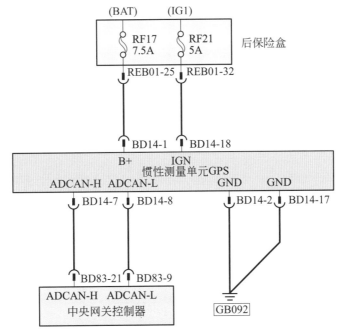

图 2.1-124　中央网关控制器与惯性测量单元 GPS 数据通信电路

2）电路诊断和检测要点　执行车辆下电程序，断开中央网关控制器线束连接器，断开惯性测量单元 GPS 线束连接器。按照表 2-63 检测其通信电路，如果结果不符合表内应测得电阻的数据，那么应该维修或更换线束。

表 2-63　中央网关控制器与惯性测量单元 GPS 之间的 CAN 数据通信的检测

检查部件			万用表检测的两端子		检测条件	状态	应测得结果
部件名称	代号	图示	红（黑）色表笔连接	黑（红）色表笔连接			
惯性测量单元 GPS 线束连接器	BD14	见表 2-58	BD14/7	BD83/21	下电	电阻	< 1Ω

续表

检查部件			万用表检测的两端子		检测条件	状态	应测得结果
部件名称	代号	图示	红（黑）色表笔连接	黑（红）色表笔连接			
中央网关控制器线束连接器	BD83	 ADCAN-L / ADCAN-H	BD14/8	BD83/9	下电	电阻	< 1Ω

划重点

如果诊断为"与 CGW 失去通信"的故障，通常是 CAN 线路故障，或者是 CGM 故障。如果检测 CAN 通信电路正常，那么应该接着检查中央网关控制器供电接地。如果接地有问题，那么需要修复或更换导线；如果接地正常，则是中央网关控制器本身故障，应更换。

（8）电子稳定系统驻车控制器与惯性测量单元 GPS 之间的 CAN 数据通信的检测

1）电子稳定系统驻车控制器与惯性测量单元 GPS 之间 CAN 数据通信电路　见图 2.1-125。

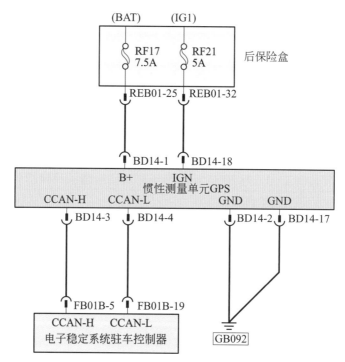

图 2.1-125　电子稳定系统驻车控制器与惯性测量单元 GPS 之间数据通信电路

2）电路诊断和检测要点 执行车辆下电程序，断开电子稳定系统驻车控制器线束连接器，断开惯性测量单元 GPS 线束连接器。按照表 2-64 检测 CAN 数据通信电路，如果结果不符合表内应测得电阻的数据，那么应该维修或更换线束。

表 2-64 电子稳定系统驻车控制器与惯性测量单元 GPS 之间的 CAN 数据通信的检测

检查部件			万用表检测的两端子		检测条件	状态	应测得结果
部件名称	代号	图示	红（黑）色表笔连接	黑（红）色表笔连接			
惯性测量单元 GPS 线束连接器	BD14	见表 2-58	BD14/3	FB01B/5	下电	电阻	< 1Ω
电子稳定系统驻车控制器线束连接器	FB01B	CCAN-H CCAN-L	BD14/4	FB01B/19	下电	电阻	< 1Ω

划重点

如果诊断为"与 ESP 失去通信"的故障，通常是 CAN 线路故障，或者是 ESP 控制模块故障。如果检测 CAN 通信电路正常，那么应该接着检查电子稳定系统驻车控制器的供电接地。如果接地有问题，那么需要修复或更换导线、线束或连接器；如果接地正常，则电子稳定系统驻车控制器本身存在故障，应更换。

（9）电动助力转向控制器与惯性测量单元 GPS 之间的数据通信的检测

1）电动助力转向控制器与惯性测量单元 GPS 之间数据通信电路 见图 2.1-126。

2）电路诊断和检测要点 执行车辆下电程序，断开电动助力转向控制器线束连接器，断开惯性测量单元 GPS 线束连接器。按照表 2-65 检测电动助力转向控制器与惯性测量单元 GPS 之间的 CAN 数据通信线路，如果结果不符合表内应测得电阻的数据，那么应该维修或更换线束。

表 2-65 电动助力转向控制器与惯性测量单元 GPS 之间的数据通信的检测

检查部件			万用表检测的两端子		检测条件	状态	应测得结果
部件名称	代号	图示	红（黑）色表笔连接	黑（红）色表笔连接			
惯性测量单元 GPS 线束连接器	BD14	见表 2-58	BD14/3	FB07/6	下电	电阻	< 1Ω

续表

检查部件			万用表检测的两端子		检测条件	状态	应测得结果
部件名称	代号	图示	红（黑）色表笔连接	黑（红）色表笔连接			
电动助力转向控制器线束连接器	FB07	CCAN-L CCAN-H	BD14/4	FB07/4	下电	电阻	< 1Ω

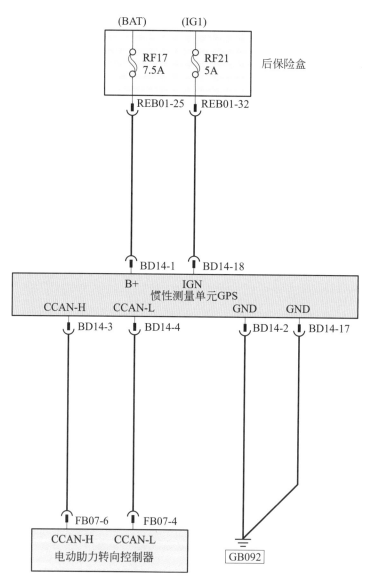

图 2.1-126　电动助力转向控制器与惯性测量单元 GPS 之间数据通信电路

如果诊断为"与 EPS 丢失通信"的故障，通常是 CAN 线路故障，或者是 EPS 模块故障。如果检测 CAN 通信电路正常，那么应该接着检查 EPS 模块的供电接地。如果接地有问题，那么需要修复或更换导线、线束或连接器；如果接地正常，则为 EPS 模块本身故障，应更换。

（10）整车控制器（VCU）与惯性测量单元 GPS 之间数据通信的检测

1）整车控制器与惯性测量单元 GPS 之间数据通信电路　见图 2.1-127。

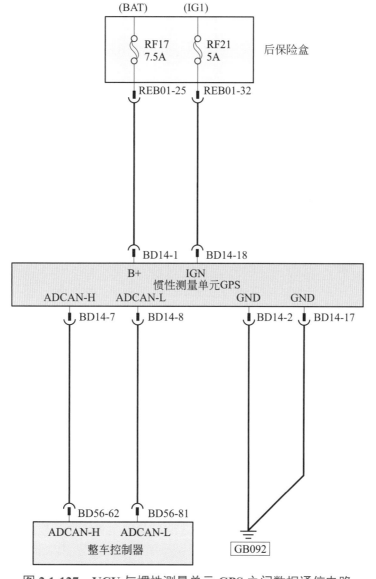

图 2.1-127　VCU 与惯性测量单元 GPS 之间数据通信电路

2）电路诊断和检测要点　执行车辆下电程序，断开 VCU 线束连接器，断开惯性测量单元 GPS 线束连接器。按照表 2-66 检测 VCU 与惯性测量单元 GPS 之间的 CAN 数据通信线路，如果结果不符合表内应测得电阻的数据，那么应该维修或更换线束。

表 2-66　VCU 与惯性测量单元 GPS 之间的 CAN 数据通信的检测

检查部件			万用表检测的两端子		检测 条件	状态	应测得 结果
部件名称	代号	图示	红（黑） 色表笔 连接	黑（红） 色表笔 连接			
惯性测量单元 GPS 线束连接器	BD14	见表 2-58	BD14/7	BD56/62	下电	电阻	< 1Ω
VCU 线束连接器	BD56	ADCAN-H ADCAN-L	BD14/8	BD56/81	下电	电阻	< 1Ω

划重点

如果诊断为"与 VCU 丢失通信"的故障，通常是 CAN 线路故障，或者是 VCU 故障。如果检测 CAN 通信电路正常，那么应该接着检查 VCU 的供电接地。如果接地有问题，那么需要修复或更换导线、线束或连接器；如果接地正常，则表示为 VCU 内部故障，应更换。

（11）互联网断开的检测

1）网络电路图　见图 2.1-128。

2）电路诊断和检测要点　执行车辆下电程序，断开 4G 天线线束连接器，断开中控大屏主机线束连接器。

❶ 检查 4G/5G 天线与中控大屏主机之间的导线是否断路：按照表 2-67，检测 4G 天线与中控大屏主机之间的导线，如果结果不符合表内应测得的电阻数据，那么应该修复或更换线束或连接器。

❷ 检查中央网关控制器与中控大屏主机之间的导线是否断路：按照表 2-68，检测中央网关控制器与中控大屏主机之间的导线，如果结果不符合表内应测得的电阻数据，那么应该修复或更换线束或连接器。

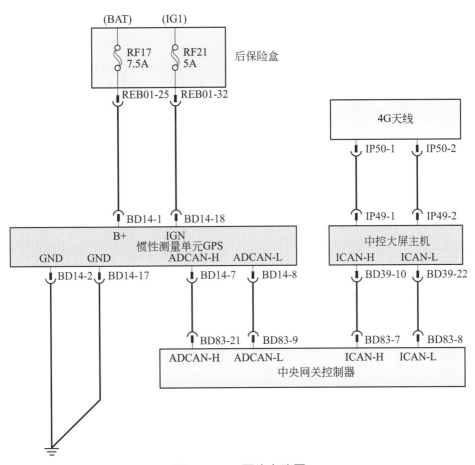

图 2.1-128　网络电路图

表 2-67　4G 天线与中控大屏主机之间的导线检测

检查部件			万用表检测的两端子		检测条件	状态	应测得结果
部件名称	代号	图示	红（黑）色表笔连接	黑（红）色表笔连接			
4G 天线线束连接器	IP50	4G天线DIV信号 4G天线MAIN信号	IP50/1	IP49/1	下电	电阻	＜1Ω
中控大屏主机线束连接器	IP49	天线DIV信号 天线MAIN信号	IP50/2	IP49/2	下电	电阻	＜1Ω

表 2-68　中央网关控制器与中控大屏主机之间的导线检测

检查部件			万用表检测的两端子		检测条件	状态	应测得结果
部件名称	代号	图示	红（黑）色表笔连接	黑（红）色表笔连接			
中央网关控制器线束连接器	BD83	表 2-63 中的图	BD83/7	BD39/10	下电	电阻	< 1Ω
中控大屏主机线束连接器	BD39	ICAN-H ICAN-L	BD83/8	BD39/22	下电	电阻	< 1Ω

❸ 检查中央网关控制器与惯性测量单元 GPS 之间的导线是否断路：按照表 2-63 检测中央网关控制器与惯性测量单元 GPS 之间的导线。

如果故障诊断仪显示"差分数据断开"，意思就是互联网断开，应该重点检查 4G/5G 网络。如果上述 ❶❷❸ 的检查均没有问题，那么更换 4G/5G 天线；如果更换天线后故障仍然没有排除，那么就是中控大屏主机的问题了，应更换。

（12）卫星导航天线断的检查

1）惯性测量单元 GPS 电路图　见图 2.1-123。

2）GPS 天线与惯性测量单元 GPS 之间的 CAN 数据通信检测　执行车辆下电程序，断开 GPS 天线线束连接器和惯性测量单元 GPS 线束连接器。按照表 2-69 检测 GPS 天线线束连接器与惯性测量单元 GPS 之间的导线。如果不符合应测得结果数据，那么应该修复或更换线束或连接器。如果线路没有问题，那么更换 GPS 天线（见图 2.1-129）。

表 2-69　GPS 天线与惯性测量单元 GPS 之间 CAN 数据通信检测

检查部件			万用表检测的两端子		检测条件	状态	应测得结果
名称/代号	惯性测量单元 GPS 线束连接器 /BD129	GPS 天线线束连接器 /BD130	红（黑）色表笔连接	黑（红）色表笔连接			
图示	GPS天线信号	GPS天线信号	BD129/1	BD130/1	下电	电阻	< 1Ω

3）拆卸 GPS 天线

❶ 关闭所有用电器，车辆下电。

❷ 断开蓄电池负极。

❸ 拆卸高位制动灯。

❹ 拆卸 GPS 天线。

a. 断开 GPS 天线。

b. 旋出 GPS 天线。

c. 拆下 GPS 天线。

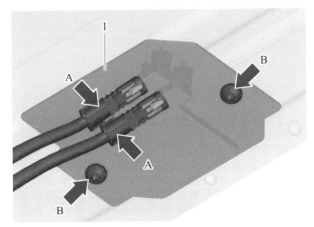

图 2.1-129　GPS 天线
1—天线；A—连接插头；B—固定螺栓

第二节　自适应巡航控制系统

一、自适应巡航控制系统相关术语

GB/T 20608—2006《智能运输系统自适应巡航控制系统性能要求与检测方法》、GB/T 39263—2020《道路车辆 先进驾驶辅助系统（ADAS）术语及定义》和上海地方标准 DB31/T 1270—2020《乘用车自适应巡航控制系统性能要求及测试方法》对自适应巡航控制系统相关术语做了定义。

1. 自适应巡航控制（Adaptive Cruise Control，ACC）

上海地方标准 DB31/T 1270—2020，这样表述：常规巡航控制系统的提升和扩展常规巡航控制，它可以通过控制本车动力系统（发动机，电机或其他类型动力）、传动系统或制动器实现本车与前车保持适当距离的目的。虽然与 GB/T 39263—2020 描述不一致，但定义核心不变——ACC 的主要功能是实现"与前车保持距离的目的"。

2. 常规巡航控制（Conventional Cruise Control）

按照驾驶员的设定控制车辆行驶速度的系统。

3. 主动制动控制（Active Brake Control）

由 ACC 系统而不是驾驶员施加的制动控制动作。

4. 设定速度（Set Speed）

由驾驶员或由 ACC 系统以外的其他控制系统设定的期望行驶速度，亦即车辆在 ACC 系统控制下的最高期望速度。

5. ACC 系统状态

ACC 系统的状态可分为 3 种：ACC 关闭状态、ACC 等待状态和 ACC 工作状态。

（1）ACC 关闭状态　直接的操作动作均不能触发 ACC 系统。

（2）ACC 等待状态　ACC 系统没有参与车辆的纵向控制，但可随时被驾驶员触发而进入工作状态。

（3）ACC 工作状态　ACC 系统控制本车的速度和（或）车间时距。

6. ACC 系统类型

ACC 可分为基本 ACC 和全速 ACC 两大类，见表 2-70。

根据传感器探测范围的不同，不同供应商的 ACC 支持的最低车速和最高车速均存在差异，最低车速一般不小于 18km/h；最高车速一般在 150km/h 以上，最高可达到 200km/h 左右。

表 2-70　ACC 分类

序号	ACC 类型	基本区段
1 类	基本 ACC	$v_{min} \sim v_{max}$
2 类	全速 ACC	0km/h $\sim v_{max}$

二、自适应巡航控制系统航硬件安装位置

ACC 在前保险杠中有一个毫米波雷达（图 2.2-1），SACC（在内后视镜上）有一个摄像头（图 2.2-2），用于识别前方行驶车辆。ACC 可以按照多个等级调节间距，基于安全原因，其调节取决于相应车速。当前方行驶的车辆制动至停车状态并且短时间再次起步时，系统可以在指定的范围内理解该行为。自适应巡控制系统部件见图 2.2-3。

图 2.2-1　毫米波雷达

图 2.2-2　摄像头位置

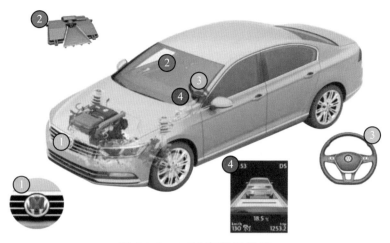

图 2.2-3　ACC 部件及位置

1—雷达；2—摄像头；3—方向盘（操作按键）；4—ACC 模块

三、自适应巡航控制系统工作原理与控制策略

1. 工作原理

（1）基本原理　自适应巡航控制（ACC）系统的主要功能是基于特定的信息控制车速与前方车辆运动状况相适应，这些信息包括：与前车间的距离，本车（配备 ACC）的运动状态，驾驶员的操作指令。基于上述信息，控制器（图 2.2-4 中称为"ACC 控制策略"）发送控制指令给执行器以执行纵向控制，同时将状态信息提供给驾驶员。

ACC 的目的是通过对车辆纵向运动进行自动控制，以减轻驾驶员的劳动强度，保障行车安全，并通过方便的方式为驾驶员提供辅助支持。

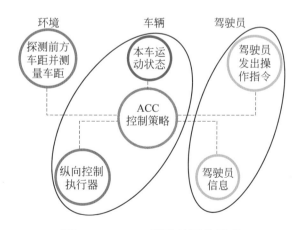

图 2.2-4　ACC 系统的工作原理

（2）工作过程

❶ 蓝车司机已经激活自适应巡航控制（ACC）系统，并选定了巡航车速 v 和巡航车距 D_w，蓝车已经加速到了选定巡航车速（图 2.2-5）。

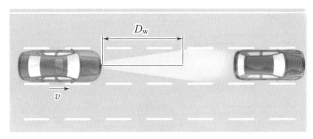

图 2.2-5　ACC 工作过程（一）

❷ 蓝车识别出前面的红车与自己行驶在同一条车道上，于是蓝车收油门，必要时施加制动来减速，直至两车之间的距离达到设定的巡航距离（图 2.2-6）。

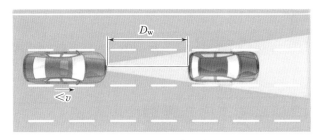

图 2.2-6　ACC 工作过程（二）

❸ 如果这时有另一辆车（摩托车）闯入蓝、红两车之间，那么自适应巡航控制系统施加的制动就不足以使蓝车和摩托车之间的距离达到设定的巡航车距，于是就有声、光报警信号来提醒司机应踩下制动踏板施加制动（图 2.2-7）。

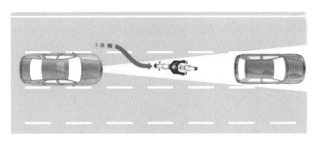

图 2.2-7　ACC 工作过程（三）

❹ 如果前车驶离车道，那么雷达传感器会侦测到这一情况，于是蓝车又开始加速，直至达到设定的巡航车速（图 2.2-8）。

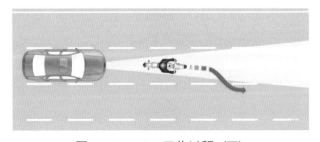

图 2.2-8　ACC 工作过程（四）

2. 控制策略

（1）定速控制

❶ 定速控制是在本车的预测轨迹上无车或者车辆距离超过稳定跟车距离时进入，控制车辆的稳定行驶设定的巡航车速。

❷ ACC 定速巡航的可激活是在一定的车速范围内。

（2）跟随控制

❶ 跟随控制通过调节车辆的速度，使本车与前车的距离保持驾驶员设定车间时距（时间间隔内的距离）。

❷ 车间时距可由驾驶员设置，车间时距划分为 5 个等级，默认等级为 3，等级为 1 时，跟车距离最近。

（3）弯道控制　车辆控制进入弯道后，如果车速较高，则自动控制车辆的速度降低，从而避免横向加速度过大，这样做的目的是在弯道中行驶有较好的舒适性。

（4）驾驶员接管　驾驶员接管请求应当在 ACC 无法保持和前车最小安全距离时，提示驾驶员采取主动接管措施。接管请求应当以视觉、听觉等多种方式进行提示。

（5）主动提速　ACC 状态下，当驾驶员主动加速时，进入超越控制，当驾驶员松开油门踏板时，ACC 应自动恢复控制。

（6）自动限速调节　根据道路类型与限速信息，可以自动增加或减少 ACC 系统的最高巡航速度，进而增加或减少巡航速度，达到自动调整目标巡航车速的目的。

四、自适应巡航控制系统功能

1. ACC 功能

ACC 集成了常规定速巡航控制系统和前向碰撞预警系统。自适应巡航控制系统通过安装在前保险杠下格栅的毫米波雷达来探测前方车辆，使车辆按照设定的速度行驶，当前方出现低于设定速度的运动车辆时，自动保持与前车的距离，并跟随前车停下 / 起步。

也就是说，ACC 采用感知传感器探测前方车辆与本车的相对距离和相对速度，以达到自动跟车巡航的目的。根据前方是否有车辆，系统可以在定速巡航和跟车巡航之间自动切换。

2. 高级 ACC 功能

高级巡航系统 SACC 或者叫集成式自适应巡航系统 IACC，是在 ACC 自适应巡航功能基础上，不仅可进行巡航和跟车功能，还可通过先进驾驶辅助系统摄像头识别车道线，控制车辆沿本车道中心线行驶，提高驾驶的舒适性和安全性。如果 SACC 高级巡航系统检测到车距小于设定的随车距离，车辆自动减速；如果前面车辆加速或驶离车道，则车辆可以加速至设定的巡航速度。

五、自适应巡航控制范围和条件

1. 速度范围

最佳的使用范围是在良好的道路上，例如高速公路。可设置的最低车速一般为30km/h，可设置的最高速度有限，取决于厂家的雷达和摄像头、对车辆的设置以及车辆装备，但大都在140～160km/h之间。例如：威马（EX5-Z）设定为30～140km/h的车速；特斯拉、比亚迪（唐EV）、长安（UNI-K）等，可以使车辆在车速为30～150km/h的范围内定速巡航；蔚来（ES8）无前车时自适应巡航可在车速15～160km/h内启用；小鹏P7激活车速范围为15～130km/h；红旗（E-HS9）ACC自适应巡航功能可在0～140km/h的车速范围内综合控制车速和与目标车辆的距离。

激活ACC后，可在30km/h和最高车速上限之间自由调整巡航速度。车速低于30km/h，即设置30km/h为巡航车速；车速高于30km/h，即设置当前车速为巡航车速。

2. ACC探测盲区和局限性

雷达在以下情况下可能无法探测到目标车辆或探测时间较晚。

（1）驶经弯道　车辆驶经弯道时雷达可能探测不到本车道前方车辆，或探测到相邻车道的车辆（图2.2-9）。如果所需车速对于弯道来说过高，在弯道内会略微降低车速。由于可能无法预先识别到弯道，因此以适合的速度驶入弯道，系统识别范围受限。在急弯内，可能会导致前面行驶的汽车无法被识别或者识别明显滞后。

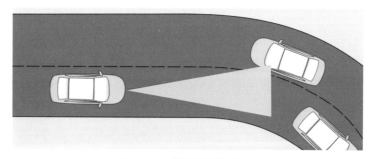

图2.2-9　驶经弯道（一）

在接近弯道时系统可能会根据转弯曲率对相邻车道上的车辆短时作出反应。如果系统将车辆减速，可以通过短暂加速来进行补偿。松开油门踏板后系统重新处于激活状态且自行调节车速（图2.2-10）。

图 2.2-10　驶经弯道（二）

（2）驶入的车辆　如果前方车辆突然驶入本车道，系统可能无法自动恢复选定的间距。在与前方车辆速度差较大时也可能无法恢复选定的间距，例如当快速靠近载重汽车时。在识别到前方行驶的车辆后，系统要求通过制动和必要的紧急避让进行干预（图 2.2-11）。

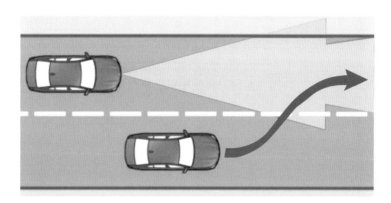

图 2.2-11　驶入的车辆

（3）装有特殊装载物的车辆　雷达无法探测到前方车辆上装载的超出其车身侧面、后端、车顶的物品或附件，如果前方车辆装有上述特殊物品或附件或超越此类车辆时，驾驶员应保持警觉，必要时采取紧急措施并暂时关闭 ACC 功能（图 2.2-12）。

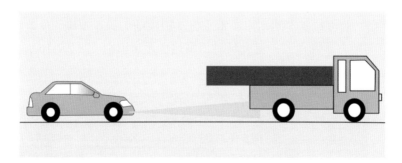

图 2.2-12　装有特殊装载物的车辆

（4）前方狭窄车辆　雷达可能无法探测摩托车、自行车等狭窄车辆（图 2.2-13）。

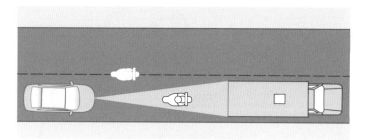

图 2.2-13　前方狭窄车辆

（5）其他车辆变换车道　相邻车道的车辆切入本车道时，如未完全进入探测范围，雷达可能无法探测（图 2.2-14）。

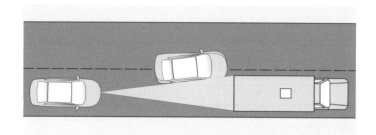

图 2.2-14　其他车辆变换车道

（6）坡道　车辆进入坡道时，雷达可能无法探测到前方车辆（图 2.2-15）。

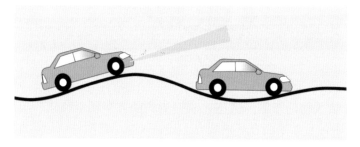

图 2.2-15　坡道

（7）目标更换　前方车辆突然切出，本车无法识别前方静止车辆（仅限配置集成式自适应巡航可识别），与前方车辆存在一定夹角时，雷达也无法识别（图 2.2-16）。

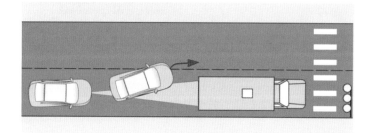

图 2.2-16　目标更换

3. IACC 探测盲区

前毫米波雷达和前视摄像头在以下（不限于）情况下可能无法准确探测车道线、前方车辆，从而无法辅助控制车辆按期望轨迹行驶或调整车速、车距，需驾驶员及时接管对车辆的控制，必要时关闭 IACC。

（1）行驶路线不唯一　前方岔路或车道数量变化时，系统无法判断行驶方向，可能选择错误车道或直接退出（图 2.2-17）。

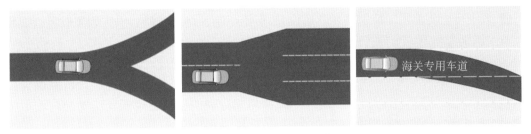

图 2.2-17　行驶路线不唯一

（2）道路封闭　在道路施工或前方存在故障车辆等情况下道路通行路线为非车道线或前方无道路，系统无法自动识别并变换车道（图 2.2-18）。

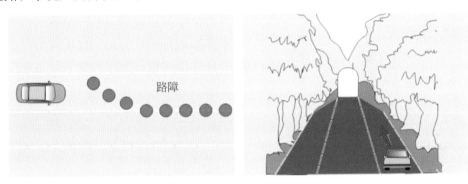

图 2.2-18　道路封闭示意图

（3）车道可行驶空间被侵占　系统无法识别侵入车道内且悬空的异物，可能存在碰撞风险（如中央隔离带内的植物侵入车道内等）（图 2.2-19）。

系统可能无法识别前方静止的车辆，特别是本车车速过高或与前车存在一定夹角时，可能存在碰撞风险（图 2.2-20）。

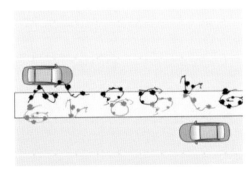

图 2.2-19　物质占道示意图

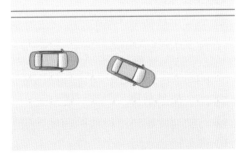

图 2.2-20　车辆占道示意图

（4）车道线不标准　车道线不清晰（破旧、缺失、路面反光、明暗度连续变化、车道线在树荫或隔离带阴影内等）、凌乱（如交叉路口及分流、汇流、匝道口等处有多组标线等）情况下，系统无法预测行驶轨迹，可能出现非预期的错误转向，甚至直接退出。

（5）路面凹凸不平　车轮压过路面上的凹坑、石块等凸起物时，受路面干扰，车辆航向可能瞬间产生较大变化，车辆可能偏离车道。系统可能因为车辆颠簸导致识别不到车道线而临时退出。

（6）路况变化

❶ 系统可能将路沿（特别是在隧道内）、车轮印迹、路面缝隙、积雪等类似车道线特征的线条误识别为车道，车辆将偏离车道中间行驶或航向出现短暂变化。

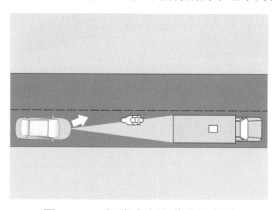

图 2.2-21　拥堵或合流道路示意图

转向，与邻道车辆存在碰撞风险。

❷ 车辆在进入弯道、通过连续弯道，或者在转弯半径过小的弯道、湿滑路面，以及超速行驶时，系统可能无法辅助驾驶员将车辆控制在车道内，甚至可能直接退出。

（7）拥堵或合流道路　系统可能无法对近距离切入车辆做出反应，特别是在拥堵道路处于跟车控制模式时（图 2.2-21），存在碰撞风险。

在跟车控制模式下，引导车换道时，本车将跟随目标车行驶，基于对靠近车道边缘的目标车辆进行控制，车辆可能向车道一侧

4. ACC 激活条件

全部满足以下条件，ACC 激活。

❶ 车速不高于最高限速。

❷ 车速大于等于最低限速。

❸ 制动踏板未踏下。

❹ 四门及机舱盖和后备厢盖处于关闭状态。

❺ 危险告警灯关闭且持续 5s。

❻ 驾驶座位安全带报警状态未激活。

❼ TPMS 系统无报警无故障。

❽ AEB 未激活。

❾ 不处于自动泊车状态。

5. ACC 退出条件或限制使用

在下列情况下，ACC 可能会取消或无法使用。

❶ 踩下制动踏板。

❷ 行驶速度超过可设置的速度上限。

❸ 将车辆换入另一个挡位。

❹ 驾驶员的座椅安全带解开。

⑤ 有车门打开。

⑥ 前备箱盖打开。

⑦ 防抱死制动系统（ABS）激活。

⑧ 拉起电子驻车制动器（EPB）。

⑨ 牵引力控制系统（TCS）激活。

⑩ 自动紧急制动（AEB）系统激活。

⑪ 安全气囊弹出。

⑫ 轮胎压力不正常。

⑬ 系统发生故障或需要维修。

⑭ 雷达受限。可能由污泥、冰雪等遮挡。某汽车中安装雷达的位置见图 2.2-22。

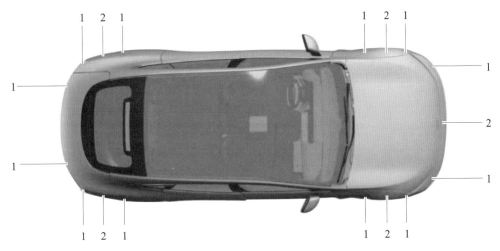

图 2.2-22　雷达位置

1—超声波雷达；2—毫米波雷达

六、自适应巡航控制系统的操作与调节

1. ACC 操作

各种车辆的 ACC 操作基本一致，但根据车辆的装备和个性化配置，具体操控方式也略有不同，下述操作以纯电动小鹏汽车智能辅助驾驶为例。车辆 Ready 后，除非探测到前方有车辆，否则必须在本车速度高于 15km/h 时才能使用自适应巡航。如果探测到前方有车辆，则可在任何车速下启动自适应巡航，即使静止状态也可以，但与前车的距离会至少为 2m。

仪表板在行驶速度左侧显示灰色的自适应巡航指示灯，表示可以使用自适应巡航，但尚未激活（图 2.2-23）。在这种状态下，当自适应巡航控制系统准备就绪，将挡位控制杆向下移动到最底一次（2.2-24），然后松开，即可启用自适应巡航功能，成功激活自适应巡航功能后，仪表板的自适应巡航指示灯将变成蓝色（图 2.2-25）。此时，可以不对加速踏板进行控制，由自适应巡航保持设定的速度，未检测到前方有车辆时，自适应巡航会保持在设定的速度行驶。如果检测到前方有车辆，自适应巡航会根据需要提高或降低车辆的速度，在设定速度之下保持选择的跟车距离；当检测到前方不再有车辆时，自适应巡航加速提升至设定的速度。自适应巡航还会在驶入和驶出弯道时适当调节车速。

图 2.2-23　自适应巡航未激活

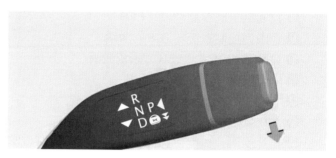

图 2.2-24　挡位控制杆

在自适应巡航状态下以设定的速度行驶时，可以随时进行加速。但是，当松开加速踏板时，车辆将返回到设定的速度。跟车时，自适应巡航在低速行驶时仍保持可用，前方车辆停止后，自适应巡航会控制本车跟随停止。当车辆再次行驶后，自适应巡航会以当前设定的车速恢复工作。但是，在以下情况下，自适应巡航将进入保持状态而不会恢复，仪表板会显示一则消息，提示需要恢复巡航控制。

图 2.2-25　自适应巡航激活

❶ 停驶时间达到 90s。

❷ 超声波雷达探测到车辆前方有较近的障碍物或行人。

❸ 车辆突然检测不到被跟随前车。

要恢复自适应巡航，需踩下加速踏板或将换挡杆向上移动并松开。

以设定的车速行驶时，按方向盘左侧按键区域的上下按键来调整已设定的巡航速度。

当自适应巡航主动降低车速以便与前车保持选定距离时，刹车灯亮起，提醒其他道路使用者本车正在减速。但是，当自适应巡航在控制车辆加速时，加速踏板不会移动。

2.调节跟车距离

❶ 如需调整希望与前方车辆保持的距离，按方向盘左侧按键区域（图 2.2-26）的左右按键进行调整，每种设置对应一个基于时间的距离，其表示车辆从当前位置到达前车尾部所需的时间。

图 2.2-26　方向盘左侧按键区域

❷ 系统将对驾驶员的跟车距离设置进行记忆，每次车辆重新 Ready 后，默认为上一次设置的跟车距离。

❸ 按动方向盘左侧按键区域按键时，仪表板显示当前设置（图 2.2-27）。

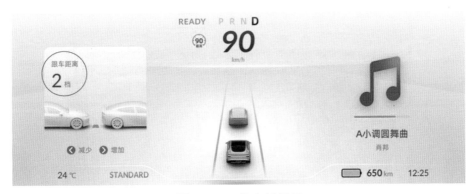

图 2.2-27 仪表板显示

3. 调节最大巡航速度

❶ 要在使用自适应巡航时更改设定的速度，则需要在方向盘左侧按键区域上 / 下按动按键，直至显示所需的设定速度后松开。

❷ 将按键上 / 下短按后松开，可以单次加速减速，每短按一次巡航设定车速变化 1km/h。

❸ 将按键持续保持在完全向上向下位置长按来持续加速减速，设定车速以 5km/h 持续变化，直到松开按键或达到设定最高最低车速。

❹ 踩下加速踏板的同时，向 XPILOT 挡位方向拨动一次也可以更新最大巡航速度。

维修提示

注意，假设车辆未检测到前方有行驶速度比设定速度低的车辆，可能需要数秒时间才能达到新的巡航速度。

4. 自适应巡航取消和恢复

❶ 要手动取消自适应巡航，可短暂地沿 D 挡方向轻推挡位拨杆或踩下制动踏板。仪表板上的车速表图标变成灰色或者消失，表示自适应巡航并未主动控制车速。

❷ 要以当前行驶速度恢复巡航，可按开启功能方式来进行恢复。

知识链接

在自动导航辅助情况下 ACC 的操控变化：例如，小鹏汽车的 XPILOT 3.0 的 NGP（自动导航辅助）功能（图 2.2-28），该功能可以说是从 A 点到 B 点的自动驾驶辅助，功能由 ADAS 系统和高精度地图组成。当高精度地图数据丢失或发生突发状况时，系统会退出 NGP，自动驾驶系统将会自动降级，车辆会继续保持在 ADAS 状态下行驶，此时系统是由自适应巡航和车道居中辅助两部分组成。如果此时驾驶员操控方向，破坏掉车道居中功能，那么自动驾驶系统将会继续降级，车辆只会保留 ACC 自适应巡航功能，方向将由驾驶员接管。而如果在 NGP 状态下，打破车道居中功能，那么系统也会由最高级别直接降到 ACC 自适应巡航功能的最低级别。

图 2.2-28　自动导航辅助（大屏显示）

七、交通拥堵辅助（TJA）

1. TJA 功能模式

交通拥堵辅助系统是一个辅助系统，可以辅助驾驶员，但不能代替驾驶员进厅驾驶。交通拥堵辅助系统在自适应巡航控制系统的基础上起作用，且应满足以下条件。

❶ 自适应巡航控制系统开启且激活。

❷ 娱乐显示屏上的交通拥堵辅助系统开关处于开启状态。

❸ 系统在车辆左右两侧检测到车道线。

❹ 车辆挡位处于前进挡。

普通模式下，如果前方两侧的车道线清晰，系统将帮助车辆行驶在该车道线内；低速时，若前方有其他车辆且车道线不清晰，系统可帮助车辆沿着前车的行驶轨迹行驶。

超级模式下，如果车辆处于高速或高架路段，且车速较低时，系统的跟停能力和过弯能力提高。当系统检测到驾驶员在一定时间内没有持续控制方向盘后，将发出警示以提醒驾驶员。

2. TJA 操作

使用交通拥堵辅助系统需同时开启自适应巡航控制系统，并连续拨动自适应巡航控制开关"恢复"两次后，交通拥堵辅助系统将进入待命或激活状态。当交通拥堵辅助系统开启时，仪表显示的车道线会变蓝（图 2.2-29）。车辆配备的按键不同，开启交通拥堵辅助功能的操作也不同（图 2.2-30）。

八、弯道巡航辅助（BCA）

自适应巡航控制系统（ACC）激活后，在入弯之前，如果前方车道线清晰可见，弯道巡航辅助 BCA 系统会根据前方弯道半径和当前车速，自动进行减速。在弯道行驶时，系统根据弯道大小自动调整车速，提高安全性（图 2.2-31）。

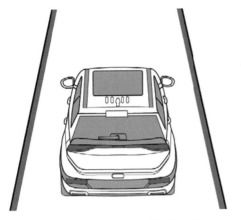

图 2.2-29　启用交通拥堵辅助系统

图 2.2-30　交通拥堵辅助系统按键

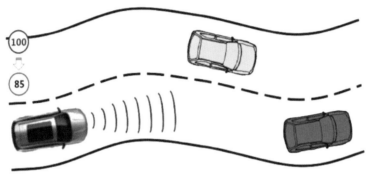

图 2.2-31　弯道巡航辅助

九、自动变道辅助（ALC）

1. ALC 功能

自动变道辅助 ALC 是一项基于车道居中辅助（LCC）扩展的舒适性辅助驾驶功能。在通畅的封闭高速公路或城市快速路上，可以按照驾驶员的变道指令，辅助驾驶员进行车道变换。ALC 适用于通畅的高速公路等具有清晰车道线的干燥道路工况，在城市街道上切勿使用 ALC。开启和关闭图标见图 2.2-32。

 自动变道辅助　　i

拨动转向灯拨杆控制自动变道

图 2.2-32　在中控屏开启或关闭

147

2. ALC 操作

车辆 Ready 后，ALC 开关默认为上一次操作状态。车辆挂入 P 挡后，通过在中控屏中点击"车辆控制→辅助驾驶→智能辅助变道"可选择开启或关闭。

车道居中辅助（LCC）激活后，仪表板右侧显示蓝色的方向盘图标［见图 2.3-18（b）方向盘图标］，且车速在 65km/h 至 120km/h 之间时，同时确认盲区安全辅助功能的开关处于开启状态，ALC 功能才是可用的，此时可以按以下步骤使用 ALC。

❶ 检查换道环境，确认当前换道是安全，环境是适宜的。

❷ 确认换道安全后，开启对应转向灯。

在开启转向灯激活 ALC 功能后，会进入等待变道模式，此时仪表液晶显示屏如图 2.2-33 显示。

图 2.2-33　进入等待变道模式

❸ 在 ALC 功能辅助驾驶员换道的过程中，驾驶员始终关注换道环境，并在必要时及时接管车辆。

当驾驶员在车辆未越过当前车道边界，关闭或反向开启转向灯时，变道将取消，此时仪表液晶显示屏如图 2.2-34 显示。

图 2.2-34　变道取消

❹ 进入新的车道后，关闭转向灯。此时车道居中辅助（LCC）会继续工作，辅助驾驶员将车辆保持在车道中央。

在自动变道辅助（ALC）功能认为当前不适合变道时，仪表液晶显示屏如图 2.2-35 显示。

图 2.2-35 不适合变道

维修提示

ALC 每次只能辅助驾驶员变换一条车道，不能连续变道，再次变道需要重复以上操作。

十、智能限速辅助（SLA）

1. SLA 功能

智能限速辅助（SLA）开启后，仪表板会显示一个由地图或摄像头数据确定的速度限制，超出该限制时，限速图标将轻微闪烁以提示驾驶员保持正确的车速。

在智能限速辅助（SLA）无法判断道路限速时（例如，当前位置没有限速标志和车辆定位信息或者摄像头并没有识别到限速标志），仪表板不会显示限速标志，也不会进行超速提醒。

2. SLA 限速信息提示

❶ 当智能限速辅助（SLA）判断道路限速时，仪表板会显示限速数值提示（图 2.2-36）。

❷ 当车速超出限速数值时，仪表板的限速数值会闪烁提醒驾驶员已超速。

图 2.2-36 SLA 限速信息提示

3. SLA 探测盲区和限制

智能限速辅助（SLA）在这些情况下可能无法完全发挥功能或可能会提供不准确的信息。

❶ 道路或车速限制近期更改，比如施工、管制等。

❷ 摄像头受限。

❸ 限速标志状况不良：破损、褪色、模糊或未按要求摆放、设置等。

维修提示

智能限速辅助（SLA）仅做限速提示和超速警告，不能主动干预调整车速，驾驶员需要按照道路限速要求调整本车速度。

地图数据和摄像头识别限速标志并非始终准确。系统可能会误判道路状况，并提供相邻道路可能不相同的车速限制或者摄像头将限速标志进行错误的识别并将限速在仪表上显示。

4. SLA 操控

SLA 可通过触摸大屏开启或关闭。车辆 Ready 后，智能限速辅助（SLA）开关默认为上一次操作状态。进入控制界面，点击"辅助驾驶"按钮，进入辅助驾驶界面，点击"智能限速辅助"开关开启或关闭。

十一、自适应巡航控制系统诊断与检测

1. 辅助驾驶 ACC 控制信号

车身控制模块（BCM）监测方向盘上的自适应巡航控制开关的信号电路。车身控制模块通过串行数据电路，将自适应巡航控制开关状态传递到发动机控制模块（ECM）。发动机控制模块根据自适应巡航控制开关的状态来确定达到和保持车速的时间。发动机控制模块监测车速信号电路，以确定需要的车速。

车身控制模块通过方向盘控制开关参考电压电路给巡航控制开关提供电压。巡航控制开关设计为梯型电阻，每个巡航控制开关有一个不同的电阻值。车身控制模块检测到与被激活的巡航控制开关相关的特定电压，向发动机控制模块发送串行数据信息，表明打开 / 关闭开关激活。类似地，按下常开"+RES（+恢复）"开关或常开"-SET（-设置）"开关后，开关关闭，车身控制模块在巡航控制"恢复 / 加速"和"设置 / 滑行"开关信号电路中检测到预定的电压信号，向发动机控制模块发送一条串行数据信息，以指示"+RES（+恢复）"开关或"-SET（-设置）"开关已激活。

2. ACC 启用时控制信号

启用巡航控制系统，保证车速在启用最低速度以上，打开巡航控制打开 / 关闭开关并短按"-SET（-设置）"开关。发动机控制模块将启用巡航控制系统，并记录车速。发动机控制模块向仪表板组合仪表（IPC）发送一条串行数据信息，使仪表板组合仪表中的"巡航已

启用"指示灯亮起。

巡航控制系统启用时踩加速踏板，能使驾驶员超控巡航控制系统，将车速提高到当前设定车速之上。松开加速踏板时，车速降低，并恢复到当前设置的车速。

3. ACC 停用时控制信号

当制动踏板踩下时，巡航控制系统将停用。进一步踩下踏板时电压信号增加，车身控制模块（BCM）通过制动踏板位置传感器信号电路监测制动踏板位置传感器。发动机控制模块通过一项离散输入和一项来自车身控制模块指示制动状态的串行数据信息，监控制动踏板位置信号。当任一信号显示制动踏板踩下时，发动机控制模块将停用巡航控制系统。

巡航控制打开 / 关闭开关转到"OFF（关闭）"时，或巡航控制取消开关接通时，巡航控制系统将停用。车身控制模块（BCM）确定巡航控制取消开关何时被激活。当常开取消开关闭合时，车身控制模块在巡航控制功能开关电路上检测到一个预定电压信号。当巡航控制打开 / 关闭开关置于"OFF（关闭）"位置时，或点火开关置于"OFF（关闭）"位置，发动机控制模块存储器中的速度将被清除。车身控制模块向发动机控制模块发送串行数据信息，以停用巡航控制系统。巡航控制系统停用时，发动机控制模块向仪表板组合仪表（IPC）发送串行数据信息，以熄灭巡航启用指示灯。

4. 自适应巡航控制禁用原因

每次巡航控制系统停用时，发动机控制模块将记录系统停用原因。发动机控制模块存储器将记录最后 8 次停用的原因。故障诊断仪将显示最后 8 个"巡航控制停用历史记录"参数，对于这 8 个参数中的每个参数，其中将显示约 50 个可能原因中的一个。要在故障诊断仪参数内显示停用原因，巡航控制系统需处于启用状态且请求停用。如果请求系统启用时出现禁止启用，则最近的禁用原因会记录在发动机控制模块历史中。故障诊断仪将显示最近的禁用原因，其中将显示约 50 个可能原因中的一个。

不是每个禁用原因都适用于所有车辆。有关当前点火循环期间记录到的最后 8 个原因，见表 2-71 中故障诊断仪测得 ACC 禁用的原因。

表 2-71　故障诊断仪测得 ACC 禁用的原因

故障	故障说明	故意原因 / 解释
加速度过高	加速度过高	车辆加速度过高
挂车制动器已接合	挂车制动器已接合	挂车制动系统已激活
加速时间	车速限制故障	巡航转矩请求车速限制激活过久
自适应巡航控制配置不正确	自适应巡航控制选项不匹配	发动机控制模块（ECM）和车身控制模块（BCM）之间的巡航控制类型（自适应巡航或常规巡航）不匹配
防抱死制动系统激活	防抱死制动系统激活	防抱死制动系统已激活。仅在配对增强型巡航控制的车辆上报告
自动制动发动机转矩请求信号通信故障	自动制动发动机转矩请求信号通信故障	发动机控制模块到电子制动控制模块（EBCM）串行数据故障激活，或模块之间失去通信

故障	故障说明	故意原因 / 解释
自动制动故障	制动系统故障	电子制动控制模块已检测到不允许执行自动制动的故障
车桥转矩串行通信故障	车桥转矩串行通信故障	自适应巡航控制正在被发动机控制模块禁用，混合动力最高 / 最低转矩信号已发生串行数据信号超时错误
蓄电池电压过高	电压高于高电压阈值	发动机控制模块处的点火电压过高（通常大于 16 V）
蓄电池电压过低	电压低于低电压阈值	发动机控制模块处的点火电压过低（通常小于 9V）
踩下制动踏板	踩下制动踏板	已踩下制动踏板
制动踏板未初始化	在巡航前制动	驾驶员请求通过设置开关启用巡航前，没有踩下制动踏板。必须先踩下制动踏板才能在各个钥匙循环中启用巡航。在配备手动变速器的车辆上，踩一下离合器踏板即可满足踩下制动踏板的标准
制动踏板位置故障	制动踏板位置信号无效	已检测到制动踏板电路故障
制动踏板位置信号故障	未激活或最大时间已过而没有收到一个有效的制动踏板位置信号	串行数据故障激活，或与发送踩下制动踏板状态的模块失去通信
检测到的制动踏板压力	检测到驾驶员施加制动踏板压力	根据电子制动控制模块测得的制动踏板压力，已检测到踩下制动踏板
制动踏板释放位置未读入	未读入制动传感器开始位置	未读入制动踏板位置传感器释放位置
制动系统故障	自适应巡航控制自动制动已失败	自适应巡航控制自动制动不工作
计算的转矩	计算的发动机转矩	发动机转矩计算值不正确
滑行低于最低速度	滑行低于速度下限	设置 / 滑行开关已按下，且车速降低至最低巡航控制工作速度以下
滑行模式	滑行停用	按下设置 / 滑行开关后，巡航控制即进入滑行模式且不使用节气门
控制功能激活	数据链路连接器超控	故障诊断仪已插入数据链路连接器（DLC）
控制模块存储器故障	存储器故障	已检测到控制模块存储器故障
控制模块处理器故障	处理器完整性故障（随机存储器崩溃）	已发生发动机控制模块软件错误
缓行模式激活	缓行模式激活	缓行模式已激活且禁用巡航控制
巡航控制取消开关激活	取消开关激活	已按下巡航控制取消开关
巡航控制软件故障	完成顺序检查	已发生巡航控制软件执行错误

故障	故障说明	故意原因 / 解释
巡航控制 开关未激活	打开 / 关闭开关处于"OFF（关闭）"状态	巡航控制打开 / 关闭开关已关闭
巡航控制开关失效	超出范围的模拟巡航开关输入	巡航控制开关电压信号处于无效范围
巡航控制开关串行通信故障	串行数据故障（巡航开关串行通信故障）	巡航控制开关串行数据故障激活，或与发送巡航控制开关状态的模块失去通信
减速度过高	减速度过高	车辆减速度过高
故障诊断码设置	泵控制模块 / 发动机控制模块故障（DTC 激活）	不论是当前的还是历史 DTC，都会禁止巡航控制操作
已踩下车距感应巡航控制制动踏板	已踩下车距感应巡航控制制动踏板	巡航控制正在被发动机控制模块禁用，因为已踩下制动踏板
车距感应巡航控制取消开关激活	车距感应巡航控制取消开关激活	巡航控制正在被发动机控制模块禁用，因为驾驶员已按下取消开关
车距感应巡航控制数据	车距感应巡航控制模块发送的自适应巡航控制节气门操纵机构和制动控制信号的串行数据故障	车距感应巡航控制模块串行数据故障激活，或车距感应巡航控制模块和发动机控制模块之间失去通信
车距感应巡航控制禁用	车距感应巡航控制已禁用	车距感应巡航控制系统已禁用
车距感应巡航控制启用无效	车距感应巡航控制启用无效	自适应巡航控制正在被发动机控制模块禁用，因为已检测到巡航控制启用、制动踏板踩下的顺序无效，或车速范围无效
车距感应巡航控制关闭	车距感应巡航控制关闭	巡航控制正在被发动机控制模块禁用，因为驾驶员已关闭巡航打开 / 关闭开关
车距感应巡航控制发动机功率降低	车距感应巡航控制发动机功率降低	自适应巡航控制因为导致"发动机功率降低"的故障，正在被发动机控制模块禁用
从动轮转速高于非从动轮转速	从动轮转速更高（车轮打滑检测）	从动轮转速高于非从动轮转速（打滑检测）
发动机控制模块	泵控制模块 / 发动机控制模块禁用（RAM 损毁）	发动机控制模块内部通信错误
发动机控制模块复位	发动机控制模块运行复位	已发生发动机控制模块运行复位
发动机超速保护激活	喷油器已停用（发动机超速燃油切断激活）	在燃油切断激活时，发动机转速限制器激活
发动机过温保护激活	发动机金属过热激活	发动机温度过高，发动机过热
发动机运行时间	未超过发动机运行时间	发动机的运行时间不够长，一般为 5s

故障	故障说明	故意原因 / 解释
发动机转速	发动机速度过低或过高	发动机转速过低（近乎停止）或过高（近乎发动机转速燃油切断）
加速踏板位置过大超控	踏板大于巡航（超控）	驾驶员已通过加速踏板超控巡航控制设置速度超过允许的时间
1 挡	1 挡	变速器挂 1 挡
未踩下离合器踏板换挡	未踩下离合器踏板时，手动变速器不工作	未踩下离合器踏板时，手动变速器挂空挡
下坡控制激活	下坡控制系统激活	下坡控制系统已激活
下坡控制串行通信故障	下坡控制串行通信故障	电子制动控制模块串行数据故障激活，或电子制动控制模块和发动机控制模块之间失去通信
混合动力 / 电动车辆系统	混合动力巡航停用	当驾驶员通过升挡和降挡拨片请求"按需再生时"，巡航控制在混合动力应用上被禁用
非法模式	非法巡航模式	根据开关状态，巡航控制模式不正确
车道对中控制串行数据错误	车道对中控制串行通信故障	自适应巡航控制正在被发动机控制模块禁用，因为已检测到车辆的车道对中控制存在串行数据错误
非从动轮转速高于从动轮转速	非从动轮转速更高	非从动轮转速高于从动轮转速
无	无	在修理废蓄电池或更换模块后，可能会显示此停用原因
已施加驻车制动	驻车制动开关信号激活	已施加驻车制动
取力器激活	取力器激活	取力器（PTO）系统已激活
后桥处于低挡位	后桥处于低挡位	后桥处于低挡位
设置 / 滑行和恢复 / 加速开关同时激活	"SET（设置）"和"RESUME（恢复）"开关同时激活	同时按下设置 / 滑行和恢复 / 加速开关
在车速高于设定值时设置 / 滑行开关激活	超过安排轻敲减速	设置 / 滑行开关已选定，车速高于设置速度且不减速。可能是由于下坡造成
车速限制 / 警告系统打开	车速限制器 / 警告打开 / 关闭开关已打开	驾驶员已打开了车速限制器 / 警告打开 / 关闭开关。巡航停用 / 禁用，巡航打开 / 关闭开关将设置为关闭
节气门执行器控制系统	电子节气门控制阻止巡航工作	电子节气门控制系统已检测到节气门控制硬件故障
牵引力控制激活	牵引力控制激活	牵引力控制系统已启用
牵引力控制系统故障	牵引力控制系统故障	牵引力控制系统中存在故障
牵引力控制系统关闭	牵引力控制系统关闭	牵引力控制系统已被驾驶员关闭

续表

故障	故障说明	故意原因 / 解释
分动箱处于四驱低速挡	分动箱处于四驱低速挡	分动箱处于低速挡
变速器传动比故障	变速器挡位故障	不论是当前的还是历史变速器 DTC，都会禁止巡航控制操作
变速器未处于前进挡	变速器处于空挡、倒挡或驻车挡	变速器换挡杆未处于前进挡
车辆超速保护激活	车速限制燃油（车辆超速燃油切断激活）	在燃油切断激活时，车辆超速保护激活
车速高于设定值	超过安排	车速已超过驾驶员选定的设置速度允许的范围。在驶下陡坡或驾驶员一边超控巡航一边执行超车操作时，可能会出现这种情况
车速低于设定值	低于安排	车速低于巡航控制设置速度允许的范围
车速过高	车速超过高速阈值	车速已超过最大巡航工作速度
车速过低	车速降至低速阈值以下	车速已降至巡航控制最低工作速度以下。可能是因为在丘陵地区行驶和车速过低。此停用可能是由手动变速器换挡和发动机转矩引起
车辆稳定性控制系统激活	车辆稳定性控制控制系统激活	车辆稳定性控制系统已激活
车辆稳定性控制系统故障	车辆稳定性控制系统故障	已检测到车辆稳定性控制系统中存在故障
车辆稳定性控制系统关闭	车辆稳定性控制系统关闭	车辆稳定性控制系统已被驾驶员关闭

5. 纯电动智能驾控 ACC 控制

ADAS 主控制器（或者 XPU/SCU）通过 CAN 网络将车道偏离系统 LKS 转矩请求信号（前中摄像头 1）和远灯光辅助系统 HMA 远光灯请求信号，HMA 状态，交通拥堵辅助 TJA 系统状态（前中摄像头 2）和自适应巡航控制 ACC 系统请求信号，ACC 状态信号（前雷达传感器 1）和智能驾驶状态信号（前雷达传感器 2）提供给中央网关控制器 CGW。CGW 根据接收到的各类信号和内部控制逻辑，设置车辆状态。不同车辆状态下，启用 / 禁用的车辆功能不同。

自适应巡航 ACC+ 车道居中辅助 LCC+ 自动变道辅助 ALC 功能同时对车辆进行横向和纵向的复合控制，通过前毫米波雷达和摄像头识别前方跟随车辆目标、车道线。按照车辆运动方向分解为纵向和横向，系统涉及的纵向控制由 ACC 系统实现，横向为 LCC 车道居中辅助功能和 ALC 自动变道辅助功能。

LCC、ALC 功能由前方毫米波雷达 MRR、前方单目摄像头 VPM 获取目标和车道线信息，后角毫米波雷达 SRR 提供目标 SGU 和 BSD 功能，超声波雷达 USS 提供周边障碍物信息，中配无摄像头和驾驶员注意力监测。决策控制由智能控制器 SCU 实现，系统架构图如 2.2-37

所示，图中涉及的相关部件及说明见表2-72。

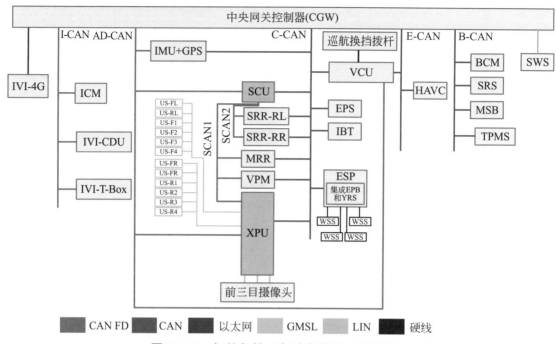

图 2.2-37　智能驾控（自适应巡航）系统架构

表 2-72　相关组成部件

部件/系统		控制功能/说明
代号/缩写	名称	
XPU	智能控制器	计算机视觉处理，数据融合
		向 SCU 发送处理的自主感知的目标和车道线
		作为 LCC 的主控单元，向 SCU 或 XPU 自身提供驾驶员疲劳状态和注意力状态
SCU	智能控制器	LCC 的决策控制及发送执行指令
		提供自动泊车激活状态信息
MRR	超声波雷达（中程雷达）	识别本车前方车辆目标，并且融合 VPM 目标数据发送给 XPU
VPM	前摄像头系统	提供车道线信息给 SCU
		识别本车前方目标，并将其输入给 MRR 进行数据融合
FTC	前三目摄像头	提供本车周边的视频流
VCU	整车控制器	提供油门踏板、制动踏板、驱动系统状态、外温等信息，执行 ACC 的驱动请求

续表

部件 / 系统		控制功能 / 说明
代号 / 缩写	名称	
ESP	电子稳定系统	提供车速、轮速、加速度、横摆角速率、EPB 状态等信息，接收并分配执行 ACC 的减速请求
IBT	智能制动助力系统	根据 ESP 的分配，执行 ACC 的减速请求
EPS	电动助力转向系统	执行 LCC 请求的转向指令，提供方向盘转角、转角速率信息
SRS	安全气囊系统	提供主驾安全带状态信息
BCM	车身控制模块	提供整车上电挡位、四门两盖、驾驶员座位占用的等信息
ICM	组合仪表	报警及显示信息的提示
IVI-CDU/ T-Box	中控大屏（主机）	功能的设置项时间等
		IVI-CDU 向 SCU 或 XPU 提供驾驶员疲劳状态和注意力状态
TPMS	胎压监测系统	提供四轮胎压是否正常信息
IMU/ IMU+GPS	惯性测量单元	提供车辆自身位置信息
MSB	电动安全带	提供座椅安全带激活、故障、控制状态
		执行 MSB 振动提醒和安全带预警功能
SWS	时钟弹簧	ACC 设置跟车速度、时距按键
		执行 MSB 振动提醒和安全带预警功能
IVI-4G	车载信息系统网络	用于 SCU 数据上传（整车数据上传传输路径为：首先 CAN&CANFD 网段将整车数据传输给 CGW，其次，CGW 通过以太网传输给 IVI 里的 4G 模块）
USS	超声波雷达	感知模块，识别车辆周边障碍物，并将障碍物信息输出至控制器进行处理
SRR-RL/RR	左右后角雷达	提供 SGU 和 BSD、LCA 报警信息
—	超声波雷达	提供障碍物的信息，用于判断目标车道障碍物距离阈值是否满足变道条件

6. 检测与诊断

（1）智能驾驶（自适应巡航）系统架构　见图 2.2-37、图 2.1-52。

（2）电路图阅读　见图 2.1-13、图 2.1-14。

（3）智能驾驶系统电路图　见图 2.2-38～图 2.2-44。

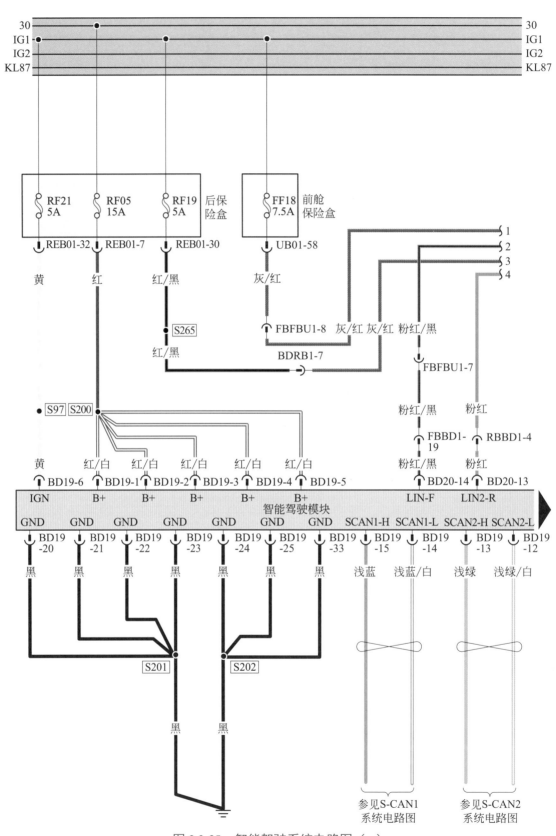

图 2.2-38　智能驾驶系统电路图（一）

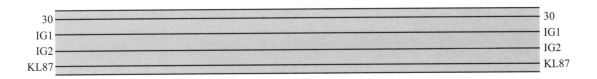

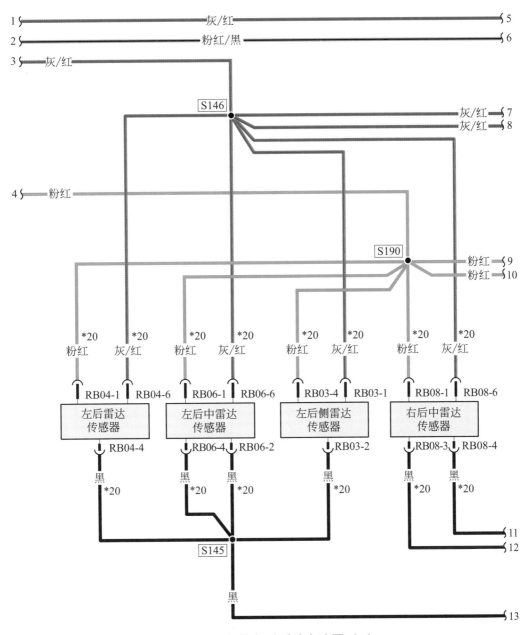

图 2.2-39　智能驾驶系统电路图（二）

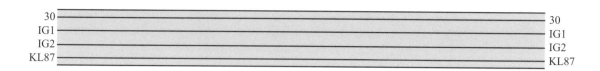

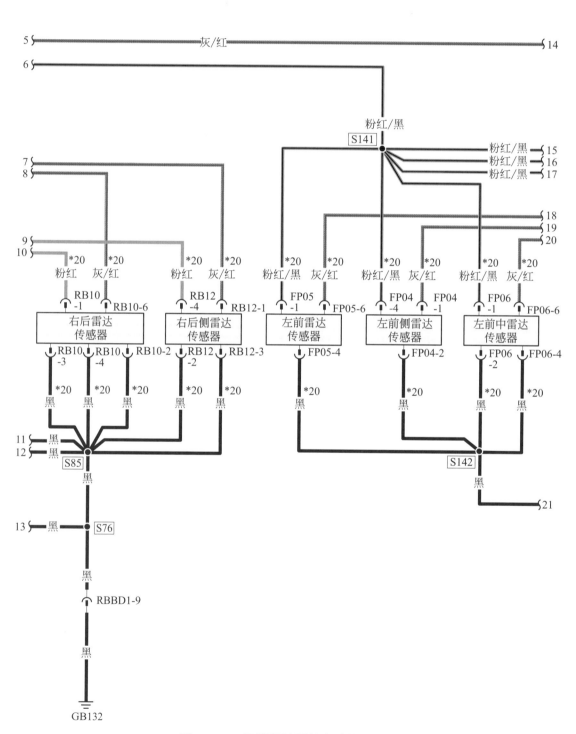

图 2.2-40 智能驾驶系统电路图（三）

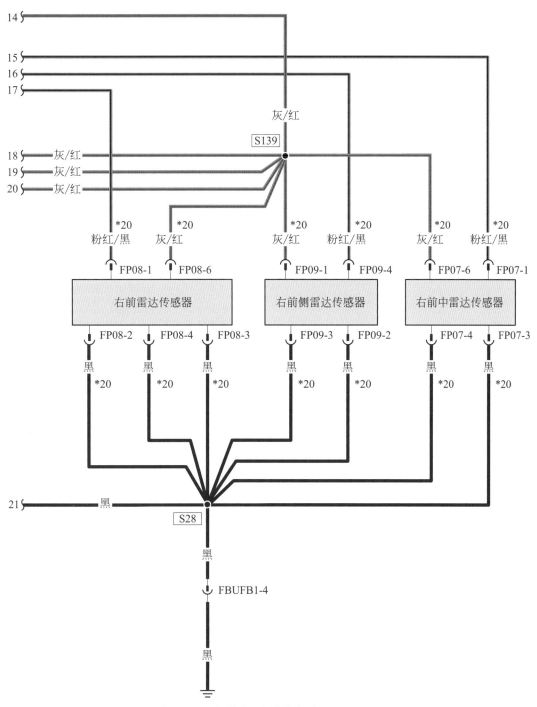

图 2.2-41　智能驾驶系统电路图（四）

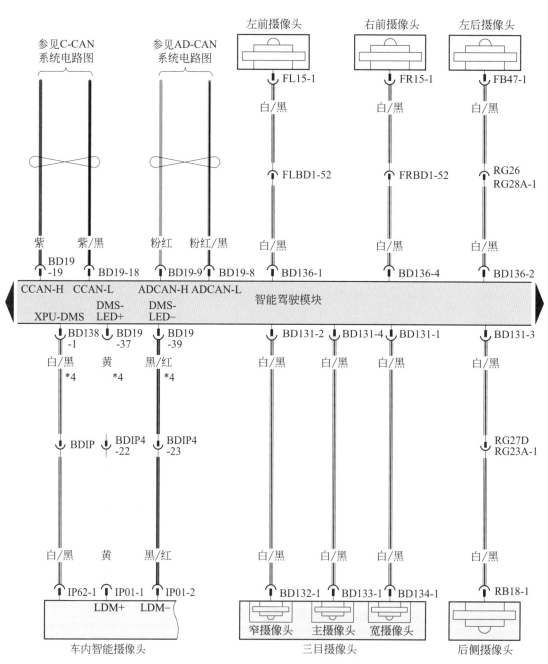

图 2.2-42 智能驾驶系统电路图（五）

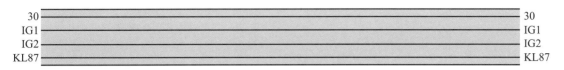

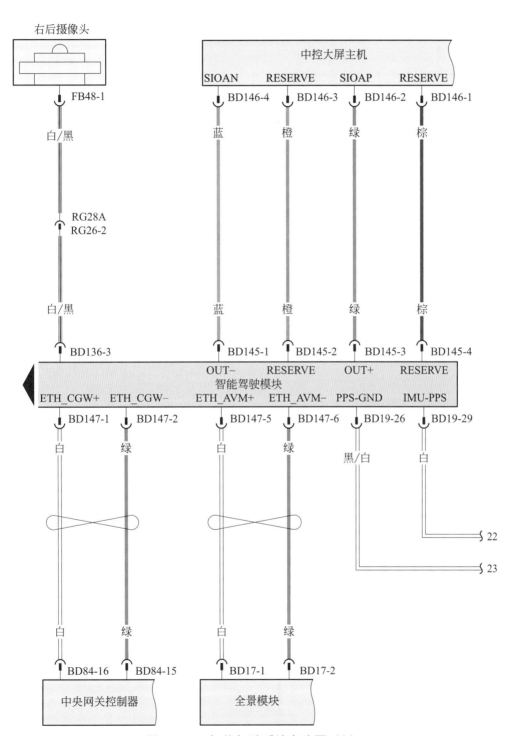

图 2.2-43　智能驾驶系统电路图（六）

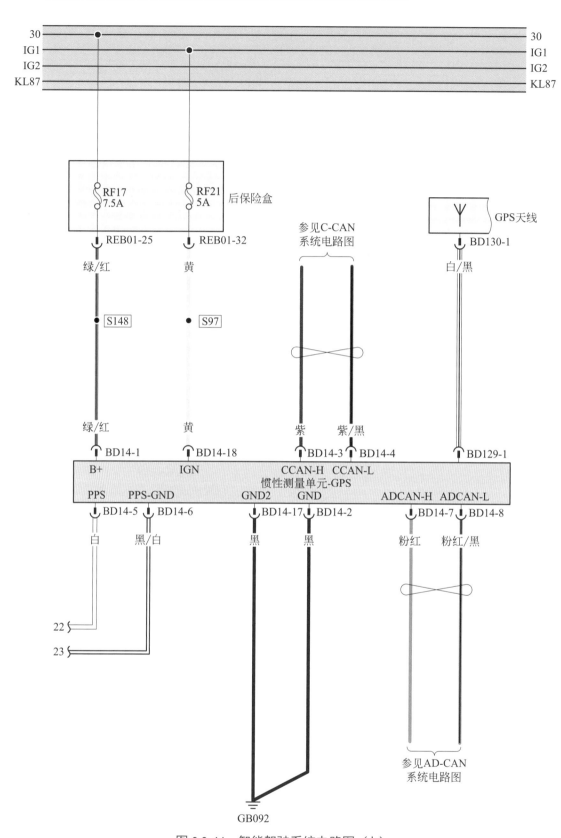

图 2.2-44　智能驾驶系统电路图（七）

（4）诊断前确定故障症状

1）检测故障　使用诊断仪可通过车辆的 OBD 诊断接口读取故障码，通过读取诊断仪上显示的智能驾驶控制系统 XPU 数据流和故障码，有效帮助更快地解决问题。

2）电气确认检查　进行目测电气检查，包括一些简单的检查项目，例如保险丝的通断。

3）智能驾驶模块线束连接器端子定义　故障诊断和排除要参考电路图和控制 / 架构示意图，以及如表 2-73 所示的智能驾驶模块线束连接器端子定义，根据线路情况，做出有效判断。

表 2-73　智能驾驶模块线束连接器端子定义

智能驾驶模块线束连接器	端子	导线颜色	线别作用（端子定义）
	1～5	红 / 白	常电
	6	黄	IG1 电源
	8	粉 / 黑	ADCAN-L
	9	粉	ADCAN-H
	12	浅绿 / 白	SCAN2-L
	13	浅绿	SCAN2-H
	14	浅蓝 / 白	SCAN1-L
	15	浅蓝	SCAN1-H
	18	紫 / 黑	CCAN-L
	19	紫	CCAN-H
	20～25、33	黑	接地
	26	黑 / 白	PSS 接地
	29	白	PPS 信号
	37	黄	车内智能摄像头输入信号 +
	39	黑 / 红	车内摄像头输入信号 -
	13	粉	后雷达传感器 LIN 信号
	14	粉 / 黑	前雷达传感器 LIN 信号

（5）智能驾驶模块电源和接地电路的检测

1）智能驾驶系统电路　见图 2.2-38。

2）电路诊断和检测要点

❶ 智能驾驶模块电源电路的检测：执行车辆下电程序，断开智能驾驶模块线束连接器，然后再执行车辆上电程序。按照表 2-74 检测其电源电路，如果不符合表内应测得电压的结果，那么应该维修或更换线束。

表 2-74　智能驾驶模块电源电路的检测

检查部件			万用表检测的两端子		检测条件	状态	应测得结果
部件名称	代号	图示	红色表笔连接	黑色表笔连接			
智能驾驶模块线束连接器	BD19	见表 2-73	BD19/1 ～ 6	车身接地	上电	电压	14V 左右

❷ 智能驾驶模块接地电路的检测：执行车辆下电程序，断开智能驾驶模块线束连接器。按照表 2-75 检测其接地电路，如果不符合表内应测得电阻的结果，那么应该维修或更换线束。

表 2-75　智能驾驶模块接地电路的检测

检查部件			万用表检测的两端子		检测条件	状态	应测得结果
部件名称	代号	图示	红色表笔连接	黑色表笔连接			
智能驾驶模块线束连接器	BD19	见表 2-73	BD19/20 ～ 25、33	车身接地	下电	电阻	< 1Ω

如果是智能驾驶模块电源和接地短路的故障，那么故障诊断仪一般会显示"诊断过压"或者"诊断欠压"，也就是说，供电电压过高或者过低，这时电压通常会大于 16V，或者小于 9V，是个异常电压。如果检测智能驾驶模块电源和接地线路正常，则故障一般出在智能驾驶模块本身，应更换。

（6）智能驾驶模块与电子稳定系统驻车控制器之间 CAN 数据通信电路的检测

❶ 智能驾驶模块与电子稳定系统驻车控制器之间 CAN 数据通信电路见图 2.2-45。

❷ 电路诊断和检测：执行车辆下电程序，断开智能驾驶模块线束连接器，断开电子稳定系统驻车控制器线束连接器。

按照表 2-76 检测电子稳定系统驻车控制器与智能驾驶模块之间的 CAN 数据通信导线，如果结果不符合表内应测得的电阻值，那么应该维修或更换线束。

表 2-76　智能驾驶模块与电子稳定系统驻车控制器之间的 CAN 数据通信电路的检测

检查部件			万用表检测的两端子		检测条件	状态	应测得结果
部件名称	代号	图示	红（黑）色表笔连接	黑（红）色表笔连接			
电子稳定系统与驻车控制器	FB01B	—	BD19/19	FB01B/5	下电	电阻	< 1Ω
智能驾驶模块线束连接器	BD19	见表 2-73	BD19/18	FB01B/19	下电	电阻	< 1Ω

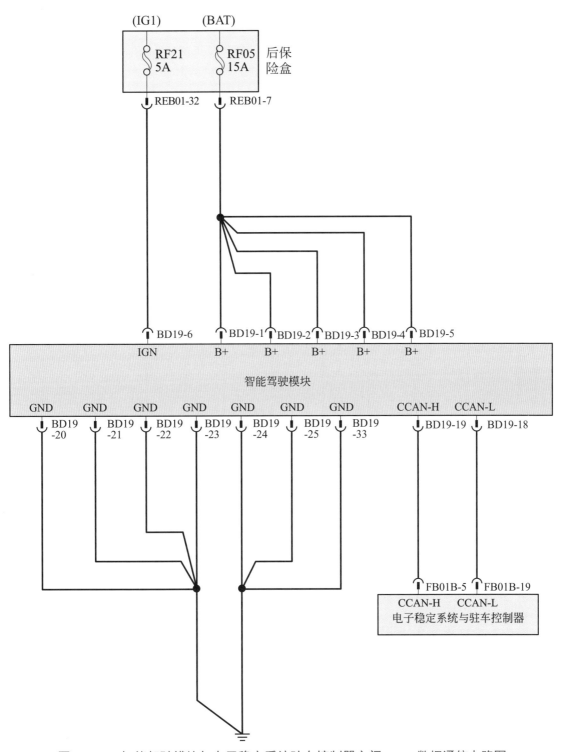

图 2.2-45 智能驾驶模块与电子稳定系统驻车控制器之间 CAN 数据通信电路图

（7）整车控制器与智能驾驶模块之间的 CAN 数据通信导线的检测

❶ VCU 与智能驾驶模块之间的 CAN 数据通信电路见图 2.2-46。

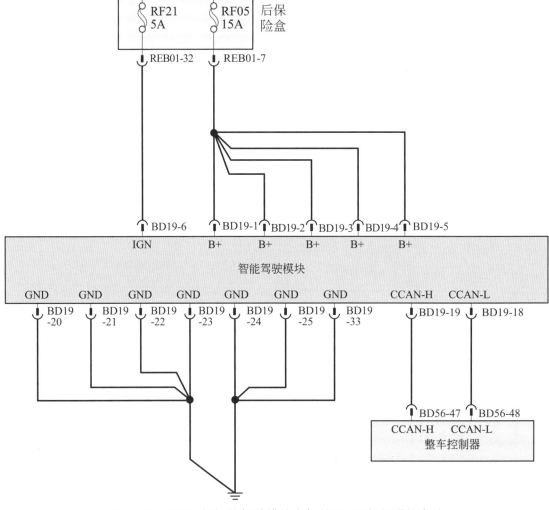

图 2.2-46　VCU 与智能驾驶模块之间的 CAN 数据通信电路

❷ 电路诊断和检测要点：执行车辆下电程序，断开智能驾驶模块线束连接器和 VCU 器线束连接器。

按照表 2-77 检测 VCU 与智能驾驶模块之间的 CAN 数据通信导线，如果测得结果不符合表内应得电阻，那么应该维修或更换线束。

表 2-77　智能驾驶模块与 VCU 之间的 CAN 数据通信电路的检测

检查部件			万用表检测的两端子		检测条件	状态	应测得结果
部件名称	代号	图示	红（黑）色表笔连接	黑（红）色表笔连接			
整车控制器线束连接器	BD56	—	BD19/19	BD56/47	下电	电阻	$< 1\Omega$
智能驾驶模块线束连接器	BD19	—	BD19/18	BD56/48	下电	电阻	$< 1\Omega$

如果诊断为"与 VCU 丢失通信"或者"VCU 数据无效"的故障，通常是 CAN 线路故障，或者是整车控制器故障。如果检测 CAN 通信电路异常，需要修复线束或线束连接器；如果检测 CAN 通信电路正常，那么应该接着检查整车控制器的供电接地导线。如果接地有问题，同样需要修复线束或线束连接器；如果接地正常，则表示为 VCU 本身故障，应更换。

（8）智能驾驶系统 ACC 控制及相关故障点列表见表 2-78。

表 2-78　智能驾驶系统 ACC 控制及相关故障点列表

故障	故障点 / 可能原因	需要检查的故障点 / 部件
诊断过压	供电电压过高	检查供电
诊断欠压	供电电压过低	检查供电
CAN 关闭	CAN 线路故障	检查 CAN 线路
ADCAN 关闭	CAN 线路故障	检查 CAN 线路
SCAN1 关闭	CAN 线路故障	检查 CAN 线路
SCAN2 关闭	CAN 线路故障	检查 CAN 线路
ADCAN 跛行	CAN 线路故障	检查 CAN 线路
与 VCU 丢失通信（CCAN）	① VCU 故障 ② CCAN 线路故障	检查 VCU 及 CCAN 线路
与 ESP 丢失通信	① ESP 故障 ② CAN 线路故障	检查 ESP 及 CAN 线路
与 EPS 丢失通信	① EPS 故障 ② CAN 线路故障	检查 EPS 及 CAN 线路
与 SCU 丢失通信	① SCU 故障 ② CAN 线路故障	检查 SCU 及 CAN 线路
与 VPM 丢失通信	① VPM 故障 ② CAN 线路故障	检查 VPM 及 CAN 线路
与 MRR 丢失通信	① MRR 故障 ② CAN 线路故障	检查 MRR 及 CAN 线路
与 SRR-FR 丢失通信	① SRR-FR 故障 ② CAN 线路故障	检查 SRR-FR 及 CAN 线路
与 SRR-FL 丢失通信	① SRR-FL 故障 ② CAN 线路故障	检查 SRR-FL 及 CAN 线路

续表

故障	故障点 / 可能原因	需要检查的故障点 / 部件
与 SRR-RR 丢失通信	① SRR-RR 故障 ② CAN 线路故障	检查 SRR-RR 及 CAN 线路
与 SRR-RL 丢失通信	① SRR-RL 故障 ② CAN 线路故障	检查 SRR-RL 及 CAN 线路
与 IMU 丢失通信	① IMU 故障 ② CAN 线路故障	检查 IMU 及 CAN 线路
与 CGW 丢失通信	① CGW 故障 ② CAN 线路故障	检查 CGW 及 CAN 线路
与 IBT 丢失通信	① IBT 故障 ② CAN 线路故障	检查 IBT 及 CAN 线路
与 AVM 丢失通信	① AVM 故障 ② CAN 线路故障	检查 AVM 及 CAN 线路
CGW 以太网 SQI 值过低	以太网连接线受到外部干扰	检查以太网连线周围是否有其他线束干扰
CGW 以太网 CRC 错误	以太网连接线受到外部干扰	检查以太网连线周围是否有其他线束干扰
CGW 以太网 TCP 连接丢失	物理连接断开	检查 CAN 的连接
AVM 以太网非预期的连接丢失	物理连接断开	检查 CAN 的连接
AVM 以太网 SQI 值过低	以太网连接线受到外部干扰	检查以太网连线周围是否有其他线束干扰
AVM 以太网 CRC 错误	以太网连接线受到外部干扰	检查以太网连线周围是否有其他线束干扰
AVM 以太网 IP 错误	网络接入了错误的设备，或设备 IP 错误	检查接入的设备及其 IP
AVM 以太网 TCP 连接丢失	物理连接断开	检查 CAN 的连接
ESP 数据无效	ESP 故障或轮速传感器故障	检查 ESP，轮速传感器及相关线路
EPS 数据无效	EPS 故障或 EPS 未标中位或 EPS 中位标定失效	检查或更换 EPS 或重新标定中位
VCU 数据无效	VCU 故障，CAN 线路故障	检查 VCU 及 CAN 线路
BCM 数据无效	BCM 故障或左右转向灯故障	检查 BCM、转向灯或相关线路
SRS 数据无效	SRS 故障，CGW 故障，线路连接故障	检查 SRS、CGW 和线束
MSB 数据无效	MSB 故障	检查或更换 MSB
MRR 数据无效	MRR 故障或 CAN 线干扰	检查 MRR 或 CAN 线

故障	故障点 / 可能原因	需要检查的故障点 / 部件
VPM 数据无效	VPM 故障，被遮挡或 CAN 线干扰	检查 VPM 或 CAN 线
SRR 数据无效	SRR 故障	检查或更换 SRR
IMU 数据无效	IMU 故障	检查或更换 IMU
SCU 数据无效	SCU 故障	检查或更换 SCU
IBT 数据无效	IBT 故障	检查或更换 IBT
CDU 数据无效	CDU 故障	检查或更换 CDU
CGW（仅指 SWS）数据无效	CGW 故障	检查或更换 CGW
TPMS 数据无效	TPMS 故障	检查或更换 TPMS
T-Box 数据无效	T-Box 故障	检查或更换 T-Box
BLE 数据无效	BLE 故障	检查或更换 BLE
AVM 数据无效	AVM 故障	检查或更换 AVM
ICM 数据无效	ICM 故障	检查或更换 ICM
FSL 超声波雷达离线	超声波雷达故障，LIN 总线故障	检查超声波雷达或 LIN 线
FSL 超声波雷达故障	雷达内部故障	检查或更换超声波雷达
FOL 超声波雷达离线	超声波雷达故障，LIN 总线故障	检查超声波雷达或 LIN 线
FOL 超声波雷达故障	雷达内部故障	检查或更换超声波雷达
FCL 超声波雷达离线	超声波雷达故障，LIN 总线故障	检查超声波雷达或 LIN 线
FCL 超声波雷达故障	雷达内部故障	检查或更换超声波雷达
FCR 超声波雷达离线	超声波雷达故障，LIN 总线故障	检查超声波雷达或 LIN 线
FCR 超声波雷达故障	雷达内部故障	检查或更换超声波雷达
FOR 超声波雷达离线	超声波雷达故障，LIN 总线故障	检查超声波雷达或 LIN 线
FOR 超声波雷达故障	雷达内部故障	检查或更换超声波雷达
FSR 超声波雷达离线	超声波雷达故障，LIN 总线故障	检查超声波雷达或 LIN 线
FSR 超声波雷达故障	雷达内部故障	检查或更换超声波雷达
RSL 超声波雷达离线	超声波雷达故障，LIN 总线故障	检查超声波雷达或 LIN 线
RSL 超声波雷达故障	雷达内部故障	检查或更换超声波雷达
ROL 超声波雷达离线	超声波雷达故障，LIN 总线故障	检查超声波雷达或 LIN 线
ROL 超声波雷达故障	雷达内部故障	检查或更换超声波雷达
RCL 超声波雷达离线	超声波雷达故障，LIN 总线故障	检查超声波雷达或 LIN 线
RCL 超声波雷达故障	雷达内部故障	检查或更换超声波雷达

续表

故障	故障点 / 可能原因	需要检查的故障点 / 部件
RCR 超声波雷达离线	超声波雷达故障，LIN 总线故障	检查超声波雷达或 LIN 线
RCR 超声波雷达故障	雷达内部故障	检查或更换超声波雷达
ROR 超声波雷达离线	超声波雷达故障，LIN 总线故	检查超声波雷达或 LIN 线
ROR 超声波雷达故障	雷达内部故障	检查或更换超声波雷达
RSR 超声波雷达离线	超声波雷达故障，LIN 总线故障	检查超声波雷达或 LIN 线
RSR 超声波雷达故障	雷达内部故障	检查或更换超声波雷达
SOC 温度异常	CPU 负荷过高，散热不良	停止 CPU 占用率过高的程序，检查散热系统
Aurix 温度异常	负荷过高，散热不良	停止 CPU 占用率过高的程序，检查散热系统
XPU 硬件故障	XPU 硬件损坏或故障	更换新的 XPU
XPU 软件故障	XPU 软件损坏或故障	检查 XPU 软件
三目主摄像头未连接	摄像头连接器松动或断开、线束回路断开	将摄像头重新接好
三目主摄像头未校准（行车功能）	摄像头未进行标定或标定条件不满足	重新标定摄像头
三目主摄像头被遮挡	三目摄像头被遮挡	检查摄像头镜头是否被污损
三目主摄像头故障	三目摄像头损坏	更换摄像头
三目主摄像头温度越界	负荷过高，散热不良	①检查三目主摄像头的温度②为三目主摄像头提供良好的温度环境
三目窄角摄像头未连接	摄像头连接器松动或断开、线束回路断开	将摄像头重新接好
三目窄角摄像头未校准（行车功能）	摄像头未进行标定或标定条件不满足	重新标定摄像头
三目窄角摄像头被遮挡	三目窄角摄像头被遮挡	检查摄像头镜头是否被污损
三目窄角摄像头故障	摄像头损坏	更换摄像头
三目窄摄像头温度越界	负荷过高，散热不良	①检查三目窄摄像头的温度②为三目窄摄像头提供良好的温度环境
三目广角摄像头未连接	摄像头连接器松动或断开、线束回路断开	将摄像头重新接好
三目广角摄像头未校准（行车功能）	摄像头未进行标定或标定条件不满足	重新标定摄像头

续表

故障	故障点/可能原因	需要检查的故障点/部件
三目广角摄像头被遮挡	三目广角摄像头被遮挡	检查摄像头镜头是否被污损
三目广角摄像头故障	摄像头损坏	更换摄像头
三目广角摄像头温度越界	负荷过高，散热不良	①检查三目广角摄像头的温度 ②为三目广角摄像头提供良好的温度环境
后视摄像头（智能）未连接	摄像头连接器松动或断开、线束回路断开	将摄像头重新接好
后视摄像头（智能）未校准（行车功能）	摄像头未进行标定或标定条件不满足	重新标定摄像头
后视摄像头（智能）被遮挡	后视摄像头被遮挡（智能）	检查摄像头镜头是否被污损
后视摄像头（智能）故障	摄像头损坏	更换摄像头
后视摄像头（智能）温度越界	负荷过高，散热不良	①检查后视摄像头的温度 ②为后视摄像头提供良好的温度环境
左前侧视摄像头未连接	摄像头连接器松动或断开、线束回路断开	将摄像头重新接好
左前侧视摄像头未校准（行车功能）	摄像头未进行标定或标定条件不满足	重新标定摄像头
左前侧视摄像头未校准（泊车）	摄像头未进行标定或标定条件不满足	重新标定摄像头
左前侧视摄像头被遮挡	左前侧视摄像头被遮挡	检查摄像头镜头是否被污损
左前侧视摄像头故障	摄像头损坏	更换摄像头
左前侧视摄像头温度越界	负荷过高，散热不良	①检查左前侧视摄像头的温度 ②为左前侧视摄像头提供良好的温度环境
右前侧视摄像头未连接	摄像头连接器松动或断开、线束回路断开	将摄像头重新接好
右前侧视摄像头未校准（行车功能）	摄像头未进行标定或标定条件不满足	重新标定摄像头
右前侧视摄像头未校准（泊车）	摄像头未进行标定或标定条件不满足	重新标定摄像头
右前侧视摄像头被遮挡	右前侧视摄像头被遮挡	检查摄像头镜头是否被污损
右前侧视摄像头故障	摄像头损坏	更换摄像头
右前侧视摄像头温度越界	负荷过高，散热不良	①检查右前侧视摄像头的温度 ②为右前侧视摄像头提供良好的温度环境

173

续表

故障	故障点 / 可能原因	需要检查的故障点 / 部件
左后侧视摄像头未连接	摄像头连接器松动或断开、线束回路断开	将摄像头重新接好
左后侧视摄像头未校准	摄像头未进行标定或标定条件不满足	重新标定摄像头
左后侧视摄像头被遮挡	左后侧视摄像头被遮挡	检查摄像头镜头是否被污损
左后侧视摄像头故障	摄像头损坏	更换摄像头
左后侧视摄像头温度越界	负荷过高，散热不良	①检查左后侧视摄像头的温度 ②为左后侧视摄像头提供良好的温度环境
右后侧视摄像头未连接	摄像头连接器松动或断开、线束回路断开	将摄像头重新接好
右后侧视摄像头未校准（行车功能）	摄像头未进行标定或标定条件不满足	重新标定摄像头
右后侧视摄像头被遮挡	右后侧视摄像头被遮挡	检查摄像头镜头是否被污损
右后侧视摄像头故障	摄像头损坏	更换摄像头
右后侧视摄像头温度越界	负荷过高，散热不良	①检查右后侧视摄像头的温度 ②为右后侧视摄像头提供良好的温度环境
车内智能摄像头未连接	摄像头连接器松动或断开、线束回路断开	将摄像头重新接好
车内智能摄像头被遮挡	DSM 摄像头被遮挡	检查摄像头镜头是否被污损
车内智能摄像头故障	摄像头损坏	更换摄像头
车内智能摄像头温度越界	负荷过高，散热不良	①检查车内智能摄像头的温度 ②为车内智能摄像头提供良好的温度环境
左指示灯驱动口故障	对地短路，或对电源短路，或开路，或过载	检查左指示灯驱动线束
右指示灯驱动口故障	对地短路，或对电源短路，或开路，或过载	检查右指示灯驱动线束
DMS LED 灯驱动口故障	对地短路，或对电源短路，或开路，或过载	检查 DMS LED 驱动线束

第三节 车道保持辅助系统

一、车道保持辅助系统相关术语

GB/T 39323—2020《乘用车车道保持辅助（LKA）系统性能要求及实验方法》和GB/T 39263—2020《道路车辆先进驾驶辅助系统（ADAS）术语及定义》对车道保持辅助及相关做了表述。

二、车道保持辅助系统硬件安装位置

1. 雷达和摄像头

车道保持辅助系统通过前（后）风窗玻璃上摄像头（单目、双目或三目摄像头）和前保险杠的毫米波雷达以及保险杠上的角雷达来实现车道线识别，分别见图2.3-1～图2.3-4。

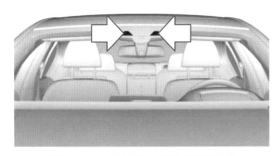

图2.3-1 后风窗玻璃上的摄像头

图2.3-2 前保险上内毫米波雷达

图2.3-3 前保险上角雷达

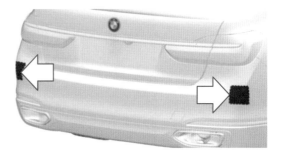

图2.3-4 后保险上角雷达

2. 振动式方向盘

车道保持辅助系统的振动式方向盘上装备有一个振动电机（例如奥迪，图2.3-5），可使得方向盘产生振动。这个振动电机安装在方向盘右下辐条内。方向盘的振动是因电机上的不平衡配重旋转而产生的。该电机无法单独更换，因此如果振动电机损坏，必须更换整个方向盘。方向盘振动持续的时间长短取决于驾驶员的反应情况，一般在1s左右。

图 2.3-5　方向盘振动电机

三、车道保持辅助系统工作原理与控制策略

1. 工作原理

车道保持辅助系统是一个辅助性系统，视车速而定，系统根据车道限制或者前方行驶的车辆定向。可以辅助驾驶员，但不能代替驾驶员进行驾驶。该系统通过摄像头和雷达识别车道线，在车道线清晰的情况下，当高速行驶的车辆无意识偏离车道时，可提供提醒或者一定的转向辅助，帮助车辆保持在车道内，以降低车辆意外偏离车道的风险。

摄像头摄取的每幅数字图像，均由车道保持辅助系统的处理器几乎同步进行分析，检查灰度值是否存在大幅变化，例如，深色沥青路面上的白色车道分界线会使灰度值产生较大幅度的波动（图 2.3-6）。

图 2.3-6　车道保持辅助

2. 控制策略

（1）系统工作状态　图 2.3-7 车道保持辅助系统控制策略示意图（例举大众／奥迪）显示了系统的高联网度，以及车辆部件的共用情况（见表 2-79）。图 2.3-8 直观显示出了为实现车道保持辅助系统的功能，所需的各种数据总线通信信息框架。

打开车道保持辅助系统之后，通过安装在车道保持辅助系统控制单元中的摄像头，开始获取车辆前方的道路走向数据并进行分析。同时，车道保持辅助系统控制单元试图根据所获得的光学数据来确定车道边缘线、车道分界线以及车辆在车道中所处的位置。如果车道保持辅助系统能够成功获取这些信息，系统便处于激活模式。如果无法成功获取这些信息，车道保持辅助系统就会切换到待机模式。车道保持辅助系统指示灯指示系统当前的工作模式。

（2）车道保持辅助系统的激活模式　在激活模式下，系统获取道路走向，当车辆将要偏离该系统计算出的虚拟车道时，系统便会借助电控机械式转向助力系统施加一个转向修正力矩。组合仪表中的车道保持辅助系统指示灯以绿色亮起时，表明系统处于激活模式。

（3）车道保持辅助系统的待机模式　在待机模式下，摄像头仍会继续获取道路信息，并由系统进行分析。如果识别到清晰的车道标线，或是在所需的运行条件都满足的情况下，系统就会重新切换到激活模式。驾驶员可通过车道保持辅助系统的指示灯，获悉此时车道保持辅助系统处于待机模式，此时不对车辆施加转向修正干预并且不发出警告。如果驾驶员有意变道，例如在超车或转弯时，那么打开转向灯就可以使车道保持辅助系统暂时切换到待机模式。当转向灯关闭以后，系统会自动切换回激活模式，以继续识别清晰的车道标线。组合仪表中的车道保持辅助系统指示灯以黄色亮起时，表明系统处于待机模式。

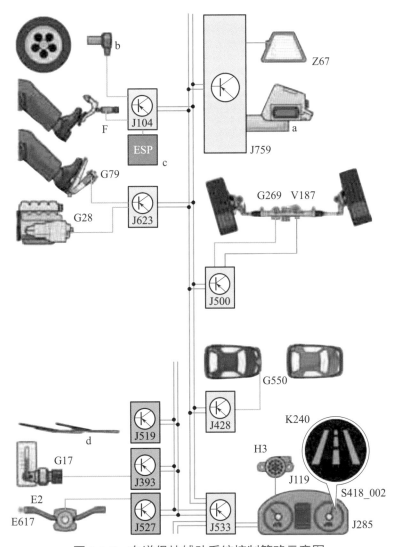

图 2.3-7　车道保持辅助系统控制策略示意图

表 2-79　车道保持辅助系统控制器传感器和执行器及共用情况（图 2.3-7 图注）

系统	部件代码	部件
车道保持辅助系统	J759	车道保持辅助系统控制单元
	K240	车道保持辅助系统指示灯
	Z67	车道保持辅助系统挡风玻璃加热器
	a	摄像头（车道保持辅助系统控制单元内的）
电控机械式转向助力系统	G269	转向力矩传感器
	J500	转向助力控制单元
	V187	电控机械式转向助力电机
仪表板电子装置和转向柱电子装置	E2	转向灯开关
	E617	驾驶员辅助系统按键
	H3	蜂鸣器
	Jm9	多功能显示屏
	J285	组合仪表控制单元
	J527	转向柱电子装置控制单元
制动系统	F	制动灯开关
	J04ABS	控制单元
	b	轮速传感器
	c	可用的驱动防滑控制系统，如 ESP
发动机管理系统	G28	发动机转速传感器
	G79	油门踏板位置传感器
	J623	发动机控制单元
自适应巡航控制系统	G550	自动车距控制传感器
	J428ACC	控制单元
其他部件	G17	车外温度传感器
	393	舒适系统中央控制单元
	J519	车载电网控制单元
	J533	数据总线诊断接口
	d	雨刮器功能准备

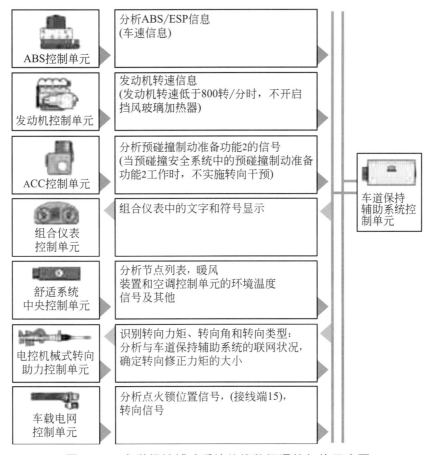

图 2.3-8 车道保持辅助系统总线数据通信架构示意图

（4）直道上的车道保持策略 借助识别出的车道标线，车道保持辅助系统计算出一条可使车辆沿其行驶的虚拟车道。除此之外，该系统还会确定车辆相对于该虚拟车道的位置。如果车辆将要偏离虚拟车道，那么车道保持辅助系统便会借助电控机械式转向助力系统，施加一个转向修正力矩（最大 3Nm），以修正车辆的偏移。在这种情况下，转向力矩的大小取决于车辆与识别出的车道标线之间形成的夹角。转向干预最长持续 100s，如果车辆在这段时间内重新按车道走向行驶，修正过程便结束。驾驶员可通过主动的转向操作，随时轻松终止转向干预过程，例如，驾驶员未打开转向灯时也可进行变道。如果该力矩不足以修正转向，那么电控机械式转向助力电机便会振动转向系统，使驾驶员感到方向盘振动，从而对其发出警告。

（5）弯道行驶时的车道保持策略 即便是在一段很长的弯道上，也就是说弯道半径很大时，如果车辆偏离系统计算出的虚拟车道，那么车道保持辅助系统也可以实施干预。在此情况下，车道保持辅助系统设置虚拟车道时，使弯道内侧的虚拟车道边缘线尽量接近系统识别到的弯道内侧车道标线。通过这种方式，驾驶员可以轻松地切线行驶，而车道保持辅助系统不进行修正性转向干预。

如果在至多 100s 的转向干预时间内，系统无法使车辆保持在弯道内行驶，那么便会给予驾驶员振动警告并发出电子警告音，同时在组合仪表的显示屏上显示一条文字信息，要求驾驶员接管转向操作。

（6）车道识别和图像策略　为了缩短运算时间，车道保持辅助系统在分析图像时，仅选取左半幅和右半幅图像的两个梯形区域，因为这两个区域就已包含了所需识别的车道标线。此外，也不是分析全部扫描行，而是只选取探测区域内的部分扫描行进行分析。通过这种方式，加之处理器的强大性能，便可确保即使在车辆高速行驶时，也能迅速地进行分析，从而识别车道走向。

如果分析程序在所选取的某个扫描行内发现了一处或者多处强烈的灰度值变化，那么系统便在这些位置上分别设一个探测点或标记点。一个扫描行上也可能存在多个标记点。如果扫描行上的标记点可连成连续的虚拟线，并与实际的车道标线或者车道边缘线相符，那么为计算出当前车道，系统只会采用内侧的标记点。

如果能连成线的标记点足够多，那么车道保持辅助系统就可以根据这些标记点计算出实际的车道走向。根据所识别到的车道走向，车道保持辅助系统会从其内部设定的功能限制和驾驶安全角度出发，计算一条虚拟车道。

现在，借助所得出的虚拟车道，车道保持辅助系统开始计算车辆相对虚拟车道的侧向定位。如果车辆正在接近虚拟车道边缘线或者越过这条虚拟车道，那么车道保持辅助系统便会实施转向干预。如果数字图像中的灰度值差别太小，或者未能设置足够的标记点，导致系统无法识别车道走向，那么车道保持辅助系统便会切换到待机模式，此时不发出警告，也不实施转向干预。然而，在该模式下，系统仍会继续分析摄取的图像，以便在能够清晰地识别车道标线时，立即切换回激活模式。

（7）虚拟车道的计算　见图 2.3-9。

计算虚拟车道时的边界条件视实际车道的宽度而定。例如，如果识别出车道宽度大于2.6m，那么系统便会在实际车道标线内侧各设一宽为 40cm 的安全区域；如果识别出的车道宽度小于 2.6m，那么安全区域的大小便会相应缩减。当车道宽度小于 2.4m 时，车道保持辅助系统便会切换到待机模式。

在道路上有若干条平行车道标线的情况下，例如在施工路段附近或是设有自行车道的道路，如果系统借助识别出的内侧标线，可计算出足够宽的虚拟车道，那么系统就会选用这些标线；如果无法计算出足够宽的虚拟车道，那么车道保持辅助系统便会选用紧邻的外侧标线。

转向修正力矩的大小（至多 3Nm）同样也是可变的，取决于车辆与虚拟车道边缘线之间形成的夹角。车道保持辅助系统借助车辆纵轴和虚拟车道的中心线来计算这个角度。

如果车辆以一个较为平缓的角度驶向车道标线，那么系统会施加一个最大为 3Nm 的力矩，以修正转向；如果驾驶员意图变道，并将越过车道标线，那么此时驾驶员施加的反向力矩足以阻止转向干预过程。

如果车辆以一个较为明显的角度驶向车道标线，那么系统便会认为，可能驾驶员是在没有打开转向灯的情况下有意变道。在这种情况下，驾驶员只需施加很小的转向力矩，就足以克服该修正力矩。

（8）方向盘离手识别　车道保持辅助系统除了监控车辆是否保持在车道内行驶之外，还识别驾驶员松开方向盘的时间是否超过了设定值，从而判断其是否未在控制转向，例如在过度疲劳或分心做其他事情的时候。为此，车道保持辅助系统使用了电控机械式转向助力传感器。我们通过以下两点进行介绍。

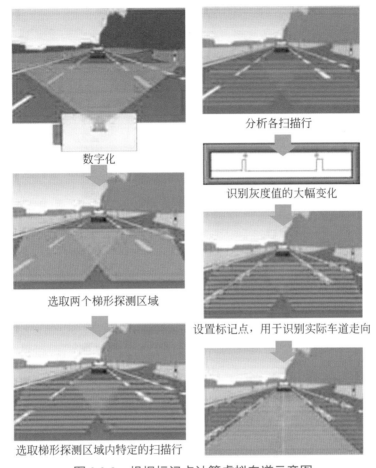

数字化

分析各扫描行

识别灰度值的大幅变化

选取两个梯形探测区域

设置标记点，用于识别实际车道走向

选取梯形探测区域内特定的扫描行

图 2.3-9 根据标记点计算虚拟车道示意图

1）驾驶员手握在方向盘上   见图 2.3-10。

当车辆行驶时，由于路面不平所产生的力会传递到车辆前桥，从而作用于转向机构。

假如现在驾驶员准备转向，且至少单手握在方向盘上。上述作用力将导致通过转向柱小齿轮作用于扭力杆下端的转矩不断地变化，而转向柱会试图进行微量的调节。由于驾驶员握着方向盘，就相当于扭力杆的上端被固定住了。这样一来，由于转矩变化，扭力杆会不断地向左或向右轻微地转动。转向力矩传感器将探测到扭力杆的旋转角在不断变化，于是，在转向助力控制单元的信号分析过程中，便会产生一个持续的信号列。只要驾驶员握着方向盘，不进行有意识的转向操作，这一信号列便会持续下去。通过持续的信号列，车道保持辅助系统便能得知，驾驶员的手正握在方向盘上。

2）驾驶员的手没有握住方向盘   见图 2.3-11。

如果驾驶员松开方向盘，扭力杆的上端便失去了固定点。整个转向系统直至方向盘，都能够自由转动。与第一个示例不同，此时，由于路面不平而引起的转矩变化，不会导致扭力杆不断地向左或向右转动，所以转向力矩传感器也不会探测到旋转角的改变。因此在信号分析过程中不会出现信号列。如果车道保持辅助系统识别到这一状态的持续时间超过 8s，那么便会发出电子警告音，以此来提醒驾驶员松开方向盘可能带来危险。同时，在组合仪表的显示屏上还会出现一条文字信息，提醒驾驶员接管转向操作。

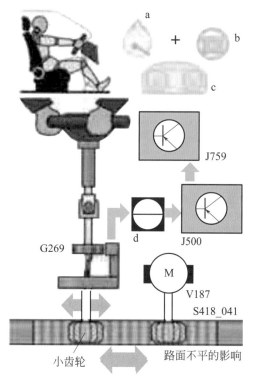

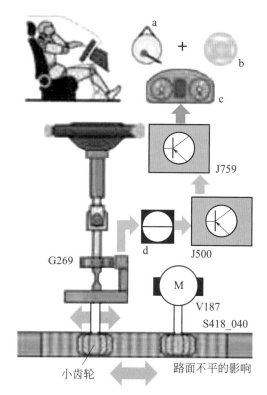

图 2.3-10　手握在方向盘上

G269—转向力矩传感器；J759—车道保持辅助系统控制单元；J500—转向助力控制单元；V187—电控机械式转向助力电机；a—电子警告音；b—振动警告；c—组合仪表显示屏上的警示信息；d—传感器信号

图 2.3-11　手没有握住方向盘

G269—转向力矩传感器；J759—车道保持辅助系统控制单元；J500—转向助力控制单元；V187—电控机械式转向助力电机；a—电子警告音；b—振动警告；c—组合仪表显示屏上的警示信息；d—传感器信号

四、车道保持辅助系统功能

　　车道保持辅助系统进行主动、修正转向干预；在意外离开车道时发出警告；在出现偏转、驾驶员注意力不集中或疲劳驾驶时提供支持。车辆保持辅助见图 2.3-12。选择使用车道保持辅助系统时，仅在驾驶时双手握住方向盘的情况下工作，如果 LKA 检测到驾驶时双手未握住方向盘，会通过视觉、声音等方式进行提醒。

图 2.3-12　车道保持辅助示意图

如果在车辆横过车道边界线之前拨动了转向灯，那么就不发出这种振动提醒了，因为系统认为这是驾驶员要变道了。在接近或者横过识别出的车道边界线时，这种振动提醒只发生一次。只有在第一次振动提醒发生后，车辆已经行驶到离这条车道边界线足够远且又接近这条边界线时，才会第二次出现这种振动提醒。

1. 车道居中辅助（LCC）

车道居中辅助（LCC）可辅助驾驶员将车辆控制在当前车道中央区域行驶（图 2.3-13）。如果车辆偏离当前车道，则发出声、光等方式报警，以提示驾驶员安全驾驶。LCC 是一项舒适性的辅助驾驶功能，在车辆已经激活自适应巡航 ACC 功能后，LCC 才可使用。激活 LCC 后，系统可以辅助驾驶员控制方向盘，持续将车辆居中在当前车道内。LCC 用于高速公路且具有清晰车道线的干燥道路工况，在城市街道上切勿使用，启用时，驾驶员需始终保持手握方向盘并在必要时接管方向盘。

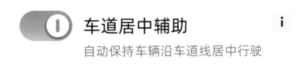

图 2.3-13　车道居中辅助

2. 车道偏离预警（LDW）

当行驶的车辆有非自主性向旁边车道偏离的趋势，或即将越过车道线时，LDW 可提供适当的视觉、声音、方向盘振动提醒提示（图 2.3-14）。

图 2.3-14　车道偏离预警示意图

3. 车道偏离抑制（LDP）

（1）LDP 功能　车道偏离抑制只是一项辅助功能，系统不可能在任何情况下均能有效识别车道线并作出反应。车道偏离抑制系统通过摄像头传感器，监视前方路面的车道线，当车辆"无意识"地越过车道标线时，例如在没有打转向灯或不是特意转动方向盘的情况下，车辆越过车道线时，辅助将车辆纠回本车道。一般在车速达到 60km/h 时该功能激活，在车速降到 55km/h 时功能退出，各种车型有所不同。

（2）LDP 退出条件

❶ 速度过低或速度过高。

❷ 车辆在无分道线的区域行驶，如在收费站或检查站前，或在交叉路口等。

❸ 车道特变窄或者特别宽。

❹ 在急转弯路段行驶。

❺ 变道相关侧的转向灯打开时。

❻ 驾驶员手松开方向盘太久。

❼ 踩制动踏板太重。

❽ 方向盘转动速度太大。

4. 紧急车道保持（ELK）

（1）ELK 功能 紧急车道保持（ELK）主要包含道路边缘偏离辅助和对向来车辅助功

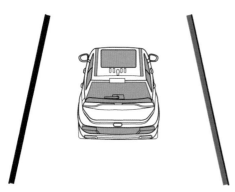

图 2.3-15 ELK 启用

能。道路边缘偏离辅助为驾驶员提供转向辅助以防止车辆撞到道路边沿。对向来车辅助为驾驶员提供转向辅助，防止车辆偏离自车道，避免与相邻近车道的对向来车相撞。

（2）ELK 操控 根据车辆的不同，对该系统的操作有所不同。例如新宝骏 ADAS 中，可点击大屏上的"紧急车道保持"或"紧急车道保持 + 车道偏离抑制"选项开启该功能。当车速在 45km/h 以上时，紧急车道保持功能才能激活。当紧急车道保持功能触发时，仪表上的单边车道线变红（图 2.3-15），仪表发出声音报警。

5. 智能巡航辅助（ICA）

智能巡航辅助（ICA）包括以下三种情况：

❶ 本车所在车道两侧车道线均可见时，本车在横向上将保持在车道中央。

❷ 本车所在车道仅单侧车道线可见时，同车道线侧的车身与车道线保持 70cm（标定值）距离宽度，进行车道保持。

❸ 如果激活过程中检测到车道线均丢失，车道居中辅助 LCC 控制车辆按照预测虚拟车道行驶 T_d=1.5s（标定值）后退出。

由单侧车道线变为双侧车道线，或由双侧车道线变为单侧车道线时，横向控制的策略也相应变化，应能使车辆横向控制平滑。

五、车道保持辅助范围和条件

1. 速度范围

车道保持辅助最佳的使用范围是在良好的道路上，例如高速公路。可设置的速度范围，取决于厂家不同类型的雷达和摄像头、对车辆的设置以及车辆装备。一般当车速高于 65km/h 时，车道保持辅助系统切换到激活模式；当车速低于 60km/h 时，系统切换到待机模式。例如，理想 ONE 在车速处于 0 ～ 135 km/h，车道线清晰且车辆处于居中状态时，向驾驶员方向连续拨动两次辅助驾驶控制杆将开启 LKA；威马在车道线清晰，车速大于 60km/h 时，LKA 开启；特斯拉在车辆以 64 ～ 145 km/h 的速度行驶在车道线清晰、路况良好的公路上时，车道偏离抑制能正常工作；魏派 WEY 当车速在 60 ～ 140 km/h 范围内时，LKA 才开始工作；红旗 E-SH9 LKA 能够在车速高于 60km/h 时检测驾驶员状态和车辆行驶状态；上汽非凡汽车在车速低于 55km/h 时 LKA 自动退出；小鹏汽车 LKA 在行驶速度超过 140km/h 时受限；哪吒 U 在车速大于 60km/h 小于 175km/h 时开启 LKA。

2. 内部和环境条件

（1）边界条件　必须满足各种系统内部条件和环境条件，车道保持辅助系统才能够切换到激活模式。

❶ 车道保持辅助系统打开且工作正常。

❷ 具备电气设备运行的条件（最低电压、设备温度）。

❸ 可以通过 CAN 数据总线与各个相关系统（例如 ABS/ESP 系统、电控机械式转向助力系统、舒适系统、发动机管理系统、组合仪表控制单元等）实现通信，而且各个系统工作正常。

❹ ESP 必须打开。

❺ 车道保持辅助系统的摄像头准备就绪。

❻ 车道保持辅助系统挡风玻璃加热器功能正常。

（2）环境条件

❶ 所识别的车道宽度在 2.45 ～ 4.60m 之间。

❷ 车道保持辅助系统的摄像头可以识别出车道标线和车道边缘线。

❸ 摄像头探测范围内的挡风玻璃不能有脏污或结冰。

❹ 如果系统识别到两段连续的车道标线，它们之间的间距最大不得超过标线本身长度的两倍。

划重点

举例：如果系统在 5m 范围内清晰地识别到一段标线，则系统可接受在之后的 10m 范围内无任何标线。一旦超出这个公差范围，车道保持辅助系统就切换到待机模式。

3. LKA 探测局限性

受光线和天气因素或是路面能见度等条件的影响，在某些情况下，车道保持辅助系统可能无法识别出清晰的车道，从而无法据此计算出虚拟车道，或是车道保持辅助系统的分析可能有误。一般在这些情况下，车道保持辅助系统会自动切换到待机模式。

只有当系统获取了明确的信息，并且在系统限制内，可由这些信息计算出虚拟车道时，系统才会处于激活模式。

（1）车道能见度的影响　只要车道标线与沥青路面的对比足够明显，而且路面没有严重脏污，能看清车道标线，那么车道保持辅助系统一般都能够识别出清晰的车道标线，并由此计算出虚拟车道。在高速公路上，会有混凝土路面，车道颜色便显得很浅，车道上的白色和黄色标线与路面颜色的对比便不那么明显。在这样的道路上，尤其是在光线不良的条件下，路面和车道标线之间的灰度值差别可能太小，导致无法明确地设置标记点。

此外，不同的路面材料之间形成的分界线，例如不同的沥青材料，也有可能导致系统分析有误。

（2）天气和光线条件　尤其在潮湿的车道上，由于反光或者迎面驶来的车辆，可能会造成眩目效应，车道标线的亮度会被眩光盖住。在这种情况下，会妨碍系统清晰地识别出车道标线或车道边缘线。而在灯光条件不佳的情况下，车道上的沥青接缝同样可能被误识别为车道标线，导致系统识别到的车道宽度与实际不符。当车道标线或道路边缘被污物或冰雪严重覆盖的时候，同样会妨碍系统进行识别。

（3）车道边缘　车道边缘同样能够影响车道保持辅助系统的工作状态。如果摄像头未摄取到车道边缘线，在这种情况下，只要路面和路边区域（例如草地、铺石路面或者积雪）之间的亮度差异足够大，并能形成清晰的界线，那么车道保持辅助系统仍可能将其视作车道边缘线进行识别。同样，只要路沿或护栏与路面或周围环境的亮度差异足够大，车道保持辅助系统也会将其视作车道边缘线进行识别。

（4）脏污的挡风玻璃　如果摄像头探测范围内的挡风玻璃脏污严重，而致使图像数据的摄取持续受阻，那么车道保持辅助系统便会切换到待机模式，同时会显示系统信息"目前探测设备无能见度"。然而，当挡风玻璃有脏污时，车道保持辅助系统无法立即识别到，会有一定的延时，这是因为系统需要先比较所获取的图像数据，以确定是否是由脏污造成的能见度降低。

（5）结雾的挡风玻璃　如果挡风玻璃因冷凝水而受潮，从而导致摄影头的探测受阻，那么此时车道保持辅助系统就会由于挡风玻璃结雾，而切换到待机模式。为避免摄像头探测范围内的挡风玻璃结雾，系统安装有一个小型的挡风玻璃加热器，其只对摄像头探测范围内的挡风玻璃进行加热。当基于图像数据质量的下降，而判定出摄像头前的挡风玻璃结雾时，系统便会自动打开该加热器。

（6）施工路段　特别是在高速公路上，施工路段区域内经常临时标有黄色的车道标线，以引导车辆绕过施工区域，例如从施工路段边的紧急车道上驶过，此时，驾驶员知道，黄色的标线会替代原先的白色标线。

但如果是黑白摄像头，车道保持辅助系统看见的却不是黄线而是浅灰色的线。因此，当白色的标线和黄色的标线一起出现时，系统的分析便可能有误。在车道保持辅助系统无法判断的情况下，总是会使用识别出的内侧标线，于是在某些情况下，可能会计算出一条相对较窄的虚拟车道。如果此时的车道宽度小于系统限制，那么将会采用紧邻的外侧车道标线。如果无法识别出清晰或可信的车道标线，那么一般而言，车道保持辅助系统会切换到待机模式。

维修提示

注意，如果此时系统未识别出黄色标线，而是继续在白色标线的车道上行驶，那么驾驶员必须迅速干预转向。由此，车道保持辅助系统便会切换到待机模式。只有当识别到清晰的车道标线后，系统才会自动切换回激活模式。

（7）光学错觉 由于车道保持辅助系统是借助光学数据来计算虚拟车道的，因而其摄像头和肉眼一样，也会受光学错觉的影响。

两条以平缓的角度相互接近或者相交的车道标线，如果从上方鸟瞰，便可以非常清楚地识别到，但是从摄像头的角度看，却会产生一种假象——这两条标线就像是一条笔直延伸到地平线的道路。

因此，有可能出现这种情况：当变速车道延伸比较长或是在施工路段附近时，车道保持辅助系统计算出的虚拟车道越过了两条标线的交汇处，一直延伸到了道路外。

如果车辆继续在这条虚拟车道上向着标线交汇处行驶，那么车道保持辅助系统在分析摄取的图片时，会识别出车道正在变窄。如果系统发现车道宽度低于激活模式的阈值，那么系统便会切换至待机模式。

六、车道保持辅助系统的操作

1. 方向盘按键开关 LKA 操作

方向盘按键开关操作：按一次按键 LDW 开启，按第二次 LKA 开启，LDW 功能关闭，按第三次 LKA 功能关闭。按键如图 2.3-16 所示。

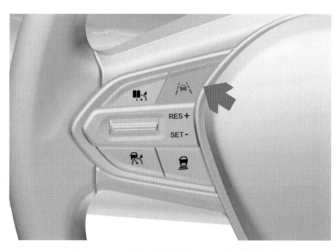

图 2.3-16 方向盘上的 LKA 开关按键

2. 中控大屏 LKA 操作

（1）LKA 设置　如图 2.3-17 所示，在中控屏设置中点击"辅助驾驶"，选择"车道控制"，点击"车道保持辅助"下方的选项，可进行车道保持辅助的开启和关闭。

（2）LKA 开启　如理想 ONE，在车速处于 0 ~ 135km/h，车道线清晰且车辆处于居中状态时，向驾驶员方向连续拨动两次辅助驾驶控制杆将开启车道保持辅助功能。

（3）LKA 暂停　当开启转向灯且转动方向盘，或检测不到车道线，或车辆车轮越过车道线行驶，或驾驶员转动方向盘接管车辆时，LKA 功能进入暂停状态，系统发出暂停提示音。

（4）LKA 恢复　当驾驶员手扶方向盘回正车轮且不干预车辆的转向、车道的曲率半径 $R \geqslant 200\text{m}$、转向灯关闭且车辆居中行驶在车道线清晰的车道中时，LKA 功能恢复。

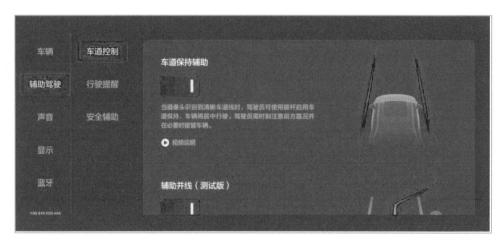

图 2.3-17　中控大屏上的 LKA 设置

3. 车道居中辅助（LCC）操作

❶ 仪表板显示灰色方向盘图标时 ［图 2.3-18（a）］，表示可以使用 LCC，但尚未激活。
❷ 将换挡杆连续向下拨到底两次，然后松开，即可启用 LCC 功能。

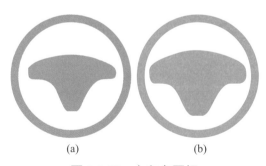

（a）　　　　　　　　（b）

图 2.3-18　方向盘图标

❸ 成功激活 LCC 功能后，仪表的方向盘图标会变成蓝色 ［图 2.3-18（b）］，同时伴有功能进入提示音。

此时，LCC 会辅助驾驶员控制方向盘，车速仍由自适应巡航控制（ACC）辅助控制。

❹ 车辆 Ready 后，LCC 开关默认为上一次操作状态。车辆挂入 P 挡后，通过选择"车辆控制→辅助驾驶→车道居中辅助"开关开启或关闭该功能。

第四节　智能泊车辅助系统

一、智能泊车辅助系统相关术语

GB/T 39263—2020《道路车辆　先进驾驶辅助系统（ADAS）术语及定义》和《智能泊车辅助系统性能要求及实验方法（征求意见稿）》对智能泊车辅助（IPA）及相关术语做了表述。

1. 智能泊车辅助系统

智能泊车辅助系统（Intelligent Parking Assist System，IPAS）：具有智能泊车辅助功能的系统。

2. 泊车辅助模式

泊车辅助模式（Parking Assist Mode）：通过横向控制或横纵向组合控制辅助驾驶员完成车辆驶入停车位的系统状态。

3. 边界车辆

边界车辆（Bordering Vehicle）：用于限制停车位两侧边界线的车辆，也可以采用表征参数能够代表车辆且适应系统传感器的物体作为替代。

4. 车辆侧边缘线

车辆侧边缘线（Vehicle Side Edge Line）：车辆在车轮回正状态下，左侧或右侧前轮胎外边缘接地点与后轮胎外边缘接地点的连线。

5. 揉库次数

揉库次数（Number of Gear Changes）：在试验车辆泊车过程中，挡位切至 R 挡且车辆运动计为第一次揉库，揉库过程中挡位由 R 挡切换至 D 挡或由 D 挡切换至 R 挡，分别计为一次揉库。

6. 运行最大速度要求

系统应限制泊车辅助模式的速度范围，当超出速度范围时，系统应退出泊车辅助模式，并向驾驶员发出信息提示。运行最大速度不应大于 10km/h。

7. 可控区域要求

如图 2.4-1 和图 2.4-2 所示，平行停车位可控区域的距离 W_1 和垂直停车位可控区域的距离 L_1 应为 4.5m 和 7.0m。

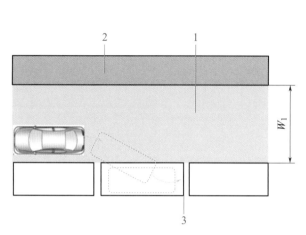

图 2.4-1 平行停车位可控区域示意图
1—IPAS 可控区域；2—限制区域；3—目标停车位

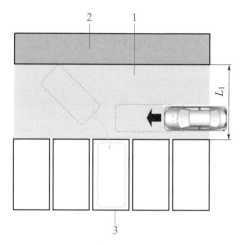

图 2.4-2 垂直停车位可控区域示意图
1—IPAS 可控区域；2—限制区域；3—目标停车位

二、智能泊车辅助系统硬件安装位置

1. 普通泊车系统

智能泊车辅助系统（IPAS）在车辆点火状态为 READY 时工作，当车辆处于 D/R/N 挡时，辅助驾驶员泊车。自动泊车系统包含前后保险杠安装的八个超声波雷达和保险杠侧角安装的四个超声波雷达（图 2.4-3）以及一个控制器。安装在保险杠上的雷达（传感器）判断车辆前后障碍物，当车辆周围出现障碍物时，系统会计算其距离，给出相应的图像及声音报警。

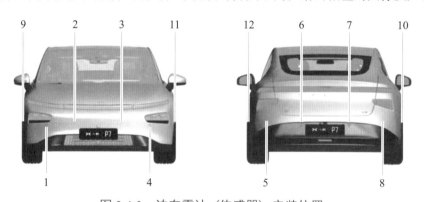

图 2.4-3 泊车雷达（传感器）安装位置
1，2，3，4—前雷达；5，6，7，8—后雷达；9，10，11，12—侧雷达

2. 全景泊车系统

全景泊车系统影像所使用的四组（或更多）摄像头都为广角摄像头，分别位于前保险杠、左侧与右侧后视镜，以及后保险杠上。此外，全景影像摄像头所拍摄的影像角度，则是由摄像头安装处向下倾斜至路面。右侧摄像头安装位置可见图 2.4-4。

图 2.4-4 右侧摄像头安装位置

维修提示

根据汽车厂牌的不同以及车辆的配置不同，泊车系统搭载的泊车设备（雷达和摄像头）数量各有不同。

三、智能泊车辅助系统工作原理与控制策略

1. 工作原理

自动泊车辅助系统具有泊车辅助功能和自动泊车功能。这两个功能可以通过各自的按键启用和停用。当一项功能处于启用状态时，通过按键内的指示灯亮起以及组合仪表内的多功能显示表示出来。驾驶员必须首先决定，是由驾驶员自己进行转向并同时使用泊车辅助系统的泊车距离控制功能，还是在倒车入位时让自动泊车辅助系统执行转向过程，从而驾驶员只需操纵油门和制动踏板。此外驾驶员还必须决定，是倒车停入路面右侧车位还是在单行道上倒车停入路面左侧车位。

智能泊车辅助系统中通过传感器识别合适的停车位并自动控制车辆，驾驶员仅需按照系统提示操控车辆即可驶入、驶出停车位（图 2.4-5）。

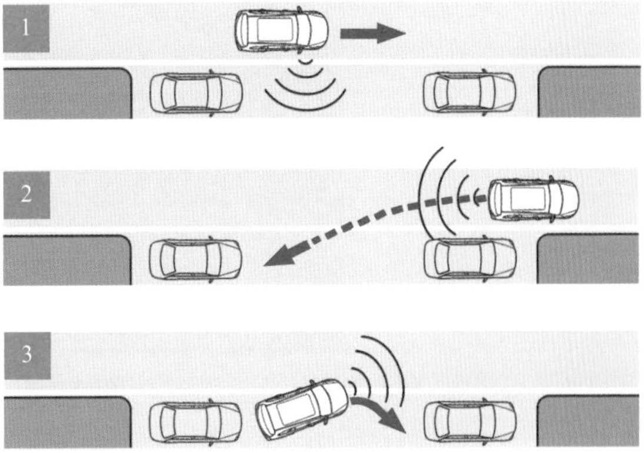

图 2.4-5 智能泊车示意图

2. 泊车过程

智能泊车辅助系统驻车入位过程可以分为以下三个重要步骤。

（1）激活系统　汽车进入停车区域后缓慢行驶，手动开启智能泊车辅助系统，或者根据当前车速自动启用智能泊车辅助系统。泊车辅助按钮是智能泊车辅助系统的主要操作部件，通过该按键（或大屏触摸）激活启用（图 2.4-6、图 2.4-7）。

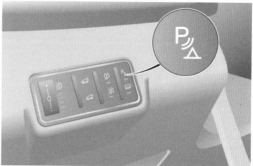

图 2.4-6　不同汽车的泊车机械按键

1—泊车辅助按钮；2—全景系统按钮

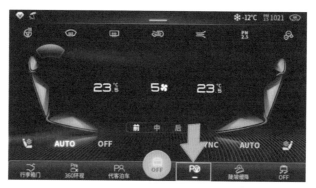

图 2.4-7　触摸按键

（2）搜寻　寻找合适的泊车位（图 2.4-8）。行驶期间超声波雷达和摄像头测量并识别停车位。

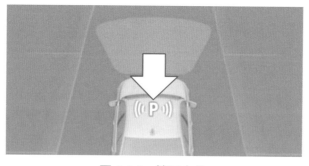

图 2.4-8　搜寻车位

例如宝马 G30 探测识别范围为：向前直线行驶车速不超过约 35km/h，与停车列的最大距离为 1.5m。如果搜寻停车位时在超声波雷达探测范围内探测到路沿，大多数情况下会将其识别为与道路平行的停车位。搜索与道路垂直的停车位时，路沿大多数情况下不在超声波雷达的探测范围内（图 2.4-9）。

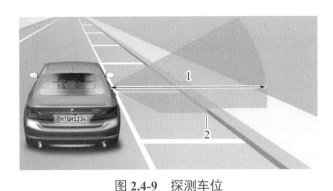

图 2.4-9　探测车位

1—探测范围约为 4.2m，超声波雷达的垂直探测角度为 ±30°；2—探测路沿

（3）入位规划和实施　根据系统雷达和摄像头感知的环境信息，智能泊车辅助系统计算决策出最佳的泊车路径，并在泊车过程中执行转向、加速和制动以及换挡动作；在泊车过程期间按住泊车辅助按钮，自动进行泊车入位过程。

3. 全景泊车系统控制策略

（1）控制架构　全景影像系统可为驾驶员提供辅助影像，以消除驾驶员在驾驶车辆停车时以及行驶时车辆所存在的盲点。全景影像系统使用四组摄像头，以捕捉环绕在车辆四周的影像，可通过大屏开启全景影像系统。全景影像系统摄像头的电源与接地都由全景影像控制模块提供。全景控制器接收环视摄像头信息用于鸟瞰图拼接，接收车辆转角信息实现动态引导线合成，并通过 CAN 实现视觉车位角点输出（图 2.4-10）。图像信息通过 LVDS 接口输出给大屏用于显示。大屏通过 LVDS 接口接收 AVM 输入的视频用于 360° 全景影像的显示，并接收挡位、驾驶员触屏信号实现视图模式切换。

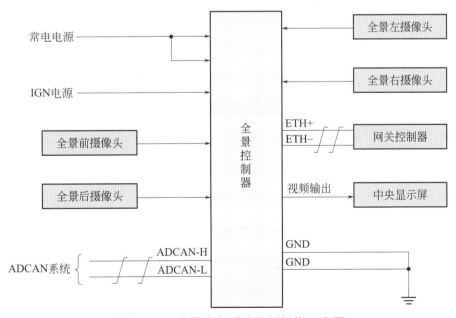

图 2.4-10　全景泊车系统控制架构示意图

（2）影像显示策略　全景影像系统有两种显示方式，一种为单一摄像头的显示画面，另一种为全景影像显示画面。在单一摄像头的显示画面中，只会显示前、后、左、右侧全景影像摄像头之中任一侧所拍摄的单一方向画面（图 2.4-11）。如果选择全景影像画面则会同时显示四个全景影像摄像头所拍摄到的影像（图 2.4-12）。全景影像系统预设的显示画面为全景影像显示画面，如需切换显示画面，则可通过大屏的操作界面来进行，无论哪一种显示画面，其摄像头所能拍摄到的最远距离为车身之外的 2m 左右（如小鹏汽车 1.85m）。

图 2.4-11　单一方向画面显示

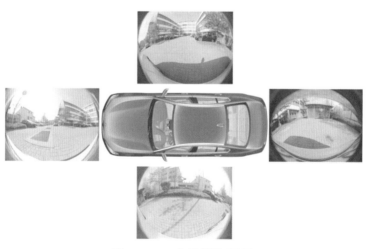

图 2.4-12　全景影像显示

四、智能泊车辅助系统主要功能

智能泊车辅助系统可以辅助驾驶员将车辆自动泊入或泊出系统识别的车位，支持水平泊入、垂直泊入、水平泊出功能。

维修提示

外部高频率的无线电、天线或车辆喇叭声、发动机的轰鸣声、车辆的排气声等过于接近自动泊车系统传感器频率时，均有可能影响智能泊车辅助系统的性能。

1. 横向和纵向停车

智能泊车辅助系统可辅助停入与道路纵向停车（平行）和横向停车（垂直）的停车位。

❶ 纵向停车示意图见图 2.4-13。

❷ 横向停车示意图见图 2.4-14。

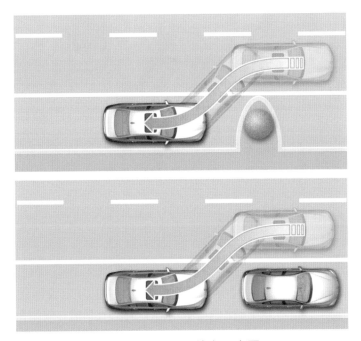

图 2.4-13 纵向停车示意图

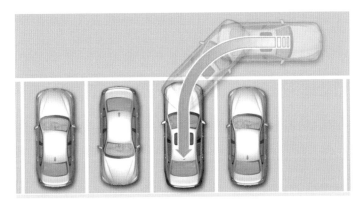

图 2.4-14 横向停车示意图

2. 侧翼保护功能

通过多媒体显示屏可以开启或关闭侧翼保护功能。功能开启后，当车辆两侧的传感器识别到障碍物时，系统发出报警信息，提示驾驶员谨慎泊车。

3. 道路标定功能

车辆在使用过程中，因装载货物、车辆颠簸或零部件老化等原因导致摄像头位置发生变化时，可能会引起影像拼接错位、模糊、失真等情况。此时，可以通过多媒体显示屏上的道路标定功能对影像拼接效果进行优化。侧翼保护示意图见图 2.4-15。

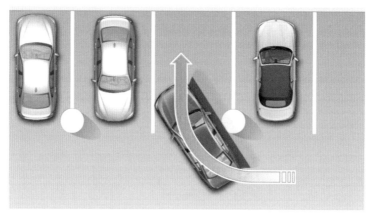

图 2.4-15 侧翼保护示意图

五、智能泊车辅助范围和条件

1. 速度和距离限制范围

车辆不同，泊车车速和车距范围也各有不同，具体例举以下智能网联汽车。

威马仅能在车速为 25km/h 以下时泊车系统才能开启泊入功能，仅能在车速低于 1km/h 时才能开启泊出功能，如果条件不满足，仪表会提示"车速超限，无法激活泊车功能"。自动泊入水平车位的长度至少比本车车辆长 1m，垂直车位宽度至少比本车宽 0.8m。泊车辅助系统功能开启后，遇到障碍物时，会发出不同频率的声音报警和图像报警（有可能存在盲区）。

❶ 如果在距后方传感器大约 1.5m 或距拐角传感器大约 0.8m 的范围内有障碍物，报警系统会开始发出报警声。障碍物距离车辆越近，报警声音越急促，在距离约为 0.4m 范围内会发出长鸣的报警音。

❷ 如果在距前方传感器大约 1.0m 或距拐角传感器大约 0.8m 的范围内有障碍物，报警系统会开始发出报警声。障碍物距离车辆越近，报警声音越急促，在距离约为 0.4m 范围内会发出长鸣的报警音。

哪吒 U 汽车泊车入库前，实际显示车速小于 30km/h 以开启找车位功能。

小鹏汽车以小于 24km/h 的速度缓慢行驶入库。

特斯拉汽车以低于 24 km/h 的速度行驶时，自动泊车可以检测平行停车位；以低于

16 km/h 的速度行驶时，自动泊车可以检测垂直停车位。自动泊车系统探测到的潜在垂直停车位，宽度至少应为 2.9m 且两侧均停有车辆。自动泊车探测到的平行停车位长度至少应为 6m（但小于 9m）。自动泊车对于斜角停车位不起作用。

　　理想 ONE 在搜寻车位时车速低于 20km/h。泊入车位要求：仅支持有车位框的垂直车位和侧方车位，不支持斜向车位和由两侧车辆组成的无车位框车位。垂直车位长度大于 5m，宽度大于 3m。侧方车位长度大于 6m，宽度大于 2m。

　　智能电动汽车非凡汽车（MARVEL R）自动泊车搜索车位过程中，车速大于 25km/h，系统退出。超声波雷达前部和后部泊车辅助，车速超过约 15km/h，系统自动关闭，如果在距后方传感器约 1.5m 或距拐角传感器约 0.6m 的范围内有障碍物，报警系统开始发出报警声。车辆与障碍物的距离越近，声响信号的频率越快。若在距前方传感器约 1.2m 或距拐角传感器约 0.6m 的范围内有障碍物，报警系统开始发出报警声。车辆与障碍物的距离越近，声响信号的频率越快。障碍物位于前、后保险杠的约 30cm 范围内，则转变成连续的报警声（图 2.4-16）。

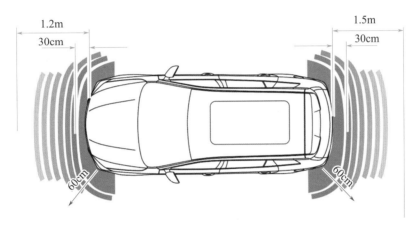

图 2.4-16　泊车探测范围

2. 自动中断或退出智能泊车辅助系统

以下操作将会导致中断或退出智能泊车辅助系统。

❶ 泊车过程中，环视系统未自动激活，系统会退出，仪表会提示"环视系统未激活，泊车系统退出"。

❷ 泊车过程中出现系统故障，系统会退出，仪表会提示"系统故障，泊车系统退出"。

❸ 泊车过程中车速超过设置车速，系统会退出，仪表会提示"车速超限，泊车系统退出"。

❹ 泊车过程中如果出现电子驻车被拉起、防抱死制动系统激活等，泊车系统会退出，仪表会提示"泊车系统退出"。

❺ 泊车过程中若驾驶员踩踏加速踏板或干预方向盘等，泊车系统会退出，仪表会提示"其他系统激活"。

❻ 泊车过程中驾驶员松开安全带，会导致泊车系统退出，仪表会提示"泊车系统退出"。

❼ 泊车过程中，如果驾驶员打开任意车门，泊车系统会中断，仪表会提示驾驶员"请

先松开按钮，关闭车门"，再提示"请重新长按泊车开关，继续泊车"。

⑧ 泊车过程中若驾驶员松开泊车按钮，泊车系统会中断，仪表会提示"重新长按泊车开关，继续泊车"。

⑨ 泊车过程中若驾驶员开启危险报警灯，泊车系统会中断，仪表会提示驾驶员"请先松开按钮，关闭危险报警灯"，再提示"请重新长按泊车开关，继续泊车"。

3. 智能泊车辅助系统探测盲区和局限性

❶ 泊车入位前，确认车位内没有障碍物，例如石头、细柱子或牵引杆等，因为系统可能探测不到这类障碍物。

❷ 当使用泊车系统将车辆停放在紧靠低矮路沿的停车位时，特别是弯道车位，系统设定的运行轨迹可能超过路沿，导致凸起的路肩损坏车辆轮胎或轮辋。必要时需要人工干预。

❸ 系统可能无法识别某些障碍物（例如铁丝网篱笆、蓬松的雪球、稀疏的隔离栏、花丛等）的表面或结构。因此在泊车前请确认泊车车位空间是否充足，且泊车性能可能受此类障碍物影响。

❹ 泊车系统检测到一个障碍物后，在车辆靠近此障碍物时可能探测不到（探测过高或过低的障碍物时容易出现这种情况）。故泊车时务必关注车辆周围环境。

❺ 请勿用水枪之类的高压水流直接喷洗，也不要用其他方式挤压或冲击泊车系统传感器表面，否则可能会导致其发生故障。

❻ 切勿给泊车系统传感器的外表面喷涂颜色，以免影响泊车系统性能。

❼ 保持传感器外表面清洁，发现有积雪、泥浆、霜冻、灰尘或其他障碍物覆盖时，应及时清理以免影响功能。

4. 摄像头功能限制

摄像头功能在以下情况下可能会受限或者不可用。
❶ 光线较差。
❷ 摄像头脏污。
❸ 车门或后备厢盖打开时。（显示的深色区域表示系统未探测到的区域）
❹ 折合外后视镜。
❺ 执行车辆内的其他摄像头功能时。
❻ 车辆速度超过步行速度时。

六、智能泊车辅助系统的操作

1. 智能泊车

（1）激活启动　启动车辆后，车速低于泊车要求车速，通过泊车按钮或显示屏触摸按键，智能泊车辅助系统激活。虽然各种车辆操控方式有所区别，但都很智能化，操作比较简单，系统激活后依据多媒体显示屏提示操作，在泊车选择界面可选择泊车模式为泊入或泊出。

维修提示

注意，为保证泊车安全，驾驶员需随时监控车辆周边环境，以便在存在碰撞风险时及时制动接管车辆。

（2）选择车位类型　可通过自动模式和手动模式寻找车位，每种模式下，有垂直泊车、斜位泊车、水平泊车三种车位类型。当车速不为零时，系统默认为自动模式。只有当车速为零时，可选择手动模式。

（3）选择泊车车位

❶ 自动模式选择：选择自动模式后默认为全车位类型，可以搜索所有的车位类型，用户若选择车位类型则可以提高单车位类型的搜索成功率，系统会在行驶过程中识别行驶方向两侧与用户选择车位类型相同的车位。系统默认优选车位为目标泊车位，也可触按显示屏中的其他可选车位，作为目标泊车位（表2-80）。

表 2-80　选择泊车车位

显示屏图示		颜色	识别结果
		红色	不可用车位
		黄色	可用车位
		绿色	优选车位

❷ 手动模式选择：选择手动模式并选择车位类型后，屏幕会出现相应的目标车位框，用户可拖拽和旋转目标车位框。车位框内车为红色时，表示车辆无法泊入该区域，需调整目标车位框在屏幕中的位姿。

（4）泊车控制　泊车过程中，可通过显示屏控制泊车进程（图2.4-17）。泊车控制有两种方法：

图 2.4-17　泊车探测

❶ 确定目标泊车位后，踩下制动踏板，触按"开始泊入"按键，松开制动踏板开始进行泊车（图 2.4-18）。

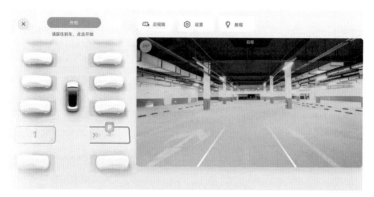

图 2.4-18　进入泊车

❷ 确定目标泊车位后，将挡位置于 P 挡，施加 EPB，触按"开始泊入"按键开始进行泊车。

（5）泊车完成　泊车完成后，中控屏将显示"泊车已完成"提示（图 2.4-19）。

图 2.4-19　泊车完成

2. 遥控泊车

当需要使用智能泊车辅助泊入窄车位，或可能在泊入后不方便开启车门时，可以在智能泊车辅助开始前，选择下车使用车钥匙进行遥控泊车。可按以下步骤完成遥控泊车。

（1）进入遥控泊车等待模式

❶ 在智能泊车辅助功能已经识别到想要泊入的车位时，将车辆停稳，保持制动，查看和确认所要泊入的停车位是否适宜、安全。如果该车位适宜停车，在触摸屏上选择车位，确认车位选择无误后，将车辆挂入驻车挡（P 挡），然后下车。

❷ 下车后长按钥匙上泊车按键，使车辆进入等待控制模式，进入等待控制模式后的车辆，双闪灯将会持续保持开启，此时可以通过操作钥匙实现遥控泊车。

（2）开始遥控泊车　在车辆进入等待控制模式后，持续保持双闪灯开启时，双击钥匙上遥控开锁按键或泊车按键，即可开始遥控泊车。

（3）暂停遥控泊车　在遥控泊车过程中，驾驶员有责任始终保持在车辆附近，确认整个过程安全完成，当有突发情况或需要暂停遥控泊车时，按下钥匙上的任意按键均可暂停遥控泊车，处于暂停状态的车辆会自动驻车。

（4）继续遥控泊车　在遥控泊车处于暂停状态时，两次按下（双击）钥匙上遥控或泊车按键可恢复遥控泊车。如果超过30s仍然没有恢复遥控泊车，本次遥控泊车将自动退出，需要手动将车辆泊入停车位。

（5）退出遥控泊车　遥控泊车过程中，通常双击按键中的任意一个，均可退出遥控泊车，退出遥控泊车后，车辆将自动挂入驻车挡（P挡）。

维修提示

为保证泊车安全，使用遥控泊车特别要注意以下事项：

① 使用遥控泊车时，需要始终携带车钥匙保持在车辆附近，携带车钥匙离开车辆太远，将会使遥控泊车自动退出。

② 使用遥控泊车时，下车之前务必确认车辆已经挂入驻车挡（P挡），否则容易发生严重的人身伤害或车辆损坏。

③ 遥控泊车并不是无人自动泊车，必须集中精力全程监管完成遥控泊车。

3. 宝马遥控驻车

宝马G30遥控驻车系统由驻车距离监控系统PDC和驻车操作辅助系统PMA的超声波雷达以及环视系统摄像头在其系统极限内监控整个驻车过程。在此过程中驾驶员位于车外。驾驶员负责直接观察检查车辆周围情况并能够随时通过显示屏钥匙终止驻车过程。如果驾驶员离开了操作范围，车辆就会自动停止。

遥控驻车的相关组件见图2.4-20。顶部后方侧视摄像头TRSVC控制单元和选装配置系

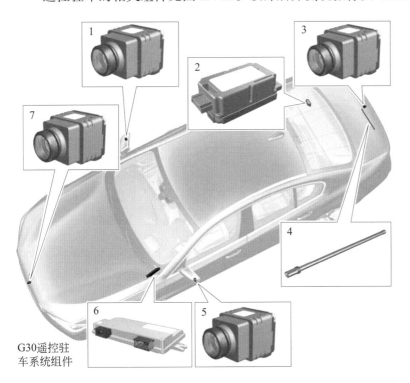

G30遥控驻
车系统组件

图2.4-20　G30遥控
驻车系统组件
1—右侧侧视摄像头；2—遥控信
号接收器FBD；3—倒车摄像头
RFK；4—遥控驻车天线；5—
左侧侧视摄像头；6—顶部后方
侧视摄像头TRSVC控制单元；
7—前部摄像头

统 SAS 控制单元是遥控驻车功能的主要系统组件。通过驻车距离监控系统 PDC 和驻车操作辅助系统 PMA 的超声波雷达以及环视系统摄像头进行环境识别。进行驾驶员或 BMW 显示屏钥匙定位时，使用舒适登车系统天线和遥控驻车天线。

（1）遥控驻车条件及要求　图 2.4-21 说明停车位必须满足了要求或前提条件才能使用遥控驻车功能。

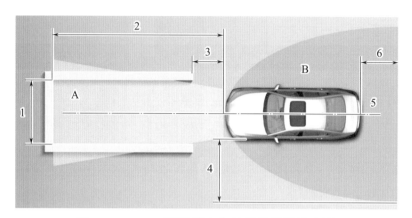

图 2.4-21　G30 遥控停车入位前提条件示意图

A—可能的停车范围；B—可能的操作范围；1—最小停车位宽度为 2.7m；2—最大移动距离为 9m；3—与停车位最大距离为 2m；4—驾驶员与车辆侧面最大距离为 1.5m；5—通过微小转向修正补偿相对于停车位中心的最大 3° 偏转和最大 10cm 偏移；6—驾驶员与车辆后方最大距离为 3m

❶ 将车辆向前以及尽可能居中且正对停车位及在停车位前定位（通过微小转向修正补偿相对于停车位中心的最大 3° 偏转和最大 10cm 偏移）。

❷ 车辆至停车位的距离不超过约 2m。

❸ 操作电动机械式驻车制动器 EMF，以防车辆溜车。

❹ 用 START/STOP 按钮关闭行驶准备就绪功能。

（2）功能和操作逻辑　图 2.4-22 显示了启用遥控驻车功能及操作逻辑。

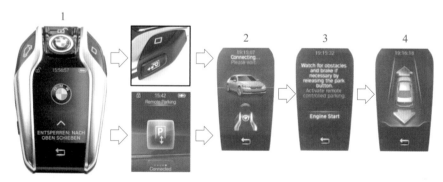

图 2.4-22　启用遥控驻车

1—启动按钮；2—建立连接；3—启动车辆；4—驻车控制

❶ 通过按压侧面按钮启用显示屏，随后通过滑动运行解锁。

❷ 建立与车辆的连接。为此，切换到遥控驻车菜单随即按住遥控驻车按钮，或者在解锁后立即按住遥控驻车按钮。

❸ 通过 BMW 显示屏钥匙启动发动机。

❹ 通过按压按钮上的相应箭头符号确定车辆的行驶方向。只要触摸箭头符号，车辆就会移动。松开方向箭头车辆借助轻微制动干预制动直至静止。

（3）遥控停车操作　通过 BMW 显示屏钥匙上的触摸显示屏和遥控驻车按钮进行遥控驻车操作。这样可对功能进行直观操作并将所需操作和系统极限信息直接反馈给驾驶员。

必须在整个停车过程中按住遥控驻车按钮，否则不会启动停车入位功能，或在松开按钮时会对车辆进行紧急制动（之后会挂入电动机械式驻车制动器 EMF）。终止车辆与 BMW 显示屏钥匙之间的数据传输也会启动制动功能直至车辆静止，因为只能在车辆近距离内传输数据。

识别出障碍物时，该系统使车辆制动直至静止并防止车辆溜车（启用行车制动器并挂入变速箱挡位 P）。在 BMW 显示屏钥匙上向驾驶员显示相应提示。

如果移开了所识别的障碍物，可继续执行功能最多 30s。如果超出该时间，遥控驻车功能就会关闭发动机并挂入电动机械式驻车制动器。重新启用系统可继续执行停车过程。

七、智能泊车辅助系统诊断与检测

1. 智能泊车辅助系统控制架构

（1）系统布局　本例智能泊车辅助系统采用 12 颗超声波雷达与 4 颗广角高清摄像头采集数据（图 2.4-23），12 颗超声波雷达分别布置在前后保险杠上（前 6 颗后 6 颗），主要用于超声波车位识别及泊车过程中障碍物探测；4 颗广角高清摄像头分别布置在前、后保险杠牌照架上方，左、右外后视镜下壳体处，主要用于拍摄车位周围环境。

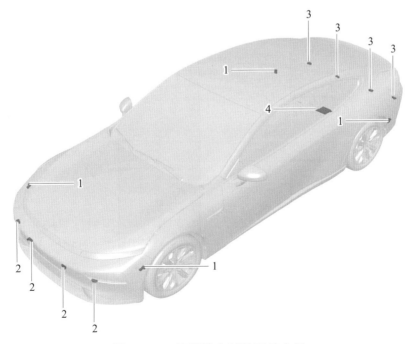

图 2.4-23　智能泊车辅助系统布局

1，2，3—泊车雷达；4—智能控制器（SCU）

（2）控制架构 智能泊车辅助系统与其他电子控制系统一样，主要由传感器、控制器和执行器三部分组成。本例智能泊车辅助系统组成有雷达和摄像头（传感器）、智能控制器SCU（控制器）、VCU/ESP/EPS（执行器）、HMI。雷达信息获取通道见图2.4-24。

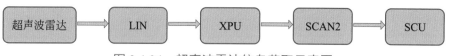

图 2.4-24　超声波雷达信息获取示意图

❶ SCU 通过 ADCAN 接收 IMU 横摆角速度信息实现对行驶距离精度的补偿，同时接收坡度信息实现在坡度泊车时的转矩控制。

❷ 通过 CCAN 线对刹车、方向盘、进行控制，通过 ADCAN 对挡位和转矩进行控制，从而实现横向 / 纵向控制。

❸ 通过 ADCAN 接收 AVM 发出的视觉车位信息，同时向 ADCAN 发送障碍物距离、方位、泊车进程信息，实现前后报警及泊车过程提示。

2. 检测与诊断

（1）智能泊车辅助系统控制架构　见图 2.4-25。

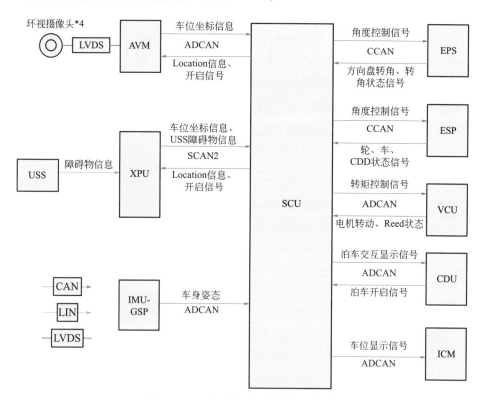

图 2.4-25　智能泊车系统控制架构

（2）智能控制器（SCU）电路图　见图 2.4-26。

（3）诊断前确定故障症状

1）检测故障　使用故障诊断仪执行故障诊断，诊断仪上显示的智能控制器数据流和故障码，可有效帮助更快地解决问题。

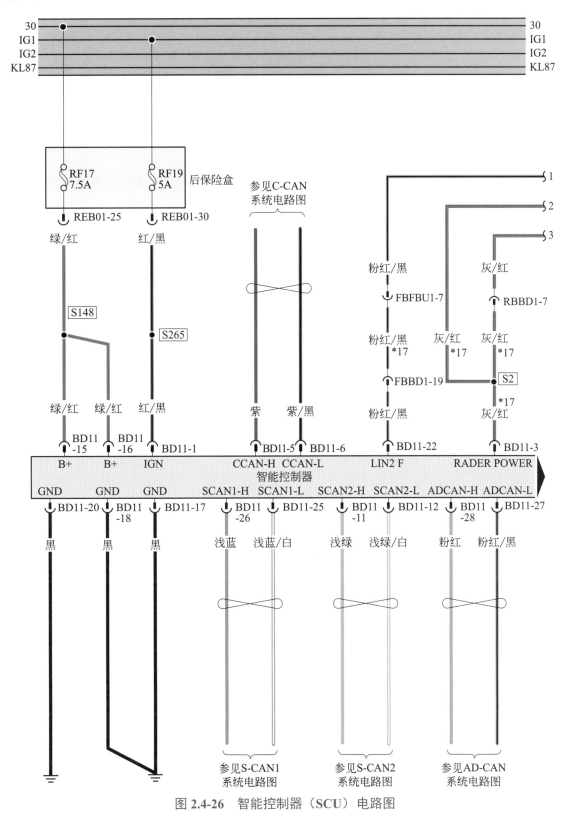

图 2.4-26　智能控制器（SCU）电路图

2）电气确认检查　进行目测电气检查，包括一些简单的检查项目，例如保险丝的通断、传感器是否遮挡等，进行故障确认。

3）智能控制器线束连接器　故障诊断和排除要参考智能控制器电路图和控制架构示意图，以及如表2-81所示的智能控制器线束连接器端子定义，根据线路情况，帮助做出有效判断。

表2-81　智能控制器（SCU）线束连接器端子定义

智能控制器（SCU）线束连接器	端子	导线颜色	线别作用（端子定义）	电流	电压
	1	红/黑	IG1电源（点火线）	1A	12V
	2	灰/蓝	右盲区监测雷达指示灯正极	—	
	3	灰/红	雷达供电	—	12V
	5	紫	CCAN-H	100mA	
	6	紫/黑	CCAN-L	100mA	
	11	浅绿	SCAN2-H	100mA	
	12	浅绿/白	SCAN2-L	100mA	
	15	红/绿	常电（SCU供电电源）	1.1A	12V
	16	红/绿	常电（SCU供电电源）	1.1A	12V
	17	黑	接地（SCU接地）	1A	
	18	黑	接地（SCU接地）	1A	
	19	灰/黑	左盲区监测雷达指示灯正极	1A	
	20	黑	接地（车身）	1A	
	21	粉红/黑	超声波传感器LIN3通信	1A	
	22	粉红/黑	超声波传感器LIN2通信	1A	
	25	浅蓝/白	SCAN1-L	100mA	
	26	浅蓝	SCAN1-H	100mA	
	27	粉红/黑	AD-CAN-L	100mA	
	28	粉红	AD-CAN-H	100mA	

（4）智能控制器电源和接地电路检测　电路诊断和检测要点如下所述。

❶ 智能控制器（SCU）电源电路检测：执行车辆下电程序，断开智能控制器（SCU）线束连接器，然后再执行车辆上电程序。按照表2-82检测其电源电路，如果不符合表内应测得结果，那么应该维修或更换线束。

表 2-82　智能控制器（SCU）电源电路的检测

检查部件			万用表检测的两端子		检测条件	状态	应测得结果
部件名称	代号	图示	红色表笔连接	黑色表笔连接			
智能控制器线束连接器（SCU）	BD11	IG1电源 常电　常电	BD11/1	车身接地	上电	电压	14V 左右
			BD11/15	车身接地	上电	电压	14V 左右
			BD11/16	车身接地	上电	电压	14V 左右

❷ 智能控制器（SCU）接地电路检测：执行车辆下电程序，断开智能控制器（SCU）线束连接器。按照表 2-83 检测其接地电路电阻，如果不符合表内应测得结果，那么应该维修或更换线束。

表 2-83　智能控制器（SCU）接地电路的检测

检查部件			万用表检测的两端子		检测条件	状态	应测得结果
部件名称	代号	图示	红色表笔连接	黑色表笔连接			
智能控制器线束连接器（SCU）	BD11	接地 接地　接地	BD11/17	车身接地	下电	电阻	< 1Ω
			BD11/18	车身接地	下电	电阻	< 1Ω
			BD11/20	车身接地	下电	电阻	< 1Ω

划重点

如果诊断仪显示过压或电压不足，首先应该检测智能控制器（SCU）电源和接地线路，如果正常，那么问题出在智能控制器本身，更换 SCU。

（5）智能控制器（SCU）与电子稳定系统驻车控制器之间的 CAN 通信电路的检测

❶ 智能控制器（SCU）与电子稳定系统驻车控制器之间 CAN 通信电路见图 2.4-27。

❷ 电路诊断和检测要点：执行车辆下电程序，断开智能控制器（SCU）线束连接器，断开电子稳定系统驻车控制器线束连接器。

按照表 2-84 检测电子稳定系统驻车控制器与智能控制器（SCU）之间的 CAN 数据通信导线，如果测得结果不符合表内应测得的电阻，那么应该维修或更换线束。

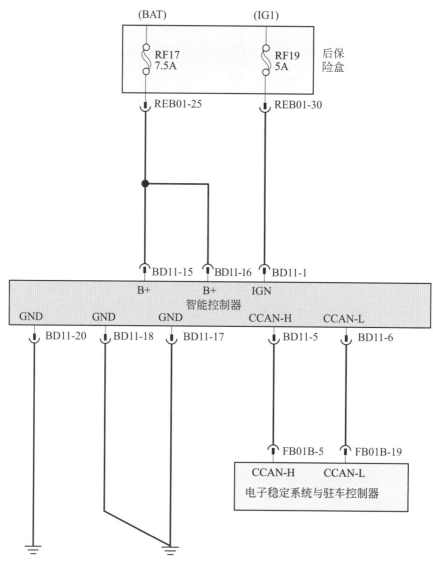

图 2.4-27　智能控制器（SCU）与电子稳定系统驻车控制器之间 CAN 通信电路图

表 2-84　智能控制器（SCU）与电子稳定系统驻车控制器之间 CAN 通信电路的检测

检查部件			万用表检测的两端子		检测条件	状态	应测得结果
部件名称	代号	图示	红（黑）色表笔连接	黑（红）色表笔连接			
电子稳定系统驻车控制器线束连接器	FB01B	—	BD11/5	FB01B/5	下电	电阻	< 1Ω
智能控制器（SCU）线束连接器	BD11	见表 2-81	BD11/6	FB01B/19	下电	电阻	< 1Ω

　　（6）整车控制器（VCU）与智能控制器（SCU）之间的 CAN 通信导线检测

　❶ VCU 与智能控制器（SCU）之间的 CAN 通信电路见图 2.4-28。

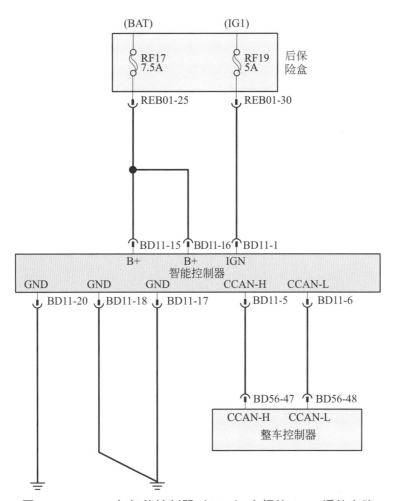

图 2.4-28 VCU 与智能控制器（SCU）之间的 CAN 通信电路

❷ 电路诊断和检测要点：执行车辆下电程序，断开智能控制器（SCU）线束连接器和 VCU 控制器线束连接器。

按照表 2-85 检测 VCU 与智能控制器（SCU）之间的 CAN 数据通信导线，如果不符合表内应测得电阻的结果，那么应该维修或更换线束。

表 2-85 智能控制器（SCU）与 VCU 之间的 CAN 通信电路的检测

检查部件			万用表检测的两端子		检测条件	状态	应测得结果
部件名称	代号	图示	红（黑）色表笔连接	黑（红）色表笔连接			
VCU 线束连接器	BD56	—	BD11/5	BD56/47	下电	电阻	< 1Ω
智能控制器（SCU）线束连接器	BD11	见表 2-81	BD11/6	BD56/48	下电	电阻	< 1Ω

（7）电动助力转向控制器（EPS）与智能控制器（SCU）之间的 CAN 通信电路的检测

❶ EPS 与智能控制器（SCU）之间的 CAN 通信电路见图 2.4-29。

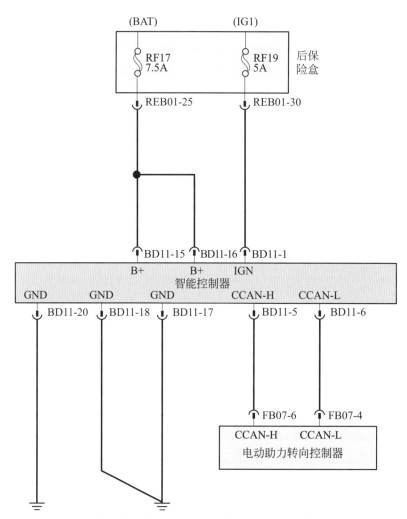

图 2.4-29　电动助力转向控制器与智能控制器（SCU）之间的 CAN 通信电路图

❷ 电路诊断和检测要点：执行车辆下电程序，断开智能控制器（SCU）线束连接器和电动助力转向控制器线束连接器。

按照表 2-86 检测 EPS 与智能控制器（SCU）之间的 CAN 数据通信导线，如果不符合表内应测得电阻的结果，那么应该维修或更换线束。

表 2-86　智能控制器（SCU）与 EPS 之间 CAN 通信电路的检测

检查部件			万用表检测的两端子		检测条件	状态	应测得结果
部件名称	代号	图示	红（黑）色表笔连接	黑（红）色表笔连接			
电动助力转向控制器线束连接器	FB07	—	BD11/5	FB07/6	下电	电阻	＜1Ω
智能控制器（SCU）连接器	BD11	见表 2-81	BD11/6	FB07/4	下电	电阻	＜1Ω

（8）智能驾驶模块与智能控制器（SCU）之间的 CAN 通信电路的检测

❶ 智能驾驶模块与智能控制器（SCU）之间的 CAN 通信电路见图 2.4-30。

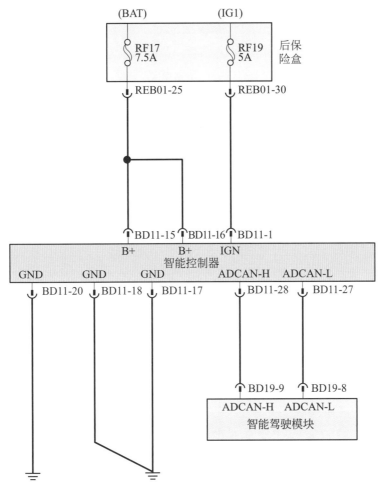

图 2.4-30　智能驾驶模块与智能控制器（SCU）之间的 CAN 通信电路图

❷ 电路诊断和检测要点：执行车辆下电程序，断开智能控制器（SCU）线束连接器和智能驾驶模块线束连接器。

按照表 2-87 检测智能驾驶模块与智能控制器（SCU）之间的 CAN 数据通信导线，如果不符合表内应测得电阻的结果，那么应该维修或更换线束。

表 2-87　智能控制器（SCU）与智能驾驶模块之间 CAN 通信电路的检测

检查部件			万用表检测的两端子		检测条件	状态	应测得结果
部件名称	代号	图示	红（黑）色表笔连接	黑（红）色表笔连接			
智能驾驶模块线束连接器	BD19	—	BD11/28	DB19/9	下电	电阻	< 1Ω
智能控制器（SCU）连接器	BD11	见表 2-81	BD11/27	BD19/8	下电	电阻	< 1Ω

划重点

智能驾驶模块故障，一般诊断仪会显示"与 XPU 丢失通信"，如果智能驾驶模块与智能控制器之间通信线路正常，智能驾驶模块供电接地也没有问题，那么故障出在智能驾驶模块本身，应更换智能驾驶模块。

（9）全景模块与智能控制器（SCU）之间的 CAN 通信电路的检测

❶ 全景模块与智能控制器（SCU）之间的 CAN 通信电路见图 2.4-31。

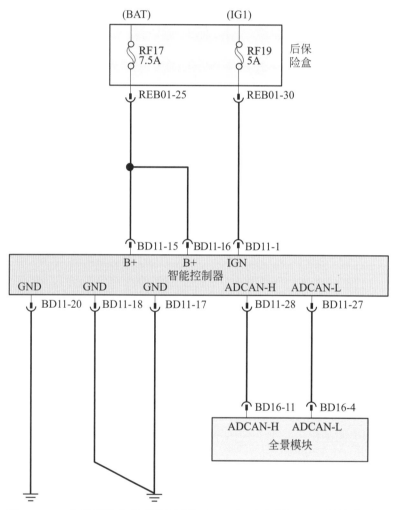

图 2.4-31　全景模块与智能控制器（SCU）之间的 CAN 通信电路图

❷ 电路诊断和检测要点：执行车辆下电程序，断开智能控制器（SCU）线束连接器和全景模块线束连接器。

按照表 2-88 检测全景模块与智能控制器（SCU）之间的 CAN 数据通信导线，如果不符合表内应测得电阻的结果，那么应该维修或更换线束。

表 2-88　智能控制器（SCU）与全景模块之间 CAN 通信电路的检测

检查部件			万用表检测的两端子		检测条件	状态	应测得结果
部件名称	代号	图示	红（黑）色表笔连接	黑（红）色表笔连接			
全景模块线束连接器	BD16	ADCAN-L ADCAN-H	BD11/28	BD16/11	下电	电阻	＜1Ω
智能控制器（SCU）连接器	BD11	见表 2-81	BD11/27	BD16/4	下电	电阻	＜1Ω

划重点

　　全景模块故障，一般会显示"与 VPM 丢失通信"，如果全景模块与智能控制器之间通信线路正常，全景模块供电接地也没有问题，那么故障出在全景模块本身，应更换。

（10）视觉模块与智能控制器（SCU）之间的 CAN 通信电路的检测

❶ 视觉模块与智能控制器（SCU）之间的 CAN 通信电路见图 2.4-32。

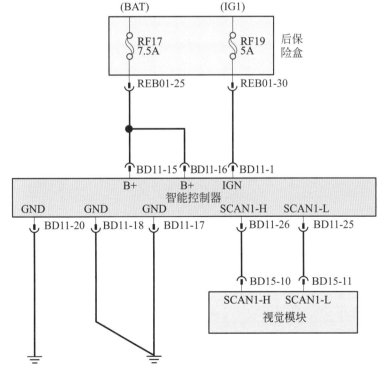

图 2.4-32　视觉模块与智能控制器（SCU）之间的 CAN 通信电路图

❷ 电路诊断和检测要点：执行车辆下电程序，断开智能控制器（SCU）线束连接器和视觉模块线束连接器。

按照表 2-89 检测视觉模块与智能控制器（SCU）之间的 CAN 数据通信导线，如果测得不符合表内应测得电阻的结果，那么应该维修或更换线束。

表 2-89　智能控制器（SCU）与视觉模块之间 CAN 通信电路的检测

检查部件			万用表检测的两端子		检测条件	状态	应测得结果
部件名称	代号	图示	红（黑）色表笔连接	黑（红）色表笔连接			
视觉模块线束连接器	BD15	—	BD11/25	BD15/11	下电	电阻	<1Ω
智能控制器（SCU）连接器	BD11	见表 2-81	BD11/26	BD15/10	下电	电阻	<1Ω

　　视觉模块故障，一般会显示"与 AVM 丢失通信"，如果视觉模块与智能控制器之间通信线路正常，视觉模块供电接地也没有问题，那么故障出在视觉模块本身，应更换。

（11）雷达与智能控制器（SCU）之间的 CAN 通信电路的检测

❶ 雷达与智能控制器（SCU）之间的 CAN 通信电路见图 2.4-33。

❷ 电路诊断和检测要点：执行车辆下电程序，断开智能控制器（SCU）线束连接器和中距测距雷达线束连接器。

按照表 2-90 检测中距测距雷达与智能控制器（SCU）之间的 CAN 数据通信导线，如果测得不符合表内应测得电阻的结果，那么应该维修或更换线束。

表 2-90　智能控制器（SCU）与中距测距雷达之间 CAN 通信电路的检测

检查部件			万用表检测的两端子		检测条件	状态	应测得结果
部件名称	代号	图示	红（黑）色表笔连接	黑（红）色表笔连接			
中距测距雷达线束连接器	FP01	ADCAN-H ADCAN-L	BD11/28	FP01/4	下电	电阻	<1Ω
智能控制器（SCU）连接器	BD11	见表 2-81	BD11/27	FP01/3	下电	电阻	<1Ω

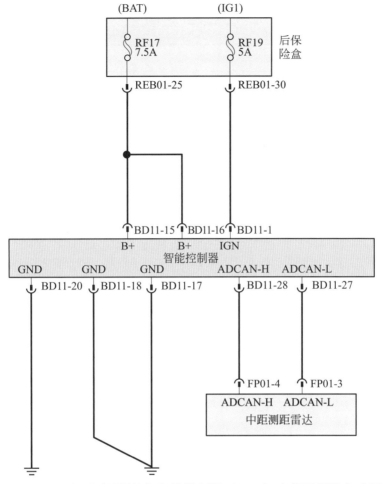

图 2.4-33　中距测距雷达与智能控制器（SCU）之间的通信电路图

以中距测距雷达为例，雷达故障一般会显示"与 MRR 丢失通信"或"MRR 故障"，如果雷达与智能控制器（SCU）之间通信线路正常，雷达供电接地也没有问题，那么就可以判定是雷达损坏，应更换。

（12）智能泊车控制及相关故障点列表　表 2-91。

表 2-91　智能泊车控制及相关故障点列表

故障	故障点 / 可能原因	需要检查的故障点
诊断过压	供电电压过高	检查供电
诊断欠压	供电电压过低	检查供电
CCAN 关闭	CAN 线路故障	检查 CAN 线路

续表

故障	故障点/可能原因	需要检查的故障点
ADCAN 关闭	CAN 线路故障	检查 CAN 线路
SCAN1 关闭	CAN 线路故障	检查 CAN 线路
SCAN2 关闭	CAN 线路故障	检查 CAN 线路
ADCAN 跛行	CAN 线路故障	检查 CAN 线路
与 VCU 丢失通信（CCAN）	① VCU 故障 ② CCAN 线路故障	检查 VCU 及 CCAN 线路
与 VCU 丢失通信（ADCAN）	① VCU 故障 ② ADCAN 线路故障	检查 VCU 及 ADCAN 线路
与 ESP 丢失通信	① ESP 故障 ② CAN 线路故障	检查 ESP 及 CAN 线路
与 EPS 丢失通信	① EPS 故障 ② CAN 线路故障	检查 EPS 及 CAN 线路
与 XPU 丢失通信	① XPU 故障 ② CAN 线路故障	检查 XPU 及 CAN 线路
与 AVM 丢失通信	① AVM 故障 ② CAN 线路故障	检查 AVM 及 CAN 线路
与 VPM 丢失通信	① VPM 故障 ② CAN 线路故障	检查 VPM 及 CAN 线路
与 MRR 丢失通信	① MRR 故障 ② CAN 线路故障	检查 MRR 及 CAN 线路
与 SRR-FR 丢失通信	① SRR-FR 故障 ② CAN 线路故障	检查 SRR-FR 及 CAN 线路
与 SRR-FL 丢失通信	① SRR-FL 故障 ② CAN 线路故障	检查 SRR-FL 及 CAN 线路
与 SRR-RR 丢失通信	① SRR-RR 故障 ② CAN 线路故障	检查 SRR-RR 及 CAN 线路
与 SRR-RL 丢失通信	① SRR-RL 故障 ② CAN 线路故障	检查 SRR-RL 及 CAN 线路
与 IMU 丢失通信	① IMU 故障 ② CAN 线路故障	检查 IMU 及 CAN 线路
与 CGW 丢失通信	① CGW 故障 ② CAN 线路故障	检查 CGW 及 CAN 线路
栈溢出检测	栈越界	固件升级
EEP 读写错误	EEPROM 受损	更换智能控制器

故障	故障点 / 可能原因	需要检查的故障点
5V 供电电压异常（屏蔽摄像头故障）	控制器内部 5V 稳压电源工作异常	—
超声波雷达供电输出口对地短路	超声波雷达电源线短路至地	检查超声波雷达供电线线束
超声波雷达供电输出口对电源短路	超声波雷达电源线短路至电源	检查超声波雷达供电线线束
超声波雷达供电输出口开路	超声波雷达电源线开路	检查超声波雷达供电线线束
超声波雷达供电输出口过载	超声波雷达电源线过载	检查超声波雷达或换新件
左指示灯驱动口对地短路	左指示灯驱动线短路至地	检查左指示灯驱动线束
左指示灯驱动口对电源短路	左指示灯驱动线短路至电源	检查左指示灯驱动线束
左指示灯驱动口开路	左指示灯驱动线开路	检查左指示灯驱动线束
左指示灯驱动口过载	左指示灯驱动线过载	检查左指示灯或换新件
右指示灯驱动口对地短路	右指示灯驱动线短路至地	检查右指示灯驱动线束
右指示灯驱动口对电源短路	右指示灯驱动线短路至电源	检查右指示灯驱动线束
右指示灯驱动口开路	右指示灯驱动线开路	检查右指示灯驱动线束
右指示灯驱动口过载	右指示灯驱动线过载	检查右指示灯或换新件
SCU 报警输出口对地短路	SCU 故障报警信号线短路至地	检查故障报警线束
SCU 报警输出口对电源短路	SCU 故障报警信号线短路至电源	检查故障报警线束
SCU 报警输出口开路	SCU 故障报警信号线开路	检查故障报警线束
SCU 报警输出口过载	SCU 故障报警信号线过载	检查报警信号接收端 ECU
FSL 超声波雷达离线	超声波雷达故障，LIN 总线故障	检查超声波雷达或 LIN 线
FSL 超声波雷达故障	雷达内部故障	检查或更换超声波雷达
FSL 超声波雷达校验错误	雷达内部故障	检查或更换超声波雷达
FOL 超声波雷达离线	超声波雷达故障，LIN 总线故障	检查超声波雷达或 LIN 线
FOL 超声波雷达故障	雷达内部故障	检查或更换超声波雷达
FOL 超声波雷达校验错误	雷达内部故障	检查或更换超声波雷达
FCL 超声波雷达离线	超声波雷达故障，LIN 总线故障	检查超声波雷达或 LIN 线
FCL 超声波雷达故障	雷达内部故障	检查或更换超声波雷达
FCL 超声波雷达校验错误	雷达内部故障	检查或更换超声波雷达
FCR 超声波雷达离线	超声波雷达故障，LIN 总线故障	检查超声波雷达或 LIN 线

续表

故障	故障点 / 可能原因	需要检查的故障点
FCR 超声波雷达故障	雷达内部故障	检查或更换超声波雷达
FCR 超声波雷达校验错误	雷达内部故障	检查或更换超声波雷达
FOR 超声波雷达离线	超声波雷达故障，LIN 总线故障	检查超声波雷达或 LIN 线
FOR 超声波雷达故障	雷达内部故障	检查或更换超声波雷达
FOR 超声波雷达校验错误	雷达内部故障	检查或更换超声波雷达
FSR 超声波雷达离线	超声波雷达故障，LIN 总线故障	检查超声波雷达或 LIN 线
FSR 超声波雷达故障	雷达内部故障	检查或更换超声波雷达
FSR 超声波雷达校验错误	雷达内部故障	检查或更换超声波雷达
RSL 超声波雷达离线	超声波雷达故障，LIN 总线故障	检查超声波雷达或 LIN 线
RSL 超声波雷达故障	雷达内部故障	检查或更换超声波雷达
RSL 超声波雷达校验错误	雷达内部故障	检查或更换超声波雷达
ROL 超声波雷达离线	超声波雷达故障，LIN 总线故障	检查超声波雷达或 LIN 线
ROL 超声波雷达故障	雷达内部故障	检查或更换超声波雷达
ROL 超声波雷达校验错误	雷达内部故障	检查或更换超声波雷达
RCL 超声波雷达离线	超声波雷达故障，LIN 总线故障	检查超声波雷达或 LIN 线
RCL 超声波雷达故障	雷达内部故障	检查或更换超声波雷达
RCL 超声波雷达校验错误	雷达内部故障	检查或更换超声波雷达
RCR 超声波雷达离线	超声波雷达故障，LIN 总线故障	检查超声波雷达或 LIN 线
RCR 超声波雷达故障	雷达内部故障	检查或更换超声波雷达
RCR 超声波雷达校验错误	雷达内部故障	检查或更换超声波雷达
ROR 超声波雷达离线	超声波雷达故障，LIN 总线故障	检查超声波雷达或 LIN 线
ROR 超声波雷达故障	雷达内部故障	检查或更换超声波雷达
ROR 超声波雷达校验错误	雷达内部故障	检查或更换超声波雷达
RSR 超声波雷达离线	超声波雷达故障，LIN 总线故障	检查超声波雷达或 LIN 线
RSR 超声波雷达故障	雷达内部故障	检查或更换超声波雷达
RSR 超声波雷达校验错误	雷达内部故障	检查或更换超声波雷达
EPS 报文计数器相关错误	信号计数器没有正确更新	检查对应的节点
ESP 报文计数器相关错误	信号计数器没有正确更新	检查对应的节点
VCU 报文计数器相关错误	信号计数器没有正确更新	检查对应的节点
IMU 报文计数器相关错误	信号计数器没有正确更新	检查对应的节点

续表

故障	故障点 / 可能原因	需要检查的故障点
MRR 报文计数器相关错误	信号计数器没有正确更新	检查对应的节点
MRR 未校准或者校准偏差过大	MRR 未校准或校准偏差过大	检查对应的节点
MRR 失明，不能探测目标	MRR 被异物覆盖	检查对应的节点
MRR 故障	MRR 内部故障	检查对应的节点
VPM 报文计数器相关错误	信号计数器没有正确更新	检查对应的节点
VPM 未校准	VPM 未校准	检查对应的节点
VPM 失明	VPM 被异物覆盖	检查对应的节点
VPM 故障	VPM 内部故障	检查对应的节点
SRR-FR 报文计数器相关错误	信号计数器没有正确更新	检查对应的节点
SRR-FR 未校准或者校准偏差过大	SRR-FR 未校准或校准偏差过大	检查对应的节点
SRR-FR 失明，不能探测目标	SRR-FR 被异物覆盖	检查对应的节点
SRR-FR 故障	SRR-FR 内部故障	检查对应的节点
SRR-FL 报文计数器相关错误	信号计数器没有正确更新	检查对应的节点
SRR-FL 未校准或者校准偏差过大	SRR-FL 未校准或校准偏差过大	检查对应的节点
SRR-FL 失明，不能探测目标	SRR-FL 被异物覆盖	检查对应的节点
SRR-FL 故障	SRR-FL 内部故障	检查对应的节点
SRR-RR 报文计数器相关错误	信号计数器没有正确更新	检查对应的节点
SRR-RR 未校准或者校准偏差过大	SRR-RR 未校准或校准偏差过大	检查对应的节点
SRR-RR 失明，不能探测目标	SRR-RR 被异物覆盖	检查对应的节点
SRR-RR 故障	SRR-RR 内部故障	检查对应的节点
SRR-RL 报文计数器相关错误	信号计数器没有正确更新	检查对应的节点
SRR-RL 未校准或者校准偏差过大	SRR-RL 未校准或校准偏差过大	检查对应的节点
SRR-RL 失明，不能探测目标	SRR-RL 被异物覆盖	检查对应的节点
SRR-RL 故障	SRR-RL 内部故障	检查对应的节点
BCM 车身状态信号报文丢失	BCM 故障，CAN 线路故障	检查 BCM 及 CAN 线路
ICM 里程信号丢失	ICM 故障，CAN 线路故障	检查 ICM 及 CAN 线路
APA 功能不可用	关联件错误	检查 DTCInfo 内报故障零部件

续表

故障	故障点 / 可能原因	需要检查的故障点
ACC 功能不可用	关联件错误	检查 DTCInfo 内报故障零部件
LCC 功能不可用	关联件错误	检查 DTCInfo 内报故障零部件
ALC 功能不可用	关联件错误	检查 DTCInfo 内报故障零部件
XPU 故障	XPU 内部故障	检查对应节点
与 XPU 在 SCAN2 丢失通信	XPU 故障，CAN 线路故障	检查 XPU 及 CAN 线路

第五节　智能安全系统

一、换道辅助系统

1. 换道辅助系统相关术语

换道辅助系统的叫法不一，如：车道变更辅助系统、自动变道辅助系统、ALC 辅助并线等。GB/T 37471—2019《智能运输系统换道决策辅助系统性能要求与检测方法》中对换道辅助系统及相关的术语表述和定义如下。

（1）换道决策辅助系统　换道决策辅助系统（Lane Change Decision Aid Systems，LCDAS）用于对驾驶员变换车道时可能引发的车辆碰撞进行报警。LCDAS 通过检测本车邻近区域和后方区域的车辆（见图 2.5-1，目标车辆），在车辆内部和外侧后视镜作用的基础上对变换车道操作进行辅助。当本车驾驶员表明车道变换意图时，系统评估当前的车辆行驶情况，如果不推荐变换车道，则对驾驶员发出警告。LCDAS 并不鼓励激进的驾驶行为，该系统发出的警告仅对驾驶员起提醒作用，不发出警告并不表示驾驶员的变换车道操作是安全的。LCDAS 不会采取任何自主行为来阻止可能发生的碰撞，驾驶员需要对车辆的安全操作负责。为便于说明，标准中插图带有车道标线，但是车道标线识别或检测并不是换道决策辅助系统的必需功能。

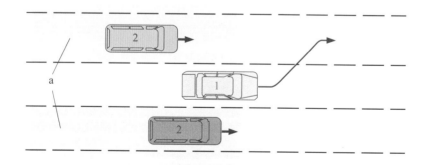

图 2.5-1　换道决策辅助功能示意图

1—本车；2—目标车辆；a—LCDAS 可能的感知区域

（2）横向间距　横向间距是目标车辆靠近本车一侧的外廓侧边与本车对应侧的外廓侧边之间的距离，示意图见图 2.5-2。

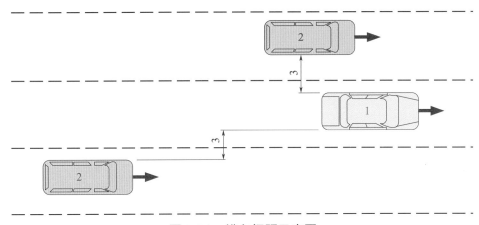

图 2.5-2　横向间距示意图

1—本车；2—目标车辆；3—横向间距

（3）后方间距　后方间距是本车的尾部与目标车辆的前部之间的测量间距或估计间距，示意图见图 2.5-3、图 2.5-4。本定义只适用于目标车辆位于后方区域的情况。

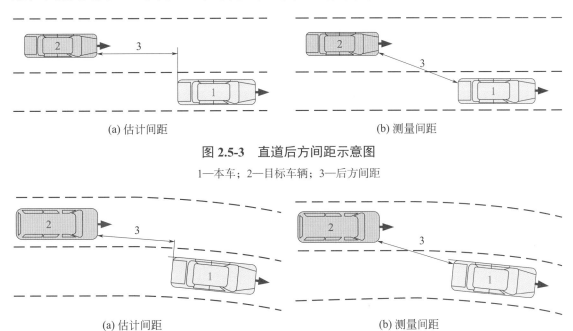

(a) 估计间距　　　　　　　　　　　　(b) 测量间距

图 2.5-3　直道后方间距示意图

1—本车；2—目标车辆；3—后方间距

(a) 估计间距　　　　　　　　　　　　(b) 测量间距

图 2.5-4　弯道后方间距示意图

1—本车；2—目标车辆；3—后方间距

（4）感知区域　感知区域是能够被换道决策辅助系统监控的整个区域，位于覆盖区域中的目标车辆能够被系统检测到。感知区域包括左侧邻近区域、右侧邻近区域、左侧后方区域、右侧后方区域，警告要求位置描述见图 2.5-5。

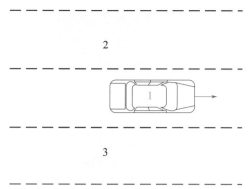

图 2.5-5 弯道后方间距示意图

1—本车；2—左侧邻近区域；3—右侧邻近区域

（5）盲点警告功能　盲点警告功能（Blind Spot Warning Function）：若检测到目标车辆在邻近区域中存在，向本车驾驶员发出警告的功能。

（6）接近车辆警告功能　接近车辆警告功能（Closing Vehicle Warning Function）：若检测到后方区域中有接近车辆，向本车驾驶员发出警告的功能。

（7）换道警告功能　换道警告功能（Lane Change Warning Function）：包括盲点警告功能和接近车辆警告功能在内的功能。

2. 换道辅助系统工作原理

换道辅助系统是一项基于车道居中辅助（LCC）扩展的舒适性辅助驾驶功能。在通畅的封闭高速公路或城市快速路上，可以按照驾驶员的变道指令，辅助驾驶员进行车道变换。换道辅助系统获知驾驶员希望通过系统支持变更到相邻车道上。首先分析是否可以无危险地进行车道变更以及操作空间是否足够大，在此借助侧面雷达传感器以及摄像头的数据监控周围环境。摄像头数据主要用于识别车道，雷达传感器不仅负责识别物体，而且能够考虑所识别车辆在环境中的速度。

3. 换道辅助系统功能

换道辅助系统可在车道变更时为驾驶员提供支持，例如在多车道道路上超车。因此该系统为驾驶员提供了更高的舒适性，有助于避免与向相同方向移动的另一个车辆碰撞。

变道警告功能可以识别车后和侧面越来越接近的或平行的汽车。左侧车外后视镜上的显示在向左变道和转弯时为车辆提供支持，而右侧车外后视镜上的显示则在向右变道和转弯时为车辆提供支持。在汽车停下后打开车门时，离车警告功能针对与后面上来的运动物体可能产生的碰撞发出警告（图 2.5-6）。

4. 换道辅助系统监控范围和条件

启用了系统且目标车道空旷时，通常换道辅助系统在约 60～120km/h 的车速范围内为驾驶员提供支持（根据不同厂家设置不同，车速范围也不同，例如宝马 G30 系列在 70～180km/h）。

（1）监控范围

❶ 图 2.5-7 是针对本车辆后方车辆的传

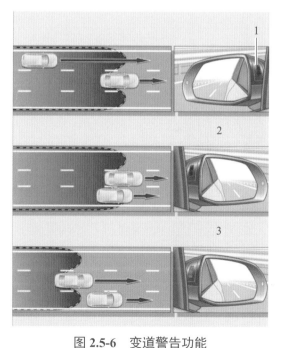

图 2.5-6 变道警告功能

1—危险警告；2—接近车辆警告；3—盲点警告

感器监控范围。图中 1 的监控范围大概是 70m 左右。

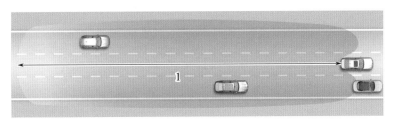

图 2.5-7　针对车辆之后车辆的传感器监控范围

❷ 图 2.5-8 是针对侧面范围内车辆的传感器监控范围。图中 3 的监控范围取决于车辆行驶速度。

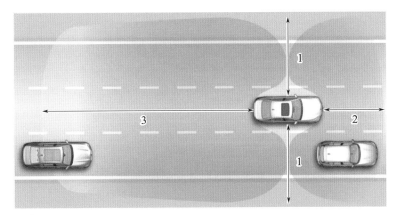

图 2.5-8　针对侧面范围内车辆的传感器监控范围

1—约 6m；2—约 4.5m；3—约 5 ～ 15m

❸ 图 2.5-9 是针对侧面范围内非移动物体的传感器监控范围。

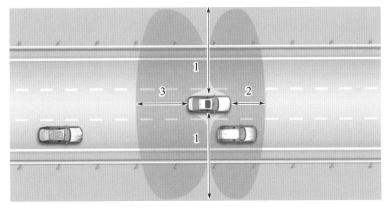

图 2.5-9　针对侧面范围内非移动物体的传感器监控范围

1—约 10m；2—约 4m；3—约 6m

如果传感器系统识别到相关安全区域内没有车辆且操作空间足够大，则车辆自动进行车道变更。在此，进行车道变更是用于超车还是驾驶员要重新进入合适的车道并不重要。通过事先接通的转向信号灯确定车道变更方向（图 2.5-10）。

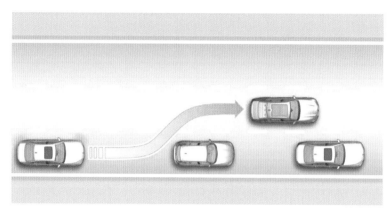

图 2.5-10　车道变更

驾驶员即使只需监控车道变更，但也不能免除其驾驶。例如驾驶员也有责任检查是否完全允许车道变更，同时必须相应考虑所在是否是禁止超车、实线等（车道变更辅助系统不考虑这些事情）的区域。变更到相邻车道上之后，车辆借助转向重新采用车道中心导向功能。如果已开始进行车道变更操作，过早（不超过约 1s）松开转向信号灯的操纵杆、发出车道变更警告或在车辆侧面识别到物体，则系统中止车道变更操作。如果车辆驶过要交叉的道路标线前自动中止车道变更操作，则车辆移回到初始车道。

（2）启用条件和局限性　需要满足以下前提条件才能使用车道变更辅助系统。

❶ 首先，与其他涉及雷达和摄像头的感知传感器的启用条件一样。传感器没有物理遮挡，系统正常使用，没有故障。

❷ 本车（自身车）车速在规定范围内。例如，理想 ONE 在车速处于 45 ～ 135km/h，车辆开启车道保持辅助且相邻车道为虚线，驾驶员开启转向灯后，系统将判断相邻车道的环境是否满足变道要求，如果环境满足，自动向相邻车道进行并线。小鹏自动变道辅助 ALC 功能速度区间为 65 ～ 120km/h，LCC 功能激活后，当车速处于 65 ～ 120km/h 范围内，自动变道辅助功能已配置，且功能开关处于开启状态，驾驶员可以通过转向拨杆发出变道指令进入 ALC，系统判断满足变道条件后，实现自动变道辅助功能。车辆在收到转向指令后，首先对转向车道的盲点区域进行安全识别，确认安全状况后，等待 1.5s 系统引导方向盘控制车辆进行变道。

❸ 将转向信号灯操纵杆保持在"转向灯点动位置"约 1.5s。

❹ 识别出要交叉的车道辅助线。

❺ 操作开始时必须识别到双手在方向盘上。

❻ 车道变更警告系统处于启用状态，不发出警告。

❼ 在车辆侧面移动空间内未识别到车辆。

❽ 在车辆侧面移动空间内未识别到静止物体（例如路边种植物、邮政信箱等）。

5. 换道辅助系统操作

换道辅助系统操作详见本章第二节中"自动变道辅助"操作，不同车型显示界面如图 2.5-11 ～图 2.5-13 所示。

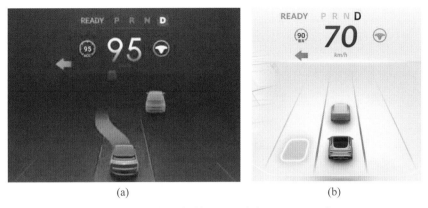

(a)　　　　　　　　　(b)

图 2.5-11　进入变道（不同车辆的显示形式）

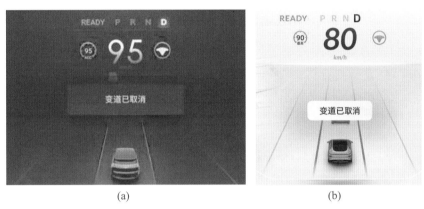

(a)　　　　　　　　　(b)

图 2.5-12　取消变道（不同车辆的显示形式）

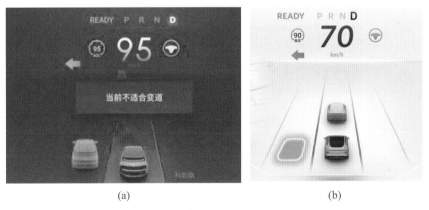

(a)　　　　　　　　　(b)

图 2.5-13　当前不适合变道（不同车辆的显示形式）

二、开门防撞预警系统

1. 开门防撞预警功能原理

停车后，当打开车门或下车存在与侧后方运动车辆发生碰撞危险时，通过外后视镜报警指示灯闪亮（图 2.5-14）、仪表显示屏警示信息、语音警示或其他多种形式提醒驾乘人员打开车门或下车危险（图2.5-15、图2.5-16），语音警示可通过设置菜单选择关闭。不同车辆表现预警形式有所不同，例如，图2.5-16中的理想ONE，报警时仪表屏内白色扇形将变红，并伴有报警音。

开门防撞预警系统中的毫米波雷达可探测以下目标物体：卡车、公交巴士、客车、摩托车、助力车和踏板车、自行车。

图2.5-14　开门防撞预警指示灯

图2.5-15　开门防撞预警（一）（显示屏上表现形式）

图2.5-16　开门防撞预警（二）（显示屏上表现形式）

2.开门防撞预警探测范围和条件

（1）探测范围　开门防撞预警系统通常预测的碰撞点位于本车（自身车）侧边车门向外延伸2m的范围内。但探测范围各种车不一样，本例举的是以后视镜为基点，范围大小为（宽）3.5m×（长）10m（如图2.5-17灰色）的探测区域。

（2）工作条件

车辆停车后，在以下条件下起作用。

❶ 车辆未下电且未锁车门。

❷ 车辆熄火后 5min 内且未锁车门。

❸ 本车（自身车）车速在规定之内。例如某规定本车车速为 0 ～ 5km/h。

❹ 目标车速在规定之内。例如某车规定 1.38m/s。

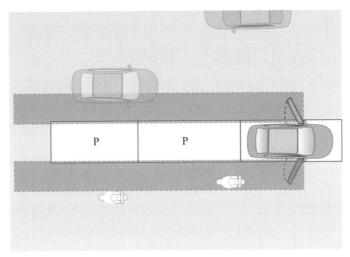

图 2.5-17　开门防撞预警探测范围

维修提示

车辆每次上电时，外后视镜报警指示灯会点亮，如果 3s 后熄灭，表示系统正常。

3. 开门防撞预警的局限性

❶ 当车辆斜后方存在障碍物，使传感器的探测范围受到阻挡时，预警功能可能受限或延迟。

❷ 如果用户在离开车辆前未启动车辆，则预警功能不会被激活。

❸ 如果用户在车辆熄火一段时间之后离开车辆，车辆系统将关闭，预警功能不会发出警告。

❹ 当目标车辆接近速度超过设计的范围时，警告有可能会延迟。

❺ 障碍物的反射能力较弱或者传感器受到干扰时（例如较强电磁场），可能会出现误报、漏报的情况。

❻ 预警功能不会对车辆相反方向运动的车辆发出警告。

维修提示

导致系统性能局限性的原因可能不同。例如天气（雨天）、杂乱地点（建筑边界），以及保险杠后面的传感器安装情况。该系统只是提供辅助，驾驶员不能完全依赖系统而放松对周边环境的观察和判断。

4. 操作

开门预警开关状态默认为上一次操作状态。可通过"车辆控制→ 辅助驾驶 → 车门开启预警"选择开启或关闭。中控屏操作各种车辆形式不一，但都操作简单，与智能手机操作类似（图 2.5-18）。

图 2.5-18　中控显示屏上开启和关闭

三、盲区监测预警系统

1. 盲区监测预警系统相关术语

盲区监测预警系统的叫法不一，如：盲区探测系统、盲区安全辅助等。GB/T 39265— 2020《道路车辆　盲区监测（BSD）系统性能要求及试验方法》中对盲区监测预警系统及相关术语的表述和定义如下。

（1）盲区监测（Blind Spot Detection，BSD）　实时监测驾驶员视野盲区，并在其盲区内出现其他道路使用者时发出提示或警告信息。

（2）盲区监测范围　由左侧与右侧相邻区域组成的 BSD 系统监测区域。

（3）右转盲区监测　在车辆右转过程中，实时监测驾驶员右侧盲区，并在其盲区内出现其他道路使用者时发出警告信息。

（4）警告方式　系统应采用易被驾驶员感知的方式发出警告信息，并能清晰地指示目标车辆出现的一侧。警告指示信息应明显区别于车辆中其他系统的警告信息。

2. 盲区监测预警功能原理

当驾驶员有转向倾向（如拨动转向灯开关或转动方向盘）时，如果转向侧的外后视镜盲区内存在目标物，或者转向侧的后方探测到有快速接近的目标物，对应侧后视镜上盲区监测预警指示灯闪烁提示报警，避免危险发生。

系统的覆盖区由特定区域子集组成 BSD 的软件集成在左 / 右后向毫米波雷达（MRRL/R）中。BSD 通过左 / 右后向毫米波雷达探测本车侧后方的车辆。左 / 右后向毫米波雷达通过 CCAN 接收 ESP、EPS、VCU、BCM 发出的信号，通过 SCAN2 接收 SCU 转发的信号，SCU 通过 BCAN 接收 CDU 发出的信号；通过 SCAN2 发送信号给 SCU，SCU 通过 BCAN 转发给 CDU（中控大屏）。

3. 盲区监测预警系统监控范围和条件

维修提示

当系统处于预警状态时，驾驶员应避免进行换道，如果此时驾驶员开启预警一侧的转向信号指示灯，则该侧外后视镜的盲区监测预警指示灯将闪烁预警提示（见图 2.5-14）。

（1）车速和探测范围

❶ 车速范围：盲区监测符合该车所有规定的工作车速范围。例如某车型盲区监测系统工作车速满足：15km/h ≤工作车速≤ 150km/h，当本车的侧方或斜后方盲区有正在行驶或快速接近的车辆时，系统将会通过图像和报警音来提醒驾驶员。

❷ 探测范围：探测范围以后视镜为基点，例如图 2.5-19，某车探测范围为 3m×5m。

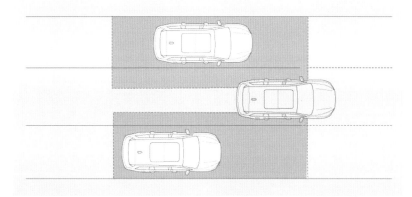

图 2.5-19　探测范围

（2）开启条件　在上电的情况下，以下所有条件全部满足时，BSD 功能会开启。

❶ 驾驶员通过 CDU 开启 BSD 功能。

❷ 左 / 右后向毫米波雷达无故障，且通信正常。

❸ 左 / 右后向毫米波雷达表面及雷达波范围内的后保险杠表面不被冰雪或泥土覆盖。

❹ ESP 信号正常。

❺ EPS 信号正常。

❻ VCU 信号正常。

❼ 挡位处于 D 挡。

❽ 车速≥ 10km/h。

4. 探测盲区和局限性

以下条件会影响 BSD 功能。

❶ 车道曲率半径＜ 100m。

❷ 左 / 右后向毫米波雷达表面或雷达波范围内的后保险杠表面被冰雪或泥土污染。

❸ 左 / 右后向毫米波雷达未通过下线校准。

四、前向碰撞预警系统

1. 前向碰撞预警（FCW）工作原理

通过前向探测雷达和前视摄像头探测本车与目标车辆的相对距离、相对速度、相对加速度，自动判断碰撞风险等级，如果满足条件，当车速高于厂家设置的速度（如非凡汽车，30km/h），并快速接近前车时，通过报警音和组合仪表上的提示信息发出警报，提醒驾驶员及时减速，与前车保持相对安全的距离与车速。

2. 前向碰撞预警功能

前向碰撞预警包含前向碰撞预警（FCW）和自动紧急制动（AEB）两个主动安全辅助功能，可防止车辆碰撞或降低车辆碰撞的车速，用来提高驾驶员和乘客的安全。在具有前向碰撞风险时，前向碰撞预警将通过视觉、听觉和触觉警示驾驶员，直至驾驶员在合理的时间内施加制动或碰撞风险得到解除，否则车辆将自动进行制动。

3. 监控范围和条件

当长时间跟车距离过近时，仪表会提示"请保持安全车距"（图 2.5-20），该报警在本车车速范围（如，某款车为 60 ～ 150km/h）时仅对运动车辆起作用。

图 2.5-20　安全提示

各种车速度范围不同，例如理想 ONE，当车速介于 30 ～ 75km/h，车辆检测到前方静止的小车和货车，且系统判断存在碰撞风险时，或当车速介于 30 ～ 150km/h，车辆检测到前方行驶的小车和货车，且系统判断存在碰撞风险时，系统会发出视觉和听觉的报警信息提醒驾驶员（图 2.5-21）。

图 2.5-21　危险报警

车辆在中高速行驶时，如果与前方目标存在碰撞危险，仪表会提示"碰撞危险"并连续发出声音报警，行人自动紧急制动系统仅融合了前视摄像头的车型可识别，摄像头和雷达的探测局限均会影响行人自动紧急制动系统性能。该报警在本车车速（各种车速度范围不同）在如下范围时起作用。

❶ 针对静止车辆：15 ～ 150km/h。

❷ 针对运动车辆：15 ～ 150km/h。

❸ 针对行人：15 ～ 85km/h。

4. 功能限制和局限性

在前向碰撞预警功能开启情况下，发生以下情况时，前向碰撞预警功能将不起作用。

（1）功能限制条件

❶ 挡位未在前进（D）挡。

❷ 车速在工作速度范围外。

❸ 驾驶员制动或主动转向。

❹ 驾驶员大幅度急踩油门踏板。

❺ 动力关闭。

❻ 系统认为碰撞危险已解除。

❼ 车辆失稳。

❽ 系统初始化。

❾ ESC 系统故障。

❿ 仪表故障。

⓫ 自动紧急制动系统故障。

⓬ 雷达被遮挡。

⓭ 摄像头被遮挡（针对行人）。

（2）局限性

❶ 当驾驶员踩下制动踏板，系统功能可能不会触发。

❷ 在弯道上行驶，前方车辆不在本车道，系统功能可能不会触发。

❸ 前方切入车辆的车速过快，系统功能可能不会触发。

❹ 如果驾驶员主动地对车辆进行操纵 / 制动，系统可能不会做出反应或比预期延迟反应。

❺ 当车速低于系统开启条件的车速时，系统功能不会触发。

❻ 在车速差值较大或前方车辆突然制动等情况下，系统可能无法及时发出警告。

维修提示

前向碰撞预警功能预警灵敏度分为早、中、晚三个等级，灵敏度越高，越早触发报警，同时报警会更加频繁。

5. 故障影响

在下列情况下需要调整或校准 FCW，否则 FCW 可能无法正常工作。

❶ 前挡风玻璃损坏或更换。

❷ 拆装先进驾驶辅助系统摄像头单元或前向毫米波雷达定位支架。

❸ 车辆调整了四轮定位。

❹ 前保险杠被撞或变形。

6. 操作

在中控屏设置中点击"辅助驾驶"，选择"安全辅助"，点击"前向碰撞预警"下方的选项，可设置前向碰撞预警的挡位。例如理想 ONE 可以设置挡位：前向碰撞预警共有 4 个挡位可设置，分别为关闭、较近、适中和较远。

五、后向碰撞预警系统

1. 后向碰撞预警系统（RCW）原理

后向碰撞预警系统目标监测控制单元（毫米波雷达）安装在后保险杠内部的左右两侧。系统使用左右毫米波雷达实时监测车辆正后方目标，当驾驶员驾驶车辆在道路上正常行驶，后方本车道有目标快速接近时，系统发出报警信息，提示驾驶员有碰撞风险，并向后方车辆发出追尾警告信号。如果 TTC 追尾时间在事故发生的危险边缘，其他行驶目标将会收到警示信号（比如轿车、卡车、摩托车等）。并且本车的安全系统也会在濒临碰撞时提醒车主。

后向碰撞预警系统可探测以下"目标物体"：卡车、公交巴士、大篷货车、客车、带拖车的客车、摩托车、助力车和踏板车。

2. 后向碰撞预警系统功能

后向碰撞预警系统其实包含了并线辅助（盲区监测、变道辅助）、倒车横向预警、后追尾预警和开门预警的功能。

（1）倒车横向预警功能　倒车横向预警功能可在驶出停车位以及其他看不清交通情况的条件下（如复杂的出入口、晚上、雾天等）倒车时为驾驶员提供预警辅助。功能开启，车辆挂入 R（倒车）挡，当后方有其他车辆从侧面快速接近且与本车有碰撞风险时，通过外后视镜报警指示灯闪烁、仪表声音、主显示屏警示图标闪烁的方式警示驾驶员（图 2.5-22）。

图 2.5-22　倒车横向预警

（2）倒车横向预警检测区域 倒车横向预警功能并非在所有倒车环境下都能及时发出报警，在如下情况下，周边物体的遮挡使得探测区域变小，目标车辆非常接近本车时，才可能激活报警（图 2.5-23）。

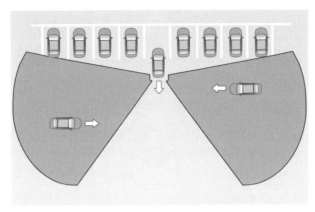

图 2.5-23 倒车横向预警检测区域

❶ 图 2.5-24 显示的是探测区域被相邻车辆的遮挡。

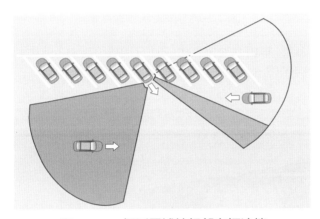

图 2.5-24 探测区域被相邻车辆遮挡

❷ 图 2.5-25 显示的是探测区域被墙、花坛等物体遮挡。

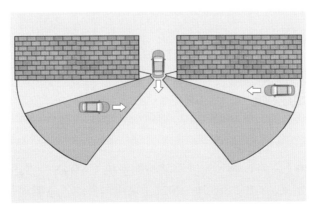

图 2.5-25 探测区域被墙、花坛等物体遮挡

（3）后追尾预警功能 后追尾预警功能开启，车辆处于 D（前进）挡，当与正后方快速追近的目标车辆存在碰撞风险时，仪表显示后方危险报警信息，告知驾驶员，同时，危险警告灯（双闪）快速闪烁，提示后方车辆（图 2.5-26）。

图 2.5-26　后追尾预警显示

后追尾预警功能开启，车辆发动机点火，且车辆挡位为 D（前进）挡时系统起作用。后追尾预警功能监测区域见图 2.5-27。

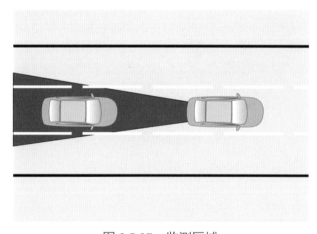

图 2.5-27　监测区域

六、自动紧急制动系统

1. 自动紧急制动系统相关术语

GB/T 39263—2020《道路车辆　先进驾驶辅助系统（ADAS）术语及定义》对"自动紧急制动（AEB）"给出定义。GB/T 39901—2021《乘用车自动紧急制动系统（AEBS）性能要求及试验方法》中对自动紧急制动系统及相关术语的表述和定义如下。

（1）自动紧急制动系统　自动紧急制动系统（Advanced Emergency Braking System，AEBS）：实时监测车辆前方行驶环境，并在可能发生碰撞危险时自动启动车辆制动系统使车辆减速，以避免碰撞或减轻碰撞的系统。

（2）紧急制动阶段　紧急制动阶段（Emergency Braking Phase）：在 AEBS 控制下，被试车辆以至少 $4m/s^2$ 的减速度开始减速的阶段。

（3）碰撞时间　碰撞时间（Time To Collision，TTC）：被试车辆与目标之间的距离除以被试车辆与目标瞬间相对车速所得出的时间。

（4）制动目标　制动目标（Braking Target）：在被试车辆行驶路线中央原以恒定车速与被试车辆同向行驶而后开始减速的目标。

（5）碰撞预警阶段　碰撞预警阶段（Collision Warning Phase）：在车辆向驾驶员发出前方可能发生碰撞的预警开始到车辆紧急制动阶段以前的时段。

2. 自动紧急制动原理

自动紧急制动（AEB）功能，是前向碰撞预警系统的一项功能，是通过前向毫米波雷达（MRR）和前向摄像头（VPM）系统探测并触发的安全项功能。当 MRR 和 VPM 系统识别车辆处于紧急情况而驾驶员并没有采取相应制动措施时触发 AEB 功能，由 ESP 模块执行，车辆自动采取制动动作，以降低车辆发生碰撞的危险（图 2.5-28）。

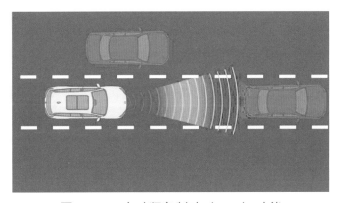

图 2.5-28　自动紧急制动（AEB）功能

当自动紧急制动系统在显示屏上的开关处于开启状态时，利用前向探测雷达和前视摄像头检测和监控本车道前方车辆和行人。当系统检测本车与前方车辆或行人存在碰撞风险时，自动让制动系统介入使车辆减速，避免碰撞事故发生或减轻碰撞事故损害。如果车辆刹车至停止，车辆会保持静止约 2s，随后会把车辆控制权交还驾驶员。

3. 自动紧急制动系统功能

自动紧急制动系统通过监测前方目标的距离和相对速度，当驾驶员制动过晚、制动力过小或者完全无制动措施时系统将采取措施辅助驾驶员避免或减轻碰撞。

4. 自动紧急制动范围条件和局限性

（1）探测范围　自动紧急制动系统工作范围根据各种车辆的配置和设置而定。例如：蔚来汽车，自动紧急制动系统工作范围为行驶速度介于约 8 ～ 85km/h 之间。当自动紧急制动被触发时，车速至多会被降低 40km/h 来减缓可能的碰撞。例如，如果自动紧急制动在车速 70km/h 时被触发，当车速降至 30km/h 时，将释放制动器。当自动紧急制动被触发时，仪表会显示文字警告，且制动踏板突然向下移动，亮起刹车灯。

例如理想 ONE，当车速介于 8 ～ 45km/h，车辆检测到静止的小车和货车，且系统判断碰撞不可避免时，或当车速介于 8 ～ 75km/h，车辆检测到行驶中小车和货车，且系统判断碰撞不可避免时，自动紧急制动功能将被激活。自动紧急制动在产生最大 45km/h 的速度降幅后会释放刹车（例如：当前车速处于 70km/h 时自动紧急制动介入，车速降至 25km/h 时释放刹车，需要驾驶员继续踩下刹车才能保证车辆刹停）。

例如非凡汽车，自动紧急制动系统在车速介于 4 ～ 150km/h 时可探测移动目标；在车速介于 4 ～ 85km/h 时可探测静止目标；在车速介于 4 ～ 64km/h 时可探测行人。

对于静止车辆，当车速大于 45km/h 时不能完全避免碰撞；对于移动车辆，当相对车速大于 45km/h 时不能完全避免碰撞。

（2）局限性

1）无法按预期响应运作　因为以下情况可能导致摄像头识别障碍，使得自动紧急制动无法按预期运作。

❶ 摄像头安装位置被改变；摄像头被遮挡或者脏污。

❷ 夜晚识别能力降低。

❸ 周围环境昏暗，如黎明、黄昏、夜间、隧道中；周围环境亮度突变，如隧道入口或出口。

❹ 建筑物、风景或者大型车辆投下的大片阴影。

❺ 摄像头被太阳斜射、被光直射。

❻ 恶劣天气如雨、雪、雾、霾等；前方车辆扬起的尾气、水花、雪花或尘土等落到车上；摄像头前的挡风玻璃上有水、灰尘、微划痕、油腻、脏污、降雪等。

❼ 摄像头失焦或故障。

❽ 潮湿路面。

2）无法响应　仅有符合条件的同向车辆、骑行人及行人才会被自动紧急制动响应，以下目标不会被响应。

❶ 迎面车辆。

❷ 侧穿车辆。

❸ 动物。

❹ 交通信号灯。

❺ 墙体。

❻ 路障（锥桶等）。

❼ 其他非车辆物体。

维修提示

注意，自动紧急制动功能无法保证在所有情形下都识别到特殊车辆，尤其是在夜晚需要特别注意。如，三轮车、尾灯损坏或者尾部轮廓不明显的车辆、尾部有遮挡的车辆、外形不规则的车辆、尾部垂直面低于一定高度的车辆、空载的载车交通工具等。

该功能可能漏检静止的或者行驶缓慢的车辆，尤其是在夜晚需要特别注意。

3）对行人识别局限性　为发挥该功能的最佳作用，系统需要识别到行人尽可能清晰完整的身体轮廓和主要特征，即可以通过结合标准的人类运动方式对行人头部、肩膀、手臂、腿、上半身和下半身进行识别。以下情况可能导致行人无法被识别，使得自动紧急制动无法按预期运作。

❶ 行人高于 200cm 或矮于 100cm。

❷ 行人穿着较大的衣物（譬如雨衣、汉服等）导致主要特征（手臂、腿等）被遮挡，轮廓不明显。

❸ 行人最早出现在传感器视野的距离较近。

❹ 行人携带有大型行李或者大型背包。

❺ 行人穿着衣服的颜色和场景的背景颜色对比度较低。

❻ 行人打伞导致遮挡头部，胳膊等主要特征。

❼ 行人弯腰或下蹲。

❽ 行人坐于轮椅上。

❾ 行人与行人之间的距离较近。

❿ 行人穿有反光材料的衣物。

⓫ 行人在夜间道路，隧道内等黑暗的地方。

⓬ 行人横穿时的速度有较大变化。

4）对骑行人识别局限性　为发挥该功能的最佳作用，系统需要识别到骑行人尽可能清晰完整的身体轮廓、主要特征以及自行车的轮廓。该功能作用的骑行人为成人，且骑行为成人设计的自行车。以下情况可能导致骑行人无法被识别，使得自动紧急制动无法按预期运作。

❶ 人或自行车的特征被衣服或其他物品遮挡导致轮廓不明显。

❷ 自行车携带较大行李货物。

❸ 自行车速度较快。

❹ 骑行人和自行车的颜色和背景对比度较低。

❺ 骑行人速度有较大变化。

❻ 骑行人最早出现在传感器视野的距离较近。

❼ 骑行在夜间道路，隧道内等黑暗的地方。

❽ 使用平衡车、滑板车、部分踏板车、特殊形态的电动自行车等。

5）不是正前方的识别局限性　以下情况由于目标未在正前方，可能导致自动紧急制动无法按预期运作。

❶ 自动紧急制动不会响应处于传感器盲区的目标，如车辆边角盲区和车辆侧面、后面盲区的目标。

❷ 接近或者通过道路转弯时可能会误选或者漏选目标。

❸ 处于坡上可能会丢失目标或者误判与目标之间的距离。

❹ 当相邻车道车辆仅有部分车身切入到本车前方（尤其是大巴、货车等大车切入），可

能无法及时识别。

5. 自动紧急制动系统关闭

1）为避免系统误报警而干扰驾驶员，下列情况将不会报警

❶ 车速小于厂家设定的该系统启动的最低车速。

❷ 前一次预警后 20s 内。

2）AEB 起作用时，如果满足以下任一条件，AEB 将终止动作

❶ 驾驶员操作方向盘转速过快或者转角过大。

❷ 驾驶员猛踩加速踏板导致踏板位置很大

❸ 速度降低超过阈值 45km/h。

3）在满足以下任一条件时，AEB 系统将不会被触发，意在让驾驶员自己控制车辆

❶ ESC/TCS/ABS 等功能激活。

❷ 挡位处于 R 挡。

❸ 任意车门未关闭。

❹ 机舱盖未关闭。

❺ 驾驶员解开安全带

❻ 自动泊车功能开启。

❼ 前一次预警后 20s 内。

❽ 车速小于约 8km/h。

❾ 驾驶员操作方向盘转速过快或者转角过大。

❿ 驾驶员猛踩加速踏板导致踏板位置很大。

6. 自动紧急制动系统操作

（1）智能中控显示屏显示 自动紧急制动功能默认开启。在中控屏（显示屏）设置中点击"辅助驾驶"，选择"安全辅助"，点击"自动紧急制动"下方的选项，可进行自动紧急制动的开启和关闭（图 2.5-29）。

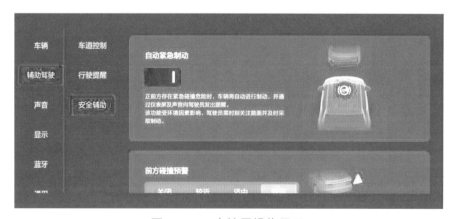

图 2.5-29 中控屏操作显示

（2）电子仪表显示

❶ 当 AEB 功能起作用时，仪表显示报警信息，并发出警报音（图 2.5-30）。

❷ 当系统关闭时，组合仪表将显示主动紧急制动系统关闭指示灯（图 2.5-31）。

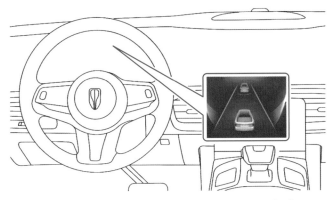

图 2.5-30　自动紧急制动功能（AEB）启动

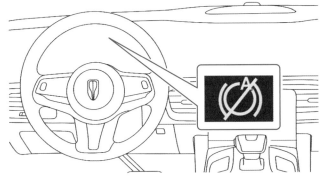

图 2.5-31　自动紧急制动功能（AEB）关闭

七、交通标志识别系统

交通标志识别系统（TSR）包含交通标志识别（TSI）和速度限制辅助（SLA）两个辅助功能。交通标志识别功能通过前挡风玻璃上的摄像头识别速度标志，可帮助驾驶员在车辆路过时观察速度标志并在组合仪表上显示速度标志，以提示驾驶员。

交通标志识别功能开启后，同时开启限速辅助功能。交通标志识别功能检测到道路两侧的限速信息后，根据驾驶员设置的超速报警灵敏度，在驾驶员超速行驶时，组合仪表上的指示灯进行闪烁且车辆发出一声报警，提醒驾驶员尽快将车速降低至合适的范围。当系统识别到取消限速标志牌时，组合仪表指示灯熄灭，取消限速提醒。

1. 交通标志识别（TSI）

TSI 评估来自视觉的交通标志识别的数据，TSR 工作后，仪表板会显示一个由地图或前向摄像头数据确定的限速信息、禁止类交通信息与警告类交通信息，来提示周围交通环境。交通标志显示可以用于报警功能（图 2.5-32）。

TSI 监视道路上与车辆相关的交通标志，包括警告类、禁止类、指示类及指路类标志信息，该信息是从融合逻辑中推导出来的，主要是基于视觉子系统和地图信息。

交通标志信息通过车辆总线发送，并且通过仪表、大屏或者抬头显示提醒驾驶员。

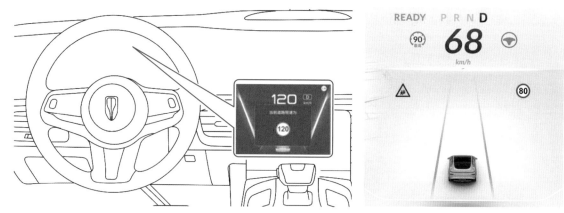

图 2.5-32　交通标志识别报警

2. 智能限速辅助（SLA）

SLA 评估来自视觉的交通标志识别的数据和来自导航系统的限速信息的数据，为驾驶员提供相关限速信息。交通标志显示可以用于报警功能，例如，在超过限速时警告驾驶员。

限速信息通过车辆总线发送，并且通过仪表、大屏或者抬头显示提醒驾驶员。

在超速情况下，此功能可以通过提供限速信息或超速报警来提醒驾驶员。

3. 交通标志识别的局限性

（1）在下列情况下系统将取消本次限速报警

❶ 车辆驶过限速牌一定距离。

❷ 开启转向灯并进行转弯。

❸ 低速情况下进行掉头。

（2）在以下情况下可能不能准确识别或无法识别　与法定标准不符的、特别是没有圆框的限速交通标志始终无法识别。由标签、污物或植物完全或部分遮挡的交通标志也是如此。与交通标志距离较远、车速较高和不利的天气影响，特别是在夜间行驶时，会使准确识别交通标志的难度增大。例如，在以下情况下交通标志识别功能可能会受到限制且可能会出现错误显示。

❶ 大雾、大雨或大雪。

❷ 物体遮挡了标志牌。

❸ 过于靠近前方车辆。

❹ 对面照射光线强烈。

❺ 车内后视镜前的挡风玻璃起水雾、有污物或被标签等遮挡。

❻ 摄像头没有校准。

❼ 导航系统内存储的限速错误。

❽ 在导航系统未考虑到的区域内。

❾ 因交通路线发生变化而与导航系统存在差异。

❿ 超过带有车速标签的公交车或货车。

八、交叉行驶警告系统

交叉行驶警告系统如果识别出有移动目标以当前车速会在接下来约 3s 内进入车辆前方或后方区域内，就会发出视觉和声音警告。宝马 G 系列（如 G11、G12）装配有环视系统的车辆，在中央信息显示屏 CID 的 PDC 显示图像内通过前部摄像头或倒车摄像头视频图像内的相应边缘区域以红色闪烁来显示警告（图 2.5-33）。既可针对前方视图也可针对倒车视图为驾驶员提供交叉行驶警告功能。

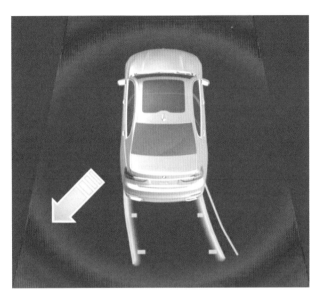

图 2.5-33　PDC 视图内的交叉行驶警告系统

此外还会通过后部交叉行驶警告功能控制车外后视镜玻璃内的 LED。在此通过车道变更警告系统的信号单元进行显示。根据目标接近车辆的方向控制左侧或右侧车外后视镜内的显示。

如宝马 G 系列（如 G11、G12）车速在约 7km/h 以下时，交叉行驶警告功能启用。该功能的其他前提条件还包括侧面雷达可探测到街道或正在接近的目标。雷达可探测距离车辆约 30 ～ 40m 范围内的目标（图 2.5-34）。

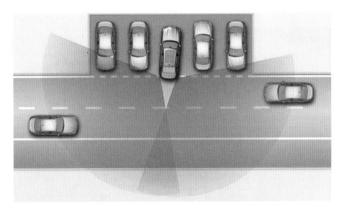

图 2.5-34　交叉行驶警告探测示意图

1. 后部交叉行驶警告功能

后部交叉行驶警告功能可在例如倒车驶出停车位时，为驾驶员提供支持并在不易看清交通情况的条件下提醒可能会与交叉行驶车流发生碰撞。该系统雷达和倒车摄像机配合使用，会在摄像机视频图像内以红色显示条形式显示警告。驾驶员挂入行驶挡位"R"或驻车距离监控系统 PDC（图 2.5-35）启用时，会主动接通后部交叉行驶警告功能。

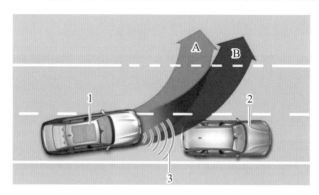

图 2.5-35　驻车距离监控系统目标识别

A—不接触目标的车道（驾驶员获得视觉反馈）；B—接触目标的车道（驾驶员获得视觉和声音反馈）；
1—转弯车辆；2—所识别目标；3—通过 PDC 传感器探测障碍物

维修提示

宝马 G12 在不带驻车操作辅助系统、带有驻车距离监控系统 PDC 的车辆上配备的是一个独立的控制单元。驻车距离监控系统 PDC 可在驶入和驶出停车位时为驾驶员提供支持。在此通过声音信号和视觉显示表示目前与障碍物的距离。同样，通过后部保险杠内的超声波雷达和前部保险杠内的超声波雷达测量与障碍物的距离。

只有所识别目标（车辆前方或后方）直接位于车道内（有碰撞危险）时才会发出声音。如果所识别目标不直接在车道内，仅在中央信息显示屏 CID 内发出视觉反馈（图 2.5-35）。

在带有环视系统的车辆上，如果之前启用了全景系统也会主动接通后部交叉行驶警告功能（图 2.5-36）。

图 2.5-36　后部交叉行驶警告功能（全景系统）

后部交叉行驶警告功能在 0 ～ 7km/h 的车速范围内执行。

2. 前部交叉行驶警告功能

前部交叉行驶警告功能可在例如从出口处或复杂十字路口处驶入交叉行驶车流时为驾驶员提供支持。

宝马 G 系列（如 G11、G12）在驻车距离监控系统 PDC 启用且自身车速未超过 7km/h 时，会主动接通前部交叉行驶警告功能。

在带有环视系统的车辆上，如果之前启用了全景系统也会主动接通前部交叉行驶警告功能（图 2.5-37）。

图 2.5-37　前部交叉行驶警告功能（全景系统）

与后部交叉行驶警告功能相同，前部功能也在 0 ～ 7km/h 的车速范围内执行。

3. 系统启动

主要在以下情况下会自动停用交叉行驶警告系统（宝马 G12 为例）。

❶ 自身车速超过步行速度（限值约为 7km/h）时。

❷ 启用转向和方向导向辅助系统时。

❸ 启用驻车辅助系统的驻车过程时。

4. 系统操作

根据车辆配置可使用不同型号的交叉行驶警告系统且中央信息显示屏 CID 内的显示不同。宝马 G 系列（G12）可在菜单内接通和关闭交叉行驶警告系统。为此使用控制器做出以下选择："我的车辆→车辆设置→驻车→交叉行驶警告系统"；只要启用驻车距离监控系统 PDC 或全景系统就会自动接通该功能。

九、夜视系统

1. 工作原理

在宝马 G11/G12 上，配置带行人和动物识别功能的 BMW 夜视系统（SA6UK）。

集成在保险杠格栅内的夜视系统摄像头（图 2.5-38）拍摄车辆前方区域并将数据传输至夜视系统电子装置 NVE（图 2.5-39）。由夜视系统电子装置 NVE 对图像数据进行分析并通过 FBAS 将相应图像信息传输至 Headunit（车载主机）。

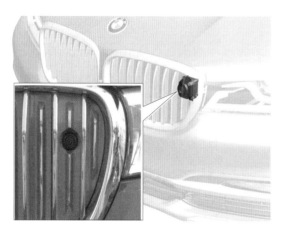

图 2.5-38　夜视系统摄像头

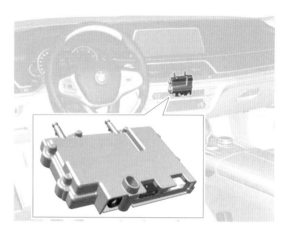

图 2.5-39　夜视系统电子装置 NVE 控制单元

摄像头在 5℃以下温度范围内会接通一个加热装置，从而避免其结冰。

夜视系统还包括一个动态标记灯，该灯集成在装配带行人和动物识别功能的 BMW 夜视系统内。为了能更好地识别，由动态标记灯照亮目标，从而确保更高安全性，通过夜视系统摄像头识别行人或动物。在远约 100m 近约 30m 的范围内有针对性地进行照明，不仅照亮行人或动物，驾驶员也可在路面上看到一条光带。通过这种方式，驾驶员可在始终关注路况的同时注意潜在的危险源。与行人不同，识别到动物时只会以闪烁形式照明。系统会一直照亮所识别的目标，直至其不再位于警告区域内。根据情况最多可单独照亮两个目标，通过三次闪烁使驾驶员注意危险目标。

夜视系统识别出行人并确定其位置和距离。在考虑到车速和转向角的情况下，系统计算出是否存在危险并在组合仪表和平视显示屏 HUD 内显示警告标志（预警）。在紧急情况下还会发出声音警告信号（严重警告）。警告限值也取决于行人或动物是移动还是静止，见图 2.5-40、图 2.5-41。

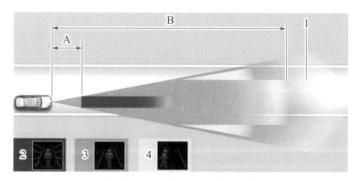

图 2.5-40　预警警告区域

A—最小距离约 8m；　B—行人预警最大距离约 100m（长度取决于车速）；　1—夜视系统摄像头识别范围
（拍摄角度约 24°）；　2—识别出行人的严重警告区域；　3—预警警告区域（行人位于车道上）；
4—预警警告区域（行人穿越车道）

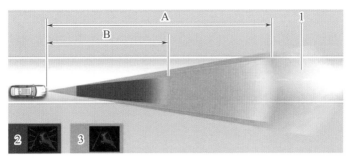

图 2.5-41　严重警告区域

A—动物预警最大距离约 160m（长度取决于车速和所识别动物的大小）；B—动物严重警告最大距离约 100m（长度取决于车速和所识别动物的大小）；1—夜视系统摄像头识别范围（拍摄角度约 24°）；2—识别出动物的严重警告区域；3—预警警告区域（识别范围的宽度取决于动物的大小及其移动情况）

（1）预警警告　如果系统识别到警告区域内有行人或动物，就会发出预警。根据行人或动物所在位置，预警显示一个位于自身车道内或在自身车道内移动的以黄色亮起的行人或动物符号。可以识别出特定大小及以上的动物。

（2）严重警告　只有即将发生碰撞危险时才会发出严重警告。严重警告触发时刻的设计方案为，只有立刻进行最大制动或进行避让绕行才能避免发生碰撞。发出严重警告时，会使车辆制动器做好最大制动准备。组合仪表和平视显示屏 HUD 内的严重警告显示一个位于车道内以红色闪烁的行人或动物符号。此外还发出一个声音警告信号。

2. 夜视系统功能

夜视系统可在夜间最佳条件下识别出行人和动物，尤其可在光线阴暗和恶劣路段上例如在与树林毗邻的乡村道路上行驶时为驾驶员提供支持。识别出危险情况时，系统会在必要时提醒注意道路上的行人和动物。

3. 夜视目标识别范围

（1）识别距离

❶ 行人识别：最远约 100m。

❷ 大型动物识别：最远约 150m。

❸ 中型动物识别：最远约 70m。

（2）识别显示　中央信息显示屏 CID 显示：夜视系统可识别出与行人或动物形似的温热物体并根据需要在中央信息显示屏 CID 上显示出来（图 2.5-42）。

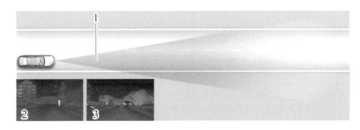

图 2.5-42　识别范围

1—夜视系统摄像头识别范围；2—识别出行人时的夜视系统摄像头图像（中央信息显示屏 CID 显示）；
3—识别出动物时的夜视系统摄像头图像（中央信息显示屏 CID 显示）

发出行人或动物警告与中央信息显示屏 CID 内的夜视系统摄像头图像无关。

警告内容不再通过中央信息显示屏 CID 显示，而是仅在组合仪表 KOMB 和平视显示屏 HUD 内显示。如果夜视系统摄像头图像处于启用状态，就会以黄色显示所识别的行人和动物（图 2.5-43、图 2.5-44）。

图 2.5-43　识别出行人时中央信息显示屏 CID 内的夜视系统摄像头图像

图 2.5-44　识别出动物时中央信息显示屏 CID 内的夜视系统摄像头图像

第六节　停车场记忆泊车

一、停车场记忆泊车原理

停车场记忆泊车（Valet Parking Assist，VPA）是智能网联汽车小鹏 P7 首次搭载的一项新功能，VPA 功能适用车型搭载 XPILOT 3.0 系统硬件（搭载 XPILOT3.0 的车型配备是英伟达 Xavieri 芯片的计算平台），操作简单。VPA 是基于已记忆的路线执行辅助驾驶，在行驶过程中实现自动调节车速、自动转弯、自动绕行障碍物、自动会车、自动停车避让行人以及自动避让出入库车辆等功能。

在无 GPS 信号的前提下，基于语义地图＋匹配算法复现记忆的路线的停车场记忆泊车使用时，车辆以记忆中的"地标元素"为依据，不断调整行驶路线，将记忆中的元素位置与当前的元素位置进行匹配重合，从而让车辆准确复现记忆的路线。同时，融合惯性导航的数据，进一步帮助车辆完成定位和线路指引。

使用多源视觉传感器融合感知的泊车功能的车辆在行驶过程中，车身出现俯仰（如压过减速带）情况，会造成摄像头视角变化，改变目标物在画面中的方位，引起判断偏差。为消除误差，车辆将融合惯性导航数据，结合车身姿态数据进行修正。

二、停车场记忆泊车功能特点

应用语义地图通过采集停车场环境元素和车辆位置信息，融合生成鸟瞰视角的环境信息。路线记忆过程中，语义地图会识别路线上的车道线、柱子、路口等地标物的物理特征，同时获得车辆与地标物间的距离等相对位置信息。

对停车场复杂环境中车辆及行人行为预测进行系统专项训练。当使用停车场记忆泊车功能时，面对出现的车辆或者路边行人等，通过系统的专项训练，对其行为作出有效预判。

VPA 停车场记忆泊车可以按照设定的路线，辅助驾驶员将车辆从设定路线的起点，开往设定路线的终点，期间可以自动转弯、会车、绕行、避让行人和其他车辆，并泊入终点附近已被系统记忆的车位。

VPA 实现了出行全场景智能识别，通过中控大屏上的 SR 自动驾驶模拟显示系统，显示停车场中多种元素，包括停车位、减速带、柱子、其他停放车辆等静态元素，车辆、行人等动态元素。直观地了解当前行驶路径、目标车位及车辆的下一步行为，对系统状态了如指掌。泊车时，VPA 可应对对向来车、出入库车辆、行人穿梭、连续直角弯等复杂场景。

知识链接

VPA 停车场记忆泊车的特色包括 1000m 超远距离智能记忆、出行全场景智能识别、100 个地图智能学习、全链路智能语音交互等。1000m 的最大可用距离，意味着该功能基本不受停车场大小的限制。同时，停车场无需进行改造，不用安装激光雷达、摄像头、蓝牙、WIFI 等，利用现有条件即可实现 VPA，为功能快速迭代奠定坚实基础。

三、停车场记忆泊车的范围和条件

1. 设定记忆路线时的注意事项

❶ 请记住路线的起点，只有再次回到起点时才能激活功能。
❷ 建议车速不要超过 15km/h。
❸ 请避开坡道。
❹ 除泊入车位的过程外，请勿在路线中途倒车。

⑤ 如果路线有重叠，会导致设定路线失败。

⑥ 请勿逆行驶入单向车道。

⑦ 车速高于 15km/h 时，无法激活功能。

⑧ 功能激活后车速最高为 14km/h。

⑨ 踩下加速踏板时，无法激活功能。

⑩ 停车场记忆泊车激活后，车辆不会响应加速踏板。

2. 取消或无法使用的情况

在下列情况下，停车场记忆泊车可能会取消或无法使用。

❶ 踩下制动踏板。

❷ 手动控制方向盘。

❸ 驾驶员的座椅安全带未系。

❹ 有车门打开。

❺ 雷达被遮挡。遮挡可能由泥、冰、雪等造成。

❻ 摄像头被遮挡或致盲。由泥污、水渍、冰雪等引起的遮挡，或由光照、昏暗等引起的致盲。

❼ 系统发生故障或需要维修。

❽ 车辆未进入地下停车场。

❾ 由于障碍物阻挡或其他原因导致停车等待超过 40s。

❿ 道路为坡道。

3. 限制和错误的情况

在以下情况下，停车场记忆泊车可能无法正常工作。

❶ 停车场入口附近有其他高耸的建筑和树木，可能导致停车场记忆泊车功能无法正常启用。

❷ 与停车场入口相连设有隧道时，这类停车场可能无法正常使用停车场记忆泊车。

❸ 在距离较近的两个相邻停车场均有设定路线时，可能会导致系统对停车场的误判，进而导致停车场记忆泊车无法正常使用。

❹ 车辆所经过的停车场区域，在传感器检测范围内没有明显特征时，可能会导致停车场记忆泊车无法正常工作。

❺ 停车场的车位没有线框，或车位线框是标准划线形式以外的形式，可能会导致系统无法成功设定路线，也可能导致停车场记忆泊车功能不可用。

❻ 道路为坡道时，系统将无法设定记忆路线，停车场记忆泊车也可能无法正常工作。即使正在设定路线，在经过坡道时也会中断。

❼ 在狭窄的弯道处，停车场记忆泊车可能无法顺利通过，驾驶员务必做好接管车辆的准备。

❽ 身材矮小、蹲坐、躺下、被其他物体遮住的人，系统可能无法识别，驾驶员务必提前接管车辆来避免危险的发生。

❾ 对于穿行的行人、骑行者、其他车辆，系统可能无法及时制动来避免碰撞，驾驶员务必持续观察周围环境，并在发生碰撞前接管车辆。

⑩ 在墙壁、柱子或其他遮挡物后方出现行人、骑行者、其他车辆、物体时，系统可能无法及时制动，驾驶员务必要持续观察周围环境，并在发生碰撞前接管车辆。

⑪ 路旁的行人可能会影响系统的判断，可能会引起车辆响应制动错误。

⑫ 系统无法识别动物，在使用停车场记忆泊车时，若遇到动物，驾驶员务必要接管车辆，避免碾压、碰撞动物。

⑬ 前方突然有车辆驶出停车位时，系统可能无法及时制动，驾驶员务必要持续观察周围环境，并在发生碰撞前接管车辆。

⑭ 前方其他车辆打开车门时，系统可能无法识别打开的车门，驾驶员务必提前接管车辆以避免与前方车辆或车门发生碰撞。

⑮ 系统在调整车辆方向时，驾驶员需要对后方环境进行确认，若有行人、骑行者或其他车辆从后方接近，要做好接管准备，避免发生刮碰。

⑯ 有强光照射时，系统的识别能力会受到限制和影响，比如其他车辆的车灯。

⑰ 任何情况下，车辆（本车）与其他车辆会车时，无论其他车辆从任何方向驶来，比如其他车辆从前方、侧方、后方驶来，驾驶员均需时刻警惕并做好接管本车的准备。系统可能在此时做出错误的响应或不响应，驾驶员应及时纠正并确保安全。

⑱ 传感器的识别能力和范围有限，无法识别悬空的物体，也无法识别低矮（如地锁、限位杆等）、体积较小（如锥形桶）、宽度较小（如防撞桩）的障碍物。当泊车环境中有类似物体时，请务必注意观察，并准备随时介入接管车辆，以避免碰撞。

⑲ 在设定的记忆路线上，存在关闭或没有完全打开的消防门，系统可能无法识别，此时驾驶员务必要提前接管车辆。

⑳ 装载在其他载物物体上并探出的物体，以及载物物体本身探出的部分，系统可能无法准确识别，驾驶员务必注意观察并做好随时接管车辆的准备，以避免碰撞。

㉑ 驾驶员意向记忆的车位旁空间狭小，或接近道路的尽头，系统可能无法正常工作。

㉒ 系统可能在地下停车场以外的场景提示可以设定路线，此时驾驶员应了解这是错误的提示，不可在地下停车场以外设定记忆路线。

㉓ 地面上网状、镂空的金属（如水沟盖板）会影响系统的感知能力，可能会引起系统制动错误。

㉔ 乘用车以外的车辆，如叉车、手推车、购物车等，系统可能无法识别，驾驶员务必要提前接管车辆，以避免碰撞。

㉕ 地面反光（如地面有积水）时会影响系统的感知能力，可能会引起系统制动错误。

㉖ 系统无法识别玻璃，因此遇到玻璃时驾驶员应提前接管车辆。

㉗ 一个或多个 XPILOT 传感器污损或受到妨碍（如污泥或冰雪）时，请勿使用停车场记忆泊车。

㉘ 雷达摄像头受限时，请勿使用停车场记忆泊车。

㉙ 停车场记忆泊车仅是一种驾驶辅助手段，而并非是一贯正确的全自动驾驶功能，并不能达到完全的自动驾驶能力，因此，驾驶员必须保持对车辆和环境观察、判断的专注力。

㉚ 智能辅助泊车的限制和错误同样适用于停车场记忆泊车。

四、停车场记忆泊车的操作

记忆泊车 SR 显示界面环境信息一览可知 SR 界面上可以显示包括停车位、柱子、减速带等停车场静态元素，以及车辆、行人等动态元素，并通过语音、视觉提醒等交互方式，能直观了解系统状态及使用边界。

1. 激活 VPA

驾驶员首先需要在地下停车场中设定记忆路线，即教会系统来记忆驾驶员的泊车路线。

然后再次回到已成功设定记忆路线的停车场，在记忆路线的起点通过中控屏的操作入口来激活停车场记忆泊车功能。

2. 在中控屏开启或关闭 VPA

车辆"Ready"后，停车场记忆泊车开关默认保持账号上记忆的状态。车辆挂入 P 挡后，通过选择"车辆控制→辅助驾驶→停车场记忆泊车"来开启或关闭 VPA（图 2.6-1）。

图 2.6-1 操作中控屏启用 VPA

 维修提示

首次开启时，驾驶员需要通过安全测试，才能打开功能开关。

3. 设定记忆路线

学习泊车路线需要两步：首次使用时，手动驾驶车辆行驶一遍停车路线，并在泊车后完成"记忆路线"的完整过程；第二次使用时，该功能会依据"记忆路线"辅助驾驶员将车辆从设定路线的起点，开往设定路线的终点，并泊入已被系统记忆的车位。

❶ 在地下停车场，首次设定记忆路线时，驾驶员需要驾驶车辆，到达即将停放车辆的楼层。

在中控屏打开泊车界面，点击"记忆泊车"卡片即可开始设定记忆路线（图 2.6-2）。

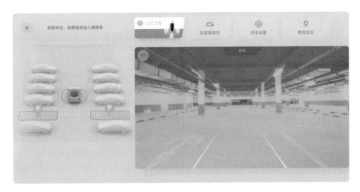

图 2.6-2　记忆泊车

驾驶员亦可通过点击中控屏上的小 P 卡片，来开始设定路线（图 2.6-3）。

图 2.6-3　设定路线

❷ 当界面切换至如图 2.6-4 所示的状态，并提示"到达你的车位后，请倒车入库"时，驾驶员即可驾驶车辆开往意向泊入的车位。

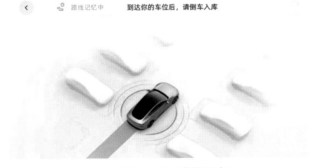

图 2.6-4　路线记忆

维修提示

设定路线时驾驶员必须手动驾驶车辆来教会系统完成路线记忆，系统并不会自动地完成设定路线。

❸ 到达驾驶员的意向车位后，驾驶员需要倒车泊入车位，并在泊入完成后将车辆挡位置于 P 挡，此时在中控屏点击"完成"按钮，即可完成路线设定，此车位将被标记为驾驶员的记忆车位（图 2.6-5）。

维修提示

设定路线泊入车位时，必须倒入车位，车头泊入会导致设定路线失败。同时，也要注意将车辆泊入车位线框内，否则也会导致设定路线失败。

图 2.6-5　完成路线设置

维修提示

当前版本的停车场记忆泊车，在每个停车场，系统仅可设定 1 条记忆路线。

由于停车场的实际情况不可预知，所以并不是每一次设定路线都可以成功，在设定路线失败时，驾驶员可以按照系统指引，排除导致设定路线失败的原因重新设定（图 2.6-6）。

图 2.6-6　更换路线重新记忆泊车

4. 更换记忆路线

在设定过记忆路线的地下停车场，驾驶员可以通过中控屏泊车界面的"记忆泊车"卡片，找到"更换路线"的按钮，来发起更换路线，重新设定记忆路线（图 2.6-6）。

维修提示

更换路线成功后，之前已经保存过的记忆路线会被新的路线覆盖。

5. 使用停车场记忆泊车

❶ 完成设定路线后，在中控屏的设定路线成功界面，驾驶员可以通过点击中控屏上"马上试试"按钮，按照屏幕指引的步骤，驾车离开当前地下停车场回到地面，再次返回设定路线的起点，即可使用停车场记忆泊车功能（图 2.6-7）。

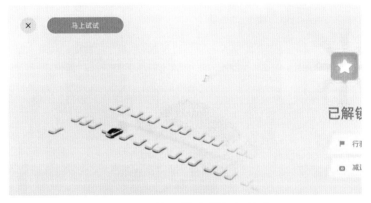

图 2.6-7　使用停车场记忆泊车

在此之后，驾驶员每次回到该停车场的设定路线起点，均可以激活并使用功能。

维修提示

注意，完成记忆路线的设定后，驾驶员必须驾车回到地面，然后从地面返回设定路线时经过的停车场入口，回到记忆路线的起点，才能使用该功能，否则该功能将无法正常激活。

❷ 驾驶员亦可在下次回到停车场设定路线所在楼层时，通过点击中控屏上的小 P 卡片来使用停车场记忆泊车功能（图 2.6-3）。

通过"马上试试"按钮，按照中控屏上的指引回到设定路线的起点后，"开始记忆泊车"的按钮会由灰色变为蓝色，此时点击"开始记忆泊车"按钮，即可使用停车场记忆泊车功能（图 2.6-8）。

如果未点击"马上试试"按钮，驾驶员亦可在下次到达设定路线起点时，通过小 P 卡片来使用停车场记忆泊车功能。

图 2.6-8　设定路线起点

在到达设定的记忆路线起点时，驾驶员在中控屏打开泊车界面，通过泊车界面的"记忆泊车"卡片，找到"开始记忆泊车"的按钮，点击此按钮亦可使用停车场记忆泊车功能（图 2.6-9）。

图 2.6-9　使用记忆功能

维修提示

特别注意，中控屏左上角显示带有"P"的图标时（图 2.6-10），才代表驾驶员已成功激活了停车场记忆泊车，除此之外驾驶员务必要始终保持对车辆的控制。

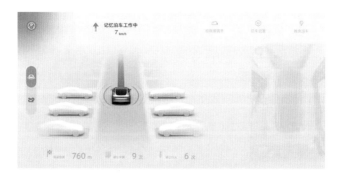

图 2.6-10　已激活开设记忆工作

6. 退出停车场记忆泊车

在激活停车场记忆泊车功能后，驾驶员可以通过踩下制动踏板，或接管方向盘来退出停车场记忆泊车功能。

7. 恢复停车场记忆泊车

退出停车场记忆泊车功能后，在驾驶员没有将车辆驾驶出设定的记忆路线时，可以通过点击中控屏泊车界面的"恢复记忆泊车"按钮，来恢复停车场记忆泊车功能（图 2.6-11）。

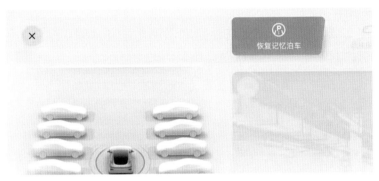

图 2.6-11　恢复记忆

8. 接管请求

❶ 驾驶员必须及时响应系统的接管请求。

❷ 系统通过仪表或中控屏发出带有"立即接管"字样的提示文字、图标时，驾驶员必须立刻接管车辆，如果驾驶员忽略或未响应系统的接管请求，可能会造成碰撞或其他事故。

❸ 系统在紧急情况下，会通过仪表和中控屏发出接管请求，包括但不限于警告音、图标、文字。

❹ 系统可能无法在所有紧急情况下都发出接管请求。因此，驾驶员必须时刻保持对环境的观察，在存在危险时，即使系统未发出接管请求，驾驶员也有责任及时接管车辆，避免危险的发生。

维修提示

① 停车场记忆泊车的性能取决于传感器的检测和识别能力。

② 停车场记忆泊车并非总能检测到行驶路径中的所有行人、骑行者、其他车辆和物体，驾驶员有责任检查周围环境并确保环境是适宜和安全的。

③ 虽然停车场记忆泊车具备避让障碍物辅助暂停的能力，但是由于传感器的局限性，并非总能成功地避让车辆、行人、骑行者和物体，驾驶员有责任随时准备刹车以避免发生碰撞。

④ 在狭小场地使用停车场记忆泊车时，传感器准确检测障碍物位置的能力受到了限制，导致车辆或周围物体损坏的风险上升。

⑤ 车辆的车身外后视镜高度及外后视镜高度以上的障碍物（如水管、消防栓、卡车

的货厢等）不能被完全有效检测到，在停车场记忆泊车的使用过程中，驾驶员有责任始终保持对环境的观察，并确认环境是安全适宜的。

⑥ 请勿在黑暗（照明条件差）的地下停车场使用停车场记忆泊车，系统在黑暗条件下无法正常完成对周围环境的感知，导致碰撞风险上升。

⑦ 设定路线时，务必正确驾驶车辆，遵守停车场的交通指示，切勿逆行，否则可能会造成车辆与其他车辆、行人或骑行者发生碰撞。

⑧ 使用停车场记忆泊车时，驾驶员必须在驾驶位，不得离开，否则可能在发生危险时无法及时接管车辆。

⑨ 在地下停车场，系统可能无法稳定地识别儿童及其移动意向，因此遇到儿童时驾驶员必须及时接管车辆，避免系统避让不及时发生危险。

第三章
智能座舱和人机交互系统

第一节　智能视觉系统

这里说的智能视觉系统在直观上讲是一种视野上的视觉感受，对驾驶安全和智能化技术也提升到了一个新的高度，即平视显示系统。

一、平视显示系统功能

平视显示系统（Head-Up Display，HUD）直译过来就是抬头显示，也就是不用低头看仪表显示，平视前方即可读取车辆信息的一种显示系统。系统用于将重要的车辆参数直接投影显示在驾驶员的视线范围之内，使驾驶员总是能在基本的视野中获得与驾驶相关的各种信息（图3.1-1）。

HUD的运作以一个通过摄像头拍摄车辆前方环境的图像处理系统为基础。系统会通过一个图像处理软件随即对拍摄下的照片进行限速交通标志分析。

HUD的作用是将对行车相对重要的信息以全息投影的形式在前挡风或专属透明显示区中体现，驾驶员可以不必低头寻找仪表台上的信息，需要的数据在不移动头部跟视线的状况下就可以完全读取。这样的使用方式确实给驾驶员带来了便利，更重要的是它将驾驶安全性提升到新的高度，拥有很强的实用性。驾驶员不必低头，就可以看到信息，从而避免分散对前方道路的注意力，很大程度上也可避免眼睛的疲劳。

图 3.1-1 平视显示

 知识链接

低头可能存在着很高的危险性，车速在 120km/h 的情况下，每低一次头看仪表就相当于盲开了 50m 左右。

平视显示系统的显示使驾驶员能够快速、精准地获得重要的车辆信息。在装配平视显示系统的车辆上使用专门的挡风玻璃（由于技术的迭代，以后普通的挡风玻璃即可实现）可以让人产生这样的感觉：平视显示系统所显示的内容并不是出现在挡风玻璃上，而是出现在离驾驶员 2 ～ 2.5m 的舒适距离上（图 3.1-2）。

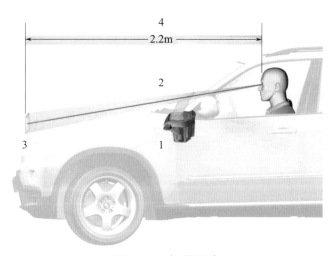

图 3.1-2 投屏距离

1—平视显示屏；2—挡风玻璃；3—投射图像；4—投影距离

知识链接

华为 AR HUD 提供 13°×5° 的大视角，这是一个 70 英寸的大显示区域，可以覆盖前方 7.5m 的范围（图 3.1-3）。为了让驾驶员的视线不受干扰，不会产生任何导致分心的情况。新的 AR HUD 将能够提供基于导航的信息，如路线距离，关于即将到来的道路上的车道数量，以及其他关键信息，如天气状况。此外，系统也可能在大雨、光线不足的情况下提供夜视或辅助视觉功能，乘驾的安全性有新的提高。

AR HUD 还将具有高达 100PPD 的 FHD 显示屏，并且不会受到低亮度、低对比度或困扰传统 HUD 技术的图像失真等问题的阻碍。其也是个多媒体工具，提供视频、电影等功能，以及其他个性化的应用包括能够提供三维地图系统，实时提供停车场、餐馆、商店、加油站等信息。

图 3.1-3　华为 AR HUD

二、平视显示系统工作原理

1. 基本原理

HUD 相当于一部投影装置，需要一个光源来投射 HUD 信息。利用 LED 灯组作为光源，通过 TFT 投影显示屏产生图像内容。TFT 投影显示屏相当于一个滤波器，允许或阻止光线通过。

由一个图像光学元件确定 HUD 显示图像的形状和尺寸。图像被投射到挡风玻璃上，看起来就好像自由漂浮在道路上一样（图 3.1-4）。

图 3.1-4　屏幕效果自由浮现在路面上

2. 光学系统

为产生平视显示，系统用一个非常明亮的光源从后部透射一个高分辨率 TFT 显示器。此光源共由多个发光二极管组成，其技术构造类似于一个幻灯片投影仪，所发出的光束通过两面转向镜投射到挡风玻璃上。其中一面转向镜是可调的，用于设置平视显示的高度。为了使平视显示图像适合座椅位置或驾驶员的身材，这个设置方式发挥着重要的作用。这两面转向镜的另一个作用是纠正由挡风玻璃的曲率造成的图像变形。

系统会使显示图像的光强持续地与当前的环境光线相匹配。为此，控制单元会分析雨量 / 光线识别传感器探测到的环境亮度数值。驾驶员也可以根据自己的需要，通过 MMI 及车灯开关中的显示器和仪表照明基本设置调节器来调节显示亮度。光强经过适当的设计，使用户在阳光直射的条件下也能清晰准确地读取显示内容。光学系统投屏原理见图 3.1-5。

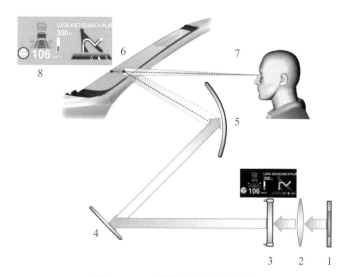

图 3.1-5　光学系统投屏原理

1—光源；2—透镜；3—TFT 投影显示屏；4—平面镜；5—曲面镜；6—挡风玻璃；7—观看者视点；8—投影图像

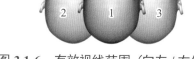

图 3.1-6　有效视线范围（向左 / 右偏移）

3. 有效视线范围

有效视线范围指的是驾驶员可以自由移动而且不会影响 HUD 图像可视效果的移动空间（图 3.1-6，表 3-1，图 3.1-7、表 3-2）。

表 3-1　有效视线范围（向左 / 右偏移）

图 3.1-6 的位置	视角	HUD 显示效果
1	位于有效视线范围内	图像获得最佳照明效果
2	向左偏移	图像左侧截断
3	向右偏移	图像右侧截断

在有效视线范围内的自由移动空间大致如下。

❶ 垂直移动距离：70mm±30mm 调节范围。

❷ 水平移动距离：130mm 左右。

超出有效视线范围时将无法看到完整的 HUD 显示内容。

图 3.1-7　有效视线范围（向下 / 上偏移）

表 3-2　有效视线范围（向下 / 上偏移）

图 3.1-7 的位置	视角	HUD 显示效果
1	位于有效视线范围内	图像获得最佳照明效果
2	向下偏移	图像下方截断
3	向上偏移	图像上方截断

三、平视显示系统硬件及安装位置

1. 平视显示系统组成

❶ 平视显示屏主体硬件主要由以下部件构成：玻璃盖板，反射镜，两个 LED 灯组，TFT 投影显示屏，印刷电路板，壳体。

❷ 除上述部件外还需要以下组件：挡风玻璃，车灯模块和 BEFAS，雨量 / 光线识别传感器，车顶功能中心和接线盒，HUD 挡板。

❸ 通过以下元件操作 HUD：BEFAS 上的打开 / 关闭按钮，车灯开关中心内的车灯开关，组合仪表调光器和控制器。

2. 平视显示屏安装位置

平视显示屏安装在转向柱上方，紧靠在组合仪表后部。通过螺栓（本例为宝马 F02，为三个六角螺栓）将其固定在前围板支撑结构上（图 3.1-8）。

（1）玻璃盖板　图 3.1-9 中的玻璃盖板由防划伤的涂层聚碳酸酯（PC）材料制成，它是 HUD 的上部盖板。玻璃盖板可防止灰尘和无意放到显示屏上的物体进入 HUD 内部。

玻璃盖板和 HUD 挡板都采用曲面设计，以免无法将射入的光线反射给驾驶员。

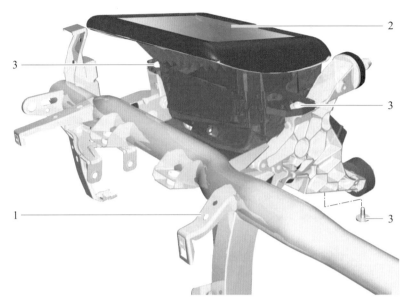

图 3.1-8　平视显示屏安装位置
1—支撑结构；2—平视显示屏 HUD；3—六角螺栓

图 3.1-9　玻璃盖板

此外还通过散光效果等方式确保顺利将显示屏上的信息投射到挡风玻璃上。

（2）反射镜　平视显示屏内装有两个反射镜。反射镜将显示屏上的信息反射到挡风玻璃上（图 3.1-10）。

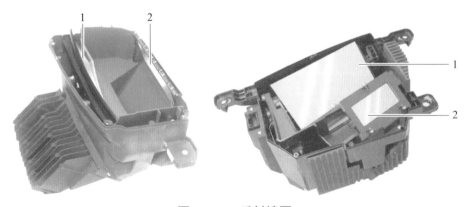

图 3.1-10　反射镜图
1—曲面镜；2—平面镜

❶ 曲面镜。曲面镜由塑料制成，负责对挡风玻璃上的图像进行补偿调节，即调节图像尺寸和距离。

❷ 平面镜。平面镜由玻璃制成，平面镜是负责确保光线在特定空间内传输的偏光镜。

（3）电路板　图 3.1-11 中的印刷电路板上主要集成了 CAN 接口、处理器（CPU）、LVDS 控制器（组合仪表通过 LVDS 导线将图像信号发送到显示屏上）、EEPROM 存储器，以及供电元器件等。

（4）LED 灯组　如图 3.1-12 所示的 LED 灯组为投影显示屏提供背景照明，根据主印刷电路板的控制情况达到所需 HUD 亮度。

（5）电源　如图 3.1-13 所示的电源件是一个开关模式电源件，负责通过车载网络电压为 LED 灯组供电。

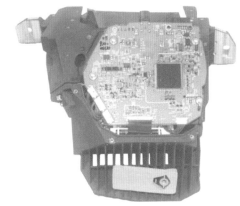

图 3.1-11　印刷电路板

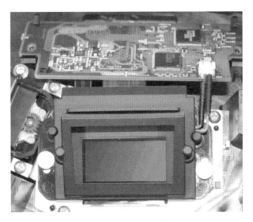

图 3.1-12　LED 灯组

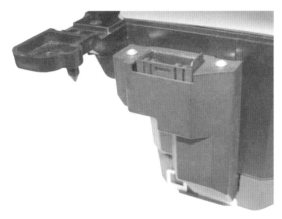

图 3.1-13　电源

（6）壳体　如图 3.1-14 所示的壳体由铝合金制成，包括下端部件和塑料盖板。散热装置（铝合金散热片）和供电装置固定在下端部件上，玻璃盖板集成在盖板内。

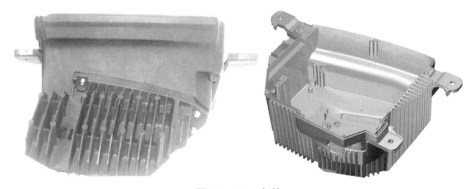

图 3.1-14　壳体

（7）挡风玻璃　如图 3.1-15 所示的挡风玻璃是平视显示系统的整套光学系统的重要组成部分。投射的图像在挡风玻璃上发生反射，挡风玻璃如同成为第三块镜面。出于这个原因，系统对挡风玻璃的公差提出了很高的要求。不带平视显示系统的车辆上安装的标准挡风玻璃，由于其结构上的原因，会形成干扰性的重影。因此，带平视显示系统的车辆安装的是特殊的挡风玻璃，其形状能够进行精确呈现，挡风玻璃中的楔形金属箔可避免叠影。

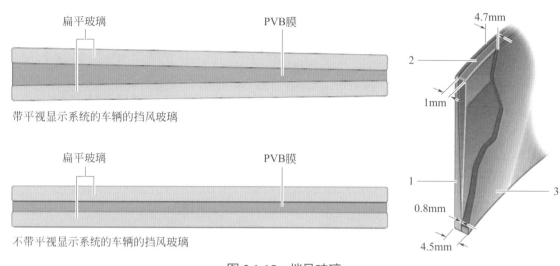

图 3.1-15　挡风玻璃
1—外层玻璃；2—塑料膜；3—内层玻璃

在标准挡风玻璃中，金属箔是平行的，因此会显示出双重图像。这种楔形分布方式可防止 HUD 显示内容重影。楔形尖端向下，从距离挡风玻璃下边缘大约 10cm 处开始向上加厚，楔形末端大约位于挡风玻璃高度 2/3 处。在挡风玻璃上部 1/3 区域内，外层和内层车窗玻璃间的塑料膜平行分布。楔形尖端的厚度为 0.8mm，楔形末端的厚度为 1mm。挡风玻璃下边缘的总厚度为 4.5mm，挡风玻璃上边缘的总厚度为 4.7mm。

（8）雨量 / 光线识别传感器　雨量 / 光线识别传感器通过 LIN 总线向车顶功能中心 FZD 提供亮度信号，随即发送到 CAN 上。

四、投影图像故障处理

1. 图像问题

（1）HUD 或挡风玻璃故障

❶ 投影图像故障现象：图 3.1-16 列出了一些可能会在更换 HUD 或挡风玻璃时出现的问题。

❷ 故障原因：如果未按规定安装 HUD 或挡风玻璃，可能就会投射出有问题的 HUD 图像。

（2）图像反白故障

❶ 投影图像故障现象：如图 3.1-17 所示，在不利光线条件下，光线照射到挡风玻璃或 HUD 上会造成图像反白。

❷ 故障原因：光线条件不利和 HUD 过热会造成图像反白。

(a) 受到横向压缩

(b) 出现重影

(c) 扭曲变形一

(d) 扭曲变形二

图 3.1-16　图像问题

图 3.1-17　光线照射条件不利或 HUD 过热时的图像问题

2. 校正图像失真情况（扭曲变形）

校正图像失真情况，如扭曲变形。如果更换挡风玻璃后图像扭曲变形，可通过校正扭曲变形功能改善图像显示情况。"校正扭曲变形"时使用故障诊断仪执行故障诊断，根据提示操作校正。

第二节　驾驶员疲劳监测

一、驾驶员疲劳监测相关术语

GB/T 39263—2020《道路车辆　先进驾驶辅助系统（ADAS）术语及定义》对驾驶员疲劳监测（DFM）和驾驶员注意力监测（DAM）都给出了定义。《驾驶员注意力监测系统性能要求及试验方法（征求意见稿）》中对驾驶员注意力监测系统及相关术语的表述和定义如下。

1. 注意力分散

注意力分散是指驾驶员在驾驶车辆时因疲劳驾驶、受外界环境干扰或从事与驾驶无关的动作，导致其无法专注执行驾驶任务的状态。

驾驶员在驾驶车辆时因生理机能的降低（即生理产生了疲劳）导致驾驶技能下降的状态称为疲劳驾驶。

2. 光源位置

白天光源位置可按图 3.2-1 所示位置移动，其中 α 为 7.5°，β 为 10°，形成可变化的光照条件。

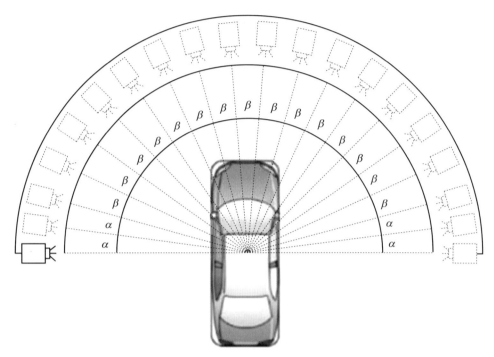

图 3.2-1　光源位置变化

3. 张嘴高宽比

嘴唇内缘的竖直高度与嘴角水平宽度的比值，如图 3.2-2 所示。

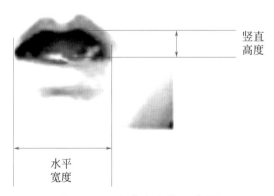

竖直高度

水平宽度

图 3.2-2　张嘴高宽比示意图

4. 面部标准数据特征点

仿真机器人检测到的数据值均值与提供的数据误差应在 ±5% 以内，图 3.2-3 为仿真机器人正面人脸标注数据。

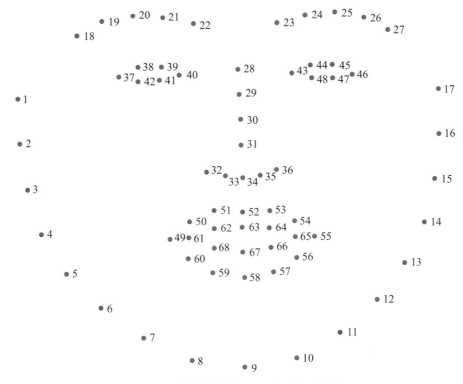

图 3.2-3　仿真机器人正面人脸标注数据

二、驾驶员疲劳监测原理

　　驾驶员疲劳监测会在行驶过程中，主要通过车辆相关信息综合判断驾驶员当前的状态，配备驾驶员状态监测摄像头（智能视觉系统，图 3.2-4）的车辆还可结合驾驶员当前面部状态（面部数据采集见图 3.2-3、图 3.2-5）进一步判断，当出现驾驶员疲劳或注意力不集中时，及时报警降低道路交通事故风险。

图 3.2-4　智能视觉系统（蔚来驾驶员疲劳监测摄像头）

图 **3.2-5**　面部信息采集示意图

图 3.2-6 为位于汽车座舱内的智能视觉车内摄像头，能够全天候与驾驶员进行智能交互，通过它可实现面部识别同步个性化配置、实时监控驾驶员注意力和疲劳状态、实时检测驾驶员心跳健康状况等功能。

(a)　　　　　　　　　　　　　　　(b)

图 **3.2-6**　智能视觉系统车内摄像头（不同车型的摄像头位置）

三、驾驶员疲劳监测功能

1. 功能要求

驾驶员疲劳监测系统应具备监测驾驶员闭眼、头部姿态异常、接打手持电话以及打哈欠、抽烟行为的功能（表 3-3）。

表 **3-3**　驾驶员疲劳监测系统监测行为定义及提示信息条件

序号	监测行为	定义	提示信息条件
1	闭眼	眼睑完全闭合	闭眼持续时间 ≥ 2s
2	打哈欠	张嘴高宽比大于 0.6	打哈欠持续时间 ≥ 2s
3	头部姿态异常	头部偏转角度左、右 ≥ 45°，上、下 ≥ 30°	头部姿态异常持续时间 ≥ 3s

续表

序号	监测行为	定义	提示信息条件
4	接打手持电话	手持电话距离面部范围 5cm 以内	接打手持电话持续时间 ≥ 3s
5	抽烟	手持香烟靠近嘴部范围 2cm 以内	抽烟持续时间 ≥ 2s

2. 性能要求

驾驶员疲劳监测系统应具备在白天、夜晚等不同光照条件及监测对象裸眼、佩戴眼镜、佩戴墨镜等不同穿戴条件下对驾驶员闭眼、头部姿态异常、接打手持电话以及打哈欠、抽烟行为（表 3-4 所示）进行监测的能力。

表 3-4　系统监测行为提示信息条件

序号	监测行为	提示信息条件
1	闭眼	眼睑完全闭合后 2 ～ 3.5s 发出提示信息
2	打哈欠	张嘴高度比大于 0.6 后 3 ～ 4.5s 输出打哈欠信号
3	头部姿态异常	头部偏转到指定位置后 3 ～ 4.5s 发出提示信息
4	接打手持电话	手持电话靠近面部范围 5cm 以后 3 ～ 4.5s 发出提示信息
5	抽烟	手持香烟靠近嘴 2cm 以内 2 ～ 3.5s 发出提示信息

3. 驾驶员疲劳监测报警

车内摄像头将持续分析驾驶员的眼球活动与打哈欠动作，判断驾驶员是否疲劳驾驶，并提醒驾驶员注意休息。当功能开启，系统根据驾驶员的行为表现判断驾驶员疲劳驾驶时，将给予对应的提醒（图 3.2-7）。

图 3.2-7　驾驶员疲劳监测报警（不同车型的报警显示方式）

4. 驾驶员分神监测报警

车内摄像头通过视线追踪技术分析驾驶员视线是否偏离道路。如果系统检测到驾驶员注意力不在驾驶上，会提示驾驶员专心驾驶。功能开启后，当系统根据驾驶员的行为表现判断驾驶员驾驶分神时，将给予对应的提醒（图 3.2-8）。

图 3.2-8　驾驶员分神监测报警（不同车型的报警显示方式）

维修提示

车内摄像头关闭后，停止工作，同时将关闭所有车内智能功能，包括车内 LED 灯、人脸登录、疲劳监测、分神监测等，所以建议保持此功能开启状态。

四、驾驶员疲劳监测范围和局限性

1. 监测范围

驾驶员疲劳监测系统通过不断检测驾驶员对车辆的操作，并由此计算当前驾驶员疲劳值等级（图 3.2-9 ～图 3.2-11），然后与系统设定的参数进行对比。如果该系统识别到驾驶员处于疲劳状态，则发出声音和视觉报警。

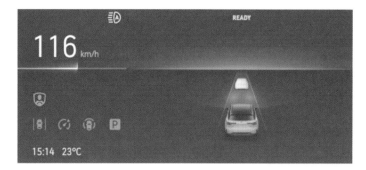

图 3.2-9　一级报警

图 3.2-10　二级报警

图 3.2-11　三级报警

由于车辆的配置和设定差异，各种车的监测条件有所不同。例如，蔚来汽车在驾驶员疲劳监测功能启用后，只要车速在 22km/h 及以上，系统会一直保持监测状态；魏派汽车在车速保持在 65km/h 一段时间后，疲劳驾驶提醒系统开始工作，工作后，如果车速长时间小于 65km/h，系统会降低监测到的疲劳估计值；红旗 ESH9 车速在 15km/h 及以上时系统开始工作，车速小于 15km/h 或车速大于 15km/h 后降至 10km/h 以下，开启驾驶员疲劳监测系统，但系统不报警。

2. 局限性

以下特殊工况下 DSM 系统存在功能被限制情况。

❶ 当强光照射到驾驶员眼镜时，存在镜片反光至摄像头红外区域造成眼部坐标丢失，导致驾驶员疲劳监测功能受限。

❷ 当摄像头被遮挡时组合仪表提示相机故障信息，此种情况不属于系统故障，短时间内遮挡消失系统恢复功能，长时间遮挡会导致系统自动关闭。

❸ 在当前驾驶循环内，由其他相关系统故障导致驾驶员状态监测系统自动关闭，当其他系统故障恢复时驾驶员状态监测系统会自动开启。

五、驾驶员疲劳监测系统操作

首次使用该功能时，在 P 挡下进行个性化校准。人机交互对驾驶进行个性化校准（例举蔚来 ES8）：

❶ 在中控屏进入应用程序中心，按步骤点击，进入个性化校准，调整内后视镜，根据 NOM 提示进行操作。调整完后保持正常驾驶姿势直到 NOM 反馈完成校准，标定本车该账户下新的个性化校准结果。

❷ 可以通过重新校准更新个性化校准值。通过语音唤醒"重新校准"，标定该车该账户下新的个性化校准结果。

❸ 当前账户进行个性化校准后，如果更换驾驶员、调整内后视镜、座椅或方向盘，可能会影响监测和报警效果，或者如果长时间发现提示不准确，都需要重新进行个性化校准，让系统重新学习正常驾驶状态。

第三节 **人机交互系统**

一、智能数字仪表

1. 数字仪表功能和形式

液晶数字仪表将传统机械仪表，完全替换成一整块液晶屏幕来展示转速、里程、油（电）消耗，以及其他车辆行驶信息，取消了传统的物理指针，全部通过电子屏幕展示。仪表形式多样，由于车型配置不同，具体显示的内容也会有所不同。全液晶数字组合仪表一般都集成显示音乐娱乐、导航、天气、车辆状态监控、报警等功能。日常用车时，应时常留意仪表板显示信息，获取车辆实时状态。以下是例举的几款仪表形式。

例举一：仪表见图 3.3-1，表 3-5。

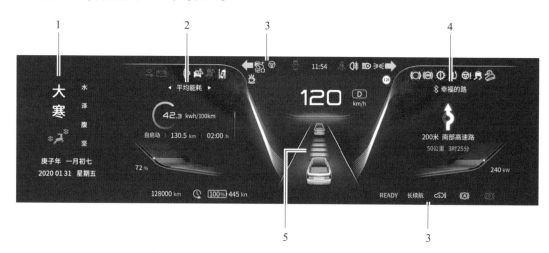

图 3.3-1　液晶数字仪表显示界面（例举形式一）

1—仪表扩展区；2—行车信息显示区；3—提示/报警图标显示区；4—媒体信息显示区；5—综合信息显示区

表 3-5　仪表功能（例举形式一）

序号	仪表区域（功能）	显示内容
1	仪表扩展区	显示二十四节气信息
2	行车信息显示区	显示平均能耗、胎压监测、加速信息、故障查询、驾驶模式、背光亮度、平视显示及外后视镜设置等
3	提示/报警图标显示区	显示车辆指示灯、报警灯等信息
4	媒体信息显示区	显示音响系统中音乐、收音机、新闻、电话、导航信息等
5	综合信息显示区	显示挡位、车速、驾驶辅助信息、日期以及各种报警/提示信息等

例举二：仪表见图 3.3-2，表 3-6。

表 3-6 仪表功能（例举形式二）

序号	仪表区域（功能）	显示内容
1	车速表	指示车速（km/h）
2	时间	显示当前时间
3	警告灯和指示灯	显示车辆指示灯、报警灯等信息
4	信息中心	显示音响系统中音乐、收音机、新闻、电话、导航信息等
5	环境温度	显示当前的环境温度
6	功率表	显示动力系统功率的百分比。如果功率显示为正值，代表动力系统输出动力驱动车辆；如果功率显示负值，代表动力系统转化部分动能为电能
7	总里程	显示车辆已行驶的总里程
8	能量回收模式	显示当前车辆的能量回收模式
9	驾驶模式	显示当前车辆的驾驶模式：Comfort（标准模式）、Sport（运动模式）和 Eco（经济模式）
10	挡位显示	显示当前电驱动变速器的换挡杆位置（P，R，N，D）。如果显示为"EP"表明换挡系统可能出现了某些功能性故障，在这种情况下，要及时进行检查
11	动力系统状态	READY 表示车辆动力系统准备就绪，可以驾驶；POWER OFF 表示车辆处于动力系统关闭状态
12	续驶里程	显示在高压电池包电量耗尽之前车辆还能行驶的里程
13	高压电池包电量表	显示高压电池包电量，当电量过低时，高压电池包电量低警告灯点亮为黄色或闪烁

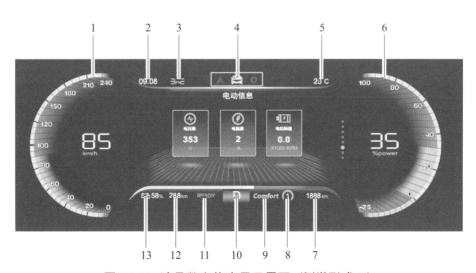

图 3.3-2 液晶数字仪表显示界面（例举形式二）

1—车速表；2—时间；3—警告灯和指示灯；4—信息中心；5—环境温度；6—功率表；7—总里程；8—能量回收模式；9—驾驶模式；10—挡位显示；11—动力系统状态；12—续航里程；13—高压电池包电量表

例举三：仪表见图3.3-3。

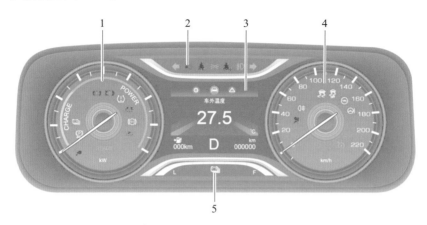

图 3.3-3　液晶数字仪表显示界面（例举形式三）

1—功率表；2—仪表指示灯/报警灯；3—仪表信息显示屏；4—车速表；5—电量表

例举四：仪表见图3.3-4。

图 3.3-4　液晶数字仪表显示界面（例举形式四）

A—音乐广播；B—状态栏；C—电量、里程、功率；D—ADAS/地图；W—信号栏；P—辅助驾驶提示

例举五，仪表见图3.3-5。

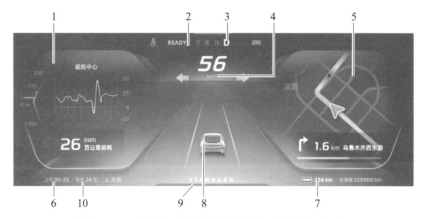

图 3.3-5　液晶数字仪表显示界面（例举形式五）

1—仪表板左侧显示区域；2—指示灯；3—挡位指示灯；4—车速；5—仪表板右侧显示区域；
6—时间；7—电量表/续航里程；8—本车；9—驾驶模式；10—温度

电量图示：组合仪表将根据实际的电量状态，计算动力电池 SOC 值，估算续航里程，并在底部信息栏区域进行显示。

2. 高清触摸中控屏功能和形式

高清触摸中控屏是车载中控信息娱乐系统的专用中央处理器，基于车身总线系统和互联网服务，形成的车载综合信息处理系统。能够实现包括多媒体（音视频播放、图片浏览、个性化娱乐等）、导航、天气信息、辅助驾驶、故障检测、车辆信息、车身控制、无线通信等一系列应用，极大地提升了车辆电子化、网络化和智能化水平。

中控屏形式多样，由于车型配置不同，具体显示的内容也会有所不同。以下是例举的几款仪表形式。

例举一：可旋转中控屏。如图 3.3-6 所示为比亚迪秦的横式中控屏模式，可触摸旋转按钮改变为竖屏（图 3.3-7）。

图 3.3-6　中控屏（横屏模式）

图 3.3-7　中控屏（竖屏模式）

例举二：非凡汽车与埃安汽车的中控屏见图 3.3-8、图 3.3-9。

图 3.3-8　中控屏（上汽非凡汽车）

图 3.3-9　中控屏（埃安）

图 3.3-10　中控屏（小鹏 G5）

1—常用界面；2—灯光；3—驾驶体验界面；4—车辆设置界面；5—辅助驾驶界面；

6—车辆状况界面；7—用户手册界面

　　例举三：小鹏汽车不同车款的中控屏见图 3.3-10、图 3.3-11。

　　车辆上电后，点击"汽车图标"进入"车辆控制"界面，可以对车辆进行控制。进入每个界面可参照说明提示进行操作。例如某车空调操控界面如图 3.3-12、表 3-7 所示。

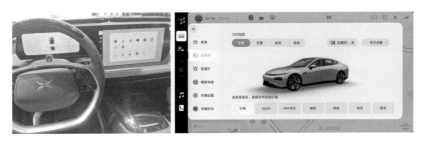

图 3.3-11　中控屏（小鹏 P7）

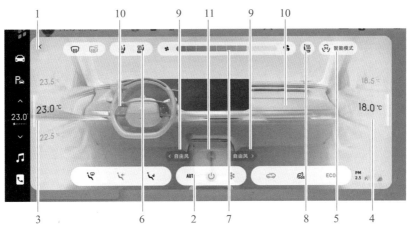

图 3.3-12　中控屏（触摸空调控制界面）

1—关闭空调控制界面开关；2—底部控制栏；3—主驾温度调节区域；4—副驾温度调节区域；
5—智能模式；6—驾驶员座椅加热及通风功能；7—风量调节；8—副驾驶员座椅加热功能；
9—隐藏式出风口的风向模式；10—空调面板内主副驾视觉区域；11—智能空调系统

表 3-7　中控屏功能及操作

序号	中控屏区域（功能）	说明
1	关闭	关闭空调控制界面开关
2	底部控制栏	①手动可调节吹风模式，点击"吹窗、吹面、吹脚"按钮设置不同组合偏好 ②AUTO：点击进入空调自动控制模式。AUTO 模式开启后如果手动调整风量、温度等个别设置则退出 AUTO 模式 ③ECO：点击按钮进入经济空调模式 ④尾气防护：点击按钮开启智能内外循环切换功能
3	主驾温度调节区域	上下滑动设置主驾空调温度，单指上下滚动操作，主驾可同步副驾温度
4	副驾温度调节区域	上下滑动设置副驾空调温度，单指上下滚动操作，副驾也可同步主驾温度
5	智能模式	包含极速降温模式和智能除味模式
6	主驾驶员座椅加热及通风功能	可调范围为 OFF、1、2、3，循环点击切换大小

续表

序号	中控屏区域（功能）	说明
7	风量调节	左右滑动滑条可调节风量大小 左侧为减少风量图标，右侧为增加风量图标，可点击减少/增加风量1格，也可长按加速减少/增加风量多格
8	副驾驶员座椅加热功能	副驾仅有加热功能，可调范围为OFF、1、2、3，循环点击切换大小
9	隐藏式出风口的风向模式	模式包含：单向风、镜像风、自由风、全车扫风
10	空调面板内主 副驾视觉区域	单指划动会进入风向无级调节状态，该状态下，隐藏其他空调控制项，显示主副驾风向的横坐标、纵坐标的指示器
11	XFreeBreath （小鹏）智能空调系统	点击XFreeBreath图标，显示浮层介绍页内容 ①PM2.5净化：点击开启功能，空调开启后将全程监测车内PM2.5并不间断净化车内空气 ②等离子净化杀菌：开启功能后空调出风均经过杀菌消毒处理 ③AQS防车外尾气：开启AQS功能后将防止尾气进入车内 ④自干燥防霉：开启功能，离车下电后空调管道自动干燥防霉处理

3. 组合仪表诊断与检测

（1）仪表指示灯显示逻辑　组合仪表结构见图3.3-13。

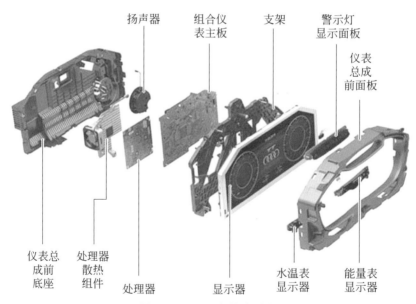

图 3.3-13　组合仪表结构

以图3.3-14仪表为例，位于仪表顶部及左右侧边区域的指示灯采用固定位置显示和非固定位置显示两种方式进行显示。非固定位置指示灯显示时，将会遵循以下原则：

❶ 根据激活的时间，从指示灯位置最小序号依次显示，当所有显示位置均有指示灯显示时，新增加的指示灯显示需求将不再响应，此时将点亮相应的主警告灯。

❷ 在同一个上电周期中，非固定位置指示灯点亮条件不满足时，对应的显示位置进行

留空处理，此时若再有新指示灯被激活，将在序号最小的留空指示灯位置显示新指示灯。

❸ 下电再上电后，指示灯显示位置将进行重置，即根据指示灯激活的时间，重新由指示灯位置最小序号开始依次显示相应的指示灯。

图 3.3-14　指示灯

（2）充放电界面显示逻辑　组合仪表根据高电压系统对应的工作状态进入相应显示界面，接收不到数据总线报文信息 5s 后，组合仪表将退出充放电界面，仪表工作过程中在任意界面都可以进入充放电界面（图 3.3-15）。

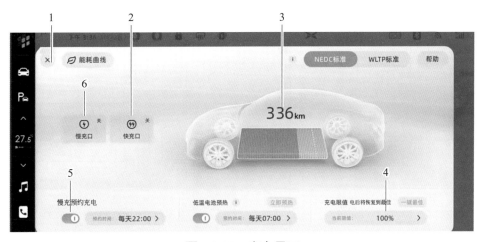

图 3.3-15　充电显示

1—点击关闭充电功能面板；2—点击打开或关闭直流充电口盖；3—充电信息显示区域；
4—点击设置充电限值数值；5—点击开启或关闭预约充电功能；6—点击打开或关闭交流充电口盖

（3）仪表通信控制　为确保组合仪表成功运行上述功能，必须确保所连接的总线通信正常，组合仪表采用 CAN FD 总线通信和 ETH 以太网通信两种方式，其中 CAN FD 依据相应的规范标准实现控制单元数据传输，ETH 以太网通信主要用于 OTA 升级和仪表大屏通信。智能仪表控制电路见图 3.3-16、图 3.3-17。

（4）仪表诊断与检测　故障深入检查前，首先用故障诊断仪执行诊断，检查是否有故障码，参考故障码和数据流能帮助更快更准确地判断故障。然后进行目测电气检查，包括一些简单的检查项目，例如保险丝的通断，进行故障确认。

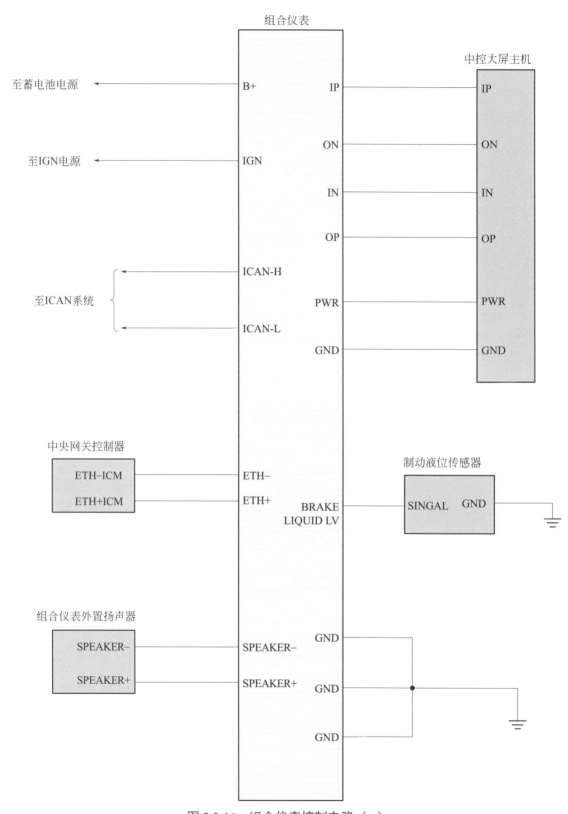

图 3.3-16　组合仪表控制电路（一）

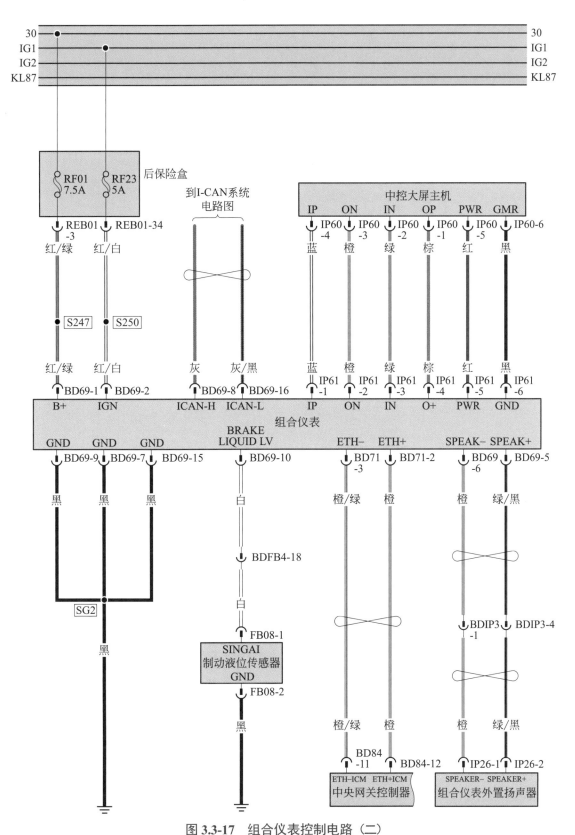

图 3.3-17　组合仪表控制电路（二）

❶ 组合仪表电路：见图 3.3-16 和图 3.3-17。

❷ 组合仪表线束连接情况：组合仪表与电气单元 / 总成（零部件）互相连接，组合仪表线束见图 3.3-18。

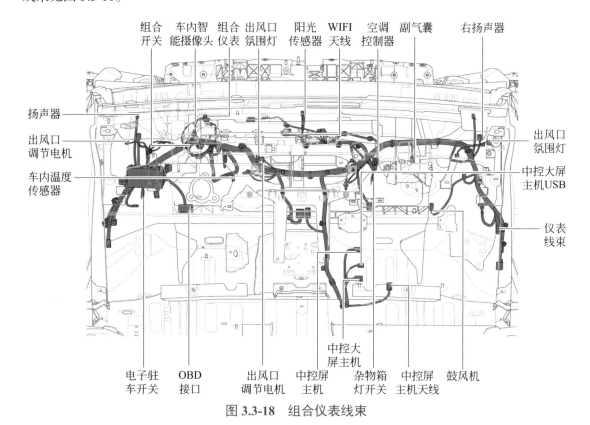

图 3.3-18　组合仪表线束

❸ 组合仪表线束连接器端子定义：见表 3-8。

表 3-8　组合仪表线束连接器端子定义

组合仪表线束连接器	端子	导线颜色	线别作用（端子定义）
	1	红 / 绿	常电
	2	红 / 白	IG1 电源
	5	绿 / 黑	组合仪表外置扬声器电源输入
	6	橙	组合仪表外置扬声器接地
	7	黑	接地
	8	灰	CAN-H
	9	黑	接地
	10	白	制动液位传感器信号
	15	黑	接地
	16	灰 / 黑	CAN-L

续表

组合仪表线束连接器	端子	导线颜色	线别作用（端子定义）
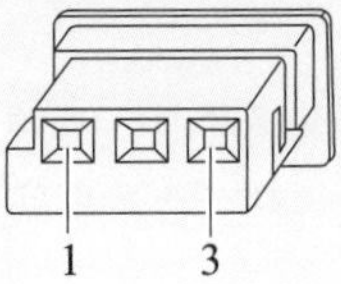	2	橙	中央网关控制器 ETH+（以太网）
	3	橙/绿	中央网关控制器 ETH-（以太网）
	1	棕	OP
	2	绿	1N
	3	橙	ON
	4	蓝	1P
	5	红	仪表显示屏电源
	6	黑	仪表显示屏接地

1）组合仪表电源和接地电路检测　电路诊断和检测要点如下。

❶ 组合仪表电源电路检测：执行车辆下电程序，断开组合仪表线束连接器，然后再执行车辆上电程序。按照表 3-9 检测其电源电路，如果不符合表内应测得电压的结果，那么应该维修或更换线束。

表 3-9　组合仪表电源电路的检测

检查部件			万用表检测的两端子		检测条件	状态	应测得结果
部件名称	代号	图示	红色表笔连接	黑色表笔连接			
组合仪表线束连接器	BD69	见表 3-8	BD69/1	车身接地	上电	电压	14V 左右
			BD69/2	车身接地	上电	电压	14V 左右

❷ 组合仪表接地电路检测：执行车辆下电程序，断开组合仪表线束连接器。按照表 3-10 检测其接地电路，如果不符合表内应测得电阻的结果，那么应该维修或更换线束。

表 3-10　组合仪表接地电路的检测

检查部件			万用表检测的两端子		检测条件	状态	应测得结果
部件名称	代号	图示	红色表笔连接	黑色表笔连接			
组合仪表线束连接器	BD69	见表 3-8	BD69/7	车身接地	下电	电阻	$< 1\Omega$
			BD69/9	车身接地	下电	电阻	$< 1\Omega$
			BD69/15	车身接地	下电	电阻	$< 1\Omega$

如果诊断显示为过压、电压不足，或者 ICM 供电异常的故障，首先应该检测组合仪表电源和接地线路，如果正常，那么问题出在组合仪表本身，应该更换。

2）中央网关控制器与组合仪表之间的 CAN 数据通信电路的检测

❶ 中央网关控制器与组合仪表之间 CAN 通信电路：见图 3.3-19。

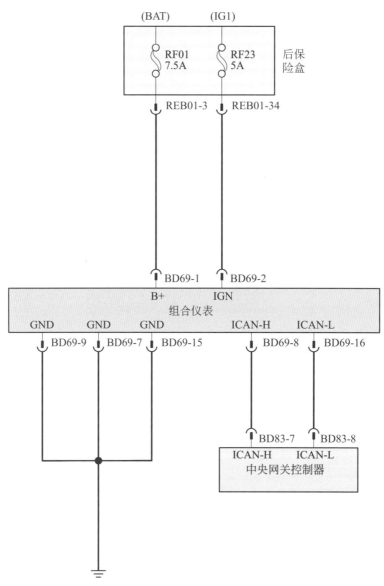

图 3.3-19　中央网关控制器与组合仪表之间 CAN 通信电路图

❷ 电路诊断和检测要点：执行车辆下电程序，断开中央网关控制器线束连接器，断开组合仪表线束连接器。按照表 3-11 检测其电路，如果不符合表内应测得电阻的结果，那么应该维修或更换线束。如果线路没有问题，更换中央网关控制器。

表 3-11　组合仪表与中央网关控制器之间 CAN 通信电路的检测

检查部件			万用表检测的两端子		检测条件	状态	应测得结果
部件名称	代号	图示	红（黑）色表笔连接	黑（红）色表笔连接			
组合仪表线束连接器	BD69	见表 3-8	BD69/8	BD83/7	下电	电阻	< 1Ω
中央网关控制器线束连接器	BD83	—	BD69/16	BD83/8	下电	电阻	< 1Ω

3）中控大屏主机与组合仪表之间的 CAN 数据通信电路的检测

❶ 中控大屏主机与组合仪表之间 CAN 通信电路：见图 3.3-20。

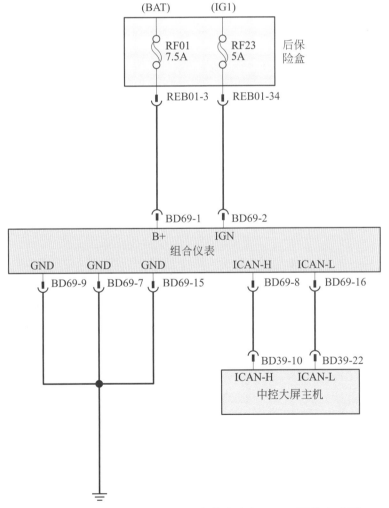

图 3.3-20　中控大屏主机与组合仪表之间 CAN 通信电路图

❷ 电路诊断和检测要点：执行车辆下电程序，断开中控大屏主机线束连接器，断开组合仪表线束连接器。按照表 3-12 检测其电路，如果不符合表内应测得结果，那么应该维修或更换线束。

表 3-12　组合仪表与中控大屏主机之间 CAN 通信电路的检测

检查部件			万用表检测的两端子		检测条件	状态	应测得结果
部件名称	代号	图示	红（黑）色表笔连接	黑（红）色表笔连接			
组合仪表线束连接器	BD69	见表 3-8	BD69/8	BD39/10	下电	电阻	＜1Ω
中控大屏主机线束连接器	BD39	—	BD69/16	BD39/22	下电	电阻	＜1Ω

如果故障诊断仪显示"与 CDU 丢失通信"，且按照表 3-12 检测中央网关控制器与组合仪表 CAN 线路没有问题，则接着检查中控大屏主机的供电接地导线。如果接地没问题，那么更换中控大屏主机。

4）中央网关控制器与组合仪表之间的以太网数据通信电路的检测
❶ 中央网关控制器与组合仪表之间的以太网数据通信电路：图 3.3-17。
❷ 电路诊断和检测要点：执行车辆下电程序，断开中央网关控制器线束连接器，断开组合仪表线束连接器。按照表 3-13 检测其电路，如果不符合表内应测得电阻的结果，那么应该维修或更换线束。

表 3-13　组合仪表与中央网关控制器之间以太网数据通信电路的检测

检查部件			万用表检测的两端子		检测条件	状态	应测得结果
部件名称	代号	图示	红（黑）色表笔连接	黑（红）色表笔连接			
组合仪表线束连接器（三针端）	BD71	表 3-8 的三针端线束连接器	BD71/2	BD84/12	下电	电阻	＜1Ω
中央网关控制器线束连接器	BD84	ETH–　ETH+	BD71/3	BD84/11	下电	电阻	＜1Ω

划重点

如果故障诊断仪显示"以太网非预期的连接丢失"，那么就说明网线没有连接，就是网线或者网络的供电故障。通常来讲先进行如检查保险丝是否完好以及插接器否虚接等比较直观简单的入手检查；然后用万用表按照表 3-13 进行具体线路检测。如果按照表 3-13 检测中央网关控制器与组合仪表之间的以太网数据通信线路没有问题，接着检查一下中央网关控制器的供电接地导线。如果没问题，那么故障就出在中央网关控制器上了，应更换网关来彻底解决。

5）组合仪表外置扬声器与组合仪表之间通信电路检测　组合仪表外置扬声器电路：图 3.3-21。

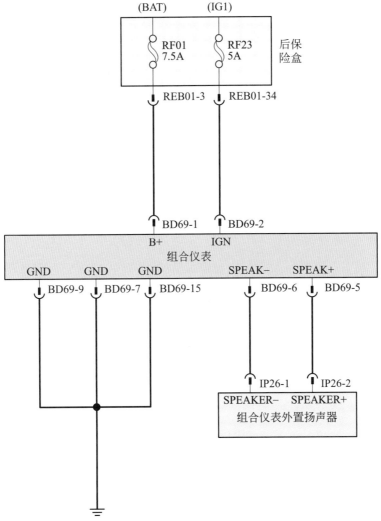

图 3.3-21　组合仪表外置扬声器与组合仪表之间通信电路图

❶ 组合仪表外置扬声器与组合仪表之间的通信电路的检测：执行车辆下电程序，断开组合仪表外置扬声器线束连接器，断开组合仪表线束连接器。按照表 3-14 检测其电路，如果不符合表内应测得电阻的结果，那么应该维修或更换线束。

表 3-14　组合仪表外置扬声器与组合仪表之间的通信电路的检测

检查部件			万用表检测的两端子		检测条件	状态	应测得结果
部件名称	代号	图示	红（黑）色表笔连接	黑（红）色表笔连接			
组合仪表线束连接器	BD69	表 3-8	BD69/6	IP26/1	下电	电阻	< 1Ω
组合仪表外置扬声器线束连接器	IP26	 扬声器− 扬声器+	BD69/5	IP26/2	下电	电阻	< 1Ω

❷ 组合仪表外置扬声器对地短路的检测：执行车辆下电程序，断开组合仪表外置扬声器线束连接器，断开组合仪表线束连接器。按照表 3-15 检测其电路，如果不符合表内应测得电阻的结果，那么应该维修导线或连接器，或更换线束。

划重点

组合仪表外置扬声器对地短路，也就是说组合仪表外置扬声器电路短路到接地。

表 3-15　组合仪表外置扬声器对地短路的检测

检查部件			万用表检测的两端子		检测条件	状态	应测得结果
部件名称	代号	图示	红色表笔连接	黑色表笔连接			
组合仪表线束连接器	BD69	表 3-8	IP26/1	车身接地	下电	电阻	> 10 kΩ
组合仪表外置扬声器线束连接器	IP26	表 3-14	IP26/2	车身接地	下电	电阻	> 10 kΩ

❸ 组合仪表外置扬声器对正极短路的检测：执行车辆下电程序，断开组合仪表外置扬声器线束连接器，断开组合仪表线束连接器，然后再执行车辆上电程序。按照表 3-16 检测其电路，如果电压不在 0V 上下，那么应该维修导线或连接器，或更换线束。

划重点

　　组合仪表外置扬声器对正极短路，也就是说组合仪表外置扬声器电路短路到电源。

表 3-16　组合仪表外置扬声器对正极短路的检测

检查部件			万用表检测的两端子		检测条件	状态	应测得结果
部件名称	代号	图示	红色表笔连接	黑色表笔连接			
组合仪表线束连接器	BD69	表 3-8	IP26/1	车身接地	上电	电压	0V
组合仪表外置扬声器线束连接器	IP26	表 3-14	IP26/2	车身接地	上电	电压	0V

划重点

　　如果上述检测线路都正常，但故障诊断仪显示为"扬声器故障，开路或短路"，那么直接更换组合仪表外置扬声器。如果更换了扬声器还没解决，那么就更换组合仪表。当然前提是扬声器是外置的（如果是内置扬声器，检查线路没问题，就是组合仪表问题）；一定要先进行如检查保险丝是否完好，以及连接器是否有虚接和腐蚀等简单的诊断。

6）组合仪表故障点列表　见表 3-17。

表 3-17　组合仪表故障点列表

故障	故障点 / 可能原因	需要检查的故障点
ICAN 关闭	CAN 线路故障	检查 CAN 线路
ICAN 跛行	CAN 线路故障	检查 CAN 线路
与 CGW 丢失通信	① CGW 故障 ② CAN 线路故障	检查 CGW 及 CAN 线路
与 CDU 丢失通信	① CDU 故障 ② CAN 线路故障	检查 CDU 及 CAN 线路
与 T-Box 丢失通信	① T-Box 故障 ② CAN 线路故障	检查 T-Box 及 CAN 线路
以太网非预期的连接丢失	网线没连接	检查网线及网络的供电

续表

故障	故障点 / 可能原因	需要检查的故障点
SQI 值过低	有信号干扰或者网线不好	检查网线及屏蔽信号干扰源
IP 错误	有未授权的设备接入	检查接入网关的设备是否授权
总计里程校验错误	里程篡改	检查是否有里程篡改
升级失败	升级包内容异常，不能实现升级	检查 OTA 升级包一致性和完整性
IIC 通信异常	电压低或异常波动	整车休眠唤醒或蓄电池断电上电
背光错误	LCD 故障	检查 LCD
背光温度超限	环境温度过高	检查 LCD 周围环境温度是否过高
RAM 错误	RAM 故障	检查 RAM
EEPROM 错误	EEPROM 故障	检查 EEPROM
MPU 错误	MPU 进程出错或卡死	检查 MPU
ICM 供电异常	供电异常	检查供电
LCD 温度传感器错误	LCD 温度传感器故障	检查温度传感器
扬声器故障	扬声器故障，开路或短路	检查扬声器
ICM 供电异常	供电异常	检查供电
背光错误	LCD 故障	检查 LCD
背光温度超限	环境温度过高	检查 LCD 周围环境温度是否过高
LCD 温度传感器错误	LCD 温度传感器故障	检查温度传感器

4. 中控屏诊断与维修

（1）中控屏支持的相关功能　中控屏（又可称多媒体系统）采用的悬浮触控屏，支持较高分辨率，基本和主流手机配置 8GB DDR RAM，128G ROM 使系统具备充足的内存来流畅支撑各种 Android 应用。中控屏功能见表 3-18。

表 3-18　中控屏功能

功能	功能项目	参数	备注
识别	人脸识别	√	—
显示与背光	显示屏类型	TFT	—
	显示屏背光	白色	—
	TFT 尺寸	14.96″（英寸）	—
	TFT 像素	2400×1200	—

功能	功能项目	参数	备注
操控	方向盘按键（SWC）	√	仪表采集 A/D 口后通过 CAN 传输到大屏
	触摸屏输入	电容屏	—
	语音输入	√	云端识别
	鼠标支持	√	—
收音	区域	中国大陆	—
	频率范围 FM	87.5 ～ 108MHz	步长 100kHz
	天线馈电电压	12V	—
	主机天线座	FAKPA 座	—
音效相关	音效处理方案	DSP	—
	最大输出功率	40W	40W×4
	有效输出功率	≥ 16W	10% 失真功率
	功放输出声道	4	4CH 中低音 +4CH 高音
	扬声器阻抗	4Ω	—
	触摸提示音（Beep 声）	√	设置菜单开 / 关可选
	EQ	5 段	—
音频支持	.MP3	√	32 ～ 320kbit/s
	.WMA	√	32 ～ 320kbit/s
	.AAC	√	—
	.WAV	√	—
	.OGG	√	—
	.FLAC	√	—
图片支持	.JPEG	√	—
	.BMP	√	—
	.PNG	√	—
媒体播放	支持文件数量	无限制	—
	支持文件夹数量	无限制	—

续表

功能	功能项目	参数	备注
车辆控制	空调控制	√	—
	电量信息	√	—
	动力模式	√	—
	车窗控制	√	—
	座椅调节	√	—
	车门控制	√	—
	车灯控制	√	—
外设接口	USB 端口规格	标准 USB	—
	USB 端口充电	500mA	—
	USB 协议支持	2.0	—
蓝牙	支持 HFP（蓝牙免提）	√	—
	支持 A2DP（高级高频传输）	√	—
	支持 PBAP（电话簿访问）	√	—
	支持 SPP（串行端口服务）	√	—
	下载电话本	√	—
	查看通话记录	√	—
	过滤查看电话本信息	√	—
	通话中数字拨号呼出	√	—
导航	导航支持	GPS+北斗	—
	导航模组位置	内置	—
	惯导支持	√	—
	导航引擎	高德	—
	导航地图	高德	—
	地图载体	UFS	—
	载体容量	128G	—
	导航天线	√	—
输入控制	灯光控制	√	通过 CAN 协议实现
	显示屏背光控制	√	用户操作实现
	倒车检测	√	通过 CAN 协议实现
	刹车检测	√	通过 CAN 协议实现
	车速检测	√	通过 CAN 协议实现
	防盗（Anti Thief）	√	高配车

续表

功能	功能项目	参数	备注
行车辅助	360 全景泊车	√	—
	后视摄像头	√	低配车
网络接入	4G 网络制式	联想懂得（移动）	—
	4G 模组位置	内置	—
	WIFI	√	—
	GPRS	√	—
OBD	BT	√	—
	诊断信息	√	—
升级	OTA	√	—

（2）控制策略　中控屏主机控制电路见图 3.3-22，中控屏（中央显示屏）通过 CAN 网络将中控屏触摸屏指令信号，中控屏按钮指令信号，提供给中控屏主机。中控屏主机根据接收到的各类信号和内部控制逻辑，显示车辆状态。根据用户的指令，启用 / 禁用车辆的各种功能。以下例举几个由中控屏触摸控制的对象。

❶ 控制空调：空调控制单元接收来自中控屏主机发送的 AUTO（自动）模式请求，接收环境温度传感器温度信号，接收室内温度传感器温度信号。空调控制单元控制自动模式、压缩机、出风口模式伺服电机、循环模式伺服电机、鼓风机等工作，发送各状态给中控屏主机并在中控屏上显示。

空调控制单元接收来自中控屏主机的鼓风机请求信号，接收来自网关的车辆状态信号，接收来自电动汽车的 VCU 的 12V 蓄电池负荷等级信号。控制鼓风机按目标风速工作，并发送相应风速等级状态信号给中控屏主机并在中控屏中显示。

空调控制单元接收来自中控屏主机的出风口模式 / 循环模式请求信号，控制旁路伺服电机来控制出风口位置，或控制模式伺服电机来控制循环风门位置。并发送响应位置状态信号给中控屏主机并在中控屏上显示。

空调控制单元接收来自中控屏主机发送的开关请求，接收来自中央网关控制器的车辆状态信息及各传感器信号，根据设定条件控制空调系统工作。

划重点

中控屏主机负责记忆空调状态，车辆上电后，空调控制单元接收中控屏主机空调记忆状态，并执行中控屏上显示的空调状态。空调控制单元也记忆空调状态，当空调控制单元没有收到中控屏主机空调记忆状态时，空调控制单元将使用自身记忆状态执行空调系统控制。在经济模式下，空调控制单元会控制降低压缩机、鼓风等功率输出。

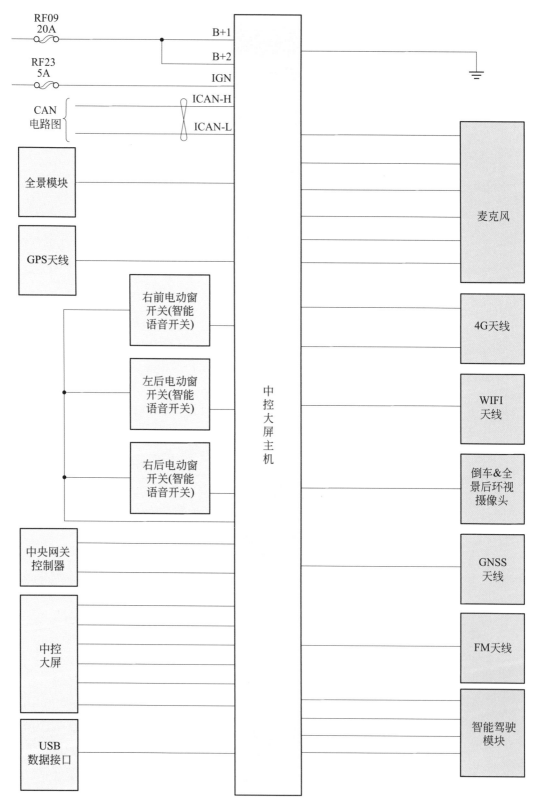

图 3.3-22　中控屏主机控制电路图

❷ 控制座椅：座椅控制模块（例如驾驶座）通过 CAN 网络将左前座椅加热信号、左前座椅通风信号、左前座椅按摩信号和左前座椅控制状态、转向柱控制状态、转向柱位置信号和左前座椅高度电机位置信号、左前座椅滑动电机位置信号、左前座椅靠背电机位置信号、左前座椅倾斜电机位置信号提供给中控屏主机。中控屏主机根据接收到的各类信号和内部控制逻辑，显示车辆座椅状态。

❸ 驾驶辅助：中控屏通过 CAN 网络将智能驾驶设置信号、导航限速状态信号、自动泊车设置信号、泊车辅助请求信号、泊车辅助功能信号等提供给中央网关控制器。中央网关控制器根据接收到的各类信号和内部控制逻辑，设置车辆状态。不同车辆状态下，启用 / 禁用的车辆功能不同。如果串行数据丢失，模块将会存储一个或多个针对未通信设备的无通信代码。

雷达传感器通过 CAN 网络将前部碰撞警示设置状态提供给中控屏主机。中控屏主机根据接收到的信号和内部控制逻辑，显示车辆状态。根据触摸中控屏的指令，启用 / 禁用车辆的各种功能。

HUD（平视显示）通过 CAN 网络将 HUD 显示器高度状态、HUD 显示器亮度状态、HUD 报警 / 失效状态等提供给中控屏主机。

（3）中控屏的检查

❶ 车辆上电，查看中控大屏 4G 网络信号、通信信号、充电管理界面、登录界面是否正常。

❷ 在中控大屏分别检查导航、音乐播放、电台、网络电台、蓝牙连接、电话通信、语音识别等功能是否正常工作。

❸ 通过中控大屏点击车辆控制各按键检查各功能是否正常工作。如：全景影像功能、前行车摄像头功能、后视镜及后挡风玻璃加热功能等。

（4）中控屏的拆装（举例蔚来 ES8）

❶ 拆下前 L 饰条总成。

❷ 拆下中央显示屏左盖板。

❸ 拆下中央显示屏右盖板。

❹ 拆下固定螺栓（图 3.3-23）。

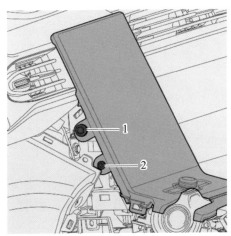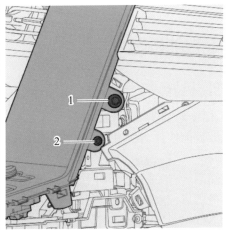

图 3.3-23　拆下固定螺栓

1，2—固定螺栓

❺ 断开中控屏连接器，拆下中控屏（图 3.3-24、图 3.3-25）。

❻ 从中控屏上拆下开关条和音量旋钮开关（图 3.3-26）。

❼ 按拆卸相反顺序安装中控屏，注意连接器插入到位。

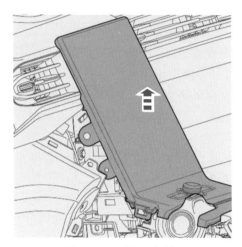

图 3.3-24　拆下中控屏

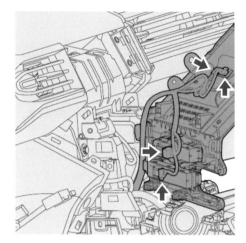

图 3.3-25　断开中控屏连接器（插头）

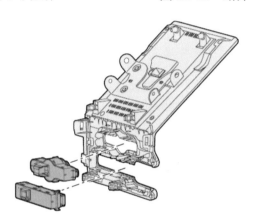

图 3.3-26　拆下开关条和音量旋钮开关

二、车载智能机器人

1. 智能机器人功能操作

在蔚来汽车上的车载智能机器人名字叫"NOMI 车载智能伙伴"，车辆中控台上方放置了一个车载智能伙伴 NOMI，驾乘人员可以轻松自如地通过语音与 NOMI 对话，并控制一些功能的开闭。

当就座后（需关闭主驾车门或踩一下制动踏板），NOMI 会热情地打招呼。当需要 NOMI 为驾乘人员开启控制功能时，可说出唤醒词（默认"嗨，NOMI"）或者按下方向盘右侧语音键来唤醒 NOMI。当 NOMI 对驾乘人员的唤醒进行应答后（如回答"在呢"），驾乘人员可表达出其想要实现的功能。对话结束或完成指定的功能时 NOMI 将自动进入待机模式，有需要时可再次唤醒 NOMI。

驾乘人员可自行设置 NOMI 的唤醒词，进入中控屏应用程序点击"设置→ NOMI →设置唤醒词"，此设置将保存到驾乘人员的个人账户中，在驾乘人员下次就座时自动激活此设置。如果自定义的唤醒词是两个字，比如"小哈"，唤醒的时候就需要加"嗨（小哈）"；如果自定义的唤醒词是三到六个字，比如"小哈哈"，就可以直接用这个名字唤醒 NOMI 了。智能对话示范见表 3-19。

表 3-19　智能车载机器人功能（例如机器人取名为 NOMI）

NOMI 功能分类	功能	智能对话示范
基本功能	唤醒 NOMI	嗨，NOMI
	功能介绍	你会干什么
	提出建议	①我有一个建议 ②我要反馈问题
	退出	取消 / 退出 / 再见
	勿扰模式（NOMI 不会自发地说话，但仍可以回应您的请求）	①勿扰模式 ②别打扰我 ③退出勿扰 ④别睡啦 ⑤醒醒啦
媒体	音量调节	①音乐 / 媒体音量调到最大 ②音量调到 60%/ 最小 / 一半 ③静音
	播放音乐	①随便放首歌 ②放一首 ××× ③下一首 ④单曲循环 / 列表循环 / 随机播放模式 ⑤收藏这首歌 ⑥不想听 ××× 的歌了 ⑦播放 USB 音乐
	播放播客	①播放喜马拉雅 ②我要听相声
电话	拨打电话	帮我打电话给 ×××
	接听电话	接听 / 拒绝
娱乐	讲笑话	你给我讲个笑话吧
	自拍	①帮我拍照 ②再来一张
导航	导航到兴趣点	①帮我导航 ②我要去充电 ③我饿了 ④我想吃火锅

NOMI 功能分类	功能	智能对话示范
导航	路线规划	①第一个 ②去最近的 ③重新规划路线
	地址收藏及记忆	①修改家的地址 ②收藏当前位置
	调整导航视图	①放大地图 ②切换到 2D 地图 ③车头向上
	导航信息查询及结束	①到公司还要多久 ②前方路况怎么样 ③结束导航 ④停止导航
空调	调节温度	（主驾 / 副驾 / 后排）空调调到 26 度（摄氏度）
	调节风速	①主驾风速小一点 ②空调开到最大
	开关空调	①打开（后排）空调 ②打开空调自动模式
	调节风向及内外循环	①吹脸、吹脚、吹窗、吹前挡风玻璃 ②（打开 / 关闭）前除霜、后除霜 ③打开内循环
	空气净化	①打开空气净化 ②车里 PM2.5 多少 ③空气净化静音模式
窗	车窗控制	①打开 / 关闭（主驾、副驾、左后、右后、全车）车窗 ②打开通风模式 ③车窗打开五分之一 ④后座车窗开一条缝
	天窗和遮阳帘控制	①打开天窗 ②关闭遮阳帘 ③打开一半天窗 ④打开天窗到 50%
座椅	座椅通风	①打开（主驾 / 副驾）座椅通风 ②座椅风小一点
	座椅加热	①打开（主驾 / 副驾 / 左后 / 右后）座椅加热 ②座椅温度高一点
	座椅按摩	①打开（主驾 / 副驾）座椅按摩 ② 主驾座椅按摩调到 3 挡

续表

NOMI 功能分类	功能	智能对话示范
方向盘	方向盘加热	打开方向盘加热
灯	氛围灯	①帮我打开氛围灯 ②帮我把氛围灯换一个颜色
信息查询	天气查询	①今天天气怎么样 ② 10 月 1 日天气怎么样 ③今天会下雨吗 ④今天适合洗车 / 运动 / 旅游吗
	询问电量	①我还能跑多少公里 ②电量还有多少
中控屏控制	屏幕亮度调节	①调暗屏幕 ②屏幕调到最亮
	蓝牙 /WIFI/ 热点	打开 / 关闭（蓝牙、WIFI、热点）
	应用程序	①返回桌面 ②打开媒体 / 电话 / 导航 / 音乐 / 天气 / 设置

2. 智能机器人安装位置和特点

车载智能机器人是一个人机交互接口，是车载机器人个性的"脸"，安装在仪表台顶部中间位置。它利用车上的摄像头、麦克风和仪表台中置的扬声器，使人与汽车的互动更人性化、更直观，可以在正确的时间，用正确的方式提供正确信息。

车载智能机器人内部有旋转和倾斜电机，可实现 100° 的旋转和 ±30° 的倾斜，内置的光学传感器可实现在启动时校准位置。旋转方向跟随驾乘人员方向，脸对脸对话（图 3.3-27、图 3.3-28）。

车载智能机器人（脸）的显示屏为 D 形的 LED 显示，可根据程序显示不同的表情动画。

图 3.3-27　机器人

图 3.3-28　脸朝着司机位置的机器人

3. 智能机器人拆装

以下是不同版本的两种蔚来汽车智能机器人的主要拆装程序和事项。

（1）拆卸和安装程序（mate 1.0）

1）拆下程序

❶ 拆下储物盒。

❷ 拆下保险丝盒中的相关保险丝。

❸ 拆下左侧行李箱饰板工具盖板。

维修提示

注意：向上小心取出智能机器人头部，以防在拆卸过程中损坏智能机器人头部以及线束。

❹ 从智能机器人基座上拆下智能机器人头部（图3.3-29）。

❺ 断开智能机器人头部线束连接器（图3.3-30）。

维修提示

注意，断开时，小心智能机器人头部线束连接器，防止下部排线落入基座。

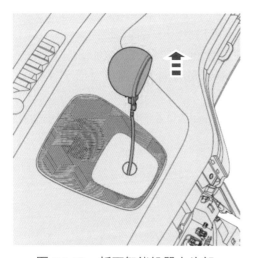

图3.3-29　拆下智能机器人头部

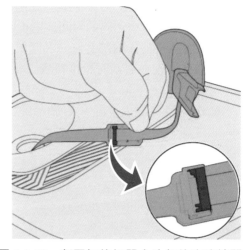

图3.3-30　断开智能机器人头部线束连接器

2）安装程序

❶ 将智能机器人头部基座的凸起，顺时针转至三点钟方向（图3.3-31）。

❷ 将智能机器人头部由图3.3-32（a）所示位置转至图3.3-32（b）所示位置，并确保边沿部分贴合。

❸ 连接智能机器人头部插接件，并使用胶带包裹。

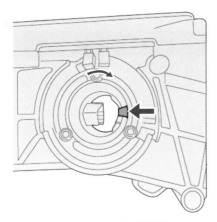

图 3.3-31　安装位置

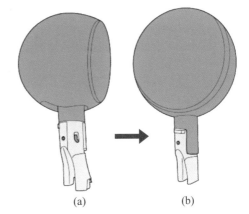

(a)　　　　　　　　(b)

图 3.3-32　断开智能机器人头部线束连接器

❹ 将智能机器人头部金属点与底座的 D 型竖边对齐（朝左侧）（图 3.3-33）。

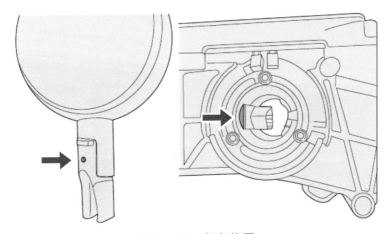

图 3.3-33　朝向位置

❺ 安装智能机器人头部（图 3.3-34）。

❻ 将智能机器人头部豁口与智能机器人头部基座的凸起完全啮合（图 3.3-35）。

❼ 安装相关保险盒中保险丝。

❽ 装上左侧行李箱饰板工具盖板。

❾ 装上储物盒。

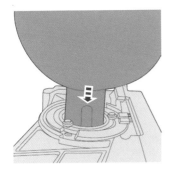

图 3.3-34　装上智能机器人头部

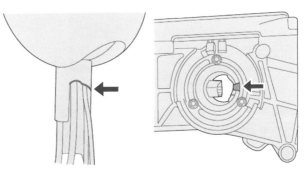

图 3.3-35　与基座对应位置

维修提示

带电状态下，禁止扳动智能机器人头部（向上扳或左右转动），这些动作会损坏智能机器人头部。

（2）拆卸和安装程序（mate 2.0）

1）拆卸程序

❶ 连接诊断仪执行换件流程。

❷ 从智能机器人基座上拆下智能机器人头部。

a. 确认机器人头部旋转到拆卸位置。

b. 用力按下机器人头部（1），同时逆时针旋转机器人头部（2）（图3.3-36）。

c. 旋转至拆卸极限位置，拔出机器人头部（图3.3-37）。

❸ 断开智能机器人头部线束连接器（图3.3-38）。

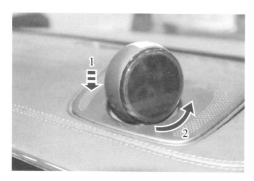

图3.3-36　旋转方法

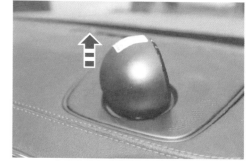

图3.3-37　拔出机器人头部

图3.3-38　断开线束连接器

图3.3-39　基座旋转至安装位置

2）安装程序

❶ 智能机器人基座旋转至安装位置（图3.3-39）。

❷ 连接智能机器人头部线束连接器。

❸ 将智能机器人头部凸起对准基座凹槽（图 3.3-40）。

❹ 用力按下智能机器人头部（1），同时顺时针旋转智能机器人头部（2）（图 3.3-41）。

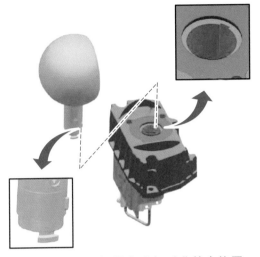

图 3.3-40　机器人头部对准基座位置　　　　图 3.3-41　顺时针旋转智能机器人头部

❺ 顺时针旋转至安装极限位置，向上轻拉智能机器人头部，确认安装到位（图 3.3-42）。

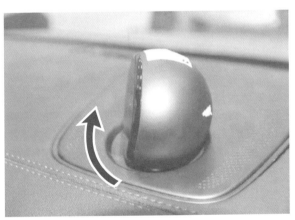

图 3.3-42　确认安装到位

三、手机互联

要使用车联网功能，需要下载汽车品牌 APP（图 3.3-43），以便进行车主实名认证，可进行远程车控、近程车控、无线投屏、钥匙授权管理等；也可以实现车载多媒体主机共享手机应用的功能，主要包括导航、新闻、娱乐、航班、加油充电、音乐、对讲、电话、语音识别、空调控制、方向盘按钮控制等。

应用内语音控制：当已打开相应应用时，在该应用界面下，可唤醒语音控制该应用，直接说出即可（表 3-20）。

图 3.3-43　汽车品牌 APP

表 3-20　手机互联应用

功能	模块	举例乘驾人员发起话术
驾驶模式	首页	打开导航，打开音乐，打开电台，打开微信 / 聊天，打开电话，打开情景模式 / 情景模式，打开手机，打开 ** (百度地图、QQ 音乐等)
微信	收到或回复微信	取消 / 不回复，重新说 / 重新输入，取消 / 不发送，确认 / 发送 / 好的 / 发吧，回复，查看，看位置，导航 / 确定 / 开始导航，关闭所有 / 关所有窗口，不再朗读 / 关闭朗读 / 朗读 / 我要朗读，屏蔽他，不再接收，开启隐私模式 / 开隐私，关闭隐私模式 / 关隐私，关闭群消息 / 群消息关闭，打开群消息 / 开启群消息，下一条，打开红包 / 开红包，不抢了 / 关闭红包
	微信首页	第 * 个，确认 / 发送 / 好的，取消 / 不发送，重新说，更多联系人，更多群聊，发位置 / 发送位置，发送导航目的地，发语音 / 发语音微信，回听 / 播放，撤回 / 撤回语音
音乐	音乐首页	收藏 / 收藏这首歌，取消收藏，退出音乐，切歌 / 换首歌，上一个 / 上一曲，播放列表 / 打开播放列表，菜单 / 打开菜单，播放 / 播放音乐，暂停，第 * 个 / 第 * 首，上一页，下一页，单曲循环，顺序播放，乱序播放 / 随机播放，U 盘音乐 /USB 音乐
	菜单	本地歌曲 / 本地音乐，最近播放 / 播放历史，我喜欢 / 我的收藏，流行巅峰榜 / 流行榜单，返回 / 关闭 / 收起菜单

续表

功能	模块	举例乘驾人员发起话术
电台	电台首页	上一台/上个台，下一台/下个台，收藏/加入收藏，播放列表/打开播放列表，退出电台，取消收藏，停止播放，播放电台/我要听电台/我要播放，打开FM/切换FM，第*个，上一页，下一页，取消扫描/取消轮播/取消搜索
导航	导航首页	我要回家，去公司，打开收藏，打开周边，搜索美食，停车场/搜索停车场，加油站，搜索景点，第*个，上一页，下一页
	周边菜单	收起周边/关闭周边，搜索美食/搜索餐馆，停车场/搜索停车场，加油站/搜索加油站，搜索景点/旅游景点，第一页，上一页，下一页
	收藏菜单	返回，收起收藏/关闭收藏，我要回家/我的家，去公司/我要去公司/我的公司，第*个，第一页，上一页，下一页
	设置菜单	返回，收起设置/关闭设置，打开路况/打开实时路况，关闭路况/关闭实时路况，打开3D/打开3D显示，关闭3D/关闭3D显示，打开自动缩放，关闭自动缩放，打开电子警察，关闭电子警察，自动模式，白天模式，夜晚模式，详细模式，简单模式，静音模式
	搜索/列表结果	返回，第*个，第一页，上一页，下一页，收起列表/关闭列表
	POI详情	加入收藏/取消收藏，拨打电话/电话预订，开始导航，现在出发/去这里
	路径计算页面	第一个，切换路线/换条路，开始导航/现在出发/立即导航，停止导航，退出导航/取消导航/关闭导航
	导航地图界面	航线预览，放大地图，缩小地图，停止导航，不走高速，关闭路况
电话	电话呼入	接电话/接听电话，挂断/取消
	电话首页	拨号盘/打开拨号盘，联系人/打开联系人，上一页，下一页，退出电话
情景车控	情景车控首页	退出情景模式/退出车辆/退出情景车控，打开清凉模式，关闭清凉模式，开启清凉模式/温暖模式，抽烟模式/雨雪模式，天气好热/我好热，打开温暖模式，关闭雨雪模式，下雨了/下雪了/雨好大/雪好大，打开抽烟模式，关闭抽烟模式，我要抽烟，不抽烟了/抽烟完了，空调/打开空调/切换空调
空调	空调控制	打开空调/开空调，关闭空调/关空调，打开A/C，关闭A/C，打开自动/打开AUTO，关闭自动/关闭AUTO，温度*度，温度高一点，调高温度，温度低一点，调低温度，温度最高，温度最低，风量最大，风量最小，风量*级，风量大一点，调高风量，风量小一点，调低风量，打开吹脸模式，打开吹头模式，打开吹脚模式，打开吹脸和吹脚模式，打开吹脚和吹窗模式，内循环/关闭外循环，打开前除雾，关闭前除雾，打开后除雾，关闭后除雾，关闭后窗除雾，外循环/关闭内循环
快捷控制	关屏	关屏/关闭
	设置	设置/打开设置/进入设置/开启设置，音量大一点，音量小一点，静音/音量最低/音量最小，音量最高/音量最大
	屏幕亮度	亮一点/更亮点/再亮点/亮一些，更暗点/更暗些/再暗些，最暗/亮度最低/屏幕最暗/亮度零，最亮/亮度最高/屏幕最亮
	多媒体播放条	暂停/停止播放/暂停音乐/我要暂停，播放/播放音乐/我要听歌/我要播放，换首歌，上一曲/上一个，下一个/上一曲

1. 手机互联接入

维修提示

① 部分手机需要打开 USB 调试模式，才能成功互联。

② 手机互联的部分功能（如通话功能），需在手机蓝牙与车载蓝牙成功连接后，方可正常使用。

③ 手机互联功能开启后，为节省手机电量手机屏幕将变暗。

❶ 在连接设置界面，将"手机互联"连接方式设置为"USB"或"WIFI"手机端下载并安装手机应用。

❷ USB 连接：通过 USB 数据线连接手机与车载 USB1（带图标）接口。

❸ WIFI 连接：系统 WIFI 连接手机个人热点（建议使用 5GHz 频段 WIFI）。

❹ 在主菜单界面或全应用界面，触摸"手机互联"按钮，根据提示操作，进行手机互联，操作简单。

维修提示

如，方向盘按钮控制：当手机和车载多媒体主机互联成功后，可通过方向盘按钮控制手机互联功能。长按方向盘上"相关按钮"，可实现在手机互联界面和其他界面之间切换；长按"相关按钮"，可开启手机互联语音识别功能。

2. 手机互联退出

断开 USB 数据线 /WIFI 连接，可退出手机互联。

四、车家互联

1. 家用电器控制

例如，家用空调的控制：可在车内通过语音控制调节家中的空调及空气净化器。可语音打开家里的空调 / 空气净化器，将家里的空调设置为 ×× 模式，将家里的空调设置为 ××℃，查询家里的空气质量，等等。

在设置菜单中，"我的家庭设备"界面，使用方向盘按键也可控制开启和关闭空调与空气净化器。

2. 拍照和视频

可在车内通过家中摄像头查看家中情况，并拍照（图 3.3-44）。

也可在车内语音，发起与家中的视频通话。打开家里的摄像头，向上转 / 向下转 / 向左转 / 向右转，拍照。设置导航后，把行程和手机中刚拍摄的几张照片发送给家里的电视，和/跟家里视频一下。在设置菜单中，"我的家庭设备"页面，使用方向盘按键也可打开、控制转动摄像头及拍照。

图 3.3-44　车内控制家里摄像头拍照

五、灯语控制系统

1. 灯语控制系统组成

灯语控制系统是一种可以配合车外高品质数字音效，让车辆能像人一样具备表达能力，打造车与车、车与人之间传达信息的新语言。系统主要由灯语控制器、低音提示系统、左前灯语模块、前部灯语模块、右前灯语模块、左后灯语模块、后部灯语模块、右后灯语模块等部件组成，并利用总线技术实现信息通信（图 3.3-45）。

2. 灯语系统功能控制策略

灯语控制系统具有寻车呼唤、解锁唤醒、能量满值、锁车入睡、交流电慢充、直流电快充、向行人"打招呼"等多种预设灯语。

❶ 寻车呼唤：例如在小鹏 APP 内"寻找车辆"中点击闪灯，会触发"寻车呼唤"灯语。

❷ 解锁唤醒：携带任意一种钥匙解锁车辆，会触发"解锁唤醒"灯语，当充满电解锁后还有特别效果。

❸ 能量满值：车辆充满电后，携带任意一种钥匙解锁车辆，会触发"能量满值"灯语。

❹ 锁车入睡：携带任意一种钥匙上锁车辆，会触发"锁车入睡"灯语，并最终灭灯。

❺ 交流电慢充：在车辆进行交流电慢充状态下，会触发"交流电慢充"灯语。

❻ 直流电快充：在车辆进行直流电快充状态下，会触发"直流电快充"灯语。

❼ 向行人"打招呼"：行车过程中，刹车制动进入 AutoHold 或挂 P 挡，会触发向行人"打招呼"灯语，此项功能需预先在系统设置"向行人打招呼"灯语。

3. 灯语系统操作

车辆使用过程中，利用汽车品牌 APP 完成签到打卡、参与内容运营，可获得个性化灯语控制效果权益。可通过以下方式实现车辆灯语功能效果设置。

❶ 大屏操作按钮点选操控。

❷ 手机 APP 操控。

❸ 特定场景（解锁、充电等）触发操控。

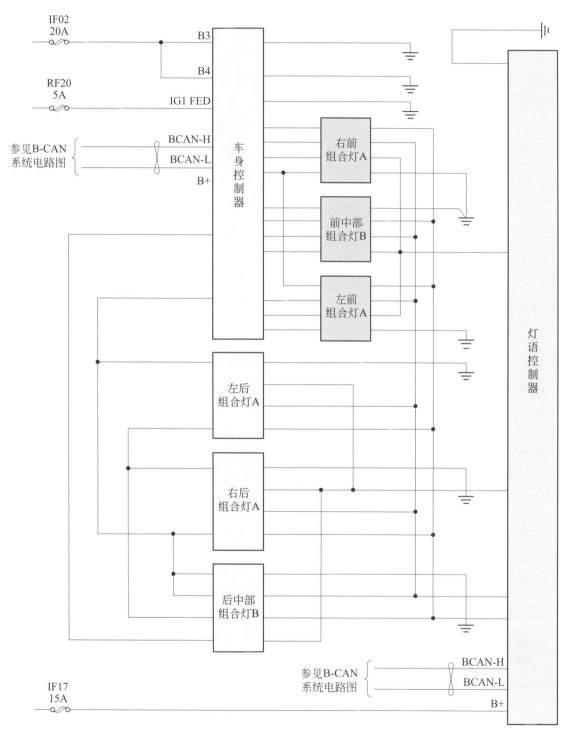

图 3.3-45　灯语控制系统控制电路架构图

4. 灯语控制系统诊断与检测

检查前，首先用故障诊断仪执行诊断，检查是否有故障码，利用灯语控制系统 LLU 的参考故障码和数据流能帮助更快更准确地判断故障。然后进行目测电气检查，包括一些简单的检查项目，例如保险丝的通断，进行故障的确认。

表 3-21　灯语控制器线束连接器

灯语控制器线束连接器	端子	线别作用（端子定义）
	1	灯语控制器输入电源（常电）
	2	灯语控制器前灯输出电源
	3	灯语控制器尾灯输出电源
	4	灯语控制器输入接地
	8	CAN-H
	9	CAN-L
	10	BCAN-H
	11	BCAN-L

❶ 灯语控制系统控制电路架构：见图 3.3-45。

❷ 灯语控制系统电路图：见图 3.3-46 ～图 3.3-49。

❸ 灯语控制器线束连接器：见表 3-21。

（1）灯语控制系统电源电路检测　执行车辆下电程序，断开灯语控制器线束连接器，然后再执行车辆上电程序。按照表 3-22 检测其电源电路，如果不符合表内应测得电压的结果，那么应该维修或更换线束。

表 3-22　灯语控制系统电源电路检测

检查部件			万用表检测的两端子		检测条件	状态	应测得结果
部件名称	代号	图示	红色表笔连接	黑色表笔连接			
灯语控制器线束连接器	BD87	见表 3-21	BD87/1	车身接地	上电	电压	14V 左右

（2）灯语控制系统接地电路检测　执行车辆下电程序，断开灯语控制器线束连接器。按照表 3-23 检测其接地电路，如果不符合表内应测得电阻的结果，那么应该维修或更换线束。

表 3-23　灯语控制系统接地电路检测

检查部件			万用表检测的两端子		检测条件	状态	应测得结果
部件名称	代号	图示	红色表笔连接	黑色表笔连接			
灯语控制器线束连接器	BD87	见表 3-21	BD87/4	车身接地	下电	电阻	＜ 1Ω

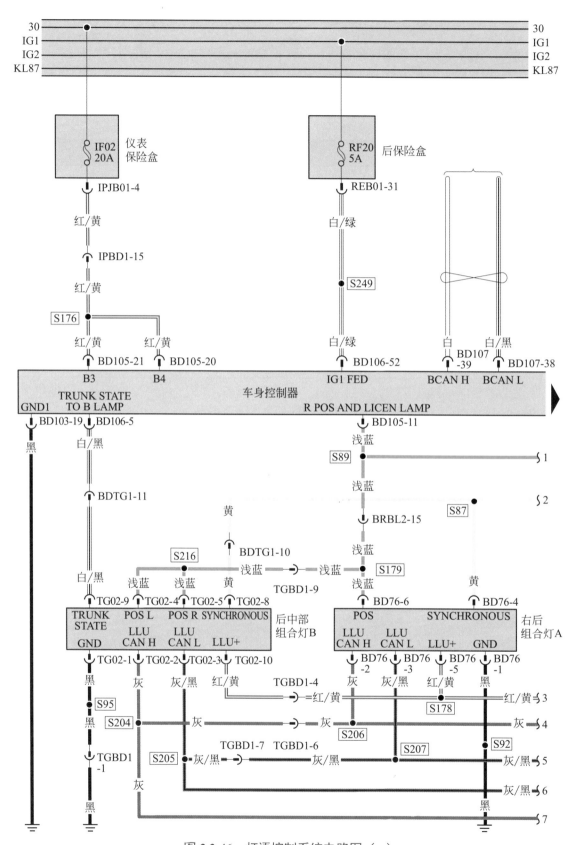

图 3.3-46　灯语控制系统电路图（一）

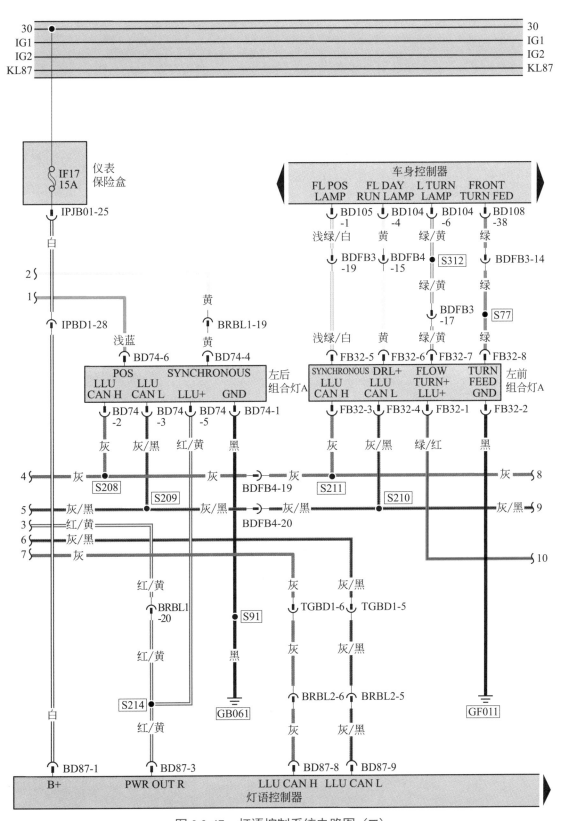

图 3.3-47 灯语控制系统电路图（二）

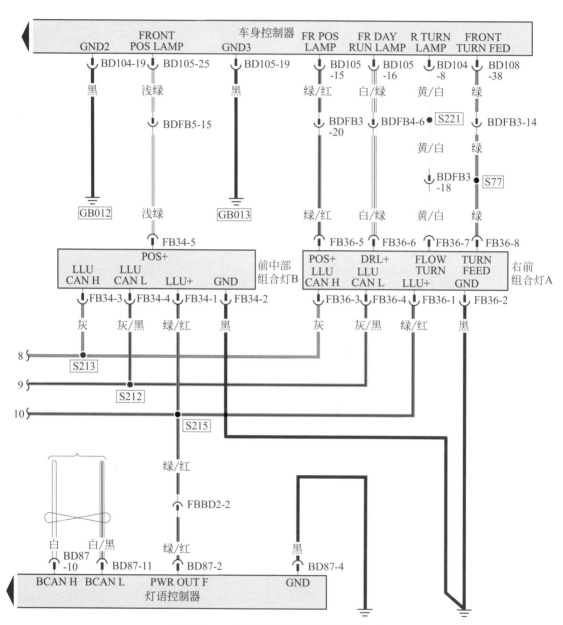

图 3.3-48　灯语控制系统电路图（三）

（3）组合灯与灯语控制器之间的电路的检测　执行车辆下电程序，断开灯语控制器线束连接器和后中部组合灯 B 线束连接器，断开右后组合灯 A 线束连接器和左后组合灯 A 线束连接器，断开左前组合灯 A 线束连接器和前中部组合灯 B 线束连接器，断开右前组合灯 A 线束连接器。按照表 3-24 ～表 3-26 执行电路检测，如果不符合表内应测得结果，那么应该维修线束以及线束连接器，或更换线束。组合灯与灯语控制器之间的电路，见图 3.3-49。

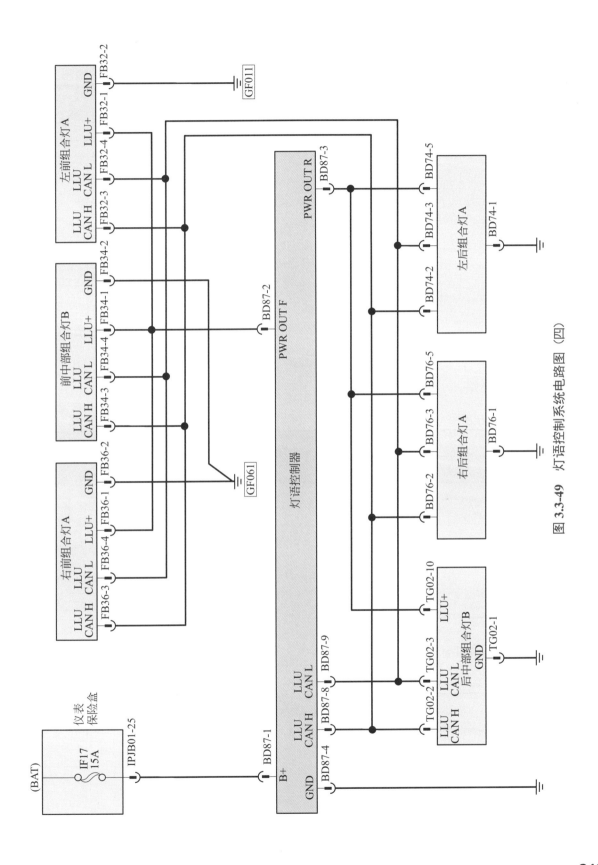

图 3.3-49　灯语控制系统电路图（四）

❶ 后中部组合灯 B、右后组合灯 A 与灯语控制器之间的 CAN 通信电路的检测：按照表 3-24 检测其电路。

表 3-24　后中部组合灯 B、右后组合灯 A 与灯语控制器之间的 CAN 通信电路的检测

检查部件			万用表检测的两端子		检测条件	状态	应测得结果
部件名称	代号	图示	红（黑）色表笔连接	黑（红）色表笔连接			
灯语控制器线束连接器	BD87	见表 3-21	BD87/9	TG02/3	下电	电阻	< 1Ω
后中部组合灯 B 线束连接器	TG02	CAN-H CAN-L	BD87/8	TG02/2	下电	电阻	< 1Ω
右后组合灯 A 线束连接器	BD76	CAN-H CAN-L	BD87/9	BD76/3	下电	电阻	< 1Ω
			BD87/8	BD76/2	下电	电阻	< 1Ω

❷ 左前组合灯 A、右前组合灯 A 与灯语控制器之间的 CAN 通信电路的检测：按照表 3-25 检测其电路。

表 3-25　左前组合灯 A、右前组合灯 A 与灯语控制器之间的 CAN 通信电路的检测

检查部件			万用表检测的两端子		检测条件	状态	应测得结果
部件名称	代号	图示	红（黑）色表笔连接	黑（红）色表笔连接			
灯语控制器线束连接器	BD87	见表 3-21	BD87/9	FB32/4	下电	电阻	< 1Ω
左前组合灯 A 线束连接器	FB32	CAN-H　　CAN-L	BD87/8	FB32/3	下电	电阻	< 1Ω
右前组合灯 A 线束连接器	FB36		BD87/9	FB36/4	下电	电阻	< 1Ω
			BD87/8	FB36/3	下电	电阻	< 1Ω

❸ 前中部组合灯 B 与灯语控制器之间的 CAN 通信电路的检测：按照表 3-26 检测其电路。

表 3-26　前中部组合灯 B 与灯语控制器之间的 CAN 通信电路的检测

检查部件			万用表检测的两端子		检测条件	状态	应测得结果
部件名称	代号	图示	红（黑）色表笔连接	黑（红）色表笔连接			
灯语控制器线束连接器	BD87	见表 3-21	BD87/9	FB34/4	下电	电阻	< 1Ω
前中部组合灯 B 线束连接器	FB34	CAN-H　CAN-L	BD87/8	FB34/3	下电	电阻	< 1Ω

第四章
电气控制和数字化调节

第一节　智能远光控制系统

1. 汽车自适应前照明系统相关术语

GB/T 39263—2020《道路车辆　先进驾驶辅助系统（ADAS）术语及定义》和 GB/T 30036—2013《汽车自适应前照明系统》对汽车自适应前照明系统给出了定义。

2. 自适应远光

自适应远光功能可根据当前车速及周围环境亮度自动切换远近光灯。此外，当车辆前方有其他道路使用者（如跟车或会车）时，自适应远光功能会自动捕捉其他道路使用者的位置，并调暗或熄灭远光灯照射到该位置的灯光，以避免对其造成眩目。

3. 自动大灯高度调节系统功能

自动高度调节控制系统在车辆处于静止状态时，能够根据车辆负载状态变化，自动感应和调节灯光高度。如图 4.1-1 所示，车辆运动过程中，同样能够动态修正感应的车身姿态数据，避免车头下沉时视野太近和车头上翘时对来车造成眩目，同时获得最佳的前方照射范围，使行车更加安全，驾乘更舒适。

4. 自动大灯高度调节工作原理

远近光配备先进的自动高度调节功能，可以根据车辆负载状态变化，自动感应和调节灯光高度，以获得最佳的前方照射范围。前灯配备了角灯功能，可以扩大车辆转弯时的弯道内照射范围，行车更加安全。

自动高度调节控制器内置姿态传感器，姿态传感器感应车身姿态变化，算出车辆倾斜角和路面倾斜角，从而根据车辆倾斜角大小调节近光灯截止线高度。

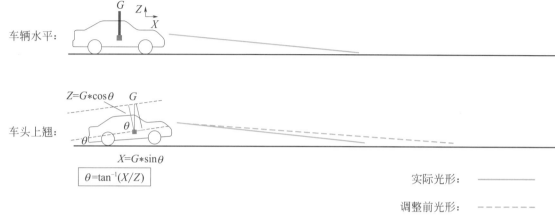

图 4.1-1 自动高度调节控制示意图

 知识链接

公式：感应角（Sensor Angle）＝路面倾斜角（Road Angle）＋车辆倾斜角（Pitch Angle）。

主要控制策略：

❶ 打开点火开关时，自动高度调节控制器把当前路面倾斜角和车辆倾斜角记录到存储器。关闭点火开关时，从存储器读取上次记录的车辆倾斜角和路面倾斜角。

❷ 车辆行驶前后（车开动到停下）感应角的变化量为路面角的变化量。

❸ 车辆静止时感应角的变化为车身姿态角的变化。

❹ 车辆行驶中，自动高度调节控制器收集姿态传感器输出的 X 轴和 Z 轴的加速度矢量分量，可计算出车辆与路面的倾斜角，从而修正静态调节的误差和路面角丢失的故障。

❺ 拖车或车辆返修等情况，会导致自动高度调节控制系统功能暂时丢失，驾驶车辆一段时间后自动高度调节控制系统可通过策略 ❸ 的功能自动恢复。

❻ 自动高度调节控制器初始化后，需要进行动态的初始化学习标定，从而修正自动高度调节控制器内部姿态传感器的输出精度。初始化和初始化学习完成后，自动高度调节控制系统方可正常使用。

5. 自动大灯高度调节系统诊断与检测

检查前，首先用故障诊断仪执行诊断，检查是否有故障码，参考故障码和数据流能帮助更快更准确地判断故障。然后进行目测电气检查，包括一些简单的检查项目，例如保险丝的通断，进行故障的确认。

❶ 自动大灯高度调节系统控制电路架构：见图 4.1-2。

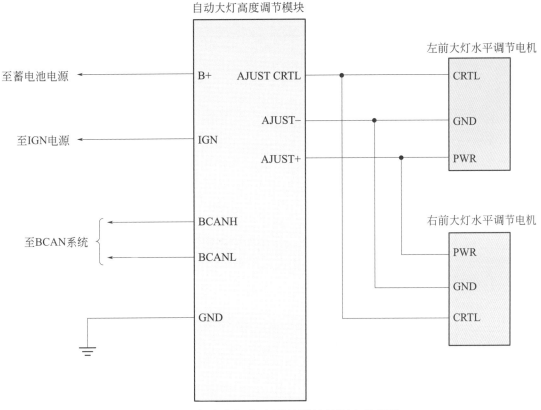

图 4.1-2　自动大灯高度调节系统控制电路架构

❷ 自动大灯高度调节系统控制电路图：见图 4.1-3。
❸ 灯语控制器线束连接器：见表 4-1。

表 4-1　自动大灯高度调节系统（模块）线束连接器

自动大灯高度调节模块线束连接器	端子	线别作用（端子定义）
	1	供电
	2	接地
	3	IG1 电源
	6	前大灯水平调节电机电源
	7	前大灯水平调节电机接地
	9	前大灯水平调节电机控制信号
	15	BCAN-H
	16	BCAN-L

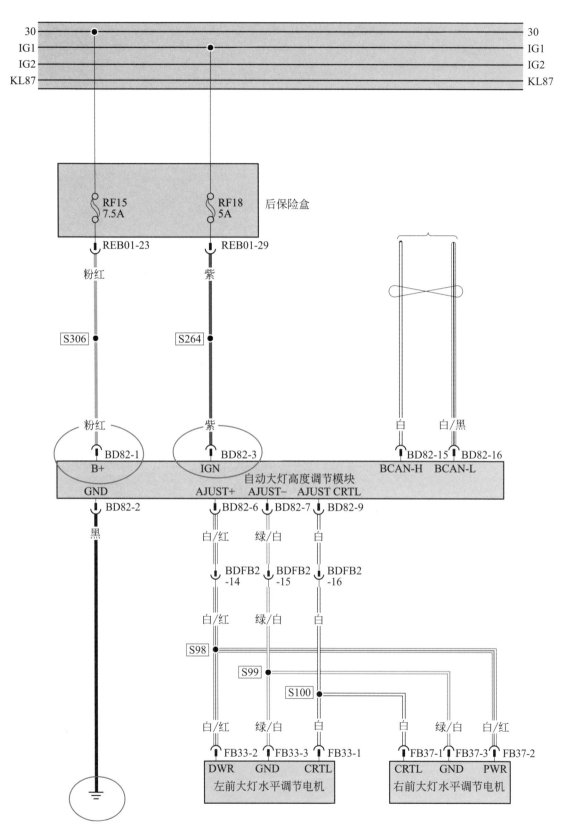

图 4.1-3　自动大灯高度调节系统控制电路图

（1）自动大灯高度调节模块电源电路的检测 执行车辆下电程序，断开自动大灯高度调节模块线束连接器，然后再执行车辆上电程序。按照表 4-2 检测其电源电路，如果不符合表内应测得结果，那么应该维修线束以及线束连接器，或更换线束。

表 4-2 自动大灯高度调节模块电源电路的检测

检查部件			万用表检测的两端子		检测条件	状态	应测得结果
部件名称	代号	图示	红色表笔连接	黑色表笔连接			
自动大灯高度调节模块线束连接器	BD82	见表 4-1	BD82/1	车身接地	上电	电压	14V 左右
			BD82/3	车身接地	上电	电压	14V 左右

（2）自动大灯高度调节模块接地电路的检测 执行车辆下电程序，断开自动大灯高度调节模块线束连接器。按照表 4-3 检测其电路，如果不符合表内应测得结果，那么应该维修线束以及线束连接器，或更换线束。

表 4-3 自动大灯高度调节模块接地电路的检测

检查部件			万用表检测的两端子		检测条件	状态	应测得结果
部件名称	代号	图示	红色表笔连接	黑色表笔连接			
自动大灯高度调节模块线束连接器	BD82	见表 4-1	BD82/2	车身接地	下电	电阻	< 1Ω

（3）中央网关控制器与自动大灯高度调节模块之间的 CAN 数据通信电路的检测

❶ 中央网关控制器与自动大灯高度调节模块之间 CAN 通信电路图：见图 4.1-4。

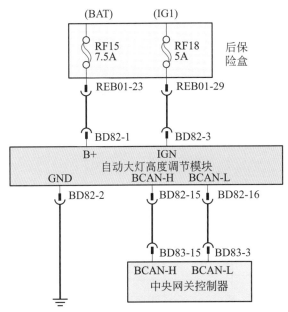

图 4.1-4 中央网关控制器与自动大灯高度调节模块之间 CAN 通信的电路图

❷ 电路诊断和检测要点：执行车辆下电程序，断开中央网关控制器线束连接器和自动大灯高度调节模块线束连接器。按照表 4-4 检测其电路，如果不符合表内应测得结果，那么应该维修线束以及线束连接器，或更换线束。

表 4-4　中央网关控制器与自动大灯高度调节模块之间的 CAN 数据通信电路的检测

检查部件			万用表检测的两端子		检测条件	状态	应测得结果
部件名称	代号	图示	红（黑）色表笔连接	黑（红）色表笔连接			
自动大灯高度调节模块线束连接器	BD82	见表 4-1	BD82/15	BD83/15	下电	电阻	＜ 1Ω
中央网关控制器线束连接器	BD83	—	BD82/16	BD83/3	下电	电阻	＜ 1Ω

如果故障诊断仪显示"与 CGW 丢失通信"，那么可以判定为，一是中央网关控制器（CGW）本身故障，二是 CAN 的线路问题。如果按照表 4-4 检测没有问题，那么应该接着检查中央网关控制器的供电接地导线。如果检查中央网关控制器的供电接地导线正常，那么问题就出在了中央网关控制器上，应更换中央网关控制器。

（4）车身控制器（BCM）与自动大灯高度调节模块之间的 CAN 数据通信电路的检测
❶ BCM 与自动大灯高度调节模块之间通信的电路图：见图 4.1-5。

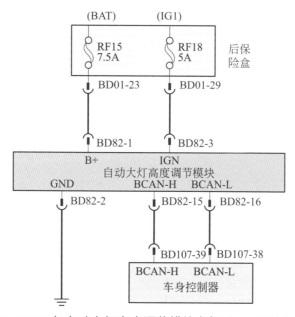

图 4.1-5　BCM 与自动大灯高度调节模块之间 CAN 通信的电路图

❷ 电路诊断和检测要点：执行车辆下电程序，断开 BCM 线束连接器和自动大灯高度调节模块线束连接器。按照表 4-5 检测其电路，如果不符合表内应测得结果，那么应该维修线束以及线束连接器，或更换线束。

表 4-5　BCM 与自动大灯高度调节模块之间的 CAN 数据通信电路的检测

检查部件			万用表检测的两端子		检测条件	状态	应测得结果
部件名称	代号	图示	红（黑）色表笔连接	黑（红）色表笔连接			
自动大灯高度调节模块线束连接器	BD82	见表 4-1	BD82/15	BD107/39	下电	电阻	＜ 1Ω
车身控制器线束连接器	BD107	—	BD82/16	BD107/38	下电	电阻	＜ 1Ω

划重点

如果故障诊断仪显示"与 BCM 丢失通信"，那么可以判定为，一是 BCM 故障，二是 CAN 的线路问题。如果按照表 4-5 检测没有问题，那么应该接着检查 BCM 的供电接地导线。如果检查 BCM 的供电接地导线正常，那么问题就出在了 BCM 上，应更换。

6. 智能大灯操作

（1）智能远光灯　智能远光灯系统是指通过车辆前向摄像头来检测前方车辆的光强信息，在满足一定条件时，打开或者关闭车辆的远光灯。当智能远光灯系统启用时，组合仪表上的智能远光灯指示灯点亮。

在自动控制情况下，当周围黑暗且没有其他车辆时，系统自动打开远光灯；当周围环境足够明亮或系统检测到前方车辆的前照灯或尾灯时，系统自动关闭远光灯。

1）启用条件　要启用智能远光灯系统，需同时满足以下条件。

❶ 灯光拨杆控制：灯光拨杆开关位于"AUTO"位置且近光灯自动开启。

维修提示

如果是中控屏控制：点击功能控制屏主界面上的"灯光控制"图标，选择"智能远光灯"选项，可设置智能远光控制的开启和关闭。

❷ 满足车速条件，一般为 40km/h（如，理想、非凡汽车等车速超过 40km/h）。

2）退出条件　满足以下条件，车辆会自动退出智能远光灯系统。如果系统退出，往仪表盘方向快速推动两次远光灯开启开关可再次进入智能远光灯系统。一个启动循环内只能退出三次，超过三次则当前启动循环内无法再次启用此功能。

❶ 智能远光灯系统启用且近光灯自动开启时，手动切换至远光灯。

❷ 智能远光灯系统启用且远光灯自动开启时，手动切换至近光灯。

❸ 智能远光灯系统启用且远光灯自动开启时，拨动远光灯闪烁开关。

 维修提示

前向摄像头位于挡风玻璃上方中心位置，能够控制智能远光灯系统。应保持此区域的挡风玻璃没有残留物，从而使系统保持最佳的性能。

（2）智能像素大灯　智能像素大灯可根据当前车辆状态、驾驶环境或交通状况等因素自动调节车灯，实现近光灯自动开启及关闭、交互投影、车辆和行人防眩目等功能。

如果欲正常使用智能像素大灯的各项功能，需确保灯光总开关位于自动灯光挡位，且周围环境的光线强度满足近光灯自动点亮的需求。

通过中控屏上的"灯光设置"，可以开启或关闭智能像素大灯的各项功能。

❶ 弯道自适应照明：车辆转弯且方向盘转角超过60°时，灯光可以随方向盘转角进行有限的角度偏移，以获得更好的照明效果。

❷ 行人防眩目提醒：手动开启远光灯后，当探测到车辆前方有行人时，自动改变远光灯的照射范围及灯光强度，同时控制照射到行人处的灯光闪烁，以达到行人防眩目及提醒注意避让行人的效果。

❸ 车辆防眩目：手动开启远光灯后，当探测到车辆前方同向行驶车辆的尾灯或对向行驶车辆的前灯时，自动改变远光灯的照射范围及灯光强度，以达到车辆防眩目的效果。

❹ 隧道车灯自动开启：当探测到车辆前方为隧道时，在进入隧道之前自动开启近光灯。驶出隧道后，近光灯根据车外光照强度自动熄灭或继续保持开启。

❺ 限速标志投影：此功能可将探测到的车辆限速标志信息投射在车辆前方的路面上，并闪烁三次以提醒驾驶员。

❻ 车距保持投影：夜间跟车行驶时，若与前车距离过近，可将保持车距图标投射在车辆前方的路面上，以提醒驾驶员增加与前车的距离。

❼ 车辆示宽投影：此功能可在近光灯显示区域投射出两条与车辆宽度（包含左右外后视镜宽度）相同的光带，以帮助驾驶员在夜间行驶时顺利通过窄道、桥梁或闹市区等极端情况，提高驾驶员对潜在危险的判断能力，进而提升夜间行车安全。车辆示宽投影功能处于开启状态时，按压"相关按钮"可以显示或隐藏车辆示宽投影的光带。

❽ 动态斑马线：夜间行车时，将车辆减速至静止状态，若此时探测到车辆前方（13～25m范围内）有行人欲通过马路，可在车辆前方区域投射出动态斑马线图标，以提醒行人先行。

❾ 转向标识投影：如果当前车速低于60km/h且近光灯显示区域内没有其他车辆，在夜间开启转向信号灯后，可将转向图标投射到车辆前方的路面上，并闪烁三次以提醒路口附近的交通参与者，提升夜间行车和行人的安全性。

（3）自适应前大灯　自适应前大灯可根据光线传感器探测车辆周围环境的光照情况，自动点亮或熄灭位置灯、近光灯，也可通过中控屏控制灯光。

如图 4.1-6 所示，在中控屏控制小鹏 7 灯光：通过中控屏点击"车辆控制→车外灯"进入灯光控制界面，点击各灯光按钮控制灯光。

❶ 关闭所有车外灯光：点击后，所有车外灯光熄灭；如需点亮，重新点击各灯光按钮。

❷ 示宽灯：点击可控制位置灯、牌照灯等灯光点亮或熄灭。

❸ 近光灯：在位置灯未开启情况下，点击可控制位置灯、近光灯等灯光点亮或熄灭。

❹ 自动控制：点击可开启或关闭自动控制。

图 4.1-6　灯光控制

第二节　座椅数字化控制

1. 座椅调节

（1）检查车辆上电状态　在车辆上电的情况下进行检查。

（2）检查座椅记忆与调节

❶ 通过触摸屏"车辆控制→常用→座椅调节按钮"进入座椅控制界面，点击"保存"按钮储存当前座椅位置信息，点击"恢复"按钮提取座椅位置信息（图 4.2-1）。

图 4.2-1　座椅调节信息界面

❷ 分别通过大屏以及座椅按键调节座椅，座椅动作应与调节方向一致且座椅移动动作应顺畅无卡滞。

2. 座椅加热

可在中控屏主页右划进入快捷设置页面，点击"座椅加热"。在此界面，可选择驾驶侧座椅加热和副驾驶侧座椅加热。当天气变热时，中控屏将提示"一键替换座椅通风"，点击后即可将此按键替换为座椅通风功能。

在后排界面，可选择第二排左侧座椅加热、第二排右侧座椅加热（图 4.2-2）。有三挡加热模式供选择（图 4.2-3），座椅加热功能将在 10min 内达到预设加热等级并保持此温度。如果功能进行中驾驶员或副驾乘客离开座位超过 30s，此时中控屏会保存当前功能的挡位，并关闭此功能；若离开后 30s 到 15min 之内有人就座，则功能恢复至保存的挡位；若 15min 之后有人就座，功能将保持关闭状态。

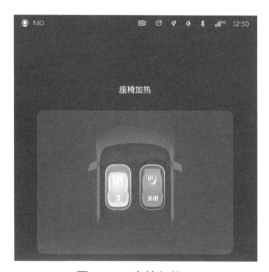

图 4.2-2　座椅加热

图 4.2-3　多排座椅加热

3. 座椅通风

座椅通风与座椅加热一样操作，可在中控屏主页右划进入快捷设置页面，点击"座椅通风"。在前排界面，可选择前排驾驶侧座椅通风和副驾驶侧座椅通风，有三挡通风模式供选择。

第三节　车窗数字化控制

1. 车窗控制

可在中控屏进入应用程序中心，点击"设置"进入车窗控制界面，实现所有车窗的控制，见图 4.3-1。

（1）关窗　开启后全部车窗将关。

（2）透气　开启透气模式后，左前和右后车窗均开启 10% 面积，右前和左后车窗关闭。

（3）通风　开启后全部车窗将打开。

（4）记忆　长按此按键可保存四个车窗的当前位置，在下次操作中控屏时短按此记忆按键，车窗将自动调节至此记忆位置。

2. 单独控制

进入车窗控制界面后可点击对应的车窗位置，即可弹出单独车窗控制界面，见图 4.3-2。

点击向下箭头，对应车窗可自动打开；点击向上箭头，对应车窗可自动关闭。车窗运动过程中点击相反方向箭头，车窗即可停在当前位置。

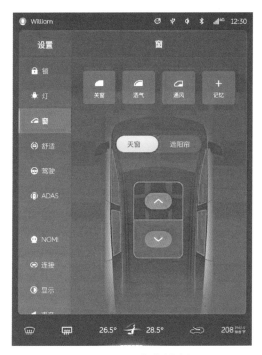

图 4.3-1　车窗控制

图 4.3-2　单独车窗控制

3. 遮阳帘控制

进入开启天窗和遮阳帘控制界面，实现天窗和遮阳帘的控制。在天窗界面点击向下箭头，天窗打开至翘起，再次点击可自动完全打开天窗；点击向上箭头，天窗全部关闭。在天窗运动过程中，点击相反方向箭头，天窗将停留在当前位置。

第四节　车载电话与车载微信

1. 车载电话

将手机蓝牙与车辆蓝牙成功配对后，在手机端授权车辆同步手机联系人和通话历史后即可使用车载蓝牙电话功能。可以在中控屏主页或进入应用程序中心看到电话页面。

2. 车载微信

在中控屏可点击"个人头像"进入个人中心，点击微信"我的车"扫码登录后将账户与微信账户绑定,绑定后可将微信里的地址通过微信的分享功能推送到中控屏进行导航(图 4.4-1)。

图 4.4-1 微信绑定

第五节
第五节　方向盘加热与温度调节

1. 方向盘加热

有配置方向盘加热功能的车辆,可以开启方向盘加热功能。在中控屏主页右划进入快捷设置页面,点击方向盘加热,方向盘约在 10min 内逐渐加热到舒适温度并保持。

2. 温度调节

空调智能模式包含极速降温模式,可智能调节温度。

(1)极速降温模式特点　适用于夏天高温天气下的上车场景,给车内极速降温。根据车载空调热管理经验,持续 180s 可将车内极端炎热环境问题降低至适宜的 25℃左右。

(2)极速降温模式开启　点击极速降温图标开启,也可以语音输入"你好 XX,打开极速降温"打开极速降温功能,该功能开启后系统会自动调节温度、风量和风扇转速等空调状态,快速降低车内温度。

第六节　手机无线充电

手机无线充电功能是通过电磁感应,手机在不需要导线连接的条件下,实现无线充电。

手机无线充电功能默认为开启状态。无线充电有效区域位于前储物盒中，以"无线充电"标识为充电中心区域。充电时请把手机充电线圈对准"无线充电"标识，以保证手机的正常充电。

手机无线充电系统主要实现以下功能：充电功能、PEPS 功能检测、过压保护功能、低压保护功能、过温保护功能、FOD 功能、NFC 身份识别功能。手机无线充电原理架构图见图 4.6-1，手机无线充电电路见图 4.6-2。

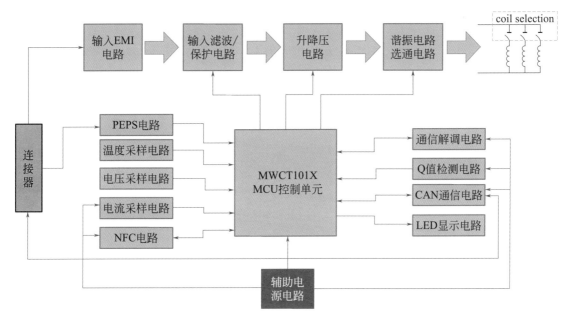

图 4.6-1　手机无线充电原理架构图

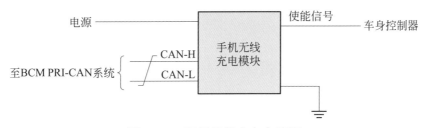

图 4.6-2　手机无线充电电路图

1. PEPS 功能检测

系统电源处于 ON 状态，电源电压正常，检测到 PEPS 寻找钥匙信号，要中断无线充电输出功能。

2. 过压保护功能

系统电源处于 ON 状态，电源电压正常，无 PEPS 寻找钥匙信号，温度检测正常，检测到手机正常充电。当电源输入电压大于 19.2V 持续时间超过 100ms 时，关闭无线充电功能，实现过压保护功能；当电源输入电压恢复小于 18.7V 持续时间超过 100ms 时，能恢复正常充电功能。

3. 低压保护功能

系统电源处于 ON 状态，电源电压正常，无 PEPS 寻找钥匙信号，温度检测正常，检测到手机正常充电。如果此时电源输入电压低于 8.1V 持续时间超过 100ms，则关闭无线充电功能，实现低压保护功能；如果电源输入电压恢复高于 8.6V 持续时间超过 100ms，则恢复正常充电功能。

4. 过温保护功能

系统电源处于 ON 状态，电源电压正常，无 PEPS 寻找钥匙信号，温度检测正常，检测到手机正常充电。若此时检测到 PCB 的温度值大于 100℃或滤波板的温度大于 85℃，持续时间超过 2s，则关闭无线充电功能，实现过温保护功能；如果检测 PCB 的温度恢复小于 85℃并且滤波板的温度小于 75℃，持续时间超过 2s，则恢复正常充电功能。

5. FOD 功能

系统电源处于 ON 状态，电源电压正常，无 PEPS 寻找钥匙信号，温度检测正常，检测到手机正常充电。若此时检测到有异物在充电器表面，则无线充电模块停止充电并将 FOD 状态反馈给大屏，大屏显示提供 FOD 图标。

6. 身份识别功能

系统电源处于 ON 状态，电源电压正常，若检测到 NFC（钥匙控制）卡片，则把卡片信息发给 NFC 模块做身份认证。

第七节　高度集成的智能电驱系统

华为智能网联汽车在构建以三大域以及三个操作系统为核心，智能驾驶、智能座舱、智能网联、智能电动和智能车云 5 个领域的解决方案。车载电源及电驱也是实现智能网联电动汽车的重要技术。图 4.7-1 为华为在智能网联汽车技术领域的架构。

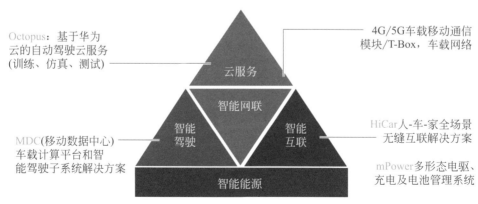

图 4.7-1　华为汽车数字化解决方案示意图

1. 华为智能电驱动系统

华为智能电动汽车技术的车载电源系统包括 DriveONE 多合一电驱动系统、DriveONE 三合一电驱动系统、端云电池管理系统、电机控制器、车载充电系统和直流快充模块。最典型的搭载的车辆就是赛力斯（三合一电驱）（图 4.7-2）。

图 4.7-2　赛力斯华为智选

（1）三合一电驱动系统　华为 DriveONE 三合一电驱动系统（图 4.7-3、图 4.7-4），采用一体化设计，集成了电机控制器（MCU）、电机和减速器。系列化产品适配 A0 ～ C 级车型需求，峰值功率覆盖 150kW、220kW 和 270kW。

图 4.7-3　DriveONE 三合一电驱动系统

图 4.7-4　DriveONE 三合一电驱动系统布局

（2）多合一电驱动系统　多合一电驱动系统（图 4.7-5、图 4.7-6）集成了电机控制器（MCU）、电机、减速器、车载充电机（OBC）、电压变换器（DC/DC）、电源分配单元（PDU）及电池管理系统主控单元（BCU）七大部件。实现了机械部件和功率部件的深度融合，同时还将智能化带入到电驱动系统中，实现端云协同与控制归一。

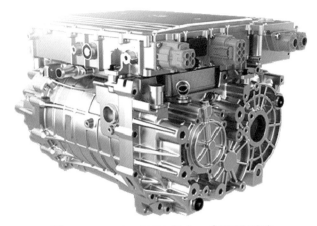

图 4.7-5　DriveONE 多合一电驱动系统

图 4.7-6　DriveONE 多合一电驱动系统布局

（3）电机控制器（图 4.7-7、图 4.7-8）　电机控制器采用了华为自研软件控制算法，实现峰值效率 98.5%，另外内配双面水冷 IGBT 与集成化设计，实现功率密度 40kW/L。

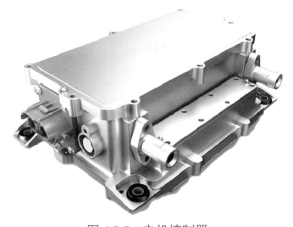

图 4.7-7　电机控制器

图 4.7-8　电机控制器布局

（4）车载充电器（图4.7-9）　车载充电器集成了车载充电机（OBC）、电压变换器（DC/DC）和电源分配单元（PDU），系列化产品功率包括 7kW 及 11kW，车载充电器在车内位置见图 4.7-10。

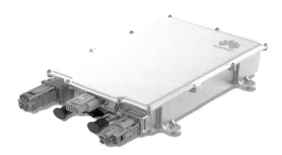

图 4.7-9　车载充电器

图 4.7-10　车载充电器布局

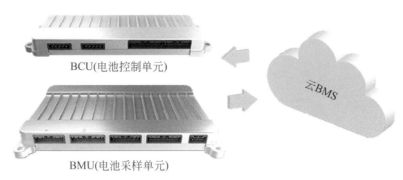

BCU(电池控制单元)

BMU(电池采样单元)

云BMS

图 4.7-11　端云电池管理系统

（5）云端管理　云端电池管理系统（图 4.7-11）由电池控制单元（BCU）、电池采样单元（BMU）和云 BMS 构成，支持 0 ～ 800V 电池系统。它的特点是结合大数据、AI 技术，提前 1 天识别电池安全风险并预警；建立精准电池模型，融合多种算法，提升 SOC 估算精度；云端孪生系统，实现电池全生命周期数据可追溯。云端电池管理系统车内布局见图 4.7-12。

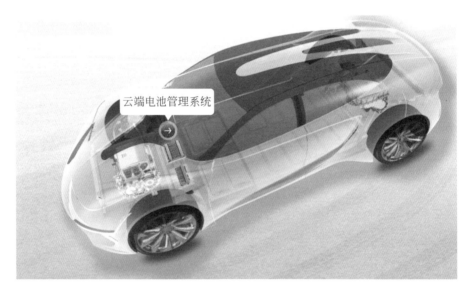

云端电池管理系统

图 4.7-12　云端电池管理系统布局

2. 转矩控制

转矩控制系统是通过解析驾驶员的意图，将驾驶员的需求转矩解析到车轮端的计算过程。驾驶员的意图以操作加速踏板、制动踏板等体现。整车控制器（VCU）以加速踏板传感器、制动主缸压力、制动开关及挡位信号作为控制依据，并将转矩控制指令输出至电机控制器，进而控制电机输出转矩。

（1）基本功能

❶ D 挡或 R 挡，在识别到驾驶员踩加速踏板信号后，驱动车辆行驶（车辆前进与后退）。

❷ D 挡或 R 挡，在无加速踏板和制动踏板输入的情况下，驱动车辆以低速行驶。

❸ D 挡或 R 挡，在加速踏板处于完全松开的状态下或是在制动踏板踩下的状态下（在一定车速范围内）通过电机制动，回收能量并向动力电池充电。

（2）转矩解析

1）挡位约束

❶ P 挡：不允许有任何的驾驶员请求输入，也不响应任何转矩请求，车辆不可移动。

❷ D 挡：驱动车辆向前行驶，车辆低速行驶时，只允许有向前的驱动转矩（禁止能量回收）。

❸ R 挡：驱动车辆向后行驶，车辆低速行驶时，只允许有向后的驱动转矩（禁止能量回收）。

❹ N 挡：不允许存在制动能量回收转矩，不允许存在向前向后的转矩。

2）转矩滤波　为了平顺地进行转矩切换，减小抖动，提升驾驶舒适性，需对请求转矩作滤波处理，使 VCU 发送到电机控制器的转矩请求尽量平滑。根据当前车速、加速踏板深度以及上一周期的请求转矩，计算当前转矩请求。其中电机输出转矩曲线越平滑，对动力性影响越大，滤波相关系数的大小可视车标定。

3）转矩评判　驾驶员转矩请求最后的评判，输出被整个动力系统的转矩能力所限制，动力系统的转矩能力的限制以部件的输出能力、系统故障、部件故障为依据。根据不同的驾驶模式，如普通驾驶模式、自动驾驶模式、定速巡航、自适应巡航模式，对转矩的控制算法进行选择。

4）转矩解析目的

❶ 在车辆前进的过程中，基于加速踏板的输入、车速以及动力系统输出能力限制来决定驾驶员前进方向的转矩需求。

❷ 在车辆后退的过程中，基于加速踏板的输入、车速以及动力系统输出能力限制来决定驾驶员后退方向的转矩需求。

❸ 在 Creep 模式驱动车辆行驶过程中，是基于车速的大小来决定驾驶员的需求转矩。

❹ D 挡或 R 挡，在驾驶员完全松开加速踏板或是踩下制动的情况下，基于车速、电池剩余电量（SOC）以及动力系统能力限制等因素，决定制动能量回收的转矩请求。

❺ 根据驾驶员输入的挡位（D 挡或 R 挡）、踏板输入（加速踏板和制动踏板）需求进行评判，根据动力系统输出能力限制、系统故障等级来限制驾驶员的转矩请求。

❻ 根据客户对驾驶性的要求，调节滤波系数，对驾驶员请求转矩进行相应的滤波。

3. 高压互锁

（1）高压互锁作用　高压互锁的作用是判断高压系统回路的完整性，只有所有高压部件的连接器均插接到位后才允许高压系统上电；一旦有高压连接器断开，高压系统需要有相应的处理方式来保证整车安全。

（2）高压互锁节点

❶ 高压互锁检测包括的节点有：整车控制器、电池管理器、车载充电机。

❷ 高压互锁相关节点有：整车控制器、电池管理器、车载充电机、后电机控制器、前电机控制器、压缩机、PTC、高压能量分配单元（PDU）、高压线束等。

（3）维修开关　高压维修开关检测串在电池高压互锁检测回路中。

高压互锁回路设置为三个回路：驱动回路、电池回路、充电回路。高压互锁连接架构图见图 4.7-13。

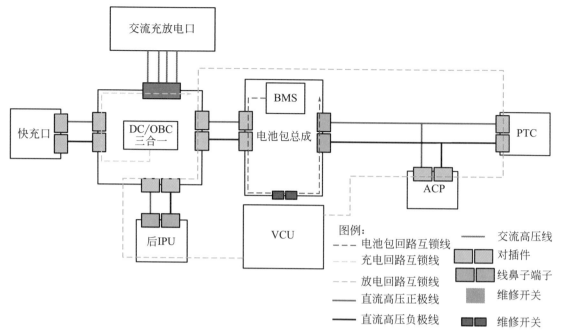

图 4.7-13　高压互锁连接架构图

（4）高压互锁故障处理

1）驱动回路　形式为 100Hz，有效占空比 50%±5% 的 PWM 信号，整车控制器发出，整车控制器接收 10 个周期确认故障并处理。

❶ 在静止或者车速较低（3km/h）的情况下，驱动回路高压互锁异常，如果有开前舱盖动作、打开后备厢动作或者挂 P 挡开车门的情况，整车控制器则发送高压下电请求。电池管理器响应高压下电指令，待继电器断开后，发起主动泄放请求，电机控制器根据自身情况开启主动泄放，同时整车控制器需要点亮仪表上面的电动系统故障灯。

❷ 在车速较高的情况下，驱动回路高压互锁异常，电池管理器允许放电功率以 3kW/s 的速度降低到 10kW，仅点亮仪表电动系统故障灯。

2）电池回路　检测形式由电池管理器自定义，电池管理器需将高压互锁状态通过 CAN 报文反馈给整车控制器，整车控制器根据整车工况进行处理。

❶ 在静止或者车速较低（如 3km/h）的情况下，电池回路高压互锁异常，如果有开前舱盖动作、打开后备厢动作或者挂 P 挡开车门的情况，整车控制器则发送高压下电请求。电池管理器响应高压下电指令，待继电器断开后，发起主动泄放请求，电机控制器根据自身情况开启主动泄放，同时整车控制器需要点亮仪表上面的电动系统故障灯。

❷ 在车速较高的情况下，电池回路高压互锁异常，电池管理器允许放电功率以 3kW/s 的速度降低到 10kW，仅点亮仪表电动系统故障灯。

3）充电回路　检测形式由车载充电机自定义，车载充电机需将高压互锁状态通过 CAN 报文反馈给整车控制器，整车控制器根据整车工况进行处理。

❶ 在非充电或非对外放电工况下，充电回路高压互锁异常，整车控制器不处理，仅点亮仪表电动系统故障灯。

❷ 在交直流充电或者对外放电的工况下，充电回路高压互锁异常，立即停止充电或放

电，点亮仪表电动系统故障灯。

4. 电动系统（表4-6）

❶ 电动系统根据电压等级分类，可分为低压部件和高压部件。

❷ 根据控制方式区分，可分为I/O控制部件和CAN控制部件。

❸ 低压部件分为：低压传感器和低压执行器。

表4-6　电动系统主要组成部件及功能

类型	部件	功能
低压传感器	加速踏板位置传感器	将加速踏板深度转化为电压信号
	挡位传感器	将挡位操作转化为电压信号变化
	制动开关	将是否刹车转化为高低电平信号
	水温传感器	将冷却水温度转化为电压信号
	充电口温度传感器	将充电口温度转化为电压信号
	蓄电池电流传感器（EBS）	监控蓄电池电压、电流、电量等信息
低压执行器	水泵	循环防冻液
	散热风扇	对冷凝器进行散热
	充电指示灯 & 对外供电状态指示灯	显示充电 & 对外供电状态
	倒车灯	显示车辆处于倒车状态
	刹车灯	显示车辆处于刹车状态及彩蛋功能
	主动进气格栅（AGS）	控制进气与散热
高压部件	电池包总成	高压电源
	配电盒	进行电源供电分配，保险防护
	车载电源三合一	充电机：实现220V交流充电功能
		直流转换器：为低压器件供电，蓄电池充电
	电机控制器	将高压直流电转化为可供电机旋转的三相电
	电机	驱动车辆行驶
	压缩机	空调制冷，电池冷却
	PIC	空调制热和电池加热

第五章
安全智能辅助系统

第一节　制动安全

1. 智能制动助力系统

电动汽车智能制动助力系统通过多个传感器采集信号，由内置 ECU 处理器实时运算，主动建压时间缩短，在提升制动脚感的同时，缩短自动紧急制动确认时间，提高主动安全性；智能制动助力系统可提供高达 0.3 个 G 值的能量回收减速度，并在能量回收时通过液压提供踏板感补偿能力，兼顾续航能力和驾驶感受。

智能制动助力系统主要有以下几种功能。

（1）制动助力　在没有 CRBS（制动能量回收）时，智能制动助力系统（IBT）根据驾驶员请求，提供制动助力，满足驾驶员制动预期、踏板感需求。

（2）踏板感补偿　CRBS（制动能量回收）时的踏板感补偿，是为保持踏板力及位置不变，防止踏板下沉的。

（3）主缸压力逻辑（IBT 硬件保护）　当 ABS 触发，且主缸压力超过 IBT 硬件承受的极限时，IBT 在不影响驾驶员制动需求的前提下，卸掉部分压力，防止 IBT 硬件损坏。

（4）附加功能　附加功能（AVH、HHC、CDD、AEB、AWB 等）：IBT 受 ESP 控制来执行 AVH、HHC、CDD、AEB、AWB 的制动请求（制动踏板会下沉）。

2. ESP 电子稳定系统

ESP 电子稳定系统由传感器、电子控制单元（ECU）和执行器三大部分组成，通过电子控制单元监控汽车运行状态，对车辆的电机及制动系统进行干预控制。传感器部分包括轮速传感器、横摆角速度传感器、制动主缸压力传感器等，其余系统则包括传统制动系统（制动助力器、管路和制动器）、液压调节阀等，电子控制单元与整车控制集成系统联动，可对电机动力输出进行干预和调整。

ESP 电子稳定系统主要由以下子系统或功能组成：ABS 防抱死制动系统、TCS 牵引力控制系统、VDC 车辆动态控制系统、EBD 电子制动力分配系统、HAC 上坡起步辅助系统、HBA 液压制动辅助系统、AVH 自动驻车系统、HBB 液压制动助力补偿系统、CDP 车辆动态减速功能、CDD-S 功能、CDD-AP 功能、ABA 自适应制动辅助系统、ABP 制动器自动预充压系统、EPB 电子驻车制动系统。

中控屏操作（图 5.1-1）：点击进入控制界面，点击"辅助驾驶"按钮，进入辅助驾驶界面，点击"ESP 电子稳定系统"，可开启或关闭 ESP 电子稳定系统。

（1）ABS 防抱死制动系统

1）功能　当高制动压力下车轮出现抱死趋势时，系统保持或降低该车轮的制动压力。如果该车轮不再抱死，制动压力继续增加。

2）优点

❶ 缩短制动距离。

❷ 制动中的转向性。

❸ 在非均质路面制动时保持稳定性。

❹ 制动时始终保持车辆转向性和稳定性。

图 5.1-1　中控屏操作

（2）TCS 牵引力控制系统　牵引力控制系统（TCS）是 ESP 的子系统。ECU 监控四个车轮的轮速，进而当对比判断驱动轮（一个或多个）出现打滑时，TCS 将抑制驱动轮动力输出，从而控制车辆防滑，保证车辆的驱动稳定性和舒适性。

（3）VDC 车辆动态控制系统　车辆动态控制系统（VDC）是 ESP 的一个子系统。VDC 在车辆转向不足和转向过度之时，通过对不同的车轮分别进行制动，防止侧滑和甩尾，以保证车辆的行驶稳定性。

VDC 有 6 个传感器不断检测车辆的行驶特性，VDC 系统作为 TCS/ABS 功能的补充，转向量和制动操作量是通过转向角传感器和制动开关检测的，并通过传感器确定车辆驾驶状态（转向不足 / 转向过度）。当车辆急拐弯或在光滑路面上行驶时，VDC 系统改变驱动电机转矩或者对各车轮实施独立制动，以保持车辆在急转弯或光滑路面上行驶稳定。

（4）EBD 电子制动力分配系统　电子制动力分配（Electronic Brakeforce Distribution，EBD）实际上是 ABS 的辅助功能。

ESP 电子稳定系统会自动侦测各个车轮与地面间的附着力状况，将刹车系统所产生的力量，适当地分配至四个车轮。在 EBD 系统的辅助之下，制动力可以得到最佳的效率，使得制动距离明显地缩短，并在制动的时候保持车辆的平稳，提高行车的安全。

（5）HAC 功能　HAC 是 ESP 系统的附加功能，在上坡起步时，松开刹车，车辆能够保持原位。

系统为自动开启状态，车辆在坡道上踩制动踏板静止后，当驾驶员意图行驶，松开制动踏板去踩加速踏板时，坡道起步辅助系统继续在四个车轮上施加液压制动力，防止车轮后溜。保持车辆停止时间大约1.5s，当驱动力大于起步阻力时，该系统会立即释放车轮上的液压制动力，让车辆起步。功能激活时，后制动灯点亮。

（6）HBA液压制动辅助系统　液压制动辅助系统可防止在紧急情况下驾驶员踩下制动踏板的力度不足，能够在需要紧急制动时为驾驶员提供最大制动辅助，减少制动距离。

系统为自动开启状态，若监测到驾驶员踩下踏板的速度和力度超过阈值，则自动增加制动液压至车轮抱死压力。

（7）AVH自动驻车系统　AVH帮助车辆在驾驶员踩停车辆条件下保持其静止状态，驾驶员不需要为了保持车辆的静止而一直踩着制动踏板，此时松开踏板，AVH辅助保持车辆静止。

（8）AEB自动紧急制动系统　自动紧急制动（Automatic Emergency Brake，AEB）功能，是前向碰撞预警系统的一项功能，是通过前向毫米波雷达（MRR）和前向摄像头（VPM）系统探测并触发的安全项功能。当MRR和VPM系统识别车辆处于紧急情况而驾驶员并没有采取相应制动时触发AEB功能，由ESP模块执行，车辆自动采取制动动作，以降低车辆发生碰撞的危险。

（9）HBB液压制动助力补偿系统　液压制动助力补偿系统，能够在紧急制动且制动力不足时，由ESP提供液压制动补偿。

系统为自动开启状态，系统若检测到制动力不足，ESP自动按照设定曲线增加制动液压，当制动开关、助力器、轮速传感器故障时，系统按照设定的策略进行液压助力，保证在基本减速的情况下又不至于过制动造成车轮抱死甩尾。

（10）CDP车辆动态减速功能　CDP是一种装配有自动驻车系统的车辆上的安全性功能。它在车辆非静止状态下实现ESP的主动增压，当驾驶员在车辆非静止状态下长拉EPB按钮时，CDP将会被触发。在车辆静止或者松开EPB按钮前，CDP能够提供一定的动态减速度。

（11）CDD-S功能　驾驶员辅助系统减速控制-停走控制（Controlled Deceleration for Driver Assistance System-Stop，CDD-S），是由多功能摄像头系统触发的一项自适应巡航控制ACC功能。可以在没有驾驶员干预的情况下，自动进行制动至静止状态，在ACC下保持制动压力使车辆维持静止最长可达10min，10min后由电子驻车制动系统EPB接管车辆制动。

（12）CDD-AP功能　驾驶员辅助系统减速控制-停走控制（Controlled Deceleration for Driver Assistance System-Auto Parking，CDD-AP），是由多功能摄像头系统触发的一项自动泊车APA功能。可以在没有驾驶员干预的情况下，自动进行制动至静止状态，在APA控制下车辆在泊车过程中进行精准的增压制动和泄压起步。

（13）ABA自适应制动辅助系统　自适应制动辅助系统，根据驾驶员辅助系统（DAS）所提供的车辆驾驶环境信息调节HBA的触发门值。ABA是通过接收带有驾驶环境监控的外部控制器发出的信号来触发的。根据不同的交通情况，调整HBA的触发门限。

（14）ABP制动器自动预充压系统　在紧急情况下，由驾驶员辅助系统（DAS）发送控制指令，ABP将对制动系统进行预充压，在随后的驾驶员制动过程中，有效制动力产生的响应时间将会明显缩短，使制动距离缩短。

（15）EPB 电子驻车制动系统　集成式 EPB：即 EPB 的软件集成于 ESP 模块中对后制动钳的夹紧和释放进行控制。

❶ 指示灯用于提示 EPB 当前的工作状态和故障状态。

❷ 后制动钳用来执行 EPB 对卡钳的夹紧与释放。

❸ EPB 开关用于驾驶员的驾驶意图输入。

❹ ESP 模块用于收集当前驾驶员的驾驶意图与整车的实际状态，基于这两方面参数判断是否进行卡钳的夹紧与释放。

第二节　智能安全带

1. 电动安全带控制策略

❶ 安全带从未系到系好，电动安全带收到安全气囊控制器信号后，开始以合适的力缓慢收紧安全带。

❷ 安全带从系好到未系，电动安全带收到安全气囊控制器信号后，开始回收安全带。

❸ 条件：电动安全带处于激活状态，电动安全带无故障，安全带系好。当判断以上条件都满足时，在满足触发工况等情况下（具体由智能控制器决定），智能控制器发出控制指令给电动安全带，电动安全带收到相关指令后执行相应的振动或收紧等动作并反馈给智能控制器。

2. 智能操作

通过中控屏"车辆控制→车辆设置→安全带"进入控制界面，点击"主驾电动安全带"按钮开关开启或关闭电动安全带。电动安全带关闭后，安全带间隙消除功能、自动回收功能仍然保持为开启状态。

第三节　事件数据记录系统

1. 汽车"黑匣子"

汽车的事件数据记录系统好比飞机上的黑匣子，车辆的大量电子组件都包含数据存储器，这些存储器可暂时或永久存储有关车辆状态事件和故障的技术信息。这些技术信息通常可以记录如下部件、模块、系统和环境的状态。

❶ 车辆及其单个组件的状态信息，例如车轮转数、速度、减速度、横向加速度。

❷ 重要系统组件的功能情况，例如安全带锁扣。

❸ 特殊行驶状况下车辆的反应，例如安全气囊触发、稳定控制系统介入。

❹ 碰撞事故（安全气囊触发）前后一段时间的数据，例如制动、加速、转向操作。

这些数据只是自然属性，用于识别和排除故障以及优化车辆功能，不能根据这些数据创建已行驶路段的运动特性。执行维修工作时，服务人员及主机厂可以用专用诊断设备从事件和故障数据存储器中读取这些技术数据。排除故障后，删除或继续覆盖故障存储器中的信息。使用车辆时，这些与车主相关的技术参数以及其他一些信息，例如事故记录、车辆损坏、证据等，可以在厂家售后服务中心通过诊断设备读取。

2. 行车记录仪系统

行车记录仪是对行车事件数据的影像记录，与"黑匣子"不同，它不是对车辆本身状态的记录。行车记录仪系统将车辆行驶途中的影像、声音和车况等完整地记录下来，可以快速、真实、准确地利用影像资料协助交警进行公平、公正、合理地处理交通事故，保障驾驶人员各方面权益不受侵害。

记录仪高清摄像头（图 5.3-1）及控制模块安装在内后视镜后方的多功能传感器罩盖内，根据车辆配置不同，传感器罩盖造型可能有所差异。

摄像头记录的信息保存在存储卡中，并通过 WIFI 将实时画面传输至车机屏幕，在中控屏界面触摸"行车记录仪"即可查看实时预览画面。

图 5.3-1　行车记录仪摄像头

（1）循环录像　当启动开关位于 ACC/ON/ READY 位置时，系统自动开启录像。

车辆配置不同，各系统支持内存大小等也有所不同。例如，某车记录仪系统支持 1080P 高清循环录像，120° 广角拍摄，能够不间断地记录车辆行驶全过程的视频图像和声音。系统最大支持 128GB 的存储卡，支持实时监测存储卡的健康状态，存储卡中的视频和图片文件可以在车机屏幕上浏览、播放或者删除。在系统设置界面可以将存储卡格式化。

（2）实时预览　行车记录仪与娱乐系统连接完成后，摄像头拍摄画面可在车机屏幕上实时预览。

（3）一键抓拍　在实时预览界面，触摸车机屏幕上的"照片"按钮，或"短视频"按钮，或方向盘上的"相关"键，系统将拍摄当前画面的照片，并联动拍摄一段的视频（不超过 1min）。抓拍文件存储于存储卡的用户拍摄文件夹中。

（4）延时摄影　在实时预览界面，触摸"延时摄影"开始拍摄，再次触摸手动结束拍摄（如果未手动结束，30min 后自动停止拍摄）。在用户拍摄文件夹中可查看延时摄影拍摄的视频，系统将每隔 1s 拍摄一张图片，以每秒 15 帧的速度串联播放，把几分钟、几十分钟的过程压缩在一个较短的时间内以视频的方式播放，呈现出平时用肉眼无法察觉的奇异精彩的景象。

（5）紧急录像 当车辆发生碰撞或剧烈振动时，行车记录仪将启动紧急录像，拍摄一段（一般在 30s 内）的视频紧急录像文件存储于存储卡中的紧急录像文件夹。在系统设置界面滑动"紧急录像循环覆盖"按钮可开启或关闭紧急录像循环覆盖功能，当该功能开启后，如果紧急录像达到 1000 条，将会循环覆盖历史紧急录像文件。

（6）设置操作 在实时预览界面，触摸设置图标，可以进行相关设置。

在车上中控屏端可对行车记录仪的参数进行设置。行车记录功能可手动开启或关闭，行车记录功能关闭时，一键抓拍、延时摄影、循环录像、紧急录像功能均无法使用。

（7）状态指示灯工作状态 行车记录仪配有指示灯和蜂鸣器，以指示系统工作状态。指示灯分为常亮、慢闪、快闪三种状态（表 5-1）。

表 5-1 行车记录仪状态指示灯工作状态

工作状态	闪烁方式	提示音
与车机匹配成功	红灯快闪	—
正常录像状态	蓝灯慢闪	—
紧急录像预警	蓝灯快闪	—
电量过低	红蓝交替快闪	—
无线网络断开连接	红灯快闪	蜂鸣器响 2 声
设备异常（如：重力感应传感器异常、存储卡未插、录像异常、卡异常、记录仪功能关闭等）	红灯常亮	蜂鸣器响 3 声，共响 3 组，每组间隔 30s

第四节 防盗警报系统

车辆通过智能钥匙、手机 APP、NFC 功能或物理应急钥匙在车外执行全车上锁后（包括前盖及尾门），防盗警报系统自动启用。驾驶侧车门上方有防盗警报系统指示灯，当锁上车后，指示灯慢闪烁，提示车辆已进入防盗警报系统。

当未携带有效智能钥匙（或无有效授权）的人打开车门时将启动防盗警报，此时转向灯及喇叭均发出警告。可通过智能钥匙、手机 APP、NFC 功能在车外进行解锁来解除防盗警报。

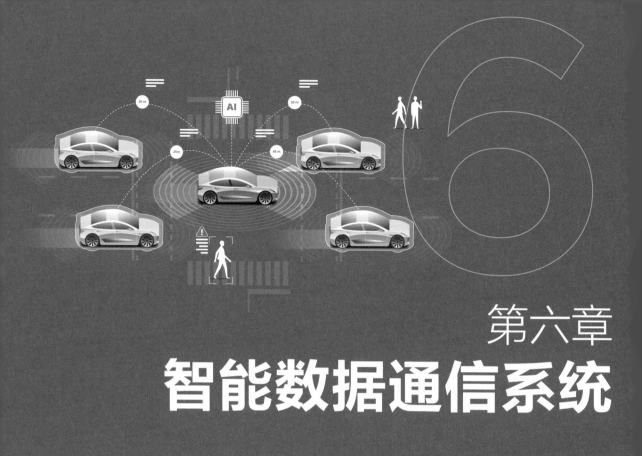

第六章
智能数据通信系统

CAN 总线

一、CAN 总线相关术语

GB/T 36048—2018《乘用车 CAN 总线物理层技术要求》对 CAN 总线及相关术语的定义及电气技术要求等进行了表述。

1. 控制器局域网络

控制器局域网络（Controller Area Network，CAN）：一种用于道路车辆的网络通信技术。

2. 总线

总线（Bus）：所有节点以双向传输的方式接入网络的网络通信拓扑。

3. 总线状态

总线状态（Bus State）：两个相反的逻辑状态之一，即显性或者隐性。

4. 物理层

（1）物理层定义　物理层（Physical Layer）：实现 CAN 节点连接到总线上的电气回路（总线比较器和总线驱动器），由模拟电路、数字电路以及 CAN 总线上的模拟信号与 CAN 节点内部数字信号接口电路三部分组成。

CAN 总线上所允许连接的最大节点数取决于 CAN 总线的电气负载。

（2）物理层功能模型　物理层划分为三个部分，如图 6.1-1 所示。

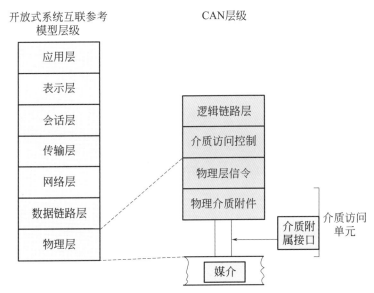

图 6.1-1　物理层功能模型（CAN 总线分层结构及功能）

❶ 物理层信令：实现与位表示、定时和同步相关的功能。

❷ 物理介质附件：包含总线发送/接收的功能电路和提供总线失效检测的方法。

❸ 介质附属接口：包括物理介质和其与介质访问单元之间的机械和电气接口。介质访问单元是物理层的一部分功能，用来将节点连接到传输介质。介质访问单元由物理介质附件和介质附属接口两部分组成。

知识链接

开放式系统间互联即 CAN 总线协议主要包括了 ISO 规定的 OSI（Open Systems Interconnection），其七层参考模型层级的第一次就是物理层，属硬件控制。

物理层利用传输介质为数据链路层提供物理连接，实现相邻计算机节点之间传输，规定了通信时使用的电缆、连接器等的媒体、电气信号规格等，如：信号电平、收发器、电缆、连接器等的形态，以实现设备间的信号传送。

5. 总线的物理介质

总线的物理介质 （Physical Media of the Bus）：用于信号传输的一对屏蔽或非屏蔽双绞线。

为了避免线束反射波的影响，CAN 网络的拓扑应当尽可能接近于单线结构，如图 6.1-2 所示。

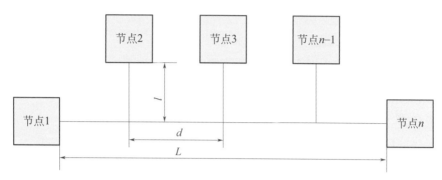

图 6.1-2　网络拓扑

L—总线长度；*l*—支线长度；*d*—节点距离

6. 协议

协议（Protocol）：节点之间信息交换的正式协定或规则，包括帧管理、帧传输和物理层的规范。

7. 总线电压

总线电压（Bus Voltage）：$V_{CAN\text{-}H}$ 和 $V_{CAN\text{-}L}$ 表示测得总线 CAN-H 和 CAN-L 对各自 CAN 节点地的电压。

8. 总线电平

总线电平有两种逻辑状态：隐性或显性，如图 6.1-3 所示。

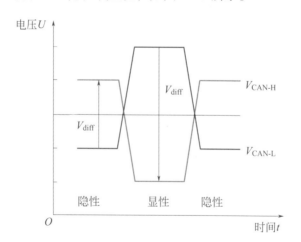

图 6.1-3　物理电平状态表示

隐性状态下，$V_{CAN\text{-}H}$ 和 $V_{CAN\text{-}L}$ 均设置为中值电压，此电压由总线终端确定小于最大阈值。总线空闲或发送隐性位时，总线为隐性状态。

V_{diff} 大于最小阈值时，总线为显性状态。显性状态覆盖隐性状态，并在显性位期间进行发送。

仲裁期间，各 CAN 节点可同时发送显性位。这种情况下的 V_{diff} 大于由一个 CAN 节点驱动的 V_{diff}。

划重点

例如，CAN 驱动总线在显性状态时，CAN-H 线上的电压约为 3.5V；在显性状态时，CAN-L 线上的电压降至约 1.5V；在隐性状态时，两条线上的电压均约为 2.5V（静电平），可见图 6.1-4。

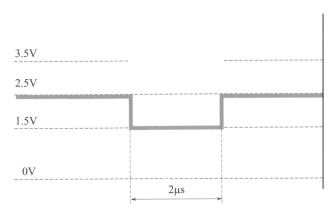

图 6.1-4　CAN 总线（驱动）的信号变化

9. 终端类型

GB/T 36048—2018《乘用车 CAN 总线物理层技术要求》对终端电阻和终端类型的电气技术要求给出了标准，电气技术要求适用于双绞差分总线。终端电阻的值见表 6-1。

表 6-1　终端电阻值

电阻	单位	电阻值		
		最小	标称	最大
R_{L}	Ω	100	120	130

维修提示

这里所说的双绞差分总线，通俗地讲，就是一根线传输正信号，一根线传输负信号。正信号减去负信号，得到两倍强度的有用信号。而两根线路上的干扰信号是一样的，相减之后就是零干扰。车载 CAN 总线本身其实就是一种差分总线，总线值是由双绞线的两根线的电势差来决定的，总线值有显性和隐性两种状态。

终端 A 和终端 B（见图 6.1-5、图 6.1-6）所用的终端电阻 R_{L} 应符合表 6-1 的规定。高速介质访问单元定义了两种不同的终端模型，如图 6.1-5 所示。

❶ CAN-H 和 CAN-L 之间的单电阻终端。

❷ 分离式终端将单个电阻划分为两个相同阻值的串联的电阻，中间连接一个对地电容和一个可选的专用分离式电压。

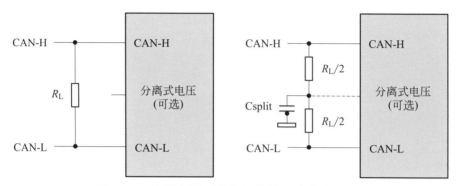

图 6.1-5　终端类型（单电阻终端和分离式终端）

 维修提示

受到拓扑结构、位速率和斜率的影响，终端电阻可偏离 120Ω 。

对于分离式终端的情况，R_L 分为两个电阻，两个电阻的允差应在 ±1% 以内。

10. 电气连接

如图 6.1-6 所示，总线终端包括终端 A 和终端 B，用于抑制信号反射。

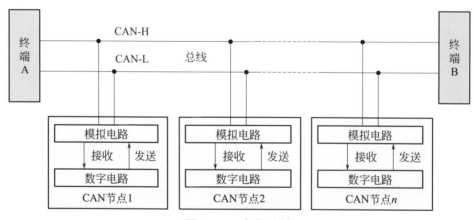

图 6.1-6　电气连接

当所有 CAN 节点的总线驱动关闭，总线应处于隐性状态。这种情况下，中值电压由终端电阻和各 CAN 节点接收电路的内部高电阻产生。

当不少于一个节点的总线驱动开启时，有一个显性位发送到总线。这会引起电流通过终端电阻，从而在总线的双线之间产生差分电压。

通过将总线差分电压转换为接收电路比较器输入所对应的显性电平和隐性电平，来检测显性和隐性状态。

二、CAN 和智能网联汽车的关系

1.CAN 的唯一性

相对于其他网络，CAN 在智能网联汽车中属于"私有"网络。智能网联汽车 ADASIS v2 仅支持 CAN 协议，主要是将道路的曲率和坡度发送到车身 CAN，车辆上的 ADAS 功能模块读取地图信息后实现弯道前减速、车辆节能等功能。

> **维修提示**
>
> 高级驾驶员辅助系统接口规范（Advance Driver Assist System Interface Specification，ADASIS）是地图数据提供给 ADAS 先进驾驶辅助系统定义的一种接口规格，主要是发送出基于当前车辆位置前方的道路属性信息，例如曲率、坡度等，协助 ADAS 系统更好地做出判断。

2.CAN 总线与高精地图的关系

高精地图的发展与智慧交通、智能网联汽车紧密相关，相对于以往的导航地图，高精地图是智能网联汽车交通的共性基础技术，尤其对于 L3 及以上级别的自动驾驶汽车而言，高精地图是必不可少的。一是因为，高精地图是自动驾驶汽车规划道路行驶路径的重要基础，能为车辆提供定位决策、交通动态信息等依据；二是因为，当自动驾驶汽车传感器出现故障或者周围环境较为恶劣时，它也能确保车辆的基本行驶安全。随着行业的发展，更多的 ADAS 系统开始应用高精地图，以增强超视距感知、提升规划能力。

地图电子控制器根据 GNSS 和摄像头的信息做好地图匹配后，会把需要的地图信号抽取出来，并打包成为 ADASIS 定义的格式，然后发送到 CAN 总线或者车载以太网上面。ADAS 域控制器上的地图重构模块会对地图信号进行重构，然后地图应用模块根据不同的功能去获取地图构造模块的道路车道信息从而实现相应的功能。

例如百度开发了自己的电子视野线 EHP 系统，这个系统服务通过车载以太网 /CAN 总线与各类应用进行通信（图 6.1-7）。

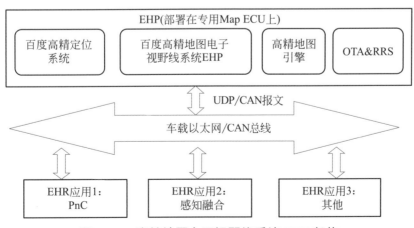

图 6.1-7　高精地图电子视野线系统 EHP 架构

**知识链接**

EHP 系统能够根据高精地图和车辆的位置，实时构建车辆前方电子视野线，并将道路几何、车道几何、曲率、坡度、道路等级等信息，以信号的形式提供给车辆决策规划单元，为决策规划选择合适的驾驶模式和驾驶速度提供数据支持。EHP 服务通过车载以太网 /CAN 总线与各类应用进行通信。

高精地图制作主流方案，即基于视觉的融合定位方案通过视觉重定位获得全局定位信息，同时融合 IMU/ 车身信息后通过 CAN 总线发送到其他模块。高精地图 +GNSS+ 定位增强服务（RTK/PPP 等）+ADAS 相机 +IMU+ 车辆 CAN 信号。

3.CAN 总线与车载卫星定位的关系

图 6.1-8 是带惯性导航的架构，主要由 GNSS 信号接收天线、GNSS 信号接收模块、陀螺仪、加速度计、主处理器等组成。有些车型可能还带 T-Box 或者内嵌蜂窝通信模块，可以协助进行 A-GNSS（Assisted GNSS 即辅助 GNSS 技术，可以通过移动通信运营基站实现快速定位）。GNSS 模块包含 GNSS 信号接收、导航引擎以及惯导算法，导航引擎的位置数据、陀螺仪的角速度数据、加速度计的加速度数据和通过车身 CAN 总线传来的里程数据及轮速一起输入到惯导算法模块进行计算新的位置数据，通过 UART 总线将位置信息传输给主处理器，在主处理器内根据位置信息和电子地图进行匹配，然后输出到显示器和喇叭。

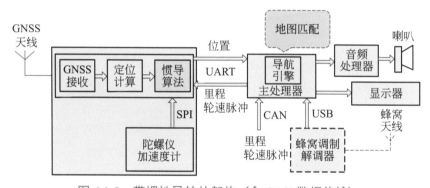

图 6.1-8　带惯性导航的架构（含 CAN 数据传输）

4. 智能网联汽车新型电子电气架构

汽车电子电气架构（又称 E/E 架构）是指整车电子电气系统的总布置方案，是一种新型的电子电气架构，即将汽车里的各类传感器、处理器、线束及连接器、电子电气分配系统和软硬件整合在一起，以实现整车的功能、运算、动力及能量的分配。

传统汽车采用的分布式电子电气架构因计算能力不足、通信带宽不足、不便于软件升级等瓶颈，不能满足智能网联汽车技术发展的需求，电子电气架构升级已逐步由分布式 ECU 向域控制器、中央集中架构方向发展。现阶段，各主机厂基本上处于域控制器的 E/E 架构规划阶段。

域控制器的 E/E 架构方案中，高精度卫星定位模块在汽车中的搭载方案主要包括高精度卫星定位模块挂接到中央网关和高精度卫星定位模块集成到自动驾驶域控制器两种架构。

（1）高精度卫星定位模块挂接到中央网关　高精度卫星定位模块挂接到中央网关，通过以太网、CAN 和自动驾驶域控制器进行高精地图等数据的传输，如图 6.1-9 所示。高精度定位模块包括卫星定位信号接入、RTK 信息接入、IMU、高精地图单元、融合定位算法等。该方案需要将高精度定位及高精地图信息通过车内网络传输到自动驾驶域控制器，加大了时间延迟，降低了高精度定位的精度。

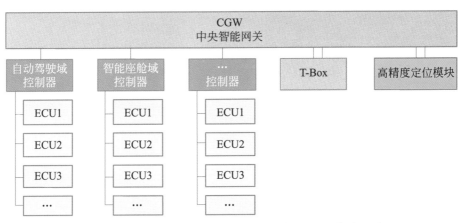

图 6.1-9　新型电子电气架构（高精度定位的分离式架构）

（2）高精度卫星定位模块集成到自动驾驶域控制器　如图 6.1-10 所示，高精度卫星定位模块集成到自动驾驶域控制器，自动驾驶域控制器直接接入卫星定位信号、GNSS 卫星增强信息，并配置惯性测量单元 IMU、高精地图单元和融合定位算法等。该方案可以减少数据传输，有效降低信息的延迟，提升高精度定位的精度。

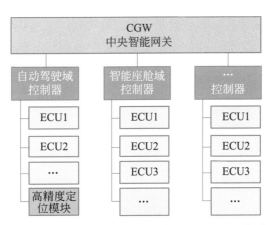

图 6.1-10　新型电子电气架构（自动驾驶域控制器集成化架构）

（3）应用案例　北斗智联高精度融合定位总成在 L3 级准量产车型上实现了高精度车道级定位，整车采用了 1 个前视摄像头、4 个环视摄像头、5 个毫米波雷达、12 个超声波雷达的经典配置，实现了 L3 级的高速公路与城市快速路脱手、脱脚的 HWP（高速公路领航驾驶）的功能。高精地图定位总成相关的车身 E/E 架构如图 6.1-11 所示。

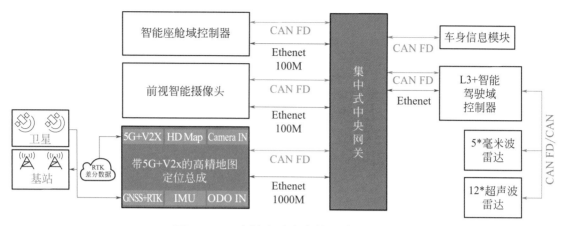

图 6.1-11　高精度融合定位总成架构图

通过集中式中央网关，带 5G+V2X 的高精地图定位总成与外部的智能座舱域控制器、前视智能摄像头、智能驾驶域控制器、车身信息模块进行数据通信。前视智能摄像头的感知结果数据由以太网，车身信息数据由 CAN FD 传送到高精地图定位总成。

　知识链接

　　在整个自动驾驶域的时间同步上，使用的协议标准是 TimeSynchronization over CAN AUTOSAR Release 4.2.2，以全球导航卫星系统（GNSS）精准授时作为时钟源，由高精地图定位总成作为 Time Master 输出时间同步信号，前视摄像头、车身信息模块、（L3 以上）智能驾驶域控制器作为 Time Slave 同步 Time Master 的时间同步信号，把自身的时钟与 Time Master 的同步精确到毫秒内。在自动驾驶域控制器 LIN 总线网络连接的毫米波雷达和超声波雷达中，用域控制器作为 TimeMaster 输出时间同步信号同步外部的感知单元，最终实现各个定位数据源在时间和空间的同步。

三、CAN 总线诊断与检测

1.CAN 总线结构

（1）CAN 总线物理结构　CAN 总线实物图见图 6.1-12，纽绞在一起的两根导线即双绞

图 6.1-12　CAN 总线（双绞线）

线，目的在于使得干扰信号同时作用到两条导线上，通过"差动传输"就可大大降低干扰信号对系统的影响。

（2）CAN 拓扑结构　CAN 总线控制设备相互连接，进行数据交换。如图 6.1-13 所示，CAN 拓扑结构说明了不同的总线在车辆总线系统中的应用。

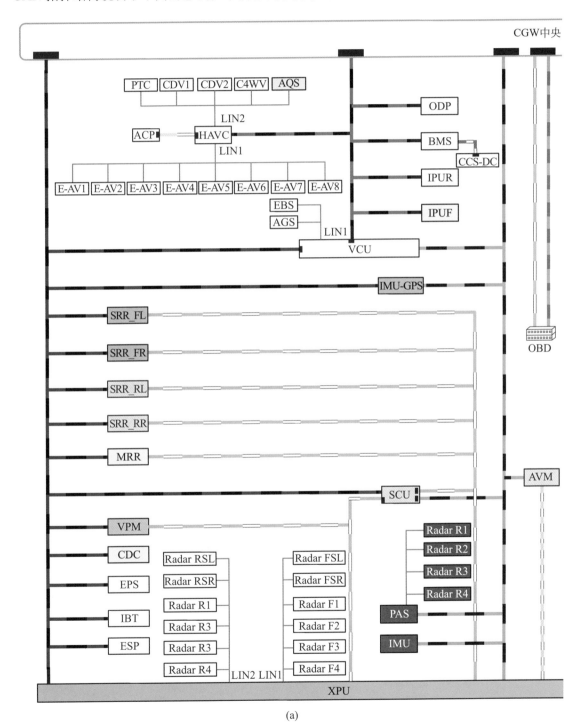

(a)

图 6.1-13

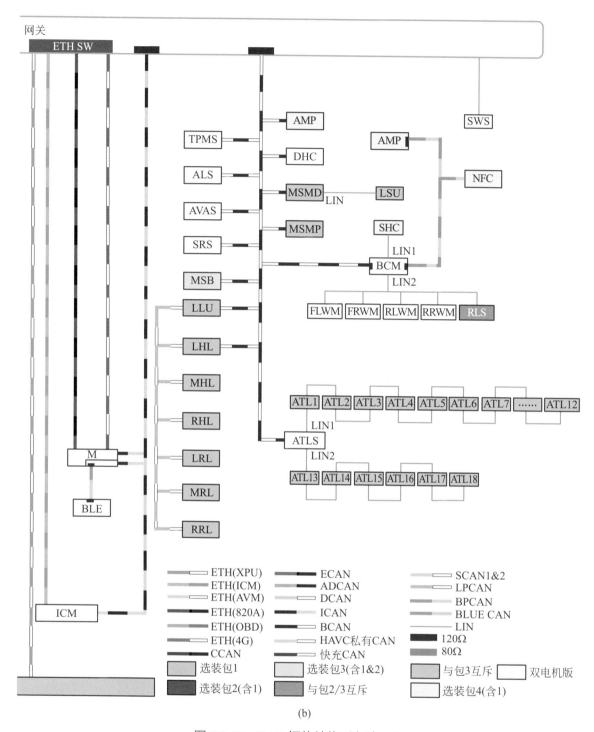

图 6.1-13　CAN 拓扑结构（小鹏 P7）

2.CAN 总线检测的基本原则

（1）电压　CAN 总线的基本检测的原则是：无论是什么 CAN 总线，其 CAN-H 和 CAN-L 的电压相加始终是 5V。这是汽车维修中检测总线故障的一个重要依据，也是 GB/T 36048—2018 中的技术要求。

　　高速 CAN 总线是差分总线，CAN-H 和 CAN-L 从静止或闲置电平驱动到相反的极限。大约为 2.5V 的闲置电平被认为是隐性传输数据并解释为逻辑 1。将线路驱动至极限时，高速 CAN-H 将升高 1V 而 CAN-L 将降低 1V。极限电压差 2V 被认为是显性传输数据并解释为逻辑 0（图 6.1-14）。

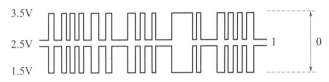

图 6.1-14　CAN 总线逻辑

　　如果通信信号丢失，程序将针对各控制模块设置失去通信故障码，该故障码可被故障诊断仪读取。

　　（2）电阻　CAN 总线终端电阻的作用是避免数据传输终了反射回来，产生反射波而使数据遭到破坏。

　　CAN 总线两端接 120Ω 的抑制反射的终端电阻，它对匹配总线阻抗起着非常重要的作用，如果忽略此电阻，会使数字通信的抗干扰性和可靠性大大降低，甚至无法通信。这也是诊断 CAN 总线故障的一个重要依据。

3.CAN 总线诊断与检测

　　检查前，首先用故障诊断仪执行诊断，检查是否有故障码，参考 CGW 故障码和数据流能帮助更快更准确地判断故障。然后进行目测电气检查，包括一些简单的检查项目，例如保险丝的通断，进行故障的确认。

　　（1）中央网关控制器电路　见图 6.1-15、图 6.1-16。

　　（2）中央网关控制器线束连接器　见表 6-2。

表 6-2　中央网关控制器线束连接器

中央网关控制器线束连接器	端子	线别作用（端子定义）	端子	线别作用（端子定义）
	1	CCAN-H	9	ADCAN-L
	2	CCAN-L	10	LIN 通信
	3	BCAN-L	11	IG1 电源
	4	DCAN-H	15	BCAN-H
	5	DCAN-L	18	ECAN-H
	6	ECAN-L	21	ADCAN-H
	7	ICAN-H	23	接地
	8	ICAN-L	24	常电
	1	OBD 诊断接口 ETH1_TD+	16	智能驾驶模块 ETH6+（21）
	2	OBD 诊断接口 ETH1_TD-	16	全景模块 ETH6+（*17）
	7	中央网关控制器（4G）ETH5-	17	OBD 诊断接口 ETH1_RD-
	8	中央网关控制器（4G）ETH5+	18	OBD 诊断接口 ETH1_RD+
	11	组合仪表 ETH3-	19	OBD 诊断接口 DOIP_ACT-IN
	12	组合仪表 ETH3+	29	中控大屏主机 ETH2+
	15	智能驾驶模块 ETH6-（21）	30	中控大屏主机 ETH2-
	15	全景模块 ETH6-（*17）		

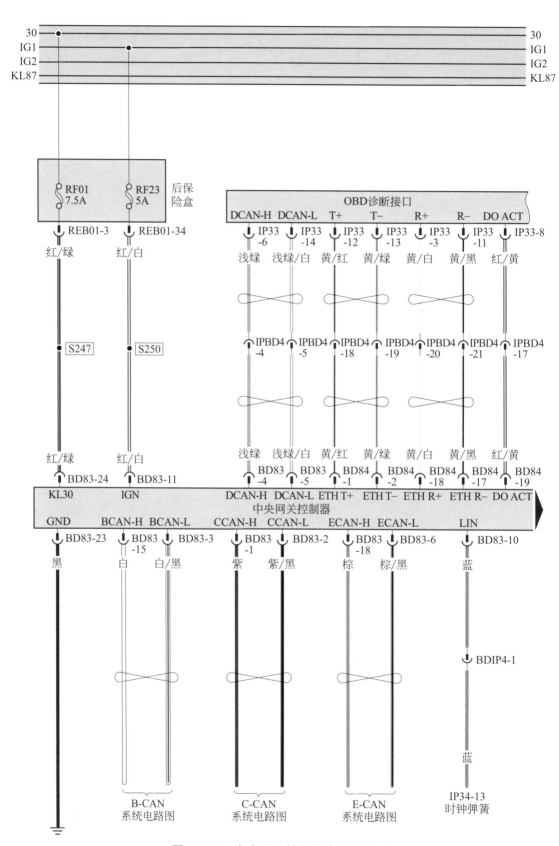

图 6.1-15　中央网关控制器电路图（一）

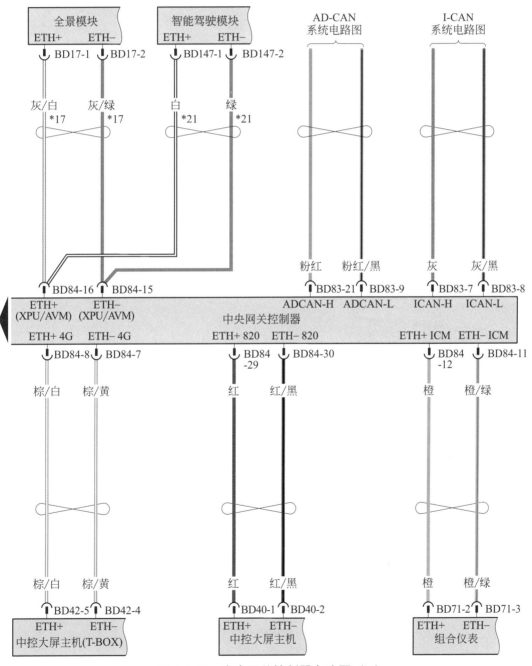

图 6.1-16　中央网关控制器电路图（二）

（3）中央网关控制器电源电路的检测　中央网关控制器电源电路诊断和检测要点：执行车辆下电程序，断开中央网关控制器线束连接器，然后再执行车辆上电程序。按照表 6-3 检测其电源电路，如果不符合表内应测得电压的结果，那么应该维修线束以及线束连接器，或更换线束。

表 6-3　中央网关控制器电源电路的检测

检查部件			万用表检测的两端子		检测条件	状态	应测得结果
部件名称	代号	图示	红色表笔连接	黑色表笔连接			
中央网关控制器线束连接器	BD83	见表 6-2	BD83/11	车身接地	上电	电压	14V 左右
			BD83/24	车身接地	上电	电压	14V 左右

（4）中央网关控制器接地电路的检测　中央网关控制器接地电路诊断和检测要点：执行车辆下电程序，断开中央网关控制器线束连接器。按照表 6-4 检测其接地电路，如果不符合表内应测得电阻的结果，那么应该维修线束以及线束连接器，或更换线束。

表 6-4　中央网关控制器接地电路的检测

检查部件			万用表检测的两端子		检测条件	状态	应测得结果
部件名称	代号	图示	红色表笔连接	黑色表笔连接			
中央网关控制器线束连接器	BD83	见表 6-2	BD83/23	车身接地	下电	电阻	< 1Ω

如果诊断显示过压、电压不足，首先应该检查中央网关控制器电源和接地电路，如果电路正常，那么问题出在中央网关控制器本身，应该更换。

（5）中央网关控制器与车身控制器之间 BCAN 数据通信导线的检测　BCAN 数据通信电路检测要点：执行车辆下电程序，断开中央网关控制器线束连接器，断开车身控制器线束连接器。按照表 6-5 检测其电路，如果不符合表内应测得电阻的结果，那么应该维修线束以及线束连接器，或更换线束。

表 6-5　中央网关控制器与车身控制器之间 BCAN 数据通信导线的检测

检查部件			万用表检测的两端子		检测条件	状态	应测得结果
部件名称	代号	图示	红（黑）色表笔连接	黑（红）色表笔连接			
中央网关控制器线束连接器	BD83	见表 6-2	BD83/3	BD107/38	下电	电阻	< 1Ω
车身控制器线束连接器	BD107	BCAN-H　BCAN-L	BD83/15	BD107/39	下电	电阻	< 1Ω

（6）车身控制器／中央网关控制器 BCAN 终端电阻的检测　执行车辆下电程序，断开车身控制器线束连接器、中央网关控制器线束连接器。按照表 6-6 检测车身控制器和中央网关控制器终端电阻，如果不符合约 120Ω 的技术要求，那么可判定是本身有故障，则应该更换车身控制器或中央网关控制器。

表 6-6　车身控制器／中央网关控制器 BCAN 终端电阻的检测

检查部件			万用表检测的两端子		检测条件	状态	应测得结果
部件名称	代号	图示	红（黑）色表笔连接	黑（红）色表笔连接			
车身控制器（本部件端）	BD107		BD107/39	BD107/38	下电	电阻	约 120Ω
中央网关控制器（本部件端）	BD83		BD83/3	BD83/15	下电	电阻	约 120Ω

（7）整车控制器与中央网关控制器之间 ECAN 数据通信的检测　诊断和检测要点：执行车辆下电程序，断开整车控制器线束连接器、中央网关控制器线束连接器。按照表 6-7 和电路图 6.1-17 检测其通信线路，如果不符合要求，那么应该维修线束以及线束连接器，或更换线束。

表 6-7　整车控制器与中央网关控制器之间 ECAN 数据通信的检测

检查部件			万用表检测的两端子		检测条件	状态	应测得结果
部件名称	代号	图示	红（黑）色表笔连接	黑（红）色表笔连接			
整车控制器线束连接器	BD56	—	BD83/18	BD56/25	下电	电阻	＜ 1Ω
中央网关控制器线束连接器	BD83	见表 6-2	BD83/6	BD56/6	下电	电阻	＜ 1Ω

划重点

如果故障诊断仪显示"ECAN 关闭"，则可能是 CAN 故障，需要对线路进行检测。如果线路没有问题，那么应该按照表 6-5 方法（仅方法，导线不是同一根）来检测整车控制器和（或）中央网关控制器的 ECAN 终端电阻，来确定控制器是否有故障。

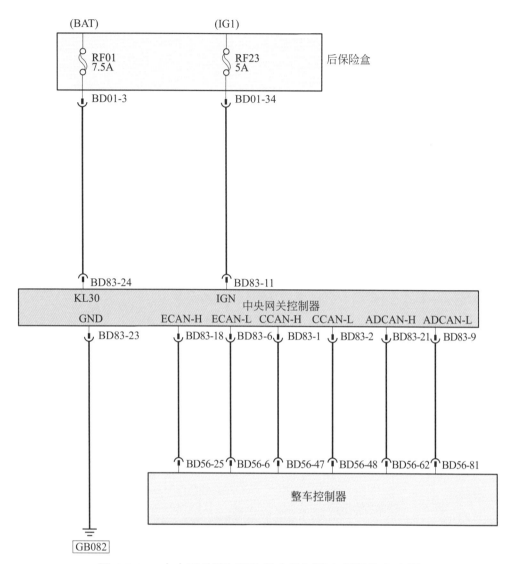

图 6.1-17　中央网关控制器和整车控制器之间通信电路图

（8）其他检测　其他 CAN 的数据通信检测，如 ICAN 数据通信导线检测、中央网关控制器和智能控制器之间的 ADCAN 数据通信检测、中央网关控制器和 OBD 诊断接口之间的 DCAN 数据通信导线检测等，均可按照上述的方法来检测判断。一是线路问题，二是控制器本身问题的检测。控制器本身问题的检测的重要依据就是终端电阻的技术要求。

重要的是诊断和检测方法，各种车型的控制器接口连接器针端不一样，我们要依据这种方法，就能对各种车型的各种 CAN 总线进行检查。同时，在维修车辆时，一定要对其控制器的连接情况查找清楚（从维修手册或诊断仪等渠道查询），这样才能对具体的线路做出检测。

作者注：本书中的诊断和检测内容基本以小鹏 P7 为例。主要是基于小鹏 P7 的智能感知系统P7 配备了 14 个摄像头、5 个毫米波雷达和 12 个超声波传感器和 360° 双重感知融合系统。而且小鹏搭载的高德地图不但提供高精地图数据，还同导航系统进行无缝整合实现全场景厘米级定位精度。

第二节　车载以太网

一、车载以太网相关标准

智能网联汽车搭载车载以太网是必然的一个技术目标,是汽车智能化发展的需求。目前,对于低端车型每辆车上有 6 ~ 40 个汽车以太网节点,而豪华车型和混合 / 电动车型每辆车上将会有 50 ~ 80 个汽车以太网节点,有 40% 的已售车上使用汽车以太网;到 2025 年,汽车以太网的市场渗透率将增加至 80%。

汽车以太网是一个广泛的概念,它涵盖了 OSI 模型的各个层级,整合了众多国际标准组织的相关协议和行业标准。如 ISO、IEEE 和 IETF 国际标准组织主要负责制定协议标准;行业标准组织,如 OPEN Alliance、AVnu Alliance 和 AUTOSAR 主要负责车载协议的应用、实现及测试规范制定,促进车载以太网产业化发展。

1. ISO

国际标准化组织(International Organization for Standardization,ISO)在车载网络领域非常重要,其制定了众多汽车相关的标准化协议,如 ISO11898(CAN)、ISO14229(UDS)等。由 ISO 提出的 OSI 模型对通信网络进行了分层,并描述了各层功能及分层之间的交互。对汽车以太网的描述同样基于 OSI 模型分层架构,汽车以太网相关 ISO 标准主要有 ISO13400(DoIP)、ISO17215(VCIC)。此外,ISO 在 2016 年启动了 ISO 21111 "道路车辆 - 车内以太网" 项目,用于开展包括所有速率和介质的汽车以太网相关研究。

2. IEEE

电气和电子工程师协会(Institute of Electrical and Electronics Engineers,IEEE)是以太网 /WLAN 最权威的国际标准化机构,标准化成熟,产业链全面,中国参与单位包括华为、中兴、中国移动、烽火、中国信通院等。

标准内容:已制定汽车以太网 PHY、MAC、AVB/TSN 的系列国际标准,全球通用。

3. IETF

国际互联网工程任务组(The Internet Engineering Task Force,IETF),是唯一的国际性、非政府开放的互联网技术开发和标准制定组织,我国主要参与单位有中科院、清华大学、中国移动、华为。IETF 制定了 TCP/IP 协议、互联网性能规范、Det Net 确定性网络等标准。

IETF 是负责互联网相关技术规范研发和制定的主要组织,大家所熟知的互联网最基本的 TCP/IP 协议簇,就是由 IETF 制定的。其制定互联网性能规范、Det Net 确定性网络等标准。该组织虽然不是专为汽车以太网制定规范标准等,但是汽车以太网的正常运转离不开 TCP/IP 协议。通常,汽车以太网不需要对 TCP/IP 协议簇进行修改,仅需要做适应性的配置和应用。

4. AVnu Alliance

AVnu Alliance 成立于 2009 年,由美国思科公司等发起成立,拥有多家中国成员,包括德赛西威、东信创智、精钰电子、赫千科技、中国信通院等单位。

标准制定目的：推进车用 AVB/TSN 协议的产业化、制定一致性测试规范。IEEE 和 AVnu 的区别很明显：IEEE 负责制定 AVB/TSN 标准，AVnu 负责制定系列测试标准来解决 AVB/TSN 技术在某个领域的应用。如 AVnu 联盟制定的 gPTP、FQTSS 和 AVTP 的测试规范，可以快速提高 AVB 技术在汽车网络上的落地应用。

5. OPEN Alliance

OPEN Alliance 是成立最早、产业生态覆盖全面的一个非盈利性开放行业联盟（One-Pair EtherNet，OPEN 联盟），于 2011 年由 NXP、博通和宝马携手创建，主要由知名汽车主机厂和相关技术供应商组成，目标是将基于以太网的通信广泛应用于汽车网络。目前已超 340 位成员，包括一汽、北汽、北汽福田、华晨、广汽、长城、泛亚帝亚一维、蔚来、中国信通院等 20 多家中国单位。该组织制定的技术规范全球通用。

维修提示

以太网是最早搭载到宝马量产车上的。例如 BMW G11/G12 上使用无保护层单对双绞线以太网，由 OPEN Alliance BroadR-Reach 研发。它是两根单线、相互缠绕且无保护层的数据传输导线。BMW 将这种针对汽车领域进行调整的特殊以太网称为 OABR 以太网。

OPEN Alliance 制定和统一 IEEE 100BASE-T1、1000BASE-T1 及 1000BASE-RH 等通信方式的物理层、协议一致性和互操作性等规范。同时，通过制定线束、交换机、ECU 和其他功能需求及测试规范，帮助 Tier1 和汽车制造商完善汽车以太网生态系统，如 TC8 委员会制定的 ECU 级别物理层、数据链路层、TCP/IP 协议层、SOME/IP 测试规范，TC2 制定的汽车线束和连接器的测试规范。

6. AUTOSAR

汽车开放系统架构（AUTomotive Open System ARchitecture，AUTOSAR）是知名的汽车软件及电子架构标准联盟机构，中国合作伙伴包括长城、华为、一汽、上汽、吉利等。

该联盟致力于为汽车工业制定标准化的软件架构，通过使用统一的软硬件接口实现不同开发商软件模块的兼容性。Classic AUTOSAR 从 4.0 版本开始支持以太网通信，主要包括 Ethernet 驱动、Ethernet 接口、TCP/UDP/IP、Socket、UDPNM、SOME/IP 等软件模块。AUTOSAR 的以太网相关文档详细定义了以太网通信软件模块的需求、函数接口、配置参数等内容。

 **知识链接**

注意，这些内容相应的协议本身，还是由上述 IEEE、IETF 等标准组织定义。

此外，AUTOSAR 还规定了 TCP、UDP 和 IPv4 三个通信协议的测试规范，用于对符合 AUTOSAR 标准的协议栈进行测试。

7. NAV Alliance

自动驾驶汽车网络联盟（Networkingfor Autonomous Vehicles Alliance，NAV Alliance，NAV 联盟）由大众、英伟达、博世、大陆和 Aquantia 于 2018 年 6 月发起成立，目前共 9 家成员单位，中国成员包括华为。该机构主要制定下一代多 G 速率规范。

8. 中国相关标准

在我国，2018 年国汽智联也成立了新型车载高速网络工作组，用于促进国内新型车载高速网络的生态系统建设，并建立测试验证体系。2020 年 8 月中国汽车工程学会发布实施团体标准 T/CSAE 152—2020《车载音视频桥（AVB）技术要求》，其中，车载音视频桥系统对以太网传输相关要求如下。

❶ 传输速率：支持至少 100Mbit/s 车载以太网，如 IEEE Std 802.3bw、IEEE Std 802.3bp。

❷ 时间同步精度：T/CSAE 152—2020 使用 IEEE Std 802.1AS 定义的时间同步机制，为车载 AVB 流的对口型、多屏同步播放等需求提供时间同步基础。车载 AVB 网络中的所有节点应支持 IEEE Std 802.1AS，在不超过 7 跳的车载 AVB 网络中，任意两个节点间的时间误差不超过 1μs。

二、智能网联汽车网络需求

现有的车载网络技术并不能满足智能网联汽车复杂的应用，如 ADAS 系统、高质量视听车载娱乐系统及云服务和大数据等。车载以太网可以在非屏蔽或屏蔽双绞线上实现更高带宽（非屏蔽双绞线时可支持 15m 的传输距离对于屏蔽双绞线可支持 40m），100Mbit/s 车载以太网的 PHY 采用了 1Gbit/s 以太网的技术，通过使用回声抵消在单线对上实现双向通信。满足智能网联汽车摄像头、交通控制和管理等高速主干网需求。车载网络必须能够同时支持多种系统和设备，而且网络需要具备聚合能力，车载以太网完全满足兼容性和开放式架构需求并允许单一网络上的会聚服务。所以，以太网用于高度集中的智能网联汽车新型电子电气架构，符合智能网联汽车技术需求。

三、车载以太网通信原理

随着汽车智能化等级提升以及应用的普及，在智能网联汽车中以太网将会完全取代现有的 CAN 主干网，如图 6.2-1 所示是采用车载以太网作为主干网，由若干域控制器组成的车载网络结构。这种基于域控制器的网络结构不同于车载 CAN 网络中点到点的通信方式，如在车身及舒适系统域内部，各 ECU 通过 CAN、LIN 进行通信，只有在需要与其他域交换信息时才经由网关、以太网路由器与其他域进行交互。在这种网络结构中，通过域控制器管理车内子网络，而由车载以太网路由器协调不同域之间的通信。

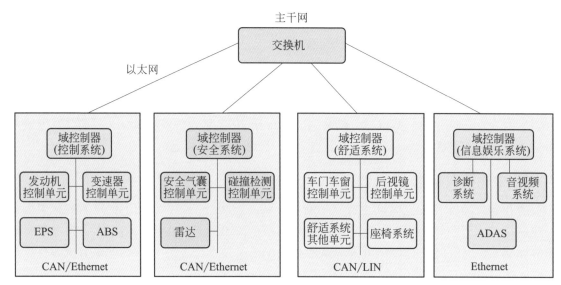

图 6.2-1　以太网为主干网的车载网络架构

1. 100BASE-T1 标准车载以太网

❶ 100BASE-T1 车载以太网主要由 MAC（介质访问控制）、PHY（物理接口收发器）组成，固定为全双工通信方，通过单对非屏蔽或屏蔽电缆连接。

 知识链接

　　100BASE-T1 可以处理几路视频数据流，在 ADAS 应用中，有多个摄像机，需要对数据进行压缩。

　　100BASE-T1 速率是 100Mbit/s，是传统车载 CAN 总线的百倍，是 CAN FD 的一二十倍。未来 100BASE-T1 将作为车载通信网络的主干网，是各个域控制器与中央网关连接的桥梁。

　　目前网关包含了多种总线接口，如传统的 CAN、LIN、FlexRay、MOST 等以及 100BASE-T1 主要功能为信号及报文路由，实现 CAN 转以太网、以太网转 CAN、以太网转以太网等。

 知识链接

　　CAN FD 继承了 CAN 总线的主要特性。CAN FD 总线与 CAN 总线的区别主要在以下两个方面：

　　① 可变速率：CAN FD 采用了两种位速率。从控制场中的 BRS 位到 ACK 场之前（含 CRC 分界符）为可变速率，其余部分为原 CAN 总线用的速率。在 E28 下项目中，CAN FD 可变速率部分的通信速率为 2Mbit/s，CAN FD 其余部分和 CAN 一样，采用的通信速率为 500kbit/s。

② 新的数据场长度：CAN FD 对数据场的长度作了很大的扩充，DLC 最大支持 64 个字节，在 DLC 小于等于 8 时与原 CAN 总线是一样的，大于 8 时有一个非线性的增长，所以最大的数据场长度可达 64 字节。

❷ 车载以太网使用非屏蔽双绞线时可支持 15m 的传输距离（对于屏蔽双绞线可支持 40m）。

❸ 车载以太网通过使用回音消除技术在单线对上实现双向通信。回音消除技术的主要过程如下，作为发送方的节点将自己要发送的差分电压加载到双绞线上，而作为接收者的节点则将双绞线上的总电压减去自己发出去的电压，做减法得到的结果就是发送节点发送的电压。

❹ MAC 层主要负责控制与连接物理层的物理介质，它一端通过连接控制芯片，另一端通过 MII（介质无关接口）连接 PHY。在发送数据时，MAC 协议会判断当前是否适合发送数据，如果能，它会在将要发送的数据上附加一些控制信息，最终使数据以规定的格式到达物理层；在接收数据时，它会判断数据是否有错误，如果没有错误，它会去掉附加的控制信息发送至 LCC（逻辑链路控制）子层。

知识链接

信息传输遵守传统以太网 100BASE-TX 定义的规定。负责发送和接收的装置必须依据上述规定进行工作，从而就如何处理数据达成一致。

以太网使用开放系统互联模型，简称 OSI 模型，共由七层构成。

第一层：100 Mbit/s 物理层。

第二层：数据链路层（设备驱动程序，硬件）。

第三层：网络层（数据包传送，路由）。

第四层：传输层（数据包保护，加密）。

第五至七层：应用层（用户使用和流程）。

针对双线以太网 OABR 增加了附加模块：车辆网络管理和服务发现协议（针对不同步启动和停止功能）。因此用于双线 OABR 以太网的 OSI 模型表现见图 6.2-2。

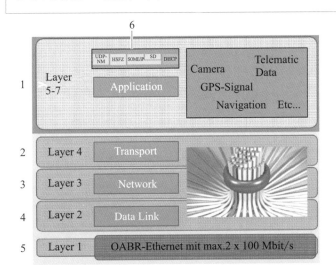

图 6.2-2　OSI 模型

1—应用层（用户使用和流程）；2—传输层（数据包保护，加密）；3—网络层（数据包传送，路由）；4—数据链路层（建立连接，接口，设备驱动程序，硬件）；5—以 2×100Mbit/s 进行数据传输的物理层；6—针对 OABR 以太网定义的附加模块

❺ PHY 是物理接口收发器，它实现了以太网的物理层。PHY 在发送从 MAC 接收到的数据时，会将该并行数据转化成串行数据，之后再转化为模拟信号发送；接收数据的过程则相反。控制器在 MII 接口的时钟频率是 25MHz，数据是 4 个 bit，PHY 从 MII 接口收到数据后，会首先进行一个 4B3B 的转换，为了匹配 25MHz * 4bit =100Mbit/s 的速率，PHY 的 MII 接口时钟频率应该是 33.3333MHz，每次接收 3bit，也实现了 33.3333MHz * 3bit= 100Mbit/s 的速率。之后 PHY 要再进行 3B2T 的操作，将每次接收到的 3 个 bit 转化为 2 个电平值（取值范围是 -1，0，1）。3 个 bit 有 8 种组合（即 2 的三次方），两个电平值有 9 种组成（即 3 的平方），所以后者可以覆盖前者。此时时钟频率仍然是 33.333MHz，但是每个时钟周期中的两个电平就能够表示 3 个 bit 了，所以此时的数据速率仍然是 100Mbit/s，每个电平实际上包含了 1.5bit 信息。最后一步是 PAM3，将逻辑的 -1、0、1 转化为在双绞线上的电压。所以，最终在总线上信号的波特率是 66.666MHz，但是它实现了 100Mbit/s 的通信速率。

2. 100BASE-TX 标准传统以太网

使用的是两对阻抗为 100Ω 的 5 类非屏蔽双绞线，最大传输距离是 100m。其中一对用于发送数据，另一对用于接收数据。

100BASE-TX 采用的是 4B/5B 编码方式，即把每 4 位数据用 5 位的编码组来表示，该编码方式的码元利用率 =4/5×100%=80%。然后将 4B/5B 编码成 NRZI 进行传输。

维修提示

量产车搭载应用上，例如小鹏车载以太网就是采用的上述 100BASE-T1 标准车载以太网；OBD 诊断接口采用 100BASE-TX 标准传统以太网。二者均是以 100Mbit/s 速率工作的局域网（LAN）标准，使用 UTP（非屏蔽双绞线）铜质电缆。

在 F01 上已开始使用带有五根导线（四根数据导线和一根用于启用接口的导线）的以太网来进行车辆编程和导航系统数据更新。在 F01 上使用另一个带有四根数据导线（用于向 RSE 传输导航数据）的型号实现从 Headunit 至后座区娱乐系统 RSE 的以太网连接。

两个以太网型号均与 PC 网络的标准以太网型号 100BASE-TX 相似。在 G11、G12 上仍使用带有五根导线的型号实现从 OBD2 接口至车身域控制器的以太网连接。

3. 以太网通信路由

中央网关在供电状态下（电源挡位：OFF 挡 /IGON 挡 /Ready 挡）运行时（唤醒状态），支持车内以太网节点间的 switch（交换机）以太网报文路由转发。

4. 整车大数据上传 4G 模块

中央网关在供电状态下（电源挡位：OFF 挡 /IGON 挡 /Ready 挡）运行时（唤醒状态），将整车的 CAN/CAN FD 数据，按照格式要求打包成以太网数据帧上传给 4G 模块，到后台服务器。

四、车载以太网诊断与检测

1. 检测以太网及故障干扰情况（智能驾驶模块故障）

（1）故障信息

❶ 故障诊断仪执行故障诊断显示：端口 6-XPU/AVM-SQI 值过低。

❷ 可能的故障原因：线路接触不良，电磁干扰。

❸ 诊断与检测的故障点：检查以太网线路及干扰情况。

（2）诊断与检测要点

❶ 车辆下电安全作业，检查中央网关控制器与智能驾驶模块之间的 ETH 数据通信屏蔽线是否有裸露、破损等现象。

❷ 进行车辆加改装电器的干扰排查。

❸ 检测中央网关控制器与智能驾驶模块之间的 ETH 数据通信导线。智能驾驶模块和中央网关控制器之间 ETH 通信电路见图 6.2-3。

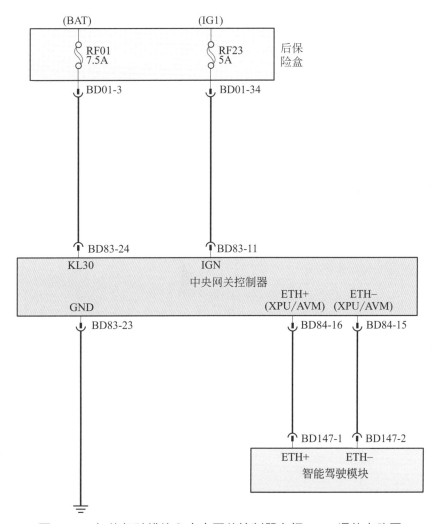

图 6.2-3 智能驾驶模块和中央网关控制器之间 ETH 通信电路图

执行车辆下电程序，断开中央网关控制器线束连接器，断开智能驾驶模块线束连接器。按照表 6-7 检测其电路，如果不符合表内应测得结果，那么应该维修线束以及线束连接器，或更换线束。如果按照表 6-8 检测没有问题，那么应该接着检查智能驾驶模块。

表 6-8　中央网关控制单元与智能驾驶模块之间的 ETH 数据通信导线的检测

检查部件			万用表检测的两端子		检测条件	状态	应测得结果
部件名称	代号	图示	红（黑）色表笔连接	黑（红）色表笔连接			
智能驾驶模块线束连接器	BD147	ETH6+ ETH6−	BD84/15	BD147/2	下电	电阻	< 1Ω
中央网关控制器线束连接器	BD84	见表 6-2	BD84/16	BD147/1	下电	电阻	< 1Ω

❹ 检查智能驾驶模块的供电接地导线。如果智能驾驶模块的供电接地导线正常。那么，"端口 6-XPU/AVM-SQI 值过低故障"的故障应该出在智能驾驶模块本身，应该通过更换智能驾驶模块来解决。

2. 检测以太网及故障干扰情况（组合仪表故障）

（1）故障信息

❶ 故障诊断仪执行故障诊断显示：端口 3-ICM-SQI 值过低。

❷ 组合仪表与中央网关控制器之间 ETH 通信电路见图 6.2-4。

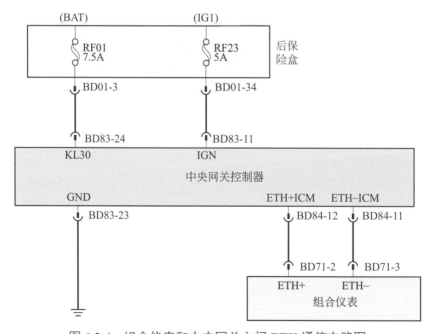

图 6.2-4　组合仪表和中央网关之间 ETH 通信电路图

（2）诊断与检测要点

1）中央网关控制器与组合仪表之间的 ETH 数据通信导线的检测　执行车辆下电程序，断开中央网关控制器线束连接器，断开组合仪表线束连接器。按照表 6-9 检测其电路，如果不符合表内应测得结果，那么应该维修线束以及线束连接器，或更换线束。如果按照表 6-9 检测线路没有问题，那么应该接着检查组合仪表。

表 6-9　中央网关控制单元与组合仪表之间的 ETH 数据通信导线的检测

检查部件			万用表检测的两端子		检测条件	状态	应测得结果
部件名称	代号	图示	红（黑）色表笔连接	黑（红）色表笔连接			
组合仪表线束连接器	BD71	—	BD84/11	BD71/3	下电	电阻	＜1Ω
中央网关控制器线束连接器	BD84	见表 6-2	BD84/12	BD71/2	下电	电阻	＜1Ω

2）检查组合仪表的供电接地导线　如果组合仪表的供电接地导线正常。那么，"端口 3-ICM-SQI 值过低"的故障应该出在组合仪表本身，应该通过更换组合仪表来解决。

维修提示

为确保组合仪表成功运行功能，必须确保所连接的总线通信正常。组合仪表采用 CAN FD 总线通信和 ETH 以太网通信两种方式，其中 CAN FD 依据相应的规范标准实现控制单元数据传输，ETH 以太网通信主要用于 OTA 升级和仪表大屏通信。

3. 检测以太网连接情况

（1）故障信息

❶ 故障诊断仪执行故障诊断显示：AVM 以太网非预期的连接丢失、AVM 以太网 TCP 连接丢失。

❷ 可能的故障原因：线路接触不良，物理连接断开。

❸ 诊断与检测的故障点：检查以太网线路，检查 100/1000BASE-T1 的连接。

（2）全景模块与智能驾驶模块之间的以太网数据通信导线的诊断与检测要点

❶ 全景模块与智能驾驶模块之间 ETH 通信电路见图 6.2-5。

❷ 执行车辆下电程序，断开全景模块线束连接器、智能驾驶模块线束连接器。按照表 6-9 检测其电路，如果不符合表内应测得电阻的结果，那么应该维修线束以及线束连接器，或更换线束。如果按照表 6-10 检测没有问题，那么更换智能驾驶模块。

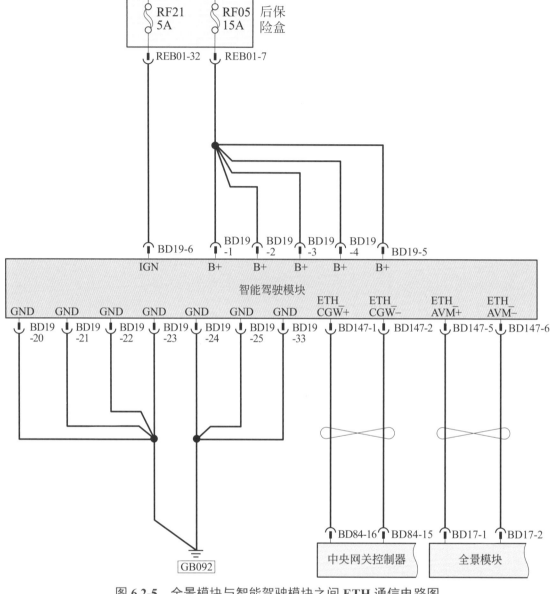

图 6.2-5　全景模块与智能驾驶模块之间 ETH 通信电路图

表 6-10　全景模块与智能驾驶模块之间的 ETH 数据通信导线的检测

检查部件			万用表检测的两端子		检测条件	状态	应测得结果
部件名称	代号	图示	红（黑）色表笔连接	黑（红）色表笔连接			
全景模块线束连接器	BD17	—	BD17/1	BD147/5	下电	电阻	< 1Ω
智能驾驶模块线束连接器	BD147	—	BD17/2	BD147/6	下电	电阻	< 1Ω

第三节　LIN 总线

一、LIN 总线功能原理

1. LIN 总线特性

LIN 总线可以说是局域网的子系统。车上各个 LIN 总线系统之间的数据交换是由控制单元通过 CAN 数据总线实现的。LIN 总线系统是单线式总线，底色是紫色，有标志色。无须屏蔽。

2. LIN 总线功能

LIN 是现有 CAN 网络的扩充，通常用于不需要 CAN 的性能、带宽及复杂性的低端系统，如车门控制模块、座椅调节系统等，它也可以应用于不是特别复杂的车身控制网络中。

LIN 是用于汽车分布式电控系统的一种新型低成本串行通信系统，主要用于智能传感器和执行器的串行通信。根据所需信息，LIN 总线使用不同数据传输率。LIN 总线的数据传输率为 9.6kbit/s 至 20.0kbit/s。车身域控制器针对相应输入端的不同数据传输率进行设计。例如，宝马某款车外后视镜、驾驶员车门开关组件是 9.6kbit/s，左右侧前部车灯电子装置是 19.2kbit/s，遥控信号接收器为 20.0kbit/s。

3. LIN 总线逻辑

LIN 总线以单线为通信介质。传输信号时其电压在 0V 和 12V 之间切换，12V 代表逻辑 "1"，0V 代表逻辑 "0"。

LIN 总线在休眠状态（关闭点火开关）时为 12V，唤醒（数据通信）时为 9V。

4. LIN 通信路由

❶ 中央网关控制器在 IGON 电源挡位或 Ready 电源挡位时，启动 LIN 通信功能，将方向盘开关的 LIN 信号转发给 ICAN 及 ADCAN 供相关模块使用，并将整车上的 CAN/CAN FD 转换成 LIN 信号。

❷ 整车 IGOFF 后，网关 LIN 通信功能关闭。

二、LIN 总线电气连接

下述是例举几个 LIN 总线的具体的电气连接情况。

（1）前挡风玻璃清洗泵控制　例如图 6.3-1 所示，前挡风玻璃清洗泵控制单元是供电控制单元的 LIN 总线从控制器。在同一支路上还连接有雨刮电机控制单元、雨水 / 光和湿度传感器和灯开关。

前挡风玻璃清洗泵控制单元使用脉冲宽度调制（PWM）信号来激活玻璃清洗泵和雨刮臂内的加热电阻。

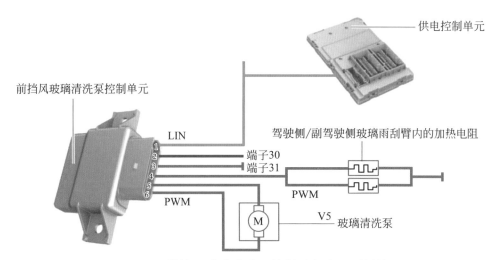

图 6.3-1　前挡风玻璃清洗泵控制（奥迪 A8 某款）

　　雨刮器系统的玻璃清洗泵 V5 是双泵式结构。如果泵朝一个方向转动那么就是雨刮臂上方的玻璃清洗喷嘴供应清洗液；如果泵朝另一个方向转力，那么就是雨刮臂下方的玻璃清洗喷嘴供应清洗液。

　　（2）大灯和夜视摄像头清洗控制　大灯清洗系统和夜视辅助系统摄像头的清洗系统工作的前提是大灯必须是接通的。如图 6.3-2 所示，供电控制单元通过 LIN 总线从灯开关接收近光灯已接通的信息，或者雨水 / 光强度识别传感器的信息表明现在是处于黑暗中。如果这时操纵了雨刮开关 E，其信号会被转向柱电子控制单元经 FlexRay 总线送至数据总线诊断接口。

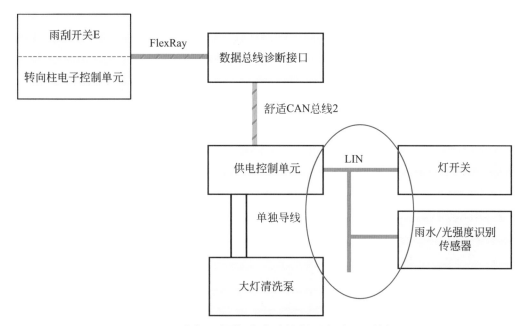

图 6.3-2　大灯和摄像头清洗控制（奥迪 A8 某款）

　　数据总线诊断接口会经舒适 CAN 总线 2 把这信息传给供电控制单元。供电控制单元随后会激活大灯清洗泵。在首次操纵了雨刮拨杆时，就清洗了大灯和夜视辅助系统，随后会以预定的间隔来清洗。

（3）激光扫描器清洗控制　奥迪 A8（4N）自适应驾驶辅助系统包含一个用于识别本车前部物体用的激光扫描装置。该扫描器与激光车距调节控制单元构成一个单元。为了保证正常功能，这个激光扫描器在脏污时必须能清洗。

因此，如图 6.3-3 所示，在激光扫描器左右两侧各装了一个清洗喷嘴。如果激光车距调节控制单元识别出的信号过弱，它会自动请求清洗。司机是无法激活这个清洗功能的。

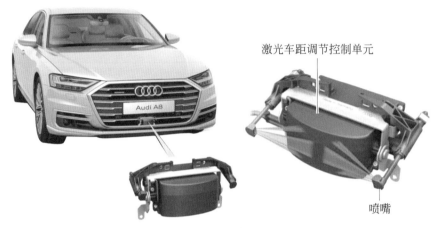

图 6.3-3　激光扫描器清洗装置

激光车距调节控制单元请求清洗激光扫描器。因此，该控制单元经 FlexRay 总线将一个数据信息送至数据总线诊断接口，数据总线诊断接口将这个信息经舒适 CAN 总线 2 传给供电控制单元。供电控制单元这时必须激活后部雨刮泵，后部雨刮泵负责清洗激光扫描器。这种激活的具体情况取决于装备情况，有下述两种可能的情况（图 6.3-4）。

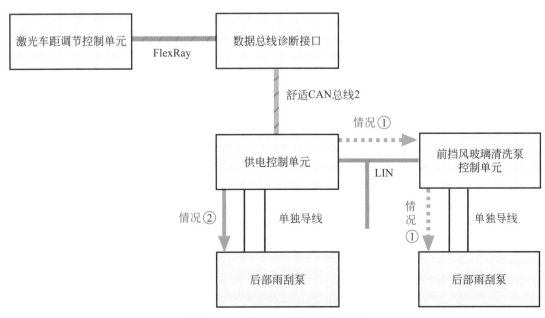

图 6.3-4　激光扫描器清洗控制

❶ 车上装备的是标配的清洗装置和激光车距调节系统：供电控制单元将 LIN 总线信息发给前挡风玻璃清洗泵控制单元，前挡风玻璃清洗泵控制单元通过单独导线激活泵。

❷ 车上装备的是湿臂式雨刮器和激光车距调节系统：供电控制单元通过单独导线直接激活后部雨刮泵。

（4）车门控制　如图 6.3-5 所示，所有车门控制单元都有自己专用的诊断地址，可用车辆诊断仪来调用。车辆同侧的后门控制单元与前门控制单元是通过 LIN 总线连接的。车门控制单元见图 6.3-6。

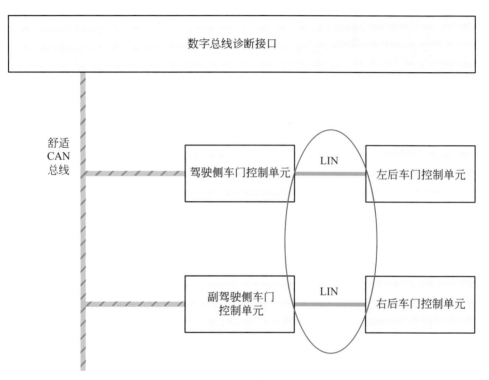

图 6.3-5　车门控制

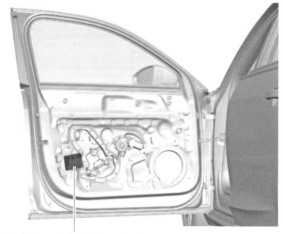

车门控制单元安装位置，以驾驶侧车门为例

图 6.3-6　车门控制单元

（5）动态转向灯触发　如图 6.3-7 所示，矩阵式 LED 大灯左、右侧车灯控制单元与 LIN 总线相连，这个连接用于激活动态转向灯（图 6.3-8）。

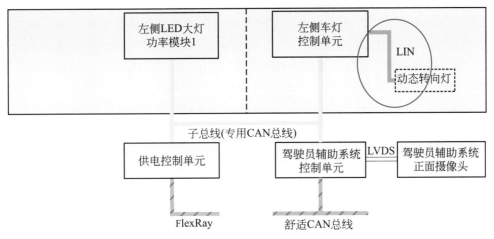

图 6.3-7　动态转向灯触发控制

图 6.3-8　动态转向灯

（6）方向盘脱手识别控制　方向盘内集成有电容式传感器，可用于脱手识别，方向盘内的方向盘触摸识别控制单元会对传感器信号进行分析。如图 6.3-9 所示，方向盘触摸识别控制单元是连接在 LIN 总线上的。LIN 总线支路上还有一个总线用户是多功能方向盘控制单元，LIN 总线系统的主控制器是数据总线诊断接口。

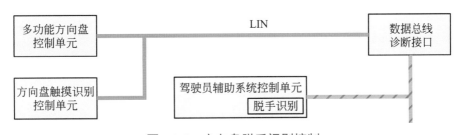

图 6.3-9　方向盘脱手识别控制

电容式传感器就连接在方向盘触摸识别控制单元上，方向盘触摸识别控制单元根据测量的信号生成 LIN 总线信息，并把信息发送至数据总线诊断接口。数据总线诊断接口将信息传至 FlexRay 总线，驾驶员辅助系统控制单元就连接在 FlexRay 总线上，脱手识别的软件就在驾驶员辅助系统控制单元内。

（7）氛围灯控制　氛围灯需在驻车状态舒适度调节、车内有驾驶员状态、驾驶状态下通过中央显示屏来开启和关闭。氛围灯个性化设置还可调节灯光颜色及亮度，设置不同的驾驶模式也可改变系统默认的相应氛围灯颜色及亮度，也可设置相应默认的氛围灯颜色及亮度，并保存在用户配置文件中。多媒体系统主机根据中央显示屏设置和内部配置文件，发送开启/关闭信号、颜色和亮度调节信号给中央网关控制器。中央网关控制器根据车辆状态及内部设置逻辑，控制氛围灯。发送内部灯开启/关闭信号给前车身控制模块，前车身控制模块控制氛围灯电源，并将状态信号反馈给中央网关控制器。

当车门开启时，车身控制器发送门锁信号，ADAS 雷达发送后部检测后方车辆或行人的信号。中央网关控制器接收这些信号，相应车道车门氛围灯会闪烁，提醒车内乘客注意安全。氛围灯控制见图 6.3-10。

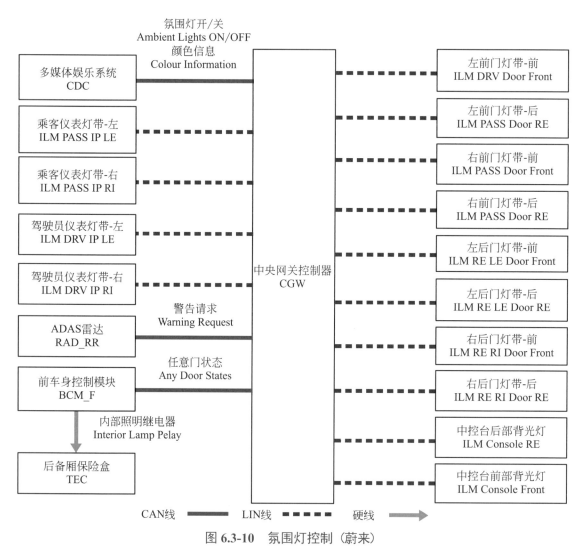

图 6.3-10　氛围灯控制（蔚来）

（8）车内照明　车内照明灯单元通过 LIN 总线与车身域控制器连接。在车内照明灯单元内带有用于前部车内照明灯和后部车内照明灯的电子系统。其他车内照明装置的 LED 均通过车身域控制器进行控制。宝马车中带有 LIN 总线的车内照明装置系统电路见图 6.3-11。

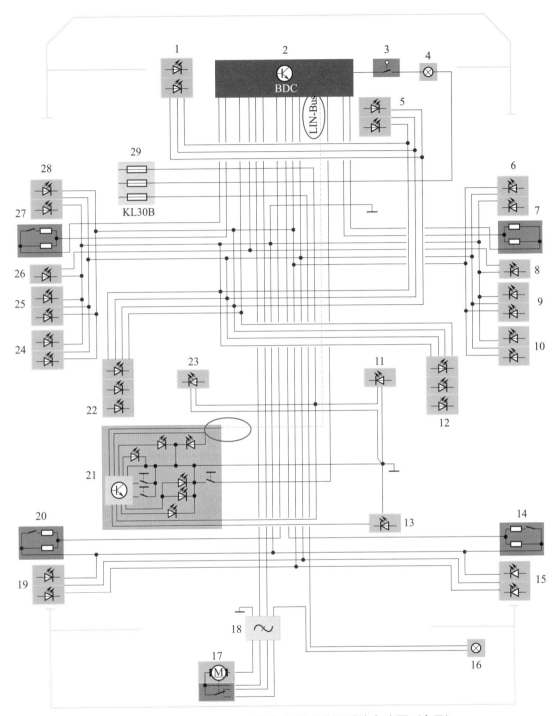

图 6.3-11　带有 LIN 总线的车内照明装置系统电路图（宝马）

1—中部驾驶室照明装置；2—车身域控制器 BDC；3—手套箱开关；4—手套箱照明灯；5—环境照明装置；6—前乘客侧车门杂物盒照明装置；7—前乘客侧前部车门触点；8—前乘客侧前部车门外侧拉手进出车门照明装置；9—前乘客侧前部车门内侧拉手照明装置；10—前乘客侧前部拉手照明装置；11—前乘客侧化妆镜照明灯；12—前乘客侧脚部空间照明灯；13—后部车内照明灯；14—前乘客侧后部车门触点；15—前乘客侧后部拉手照明装置；16—后备厢照明灯；17—带后备厢盖锁的后备厢盖接触开关；18—抗干扰滤波器；19—驾驶员侧后部拉手照明装置；20—驾驶员侧后部车门触点；21—前部车内照明灯单元；22—驾驶员侧脚部空间照明灯；23—驾驶员侧化妆镜照明灯；24—驾驶员侧前部拉手照明装置；25—驾驶员侧前部车门内侧拉手照明装置；26—驾驶员侧前部车门外侧拉手进出车门照明装置；27—驾驶员侧前部车门触点；28—驾驶员侧车门杂物盒照明装置；29—车内配电盒内的保险丝

三、LIN 总线诊断与检测

1. LIN 总线短路

由上述 LIN 总线逻辑原理得知：LIN 总线一直处于极 V 电压（0 或 12V）是有问题的。

❶ LIN 总线一直为 0V，应该是对地短路。需要对线路和控制系统模块（控制器）进行检查。

❷ LIN 总线一直在 12V，那么说明是对正极短路，需要对线路和控制系统模块进行检查。

2. 智能驾控中 LIN 总线故障检测

智能驾控中的 LIN 总线故障检测举例第二章第一节中"左后雷达传感器与左后中部雷达传感器之间的导线是否断路的检测"的内容。

3. 智能氛围灯控制系统诊断与检测

（1）智能氛围灯技术原理　智能氛围灯与 LED 前照灯不同，内部氛围灯采用了 RGB LED 照明技术。智能氛围灯照明 RGB LED 技术与普通 LED 技术区别的核心点在于 RGB LED 以红绿蓝三原色共同交集成像，组合成最终的颜色。RGB LED 的优势还在于它在工作过程中允许进行调色控制，从而使客户能够快速轻松地改变驾驶舱内的氛围。

智能氛围灯照明的亮度调节，可通过大屏来进行设置，设置亮度就是对 RGB LED 工作时脉冲宽度调制信号（PWM 信号）的占空比进行相应匹配。

（2）智能氛围灯工作场景　智能汽车小鹏 P7 智能氛围灯控制系统的工作场景包括以下多种：迎宾（点亮）或灭灯、解锁、开门、关门、上锁、平缓呼吸、跟随车速、音乐律动、智能语音助手对话、安全警示类 AI 推送。

（3）智能氛围灯诊断与检测

1）智能氛围灯控制　智能氛围灯控制系统的功能主控单元为连接在车身总线 BCAN 上的智能氛围灯控制器，如图 6.3-12、图 6.3-13 所示。该系统中还包括 18 个分布式氛围灯模块，这些氛围灯模块作为智能氛围灯控制器 LIN 总线网络中的从控制单元，通过两条 LIN 总线连接至智能氛围灯控制器，这两条 LIN 总线上的从控制单元采用串联式连接。

2）智能氛围灯 LIN 总线控制电路　见图 6.3-14。

3）氛围灯控制器线束连接器　见表 6-11。

表 6-11　氛围灯控制器线束连接器

氛围灯控制器线束连接器	端子	线别作用（端子定义）	端子	线别作用（端子定义）
LIN1通信线	1	LIN1 通信输出	6	BCAN-H
	2	LIN2 通信输出	7	BCAN-L
	4	氛围灯电源输出	12	接地
	5	供电		

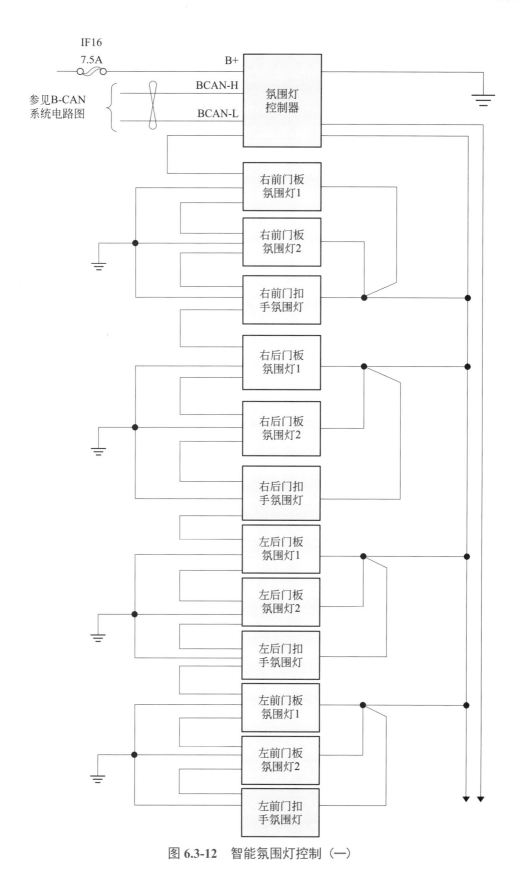

图 6.3-12 智能氛围灯控制（一）

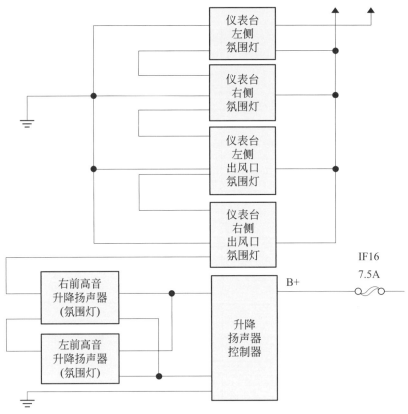

图 6.3-13　智能氛围灯控制（二）

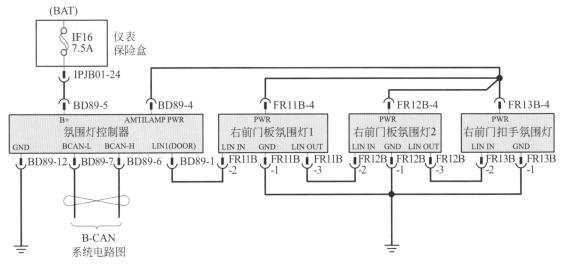

图 6.3-14　智能氛围灯 LIN 总线控制电路图

4）右前门板氛围灯 LIN 总线的检测

❶ 右前门板氛围灯 1 与氛围灯控制器之间的 LIN1 数据通信导线的检测：执行车辆下电程序，断开右前门板氛围灯 1 线束连接器，断开氛围灯控制器线束连接器。按照表 6-12 检测其电路，如果不符合表内应测得电阻的结果，那么应该维修线束以及线束连接器，或更换线束。

表 6-12　右前门板氛围灯 1 与氛围灯控制器之间的 LIN1 数据通信导线的检测

检查部件			万用表检测的两端子		检测条件	状态	应测得结果
部件名称	代号	图示	红（黑）色表笔连接	黑（红）色表笔连接			
右前门板氛围灯 1 线束连接器	FR11B	LIN1通信线输入	BD89/1	FR11B/2	下电	电阻	< 1Ω
氛围灯控制器线束连接器	BD89	见表 6-11					

❷ 右前门板氛围灯 1 与氛围灯控制器之间的 LIN1 数据通信导线是否对地短路的检测：按照表 6-13 检测其电路，如果不符合表内应测得电阻的结果，那么应该维修线束以及线束连接器，或更换线束。

表 6-13　右前门板氛围灯 1 与氛围灯控制器之间的 LIN1 数据通信导线对地短路的检测

检查部件			万用表检测的两端子		检测条件	状态	应测得结果
部件名称	代号	图示	红色表笔连接	黑色表笔连接			
右前门板氛围灯 1 线束连接器	FR11B	—	FR11B/2	车身接地	下电	电阻	> 10kΩ 或者更高

❸ 右前门板氛围灯 1 与氛围灯控制器之间的 LIN1 数据通信导线对电源短路的检测：执行车辆下电程序，断开右前门板氛围灯 1 线束连接器，断开氛围灯控制器线束连接器，然后再执行车辆上电程序。

按照表 6-14 检测其电路电压，如果不符合表内应测得结果，那么应该维修线束以及线束连接器，或更换线束。

表 6-14　右前门板氛围灯 1 与氛围灯控制器之间的 LIN1 数据通信导线对电源短路的检测

检查部件			万用表检测的两端子		检测条件	状态	应测得结果
部件名称	代号	图示	红色表笔连接	黑色表笔连接			
右前门板氛围灯 1 线束连接器	FR11B	—	FR11B/2	车身接地	上电	电压	0V 左右

划重点

如果故障诊断仪执行故障诊断时显示"LIN 短地或短电源"或者"LIN 芯片故障"，那么可以判定：一是线路故障，二是控制器故障（在本例中就是氛围灯控制器）。就按照本例来讲，❶❷❸ 的检测都没有问题，然后检测氛围灯控制器的供电接地导线也没有问题的话，那肯定就是控制器本身故障，应更换。

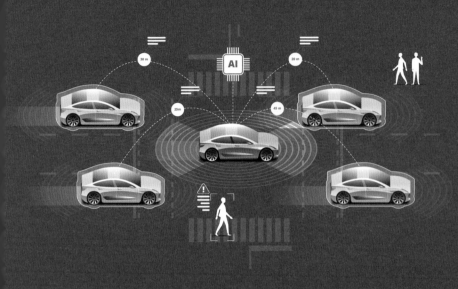

附录

附录一　激光功能受限场景

对于高等级的自动驾驶功能，其设计运行范围（ODD）所需考虑的场景复杂度非常高。附表 1 为 CICV 所列的激光功能受限场景，场景类别分为下雨、下雪、雾天和沙尘暴四类，每一类场景又根据不同的场景参数细化出多个场景名称。所列场景参数均参照中国国家气象局相关文件制定。

附表 1　激光功能受限场景列表

场景类别	场景名称	场景参数
下雨	小雨、阵雨	24 小时降水总量 0.1 ～ 9.9mm
	中雨	24 小时降水总量 10.0 ～ 24.9mm
	大雨	24 小时降水总量 25.0 ～ 49.9mm
	暴雨	24 小时降水总量 50.0 ～ 99.9mm
	大暴雨	24 小时降水总量 100.0 ～ 149.9mm
	特大暴雨	24 小时降水总量大于 150mm

场景类别	场景名称	场景参数
下雪	小	折算 24 小时降雨量 0.1 ～ 2.4mm
	中雪	折算 24 小时降雨量 2.5 ～ 4.9mm
	大雪	折算 24 小时降雨量 5.0 ～ 9.9mm
	暴雪	折算 24 小时降雨量大于 10mm
起雾	轻雾	水平能见度距离 1 ～ 10km
	雾	水平能见度距离 0.5 ～ 1km
	大雾	水平能见度距离 0.2 ～ 0.5km
	浓雾	水平能见度距离 0.05 ～ 0.2km
	强浓雾	水平能见度距离小于 0.05km
沙尘暴	浮尘	风已停息，水平能见度距离 1 ～ 10km
	扬尘	风力较小，水平能见度距离 1 ～ 10km
	沙尘暴	大风扬尘，水平能见度距离 0.2 ～ 1km
	强沙尘暴	大风扬尘，水平能见度距离 0.05 ～ 0.2km
	特强沙尘暴	大风扬尘，水平能见度距离小于 0.05km

附录二　英文缩略语（GB 系列）

首字母	英文缩写	中文名称
A	ADAS	先进驾驶辅助系统
	AVM	全景影像监测
	AEB	自动紧急制动
	AEBS	自动紧急制动系统
	AES	自动紧急转向
	ACC	自适应巡航控制
	ADB	自适应远光灯
	AFL	自适应前照灯
	AMAP	加速踏板防误踩
	AVB	音视频桥

首字母	英文缩写	中文名称
B	BSD	盲区监测
	BMS	电池管理系统
	BEV	纯电动汽车
C	CSW	弯道速度预警
	CAN	控制器局域网络
D	DFM	驾驶员疲劳监测
	DAM	驾驶员注意力监测
	DOW	车门开启预警
	DDT	动态驾驶任务
	DVR	车载视频行驶记录系统
	DTC	故障码
E	ExVe	网联车辆
	ECU	电子控制单元
	ESA	紧急转向辅助
F	FDM	前向车距监测
	FCW	前向碰撞预警
	FSRA	全速自适应巡航控制
	FCTA	前方交通穿行提示
H	HD map	高精地图
	HUD	抬头显示
	HEV	混合动力电动汽车
I	ICV	智能网联汽车
	ISLI	智能限速提示
	ISLC	智能限速控制
	IPA	智能泊车辅助
	IPAS	智能泊车辅助系统
L	LDW	车道偏离预警
	LCW	变道碰撞预警
	LKA	车道保持辅助
	LCC	车道居中控制
	LDP	车道偏离抑制

续表

首字母	英文缩写	中文名称
M	MALSO	低速行车辅助
N	NV	夜视
O	OBU	车载通信单元
	ODD	设计运行范围
	ODC	设计运行条件
	OBC（On-Board Charge）	车载充电机
R	RCW	后向碰撞预警
	RCTA	后方交通穿行提示
	RCA	倒车辅助
S	SBSD	侧面盲区监测
	STBSD	转向盲区监测
	SD（Standard Definition）	标准清晰度
	SOC（Stge-Of-Charge）	荷电状态
T	TSR	交通标志识别
	TTC	预计碰撞时间
V	V2I	车与基础设施通信
	V2V	车与车通信
	VE	电动汽车

参 考 文 献

[1] 崔胜民 . 智能网联汽车新技术 [M]. 2 版 . 北京：化学工业出版社，2021.

[2] 孙利民，杨卫东等 . 车联网技术 [M]. 北京：清华大学出版社，2021.

[3] 陈晓明，杜志彬，侯海景 . 智能网联汽车技术基础 [M]. 北京：机械工业出版社，2021.

[4] 程增木，唐杰 . 智能网联汽车技术概论 [M]. 北京：机械工业出版社，2021.

[5] 程增木 . 智能网联汽车技术入门一本通 [M]. 北京：机械工业出版社，2021.

[6] 杜明芳 . 无人驾驶汽车技术 [M]. 北京：人民交通出版社股份有限公司，2019.

[7] 李克强 . 电动汽车工程手册：第六卷 智能网联 [M]. 北京：机械工业出版社，2019.

[8] 王建，徐国艳 . 自动驾驶技术概论 [M]. 北京：清华大学出版社，2019.

[9] 李俨 . 5G 与车联网 [M]. 北京：电子工业出版社，2019.

[10] 黄志坚 . 智能交通与无人驾驶 [M]. 北京：化学工业出版社，2018.

[11] 国家市场监督管理总局，国家标准化管理委员会 . 道路车辆 先进驾驶辅助系统（ADAS）术语及定义：GB/T 39263—2020 [S]. 北京：中国质检出版社，2020.

[12] 中华人民共和国国家质量监督检验检疫总局，中国国家标准化管理委员会 . 乘用车 CAN 总线物理层技术要求：GB/T 36048—2018 [S]. 北京：中国标准出版社，2018.

[13] 中国智能网联汽车产业创新联盟 . 智能网联汽车高精度卫星定位白皮书（2020 年版）[OL]. 2021.

[14] 中国智能网联汽车产业创新联盟 . 智能网联汽车高精地图白皮书（2020 版）[OL]. 2021.

[15] 中国智能网联汽车产业创新联盟，全国汽车标准化技术委员会智能网联汽车分技术委员会 . 智能网联汽车自动驾驶功能测试规程（试行）[OL]. 2018.

[16] 中国汽车工程学会 . 电动汽车 CAN 总线故障诊断服务规范：T/CSAE 42—2015 [OL]. 2015.